Leib

Allgemeine Wirtschaftslehre für Steuerfachgehilfen

Lehrbücher für
kaufmännische Ausbildungsberufe

Allgemeine Wirtschaftslehre für Steuerfachgehilfen

von
Diplom-Volkswirt
Oberstudienrat
Wolfgang Leib

3., völlig neue Auflage

Kiehl

CIP-Titelaufnahme der Deutschen Bibliothek

Leib, Wolfgang:
Allgemeine Wirtschaftslehre für Steuerfachgehilfen /
von Wolfgang Leib. –
3., völlig neue Aufl. – Ludwigshafen/Rh. : Kiehl, 1990
(Lehrbücher für kaufmännische Ausbildungsberufe)
ISBN 3-470-80083-9

ISBN 3 470 **80083** 9 · 3., völlig neue Auflage · 1990

Gesamtherstellung: Präzis-Druck GmbH, Karlsruhe

Vorwort

Grundlagen für das vorliegende Lehr- und Arbeitsbuch sind die Ausbildungsordnung für den Ausbildungsberuf „Fachgehilfe in steuer- und wirtschaftsberatenden Berufen" und der Rahmenlehrplan der Kultusministerkonferenz für dieses Berufsbild. Außerdem wurden die aktuellen Lehrpläne bzw. Richtlinien der einzelnen Bundesländer berücksichtigt.

Der Leser soll beim Studium dieses Buches in die grundlegenden Probleme der Wirtschaftslehre und die wirtschaftlich relevanten Teile des Rechts eingeführt werden. In der Neuauflage wurden vor allem die Kapitel Handelsrecht, Gesellschaftsrecht sowie Finanzierung wesentlich erweitert. Darüber hinaus wurden zahlreiche Schaubilder und grafische Darstellungen zusätzlich aufgenommen. Sie sind als Erläuterung der fachlichen Informationen gedacht und verdeutlichen dem Leser die Lerninhalte und deren Zusammenhänge auf anschauliche Art und Weise.

Die Wiederholungsfragen am Schluß der einzelnen Themengebiete dienen sowohl der Selbstkontrolle als auch der Vorbereitung auf Klassenarbeiten, Zwischen- und Abschlußprüfungen. Diese Fragen sind ohne zusätzliche Informationen anhand der Textaussagen zu beantworten. Durch die selbständige Bearbeitung von weiteren Aufgaben und Fällen zur Sicherung des Lernerfolges soll der Leser sein Wissen festigen und vertiefen.

Das Buch kann sowohl unterrichtsbegleitend als auch zum Selbststudium zuhause verwendet werden. Das ausführliche Inhalts- und Stichwortverzeichnis erleichtert die Arbeit. Das Abkürzungsverzeichnis hilft beim Auffinden von Gesetzesquellen. Ein Lösungsheft für die Vielzahl von Übungsfällen und Wiederholungsfragen ist in Vorbereitung.

Wir hoffen, daß dieses Buch zu einer qualifizierten Berufsausbildung und zu einem erfolgreichen Bestehen der Steuerfachgehilfenprüfung beiträgt. Verlag und Verfasser sind im Hinblick auf zukünftige Bearbeitungen dieses Buches für konstruktive Kritik und Verbesserungsvorschläge dankbar.

Ludwigshafen, im Juli 1990 Wolfgang Leib

Inhaltsverzeichnis

1 Das Berufsausbildungsverhältnis

1.1 Grundlagen der Ausbildung in der Steuerberaterpraxis

1.1.1 Das Berufsbildungsgesetz

Die Rechtsgrundlage der Berufsausbildung in der Bundesrepublik Deutschland ist seit 1969 das Berufsbildungsgesetz (BBiG).

Es regelt
- *die Berufsausbildung,*
- *die berufliche Fortbildung,*
- *die berufliche Umschulung.*

BBiG

Im Interesse einer einheitlichen und ordnungsgemäßen Berufsausbildung enthält es die **allgemeinen Regelungen** für die rund 400 staatlich anerkannten Ausbildungsberufe. Dies sind z. B.
- *Form und Inhalt des Berufsausbildungsvertrages (§ 4),*
- *wesentliche Rechte und Pflichten des Auszubildenden (§§ 6 - 19),*
- *Regelungen für das Prüfungswesen (§§ 34 - 43),*
- *Regelung und Überwachung der Ausbildung (§§ 44 + 45) durch die Kammern als zuständige Stelle.*

Das Berufsbildungsgesetz gibt den Rechtsrahmen für die berufliche Ausbildung in der Bundesrepublik Deutschland.

1.1.2 Die Ausbildungsordnung

Ausbildungsordnung

Die **besonderen Regelungen** für einen bestimmten Ausbildungsberuf findet man hingegen in der für diesen Beruf gültigen Ausbildungsordnung. Sie ist gemäß § 25 BBiG vom Bundesminister für Wirtschaft oder einem sonst zuständigen Fachminister im Einvernehmen mit dem Bundesminister für Bildung und Wissenschaft zu erlassen. Die Verordnung über die Berufsausbildung zum Fachgehilfen in steuer- und wirtschaftsberatenden Berufen wurde 1978 als Ausbildungsordnung und Grundlage

---

Hinweis: Eine für die Steuergehilfin gut geeignete kleine Gesetzessammlung mit Kurzkommentar zu wesentlichen Regelungen des BBiG gibt der Bundesminister für Bildung und Wissenschaft, Postfach 20 01 80, 5300 Bonn 2, unter dem Titel „Ausbildung und Beruf" heraus. Die Broschüre kann dort kostenlos bezogen werden.

für eine geordnete und einheitliche Berufsausbildung der Gehilfinnen erlassen. Die **Ausbildungsdauer** beträgt in der Regel drei Jahre.

Der gesetzliche Rahmen des BBiG legt in § 25 einen **Mindestinhalt der Ausbildungsordnung** fest:

Inhalt der Ausbildungsordnung

„Die Ausbildungsordnung hat mindestens festzulegen

1. die Bezeichnung des Ausbildungsberufes,
2. die Ausbildungsdauer; sie soll nicht mehr als drei und nicht weniger als zwei Jahre betragen,
3. die Fertigkeiten und Kenntnisse, die Gegenstand der Berufsausbildung sind (Ausbildungsberufsbild),
4. eine Anleitung zur sachlichen und zeitlichen Gliederung der Fertigkeiten und Kenntnisse (Ausbildungsrahmenplan),
5. die Prüfungsanforderungen."

In § 6 der Ausbildungsordnung für Steuergehilfen wird zusätzlich das Führen eines **Berichtsheftes als Ausbildungsnachweis** gefordert, und in § 7 werden Regeln für die Durchführung der Zwischenprüfung gegeben.

Der Gegenstand der Berufsausbildung ist in § 3 festgelegt. Die Kenntnisse und Fertigkeiten nach § 3 sollen nach der im Ausbildungsrahmenplan enthaltenen Anleitung zur sachlichen und zeitlichen Gliederung der Berufsausbildung erfolgen. Der Ausbildende hat aufgrund des Ausbildungsrahmenplans für den Auszubildenden einen Ausbildungsplan zu erstellen.

In der Ausbildungsordnung sind die speziellen Rechtsregeln für einen bestimmten Beruf zusammengefaßt. Die Ausbildungsordnung konkretisiert und ergänzt die Rahmenvorschriften des BBiG.

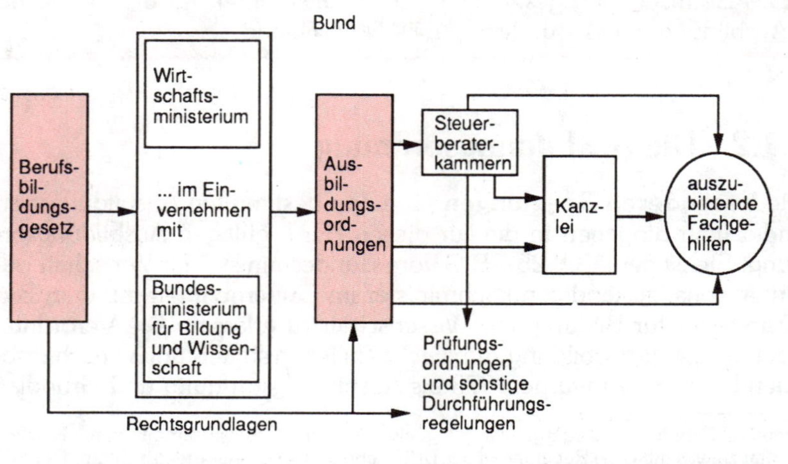

Abb. 1: Überblick über die Grundlagen der Ausbildung in der Steuerberaterpraxis

1.1.3 Die Steuerberaterkammern und ihre Aufgaben in der Berufsausbildung

Die Steuerberaterkammern sind **Körperschaften des öffentlichen Rechts**. Alle Steuerberater sind Mitglieder kraft Gesetzes. Neben Steuerberatern und Steuerbevollmächtigten sind auch Steuerberatungsgesellschaften Mitglieder. Die Steuerberaterkammern sind berufsständische Vertretungen der Steuerberater.

Zu ihren **Aufgaben** gehören:

1. *Wahrnehmung der beruflichen Belange (Standesinteressen) der Steuerberater,*
2. *Förderung der beruflichen Weiterbildung und Fortbildung der Steuerberater,*
3. *Überwachung der Berufsausbildung der Steuergehilfinnen und Durchführung der Zwischen- und Abschlußprüfungen.*

Gemäß § 89 Abs. 1 BBiG sind jeweils für ihren Bereich die Wirtschaftsprüferkammern und die Berufskammern der Steuerberater bzw. der Steuerbevollmächtigten **zuständige Stelle**, die **in der Berufsausbildung** mitwirken und Mitverantwortung tragen (§ 45 BBiG). Dies zeigt sich insbesondere durch die folgenden **Aufgaben:**

Zuständige Stelle lt. BBiG

1. *Überwachung der Ausbildung in den Betrieben,*
2. *Feststellung der Eignung der Ausbildungsstätten,*
3. *Verkürzung bzw. Verlängerung von Ausbildungszeiten,*
4. *Errichtung und Führung des Verzeichnisses der Berufsausbildungsverhältnisse,*
5. *Erlaß von Prüfungsverordnungen,*
6. *Errichtung von Prüfungsausschüssen,*
7. *Durchführung von Prüfungen,*
8. *Verwaltung des Prüfungswesens,*
9. *Förderung der Berufsausbildung,*
10. *Erlaß von Rechtsverordnungen zur Förderung und Regelung der Ausbildung usw.*

Für die Steuergehilfin wird die Bedeutung der Steuerberaterkammer schon zu Anfang ihrer Ausbildung sichtbar, da die Kammer

- den Berufsausbildungsvertrag überprüft,
- das Ausbildungsverhältnis in ihr Verzeichnis der Berufsausbildungsverhältnisse einträgt,
- Informationsunterlagen zuschickt.

Im weiteren Verlauf der Ausbildung dann

- die Zwischenprüfung abwickelt und das Ergebnis mitteilt,
- die Meldung zur Abschlußprüfung entgegennimmt,

– die Abschlußprüfung durchführt, das Ergebnis mitteilt, und das Abschlußzeugnis ausstellt.

Aufgaben des Berufsbildungsausschusses

Um nun die für die Berufsausbildung erforderlichen Maßnahmen fachlich kompetent und sachgerecht erfüllen zu können, bilden die Kammern gemäß § 56 BBiG einen **Berufsbildungsausschuß** und bestellen gem. § 45 BBiG einen Ausbildungsberater. Der Ausschuß ist in allen wichtigen Angelegenheiten der beruflichen Bildung zu unterrichten und zu hören (§ 58 BBiG) und hat die von der Kammer für die Durchführung der Berufsausbildung nach § 44 BBiG zu erlassenden Rechtsvorschriften zu beschließen. Der Ausschuß ist zu gleichen Teilen paritätisch mit Vertretern der Arbeitgeber und der Arbeitnehmer besetzt. Lehrer der berufsbildenden Schule gehören ihm mit beratender Stimme an.

1.2 Die Ausbildung in der Berufsschule

Berufsschulpflicht

Neben der Ausbildung in der Steuerberaterpraxis nimmt die Steuergehilfin auch noch am Unterricht der Berufsschule teil.

Dies ergibt sich im wesentlichen aus der **zwölfjährigen Schulpflicht** in der Bundesrepublik Deutschland, die im einzelnen in den Schulgesetzen der Bundesländer geregelt ist. Schulpflichtig bleibt auch eine Gehilfin, die während ihrer Ausbildung das zwölfte Jahr ihres Schulbesuchs vollendet.

Freistellung

Nach den schulgesetzlichen Regelungen und dem BBiG hat der Ausbilder auf den Schulbesuch hinzuwirken; nach dem Jugendarbeitsschutzgesetz und dem BBiG hat er für den Schulbesuch freizustellen.

Durch den Berufsschulunterricht soll neben der allgemeinen und fachbezogenen Ausbildung im Ausbildungsberuf auch die Chancengleichheit in Beruf und Gesellschaft angestrebt werden.

Am Berufsschulunterricht kann auf Antrag auch derjenige freiwillig teilnehmen, der zwar die allgemeine Schulpflicht erfüllt hat, danach jedoch ein Berufsausbildungsverhältnis eingegangen ist, z. B. eine Abiturientin. Es ist also zwischen **berufsschulpflichtigen** und **berufsschulberechtigten** Steuergehilfinnen zu unterscheiden.

Der ausbildende Steuerberater hat seine Gehilfin mittels eines Formblatts zum Unterricht in der Fachklasse für Auszubildende in steuer- und wirtschaftsberatenden Berufen bei der Berufsschule anzumelden, in deren Schulbezirk sich der Ausbildungsbetrieb befindet. Diese Anmeldung sollte möglichst frühzeitig erfolgen, damit die Schule die erforderlichen Fachklassen für Steuergehilfinnen einplanen kann.

Zur **Teilnahme am Unterricht** ist die Auszubildende von der praktischen Ausbildung **freizustellen** (§ 9 JArbSchG).

Die Berufsschule ist eine **Schulform des berufsbildenden Schulwesens.** Die Gesetzgebungszuständigkeit liegt bei den einzelnen Bundesländern und ist ein Merkmal der im föderalistischen Aufbau der Bundesrepublik Deutschland gegebenen teilweisen Selbständigkeit der Bundesländer als Gliedstaaten des Bundes. Die **Verwaltungszuständigkeit** haben die jeweiligen **Kultusministerien und** nachgelagerte **Schulbehörden.**

Für die Steuergehilfin hat die Berufsschule die Aufgabe

- mit dem allgemeinbildenden Unterricht kulturelle Fähigkeiten zu entwickeln und Lebensorientierung zu ermöglichen;
- mit dem berufsbezogenen Unterricht theoretische Grundlagen des Fachwissens sowie fachbezogene Kenntnisse und Fertigkeiten zu vermitteln und somit Grundlage für die Bewältigung der Erfahrungen in der Steuerberaterpraxis zu schaffen.

Beide Funktionen sollen weitgehend Mobilität und die Fähigkeit zur Lebensbewältigung geben.

1. Die Berufsschule ist eine Form der berufsbildenden Schule. Die Zuständigkeit liegt bei den Bundesländern. Die Lehrpläne für bestimmte Ausbildungsberufe sind bundesweit teilweise durch Rahmenlehrpläne abgestimmt. Im Unterricht werden allgemeine und berufsbezogene Lerninhalte vermittelt.
2. Die Berufsschule führt als gleichberechtigter Partner der betrieblichen Ausbildung durch eine gestufte Grund- und Fachausbildung zu berufsqualifizierenden Abschlüssen.

1.3 Das duale System der Berufsausbildung

Wie bereits dargestellt, erfolgt die *Ausbildung* der Gehilfin *in der Steuerberaterpraxis und in der Berufsschule.*

Diese Ausbildungsform, bei der beide Bereiche **gleichberechtigte Träger der Ausbildung** sind und sich gegenseitig **ergänzen** sollen, nennt man das **duale System der Berufsausbildung.** Dieses System ist eine Besonderheit der beruflichen Bildung in der Bundesrepublik Deutschland, das es in ähnlicher Form nur noch in Österreich, der Schweiz, Dänemark und Irland gibt. Es hat sich geschichtlich dadurch entwickelt, daß Anfang dieses Jahrhunderts zu der früher rein betrieblichen Ausbildung eine schulische Ausbildung auf breiter Basis hinzukam. *Duales System*

Ergänzung von Schule und Praxis

Der Betrieb stellt den vorrangig privatrechtlichen Teil dar, der jedoch nur in dem durch öffentlich-rechtliche Regelungen verbliebenen Freiraum für individuelle Regelungen offen ist. Die Berufsschule ist der ausschließlich öffentlich-rechtlich geregelte Bereich der beruflichen Ausbildung.

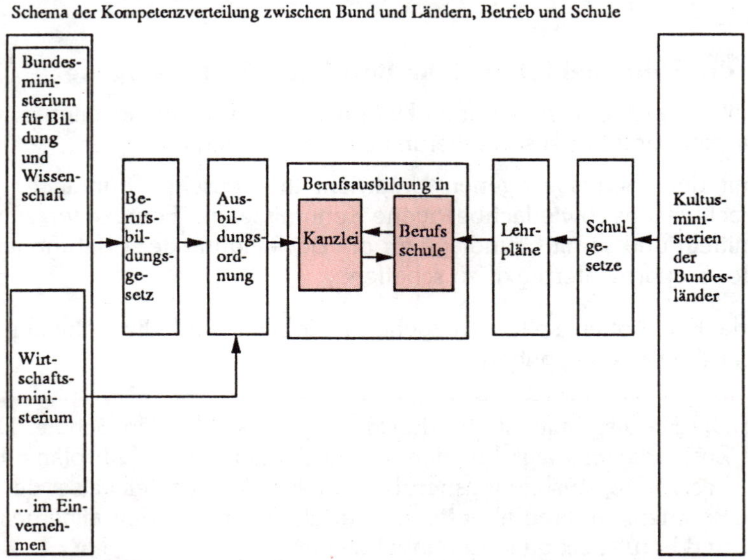

Abb. 2: Das duale System der Berufsausbildung

Gegenseitige Abstimmung

Zwischen dem **betrieblichen und schulischen Ausbildungsbereich** ist eine **abgestimmte Zusammenarbeit** gefordert, um bei der aller bestehenden Unterschiedlichkeit für den Auszubildenden insgesamt positive Lernprozesse zu gestalten.

Betrieb und Berufsschule sollten sich in ihrer Ausbildung möglichst weitgehend ergänzen, um

- *der pädagogischen Forderung „Ausbildung aus einem Guß" gerecht werden zu können,*
- *sicherzustellen, daß eine Berufsqualifikation erreicht wird, die den fachlichen Ansprüchen der Praxis und den Erfordernissen der pluralistischen Gesellschaft im demokratischen System entspricht.*

Die Träger der beruflichen Bildung im dualen System tragen demnach Verantwortung gegenüber dem einzelnen Auszubildenden und gegenüber der Gesellschaft. Steuerberater und Lehrer werden jeder auf seiner Seite umfassend gefordert und können in einer nach Lernzielen bestimmten Ausbildung die Verantwortung nicht auf die andere Seite abwälzen.

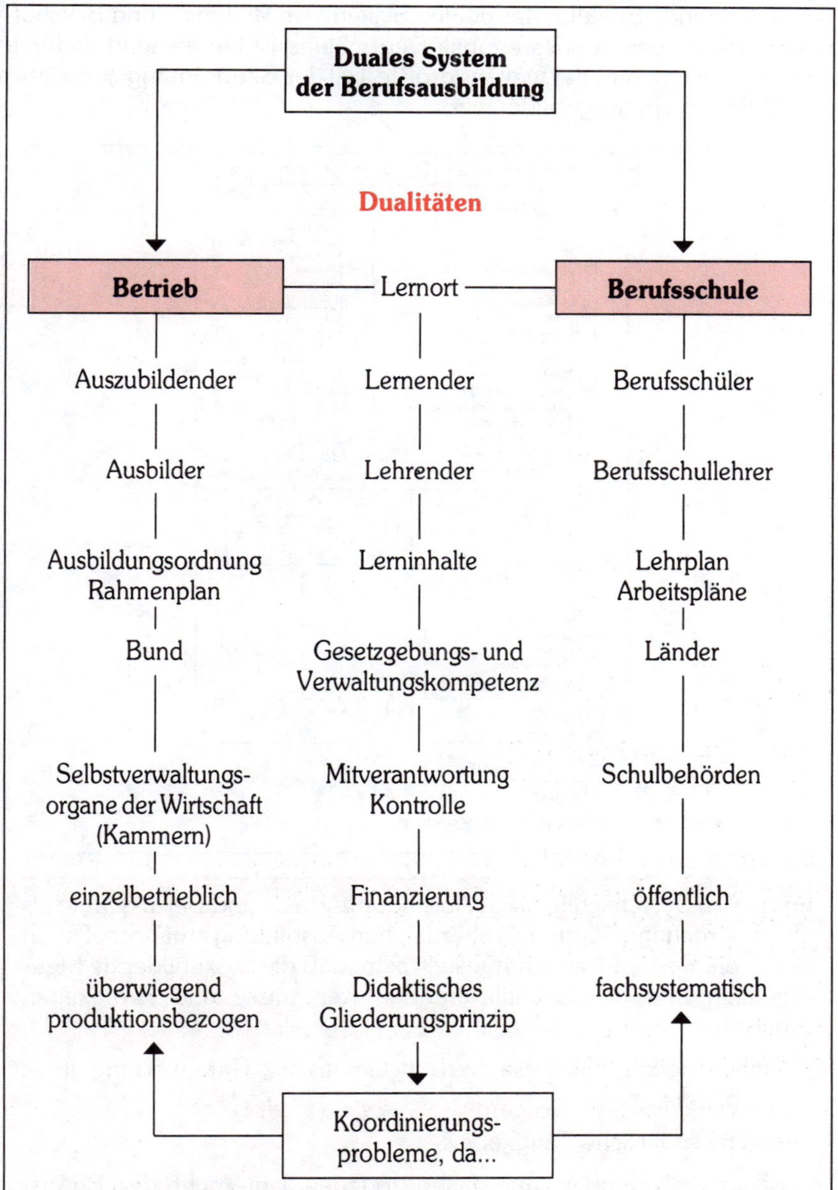

Abb. 3: Koordinationsprobleme im dualen System

Die bedeutende Stellung des dualen Systems im Bildungs- und Beschäftigungssystem der Bundesrepublik Deutschland ist hinreichend dadurch gekennzeichnet, daß der weitaus größte Teil der Berufsanfänger in dieser Ausbildungsform ausgebildet wird.

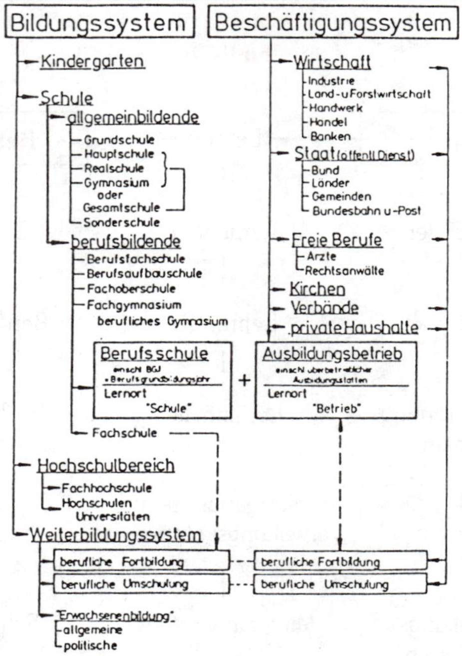

Abb. 4: Bildungs- und Beschäftigungssystem

Im dualen System sollen sich Ausbildungspraxis und Berufsschule als gleichberechtigte Partner der beruflichen Ausbildung ergänzen. Durch das duale System soll sichergestellt sein, daß die auszubildende Steuergehilfin ihre berufsqualifizierenden Kenntnisse und Fertigkeiten durch

- fachbezogene Hinweise und systematische Unterweisung ihres Ausbilders,
- eigene praktische Tätigkeit,
- allgemeinbildenden und fachbezogenen Unterricht der Berufsschule vermittelt bekommt.

1.4 Der Berufsausbildungsvertrag

1.4.1 Der gesetzliche Rahmen des Vertrags

Für das Ausbildungsverhältnis ist das Berufsbildungsgesetz nicht die einzige Grundlage, vielmehr spielen sehr unterschiedliche Rechtsgrundlagen zusammen. Dabei handelt es sich zum Beispiel um arbeitsschutzrechtliche Bestimmungen, besonders aus dem Bereich des Jugendarbeitsschutzes, Schulgesetze der Länder, um Rechtsverordnungen des Bundes, um Satzungsrecht der Kammern und nicht zuletzt um den im Einzelfall geschlossenen Berufsausbildungsvertrag.

Zusammenspiel zwischen öffentlichem und privatem Recht

Zum Verständnis der **Inhalte** des **Berufsausbildungsvertrags** (BAV) muß man sich zunächst verdeutlichen, daß die berufliche Bildung in der Bundesrepublik in das System der sozialen Marktwirtschaft eingefügt ist. Dies schafft die Zweigleisigkeit, daß **berufliche Bildung**

- unter übergeordneten sozialen und volkswirtschaftlichen Gesichtspunkten als **öffentliche Aufgabe** zu sehen ist,
- aus individueller Sicht sich jedoch **im Rahmen** eines konkreten **privatrechtlichen Vertrags** zur Ausbildung vollzieht.

Dieser einerseits öffentliche und andererseits private Bereich bestimmt Organisation und Gestaltung der beruflichen Bildung und schafft die Rechtsproblematik, daß das **Berufsbildungsrecht teils öffentliches** und **teils Privatrecht** ist.

Damit die öffentliche Bildungsaufgabe auch erfüllt werden kann, muß der **Ausbilder** im Ausbildungsvertrag eine Reihe von **öffentlich-rechtlich** auferlegten **Verpflichtungen** dem Auszubildenden gegenüber, **privatrechtlich übernehmen.**

Vertragsabschluß

Die Steuergehilfin schließt zu Beginn ihrer Ausbildung mit dem Steuerberater einen privatrechtlichen **Berufsausbildungsvertrag** nach § 4 BBiG ab. Nach dem Berufsbildungsgesetz heißen die **Vertragspartner Ausbildender** und **Auszubildender**. Ausbildender ist, wer einen anderen zur Berufsausbildung einstellt (§ 3 Abs. 1 BBiG). Der Ausbildende hat selbst auszubilden oder einen Ausbilder ausdrücklich damit zu beauftragen. Da der Steuerberater in den meisten Fällen auch selbst ausbildet, ist er gleichzeitig auch der Ausbilder nach § 6 Abs. 1 Ziff. 2 des BBiG.

Nach § 90 BBiG besitzt die für die fachliche Eignung erforderlichen Fertigkeiten und Kenntnisse, wer als Wirtschaftsprüfer, als vereidigter Buchprüfer, als Steuerberater oder als Steuerbevollmächtigter bestellt oder anerkannt ist.

Nach Abschluß des Berufsausbildungsvertrages hat der Ausbildende

- eine Ausfertigung dem Auszubildenden, ggf. dessen gesetzlichen Vertreter auszuhändigen (§ 4 BBiG).

1.4.2 Der Inhalt des Berufsausbildungsvertrags

Die Vertragsniederschrift hat nach § 4 BBiG bestimmte **Mindestangaben** zu enthalten. Jeder Vertrag gibt den Vertragsparteien **Rechte** und erlegt ihnen **Pflichten** auf, so daß die Rechte des einen die Pflichten des anderen sind und umgekehrt. Die durch den Berufsausbildungsvertrag begründeten Rechte und Pflichten ergeben sich im wesentlichen aus §§ 6-12 BBiG. Verkürzt dargestellt sind dies:

Hauptpflicht des Ausbildenden – Recht des Auszubildenden	Hauptpflicht des Auszubildenden – Recht des Ausbildenden
Planmäßige Vermittlung der Fertigkeiten und Kenntnisse, die zum Erreichen des Ausbildungsziels erforderlich sind, in zeitlich und sachlich gegliederter Form.	Bemühungen, die Fertigkeiten und Kenntnisse zu erwerben, die erforderlich sind, um das Ausbildungsziel zu erreichen.
Die hauptsächlichen Ausbildungsverpflichtungen sind also die Ausbildungspflicht und die Lernpflicht.	

Der Auszubildende muß gemäß § 62 StBerG vom Ausbilder zur Verschwiegenheit verpflichtet werden. Darüber hinaus ist der Auszubildende zu belehren, daß sich die Verschwiegenheitspflicht über die Beendigung des Dienstverhältnisses hinaus und auch gegenüber Familienangehörigen und Kollegen erstreckt.

Vorschriften über die Verpflichtung bzw. Berechtigung zur Verschwiegenheit sind neben den genannten gesetzlichen Bestimmungen in § 53 Abs. 1 Nr. 3 und Abs. 2 und § 53 a sowie § 97 StPO Zeugnisverweigerungsrecht im Strafprozeß, in § 383 Abs. 1 Nr. 6 und Abs. 3 sowie § 385 Abs. 2 ZPO (Zeugnisverweigerungsrecht im Zivilprozeß) und in § 102 AO (Auskunftsverweigerungsrecht in Steuersachen).

Rechte und Pflichten

Hieraus sind insbesondere die folgenden **Einzelpflichten** abzuleiten.

Für den **Ausbildenden:**

1. Planmäßige, zeitlich und sachlich gegliederte Ausbildung.
2. Kostenlose Überlassung der betrieblichen Ausbildungsmittel.
3. Freistellung für den Unterricht der Berufsschule und Überwachung der Unterrichtsteilnahme.

Für den **Auszubildenden:**

1. Lernen entsprechend der eigenen Fähigkeiten, führen des Ausbildungsnachweises, befolgen ausbildungsbezogener Weisungen.
2. Sorgfaltspflicht gegenüber betrieblichen Einrichtungen.
3. Teilnahme am Berufsschulunterricht und Mitarbeit zum Erreichen der Lernziele.

4. Fürsorgepflicht, d. h. Meldepflichten einzuhalten, körperliche Züchtigung, ausbildungsfremde und körperlich unangemessene Arbeiten zu unterlassen, charakterliche Förderung zu beachten. Erforderliche Freistellungen zu gewähren.
5. Vergütungspflicht.
6. Zeugnispflicht.

4. Ablegen der Zwischenprüfung, Nachweis der ärztlichen Untersuchungen, Schweigepflicht, Beachtung der betrieblichen Ordnung.

Schweigepflicht

Eine besondere Rolle in der Steuerberaterpraxis spielt die **Schweigepflicht.** Sie ist im BBiG (§ 9 Nr. 6 BBiG) im Strafgesetzbuch (§ 203 Abs. 1 Nr. 3 und Abs. 3–5 StGB) sowie im Steuerberatungsgesetz (§ 62 StBerG) geregelt.

Eine weitgehend und besondere Verpflichtung gegenüber der jugendlichen Gehilfin in der Ausbildung hat der ausbildende Steuerberater nach § 6 Abs. 1 Ziff. 5 BBiG. Dort wird festgelegt: *„Der Ausbilder hat dafür zu sorgen, daß der Auszubildende charakterlich gefördert sowie sittlich und körperlich nicht gefährdet wird."*

Charakterliche Förderung

Diese **Erziehung durch charakterliche Förderung** umfaßt im einzelnen
- Entwicklung von Arbeitstugenden,
- Hilfe bei der Persönlichkeitsbildung durch die Entwicklung und Förderung persönlichkeitsbestimmender Fähigkeiten für eine optimale Zukunftsbewältigung.

In der Ausbildung ist in diesem Zusammenhang bei der Steuergehilfin die Fähigkeit zu
- zielgerichteter Arbeit,
- Sorgfalt,
- Zuverlässigkeit,
- Gemeinschaftsbewußtsein – Bereitschaft zur Teamarbeit, Rücksichtnahme,
- Verantwortungsbewußtsein,
- Kritik- und Urteilsfähigkeit – Fähigkeit, sich umfassend zu informieren, Zusammenhänge zu erkennen und daraus die richtigen Schlüsse zu ziehen,
- Mobilität – Bereitschaft zur ständigen Weiterbildung und Erhaltung der Anpassungsfähigkeit,

zu fördern.

1.5 Rechtsvorschriften zum Schutz des Auszubildenden

Wie bereits aufgeführt, gibt es neben dem BBiG und der Ausbildungsordnung noch weitere gesetzliche Regelungen, die auf die Durchführung der Steuergehilfenausbildung bestimmend wirken. Sie sollen hier erläutert werden.

1.5.1 Das Jugendarbeitsschutzgesetz

Jugendarbeitsschutzgesetz

Das hier wichtigste Gesetz für die Jugendlichen unter den Auszubildenden und Arbeitnehmern ist das Jugendarbeitsschutzgesetz (JuArbSchG). Es unterscheidet zwischen Kindern (bis 14 Jahren) und Jugendlichen (von 14 bis 18 Jahren) und regelt unter anderem

Inhalt des JuArbSchG

- die Arbeitszeit,
- den Berufsschulbesuch,
- die Ruhepausen,
- die tägliche Freizeit,
- den Urlaub,
- die Vergütung von Mehrarbeit,
- die Bereitstellung von Pausenräumen,
- die ärztliche Untersuchung vor Beginn der Einstellung des Jugendlichen und vor Ablauf des ersten Beschäftigungsjahres.

Verstöße gegen die Bestimmungen des Jugendarbeitsschutzgesetzes können mit Geldbußen, Geldstrafen und Freiheitsstrafen geahndet werden.

Für die **Überwachung** des **Jugendarbeitsschutzes** sind die **Gewerbeaufsichtsämter** zuständig, sie geben ebenfalls zu Fragen des Jugendarbeitschutzes Auskunft.

Die wichtigsten Regelungen des Jugendarbeitsschutzgesetzes zeigt die folgende Übersicht:

Die wichtigsten Bestimmungen des Jugendarbeitsschutzgesetzes		
Mindestalter für Beschäftigung § 7	grundsätzlich Ausnahmen: – Beschäftigung im Berufsausbildungsverhältnis – bei leichter und für Jugendliche geeigneter Tätigkeit	15 Jahre 14 Jahre 14 Jahre

Inhalt des JuArbSchG

Die wichtigsten Bestimmungen des Jugendarbeitsschutzgesetzes

Arbeitszeit § 8	grundsätzlich wöchentl. Montag-Freitag täglich	 40 Stunden max. 8,5 Stunden
Frühester Arbeitsbeginn § 14	grundsätzlich Ausnahmen (über 16 Jahre): verkehrsbedingte Gründe Bäcker (17jährig)	6 Uhr 5.30 Uhr 4 Uhr
Spätester Arbeitsschluß § 14	grundsätzlich Ausnahmen (über 16 Jahre): – im Gaststättengewerbe – in mehrschichtigen Betrieben – jedoch vor Berufsschultag mit Berufsschulunterricht vor 9 Uhr auch in Ausnahmefällen – verkehrsbedingte Gründe	20 Uhr 22 Uhr 23 Uhr 20 Uhr 23.30 Uhr
Tägliche Freizeit § 13	nach Beendigung der Arbeitszeit mindestens	 12 Stunden
Fünftagewoche § 15	Jugendliche dürfen an in der Woche beschäftigt werden Ausnahme: – bei Beschäftigung an Samstagen (§ 16)	5 Tagen
Schichtzeit (Arbeitszeit einschl. Pause) § 12	grundsätzlich Ausnahmen: – im Bergbau unter Tage – im Gaststättengewerbe, Landwirtschaft, Bau und Montage Tierhaltung	10 Stunden 8 Stunden 11 Stunden
Freistellung bei Prüfungen und außerbetrieblichen Ausbildungsmaßnahmen § 10	Freistellung muß erfolgen – für die Teilnahme an Prüfungen und außerbetrieblichen Maßnahmen für die Zeit der Teilnahme einschließlich der Pausen; – an dem Tag, der der schriftlichen Abschlußprüfung unmittelbar vorangeht.	
Urlaub § 19	Alter **zu Beginn** des Kalenderjahres noch nicht 16 Jahre noch nicht 17 Jahre noch nicht 18 Jahre Der Urlaub soll Berufsschülern in der Zeit der Berufsschulferien gegeben werden. Soweit er nicht in den Berufsschulferien gegeben wird, ist für jeden Berufsschultag, an dem die Berufsschule während des Urlaubs besucht wird, ein weiterer Urlaubstag zu gewähren.	 mindestens 30 Werktage mindestens 27 Werktage mindestens 25 Werktage

Die wichtigsten Bestimmungen des Jugendarbeitsschutzgesetzes	
Berufsschule § 9	Beschäftigungsverbot vor einem vor 9 Uhr beginnenden Berufsschulunterricht. Der Jugendliche darf nicht beschäftigt werden bei einer Unterrichtszeit von mehr als 5 Unterrichtsstunden zu 45 Min. Gänzliche Freistellung jedoch nur einmal wöchentlich. Der Berufsschultag gilt als 8 Stunden Ausbildungszeit.
Ärztliche Erstuntersuchung § 32	Ein Jugendlicher, der in das Berufsleben eintritt, darf nur beschäftigt werden, wenn 1. er innerhalb der letzten 14 Monate von einem Arzt untersucht worden ist und 2. dem Arbeitgeber eine von diesem Arzt ausgestellte Bescheinigung vorliegt. Beim Abschluß von Berufsausbildungsverträgen mit Jugendlichen muß die ärztliche Bescheinigung über die Erstuntersuchung mit den übrigen Vertragsunterlagen bei der Eintragung der zuständigen Stelle (Steuerberaterkammer) zur Einsicht vorgelegt werden (§ 32 Abs. 1 Nr. 3 BBiG).

1.5.2 Das Mutterschutzgesetz

Mutterschutz

Das Mutterschutzgesetz (MuSchG) dient dem Schutz der werdenden Mutter und erstreckt sich auch auf weibliche Auszubildende. So dürfen Schwangere u. a. nicht mit schweren körperlichen Arbeiten betraut werden und sind von sechs Wochen vor bis acht Wochen nach der Niederkunft zu beurlauben (vgl. hierzu auch Kap. 16.4.2).

1.5.3 Das Bundesurlaubsgesetz

Urlaub

Das Bundesurlaubsgesetz (BUrlG) regelt den jährlichen Mindesturlaub für Auszubildende, für die nicht mehr das Jugendarbeitsschutzgesetz gilt. Der Mindesturlaub beträgt gem. § 3 Abs. 1 BUrlG z. Z. **18 Werktage.** Werktage sind auch die Samstage. Diese Mindestregelungen können in der Praxis durch betriebliche und einzelvertragliche Vereinbarungen für die Auszubildenden günstiger gestaltet werden.

1.5.4 Die Arbeitszeitordnung

Arbeitszeit

Die Arbeitszeitordnung (AZO) regelt für Auszubildende, die nicht mehr durch das Jugendarbeitsschutzgesetz erfaßt werden, die tägliche maximale Arbeitszeit, arbeitsfreie Zeiten und Ruhepausen. Auch hier sind betriebliche oder einzelvertragliche Besserstellungen möglich.

Aufgaben und Fälle zur Sicherung des Lernerfolgs:

1. Wesentliche Bestimmungen des Berufsausbildungsverhältnisses sind im Berufsbildungsgesetz (BBiG) festgelegt.
   a) Wer sind die Vertragspartner (§ 3 Abs. 1)?
   b) Wer unterschreibt den Berufsausbildungsvertrag (§ 4 Abs. 2)?
   c) Wie lange ist die Probezeit (§ 13)?
   d) Welche Kündigungsmöglichkeiten des Berufsausbildungsverhältnisses gibt es (§ 15 Abs. 1 und 2)?

2. Der Steuergehilfin Evi, die sich im 4. Ausbildungsmonat befindet, gefällt es im Ausbildungsbetrieb nicht mehr so recht. Das Betriebsklima ist nicht besonders gut und die Ausbildung läßt nach Auffassung Evis zu wünschen übrig, ohne daß konkrete Verfehlungen nachzuweisen wären. Als sie einen anderen Ausbildungsplatz als Steuergehilfin angeboten bekommt, der besser zu sein scheint und darüber hinaus wesentlich günstiger zur Wohnung liegt, will sie wechseln.

   Welche Möglichkeiten zur Beendigung des Ausbildungsverhältnisses kommen in Frage?
   a) Außerordentliche Kündigung,
   b) Kündigung während der Probezeit,
   c) Kündigung wegen Berufswechsels,
   d) Beendigung im gegenseitigen Einvernehmen.

3. Der Auszubildende A kündigt fristlos, weil die Ausbildung so erhebliche Mängel aufwies, daß ihm ein Festhalten an dem Vertrag nicht mehr zugemutet werden konnte. Er findet erst nach drei Monaten einen Ausbildungsplatz, an dem er seine Ausbildung fortsetzen kann.

   Er stellt in Rechnung:

1. Kosten für Inserate	110,00 DM
2. Entgangene Ausbildungsvergütung	1050,00 DM
3. Drei Monate Fachgehilfenvergütung abzüglich der Ausbildungsvergütung mit der Begründung, durch den Verlust von drei Ausbildungsmonaten könnte er wegen der Lage der Prüfungstermine erst 1/2 Jahr später als geplant und voraussehbar in seinem Beruf arbeiten.	9000,00 DM

   Welche Antwort ist richtig?
   a) A hatte keinen Grund zur fristlosen Kündigung und kann deshalb auch nichts in Rechnung stellen.
   b) A kann alle genannten Punkte als Schadenersatzanspruch in Rechnung stellen.
   c) A hat Anspruch auf Schadenersatz zu Punkt 1.
   d) A hat Schadenersatzansprüche zu den Punkten 1 und 2.

1.6 Die Beendigung des Ausbildungsverhältnisses

Das Ausbildungsverhältnis kann wie folgt beendet werden:

Beendigungsmöglichkeiten

- mit **Bestehen der Abschlußprüfung,** falls die Abschlußprüfung vor Ablauf des Vertrags bestanden wird (§ 14 Abs. 2 BBiG);
- mit **Ablauf des Vertrags,** falls die Prüfung später stattfindet (§ 14 Abs. 1 BBiG);
- durch rechtwirksame **Kündigung** (§ 15 BBiG);
- durch **Auflösung im beiderseitigen Einvernehmen** (Aufhebungsvertrag);
- durch Sonderfälle wie: Tod des Ausbilders, Betriebsaufgabe und Betriebsverlegung an einen anderen Ort. In den letzten beiden Fällen sollte der Steuergehilfin in Ausbildung geholfen werden, eine neue Ausbildungsstelle zu finden. Dies entspricht dem im Vertrag enthaltenen Fürsorgegedanken.

Bei der **Beendigung durch Kündigung** muß unterschieden werden in eine

- Kündigung während der Probezeit,
- Kündigung nach der Probezeit.

Kündigung in der Probezeit

Während der Probezeit kann das Vertragsverhältnis **jederzeit schriftlich ohne Angabe von Gründen** seitens des Ausbilders oder der Auszubildenden gekündigt werden.

Wenn auch das BBiG die Angabe der Kündigungsgründe nicht verlangt, so erscheint es jedoch gerade bei einer Kündigung durch den Ausbilder sinnvolles und pädagogisch verantwortungsvolles Handeln zu sein, wenn dem Berufsanfänger in einem offenen und verständnisvollen Gespräch die Gründe dargelegt werden, die zur Auflösung führten. Nur durch Kenntnis der Gründe kann Einsicht und – für den weiteren Berufsweg ggf. sehr wichtig – die Änderung eines in der Jugend-Persönlichkeit des Auszubildenden liegenden Fehlverhaltens bewirkt werden. Für den Fall, daß ein Einstellungsirrtum durch Kündigung in der Probezeit korrigiert werden soll, d. h. der Grund für die Kündigung liegt einzig darin, daß die Vertragspartner im engen persönlichen Kontakt, den die Steuerberaterpraxis vorgibt, nicht zueinander passen, so ist gerade bei motivierten Auszubildenden diese Mitteilung wichtig, um ggf. Selbstzweifel, Frustration und Resignation bzw. Aggressionen so gering wie möglich zu halten.

Kündigung nach der Probezeit

Nach der Probezeit kann das Ausbildungsverhältnis nur gekündigt werden

- **aus wichtigem Grund** von beiden Vertragspartnern und ohne Kündigungsfrist;

– **vom Auszubildenden** mit einer Kündigungsfrist von vier Wochen, wenn **er die Berufsausbildung ganz aufgeben** oder sich für einen anderen Beruf ausbilden lassen will.

Auch diese **Kündigungen** müssen **schriftlich** erfolgen, wobei jetzt die **Kündigungsgründe anzugeben** sind.

Fristlose Kündigung

Die **Kündigung aus wichtigem Grund** sollte immer erst dann als letztes Mittel ausgesprochen werden, wenn alle anderen Mittel versagt haben, um Probleme bei der Berufsausbildung zu lösen. Dieser Grundsatz ergibt sich sowohl aus allgemeinen Forderungen jugendmäßiger Menschenführung, als auch aus der schon zitierten Verpflichtung zu charakterlicher Förderung des Auszubildenden (§ 6 BBiG). Der Ausbilder sollte bedenken, daß ein Scheitern in der beruflichen Anfangsphase oft lebensprägende Negativfolgen haben kann.

Kündigungsgründe

Kündigungsgründe des Ausbilders: können z. B. sein

Tätlichkeiten oder erhebliche Ehrverletzungen gegen den Ausbilder oder Mitarbeiter, Verstoß gegen die Schweigepflicht, Vermögensdelikte zum Nachteil des ausbildenden Steuerberaters, jedoch nicht ohne weiteres leichterer Art, andauernde Unpünktlichkeit, fortgesetztes unentschuldigtes Fehlen im Betrieb oder der Berufsschule, wiederholt verspätete Ablieferung des Ausbildungsnachweises, eigenmächtiger Urlaubsantritt.

Kündigungsgründe des Auszubildenden: können z. B. sein

Tätlichkeiten oder erhebliche Ehrverletzungen im Rahmen der Ausbildung, unvollständige Ausbildung, Nichtzahlung der Ausbildungsvergütung.

Wird das Verhältnis aus einem wichtigen Grund rechtswirksam gekündigt, so kann der zur Kündigung Berechtigte vom anderen Teil Schadenersatz fordern.

Die **Kündigung** aus wichtigem Grund **ist** jedoch **unwirksam, wenn** die ihr zugrunde liegenden **Tatsachen** dem zur Kündigung **berechtigten Partner länger als zwei Wochen bekannt sind,** da sie dann als „geheilt“ gelten.

Im Kündigungsschreiben sind die Gründe im einzelnen zu benennen. Neben einem eindeutig beschriebenen Katalog von Kündigungsgründen muß meist im Einzelfall entschieden werden, ob ein wichtiger Grund zur einseitigen Lösung des Ausbildungsverhältnisses gegeben ist. Grundsätzlich ist an die wichtigen Gründe nach Ausbildungsrecht eine strengere Anforderung als in einem Arbeitsverhältnis zu stellen, da die Jugendlichkeit und der Entwicklungsprozeß, in dem sich der Auszubildende befindet, zu berücksichtigen sind.

Gemeinsam ist in den meisten Fällen die Verpflichtung zu einer sog. **Abmahnung** gegeben, das heißt zu einem an eine bestimmte Form gebundenen Hinweis des Ausbilders bzw. Arbeitgebers auf das Fehlverhalten der Gehilfin. Hierdurch soll ein Unrechtsbewußtsein und – auch in Anbetracht der genannten Konsequenzen – eine Verhaltensänderung herbeigeführt werden. Der ausbildende Steuerberater ist darüber hinaus verpflichtet, mit allen gebotenen und zumutbaren Erziehungsmitteln auf die Gehilfin einzuwirken, um die Mängel und Fehlentwicklungen zu beseitigen und das Ausbildungsverhältnis zu erhalten.

Die **Auflösung in beiderseitigem Einverständnis** kommt dann in Frage, wenn nach der Probezeit zwar kein Kündigungsgrund vorliegt, beide Vertragspartner sich jedoch über eine Auflösung des Ausbildungsvertrags einigen. Sie nehmen ihre Willenserklärungen sozusagen beiderseits wieder zurück.

2 Grundlagen des Wirtschaftens

2.1 Bedürfnisse

Mit Vollendung der Geburt bis zu seinem Tod begehrt der Mensch Güter. Hat das Neugeborene Hunger, so schreit es. Der Säugling hat das Bedürfnis, seinen Hunger zu stillen. Ein Bedürfnis äußert sich in dem Gefühl eines Mangels, verbunden mit dem Wunsch, diesen Mangel zu beheben.

Existenzbedürfnisse

Nach der Dringlichkeit der Bedürfnisse unterscheidet man Existenz-, Kultur- und Luxusbedürfnisse. Die Befriedigung von **Existenzbedürfnissen** (Bedürfnis nach Nahrung, Kleidung, Unterkunft) ist für den Menschen lebensnotwendig, d.h. ohne die Befriedigung von lebensnotwendigen Bedürfnissen ist eine Erhaltung menschlichen Lebens auf die Dauer nicht möglich (**materielles Existenzminimum**).

Das Leben in einer hochentwickelten Volkswirtschaft setzt aber neben dem rein materiellen Existenzminimum auch gewisse kulturelle Grundfertigkeiten voraus: z.B. das Lesen, Schreiben und Rechnen (**kulturelles Existenzminimum**).

Kulturbedürfnisse

Kulturbedürfnisse empfindet der Mensch erst, nachdem die Existenzbedürfnisse befriedigt sind. Kulturbedürfnise (Bedürfnisse nach Unterhaltung, Reisen) steigern die Lebensqualität des Menschen, d.h. sie bereichern seine Existenz.

Zu einem „menschenwürdigen" Leben in einem zivilisierten Sozialstaat gehört aber auch die Befriedigung von Bedürfnissen, die über das materielle und kulturelle Existenzminimum hinausgehen (**soziales Existenzminimum**). Da Bedürfnisse durch Güter befriedigt werden, könnte man fordern: Alle Güter, die in unserer Wirtschafts- und Gesellschaftsordnung der Gerichtsvollzieher im Rahmen eines gerichtlichen Mahnverfahrens nicht pfänden darf, gehören zum sozialen Existenzminimum.

Luxusbedürfnisse

Luxusbedürfnisse (z.B. das Bedürfnis nach einer Motorjacht) fallen aus dem Rahmen der üblichen Lebensführung und werden nicht von allen Menschen als Mangel empfunden. Sie entspringen dem Wunsch nach einem höheren Lebensstandard.

Luxusbedürfnisse können von der Mehrzahl der Bevölkerung nur unter großen finanziellen Opfern befriedigt werden.

Abgrenzung

Eine exakte wissenschaftliche Abgrenzung der Bedürfnisarten ist nicht möglich, da jeder Mensch für sich eine Bewertung vornimmt, und somit die Übergänge zu den einzelnen Bedürfnisarten fließend sind.

Die Befriedigung der Bedürfnisse (einfaches Essen – abwechslungsreiche Mahlzeiten – 8-Gänge-Menü; einfache Unterkunft – geräumige Eigentumswohnung) wird von verschiedenen Faktoren bestimmt, z.B Lebensalter, Geschlecht, klimatische Verhältnisse, kulturelles Umfeld, persönliches Einkommen und Lebensstandard oder Erziehung.

Nach der Zahl der Menschen, die ein Bedürfnis befriedigen, unterscheidet man Einzelbedürfnisse und Gemeinschaftsbedürfnisse. Ein **Einzelbedürfnis** (**Individualbedürfnis**) wird nur von einem einzelnen Menschen empfunden und befriedigt, während **Gemeinschaftsbedürfnisse** (**Kollektivbedürfnisse**) von vielen Menschen empfunden und befriedigt werden. Ein einzelner Mensch könnte zur Befriedigung eines Gemeinschaftsbedürfnisses (z.B. das Bedürfnis nach Autobahn oder Universität) die notwendigen finanziellen Mittel überhaupt nicht aufbringen.

2.2 Bedarf

Bedarf

Die Bedürfnisstruktur eines Menschen ist vor allen Dingen für einen Psychologen von Interesse. Kaufleute interessieren sich nur insoweit für Bedürfnisse, als diese auch tatsächlich befriedigt werden können. Bedürfnisse können aber nur befriedigt werden, wenn der Mensch über die erforderlichen finanziellen Mittel verfügt. Denjenigen Teil der Bedürfnisse, der mit Kaufkraft ausgestattet ist (in Form von Einkommen, Ersparnissen oder Kreditbeschaffungsmöglichkeiten), bezeichnet man als Bedarf. Unter **Bedarf** versteht man demnach Bedürfnisse, die tatsächlich finanziert werden können und am Markt nachfragewirksam in Erscheinung treten.

2.3 Güter

Sachgüter
Dienstleistungen

Als Güter bezeichnet man alle Mittel, die der Befriedigung der menschlichen Bedürfnisse dienen. Wir unterscheiden zunächst nach **Sachgütern** (diese sind körperlich greifbar) und **Dienstleitungen** (das sind immaterielle Güter). Die Dienstleistung eines Steuerberaters ist körperlich nicht greifbar. Der Steuerberater dient dem Menschen. Zu beachten ist darüber hinaus, daß der Begriff Produktion nicht nur die Herstellung von Sachgütern umfaßt, sondern auch die Herstellung von Dienstleistungen, was z.B. für den Steuerberater zutrifft.

Die Sachgüter kann man weiter unterteilen in **Produktionsgüter**, die zur Herstellung anderer Güter dienen (Maschinen) und Konsumgüter, die zur persönlichen Verwendung bestimmt sind. Die **Konsumgüter** wiederum teilen sich in **Gebrauchsgüter**, die für längere Zeit zum Gebrauch zur Verfügung stehen (Fernsehgerät) und **Verbrauchsgüter**, die bei ihrer Verwendung verbraucht werden (Schinkenbrot).

Einteilung:	Arten:	Beispiele:
Nach der Knappheit	Freie Güter	Luft, Sand am Meer, Sonnenenergie
	Wirtschaftliche Güter (Knappe Güter)	Rohstoffe, Produktionsmittel, Nahrungsmittel (Gemüse, Obst)
Nach der Nutzung	Gebrauchsgüter	Automobile, Kühlschränke, Kleidung, Maschinen
	Verbrauchsgüter	Nahrungsmittel, Tinte, Bleistifte, Nägel, Werkstoffe
Nach der Verwendung	Produktivgüter	Fabrikgebäude, Maschinen, Kraftfahrzeuge, Werkstoffe
	Konsumgüter	Einfamilienhäuser, Freizeitkleidung, Lebensmittel
Nach dem Eigentum	Private Güter	Privater Pkw, private Fabrikanlage, Privatautobahn
	Öffentliche Güter	Militärfahrzeuge, Bundesbahn, öffentliche Straßen, Versorgungsnetze
Nach der Konsumnähe	Güter niederer Ordnung = konsumnahe Güter	Für den Konsum verfügbare Güter = Konsumgüter
	Güter höherer Ordnung = konsumferne Güter	Nicht direkt für Konsumzwecke verfügbare Güter = Produktivgüter
Nach der Form	Materielle Güter	Sachgüter aller Art, z.B. Einrichtung
	Immaterielle Güter	Leistungen aller Art, z. B. ärztl. Hilfe

Abb. 5: Güterarten

Je nachdem, ob ein Gut gewerblich oder beruflich genutzt wird oder nur im privaten Haushalt Verwendung findet, kann es einmal Produktionsgut oder Gebrauchs- bzw. Verbrauchsgut sein. Für den Taxifahrer ist das Auto Produktionsgut – er produziert damit Beförderungen –, für den Privatmann ist das Auto Gebrauchsgut.

2.4 Die Notwendigkeit zu wirtschaftlichem Handeln

Unbegrenzte Bedürfnisse

Der Konflikt zwischen den unbegrenzten Bedürfnissen des Menschen und den begrenzten Gütern zur Bedürfnisbefriedigung auf dem „Raumschiff Erde" zwingen den Menschen zum planvollen Handeln, zum Wirtschaften. Der Mensch ist gezwungen, einen Interessenausgleich zwischen unendlichen Wünschen und der Knappheit der Güter vorzunehmen. Im

Gegensatz zu den knappen Gütern sind die sogenannten freien Güter konsumreif, d.h. sie brauchen nicht erst mit Aufwand hergestellt zu werden. Zu den freien Gütern gehören beispielsweise die Luft (noch!) und die Sonne. Da sie unbegrenzt vorhanden sind, brauchen sie auch nicht gelagert zu werden und kosten nichts.

2.5 Volkswirtschaftliche Produktionsfaktoren

Produktionsfaktoren

Die Vielzahl der bei der Produktion benötigten Güter lassen sich auf drei Elemente zurückführen. Diese Elemente nennt man Produktionsfaktoren. Unter Produktionsfaktoren versteht man Bestandteile, die bei der Güterherstellung beteiligt sind. Das Zusammenwirken dieser Bausteine (Kombination) ermöglicht die Produktion neuer Güter. Produktion ist demnach nichts anderes als die Kombination von Produktionsfaktoren. **Arbeit** (jede Arbeitsleistung), **Kapital** (gemeint ist Sachkapital) und **Natur** (Faktoren, die die Natur zur Verfügung stellt wie Boden, Bodenschätze, Energiequellen) sind die drei bei jeglicher Produktion beteiligten Produktionsfaktoren.

Arbeit und Natur waren die ursprünglichen Produktionsfaktoren. Mit ihrer Hilfe wurde Kapital hergestellt. Der Produktionsfaktor Kapital wird deshalb auch als abgeleiteter Produktionsfaktor bezeichnet (abgeleitet aus den Produktionsfaktoren Arbeit und Natur) bzw. produziertes Produktionsmittel (produziert aus den Faktoren Arbeit und Natur) genannt.

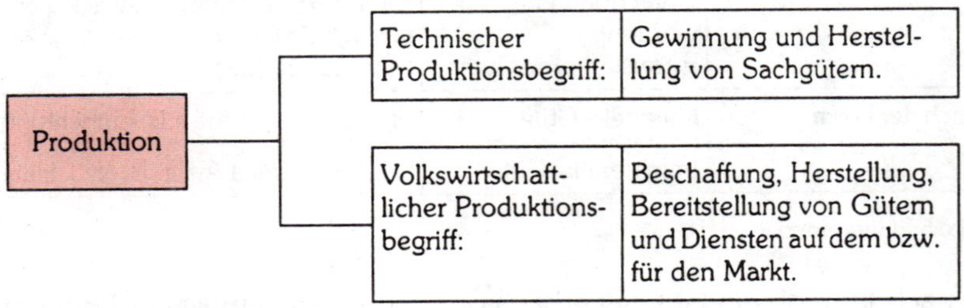

Abb. 6: Produktionsbegriff

2.6 Betriebswirtschaftliche Produktionsfaktoren

Betriebswirtschaftliche Produktionsfaktoren

Als **betriebswirtschaftliche Produktionsfaktoren** bezeichnet man:

1. ausführende Arbeitsleistungen,
2. Betriebsmittel (technische Ausstattung des Betriebes),
3. Werkstoffe (Roh-, Hilfs- und Betriebsstoffe),
4. leitende (dispositive; Disposition (lat.) = Anordnung, Verfügung) Arbeitsleistungen

Rohstoffe gehen als Hauptbestandteil in das Fertigprodukt ein (Holz bei der Herstellung eines Schrankes). **Hilfsstoffe** gehen als Nebenbestandteil in das Fertigprodukt ein (Leim, Schrauben). **Betriebsstoffe** gehen überhaupt nicht in das Fertigprodukt ein, sie werden bei der Produktion verbraucht (Öl, Elektrizität).

Ausführende Arbeitsleistung, Betriebsmittel und Werkstoffe werden als Elementarfaktoren bezeichnet. Diesen drei Elementarfaktoren wird die **dispositive Arbeitsleistung** als vierter Produktionsfaktor zugeordnet, der die wirtschaftliche Tätigkeit plant und organisiert (Leitungsfunktion) und die Kombination der Elementarfaktoren steuert und lenkt.

2.7 Das ökonomische Prinzip

In den bisherigen Ausführungen zu diesem Kapitel wurde begründet, *warum* der Mensch wirtschaftlich handeln muß. Die Frage, *wie* wirtschaftliches Handeln zu verwirklichen ist, wurde nicht beantwortet. Wirtschaftliches Handeln muß vernünftig (rational) vollzogen werden. Als Grundprinzip dieses Handelns gilt das sogenannte **ökonomische Prinzip** (Wirtschaftlichkeitsprinzip). Das ökonomische Prinzip stellt sich in zwei Versionen dar, die nicht miteinander kombiniert werden können. Wenn der Mensch eine bestimmte Leistung (ein Gut) mit dem geringsten Aufwand an Mitteln (Produktionsfaktoren) erzielen will, so handelt er nach dem **Minimalprinzip**. Die zweite Version des ökonomischen Prinzips, das **Maximalprinzip**, verlangt das Erreichen einer größtmöglichen Leistung (maximaler Ertrag) mit gegebenem Einsatz an Mitteln (Aufwand). Eine Kombination dieser beiden Versionen (mit geringsten Mitteln den größtmöglichen Erfolg zu erzielen) läßt sich nicht verwirklichen.

ökonomisches Prinzip

Minimalprinzip	**Maximalprinzip**	**Kein Prinzip**
Handle so, daß ein bestimmter Erfolg mit minimalem Mitteleinsatz erzielt wird	Handle so, daß mit einem bestimmten Mitteleinsatz ein maximaler Erfolg erzielt wird	Handle so, daß mit einem minimalen Mitteleinsatz ein maximaler Erfolg erzielt wird
Eine bestimmte Strecke ist in möglichst kurzer Zeit zurückzulegen	In einer bestimmten Zeit ist eine möglichst lange Strecke zurückzulegen	In möglichst kurzer Zeit ist eine möglichst lange Strecke zurückzulegen
Optimales Verhältnis von Einsatz (Input) zu Erfolg (Output)		Eine Gleichung mit 2 Unbekannten

Wiederholungsfragen:

1. Was versteht man unter einem Bedürfnis?
2. Nach der Dringlichkeit der Bedürfnisse unterscheidet man Existenz-, Kultur- und Luxusbedürfnisse. Grenzen Sie diese Bedürfnisse ab!
3. Wodurch unterscheidet sich ein Einzelbedürfnis von einem Gemeinschaftsbedürfnis?
4. Wodurch unterscheiden sich Bedürfnisse und Bedarf?
5. Erklären Sie die Begriffe materielles, kulturelles und soziales Existenzminimum.
6. Welche Aufgaben haben Güter in der Wirtschaft?
7. Welche Güterarten kennen Sie?
8. Inwiefern kann ein und dasselbe Gut einmal Produktionsgut und einmal Konsumgut sein?
9. Stellen Sie Unterscheidungsmerkmale von knappen und freien Gütern gegenüber!
10. Woraus ergibt sich letzten Endes für den Menschen die Notwendigkeit zu wirtschaftlichem Handeln?
11. Was versteht man unter einem Produktionsfaktor?
12. Nennen Sie die volkswirtschaftlichen Produktionsfaktoren!
13. Wirtschaftliches Handeln orientiert sich an dem sog. ökonomischen Prinzip. Erläutern Sie dieses Prinzip!

Aufgaben und Fälle zur Sicherung des Lernerfolgs:

1. Die Übergänge zu den einzelnen Bedürfnisarten sind fließend. Nennen Sie bei der Bedürfnisart „Essen und Trinken“ Beispiele für Ihrer Meinung nach Existenz-, Kultur- und Luxusbedürfnisse. Fertigen Sie eine Tabelle nach folgendem Muster an!

	Essen und Trinken
Existenzbedürfnis	
Kulturbedürfnis	
Luxusbedürfnis	

2. Ist das Bedürfnis nach Bildung und Ausbildung Ihrer Meinung nach ein Existenz- oder ein Luxusbedürfnis? Begründen Sie Ihre Meinung!

3. Handelt es sich bei den folgenden Beispielen um ein Einzelbedürfnis oder um ein Gemeinschaftsbedürfnis?
Berufsschule, privates Schwimmbad, Eisenbahnbrücke, öffentliches Freibad, Privatflugzeug, Krankenhaus, Eigenheim.

4. Welche der angeführten Güter sind Verbrauchsgüter, Gebrauchsgüter, Produktionsgüter und Dienstleistungen?
Kreditgewährung durch eine Bank, Heizöl, Schreibmaschine, Schwarzwälder Kirschtorte, Schuhe, Maniküre, Chanel Nr. 5, Kugelschreiber, Personalcomputer, Fotokopiergerät, Schlagbohrmaschine.

5. „Willst Du jemanden reich machen, mußt Du ihm nicht das Gut mehren, sondern seine Bedürfnisse mindern."
Welche Handlungsanweisung wird in dem Ausspruch von Epikur angesprochen?

6. In welchem Land muß der Mensch nicht wirtschaften? (Scherzfrage)

7. Stellen Sie fest, ob es sich bei den folgenden Fällen um das Minimalprinzip, das Maximalprinzip oder um überhaupt kein Prinzip handelt:

   a) Es soll mit möglichst wenig Blech ein möglichst großes Auto hergestellt werden.

   b) Ein gebrauchter Personalcomputer soll an den Käufer verkauft werden, der am meisten bietet.

   c) Für einen Klassenausflug in den Pfälzer Wald wird das günstigste Verkehrsmittel gesucht.

   d) Eine Schreibmaschine soll bei dem Verkäufer bestellt werden, der das günstigste Angebot unterbreitet.

   e) Eine Steuergehilfin möchte mit möglichst wenig Benzin eine möglichst große Strecke bewältigen.

   f) Ein Auszubildender möchte die neueste Platte der Rolling Stones bei dem Händler kaufen, der die Platte am preiswertesten anbietet.

   g) Ein Packer soll mit möglichst wenig Papier möglichst viele Pakete verpacken.

   h) Ein Steuerberater möchte seine Ersparnisse so anlegen, daß sie den größtmöglichen Ertrag erbringen.

8. Ein Philosoph hat einmal Glück durch folgende Formel definiert:

$$\text{Glück} = \frac{\text{materieller Verbrauch}}{\text{Bedürfnisse}}$$

Nach den Regeln der Mathematik kann das Glück demnach vergrößert werden durch:

- Verkleinerung des Nenners oder
- Vergrößerung des Zählers.

Diskutieren Sie beide Möglichkeiten.

9. Wonach Du sehnlich ausgeschaut,
es wurde Dir beschieden.
Du triumphierst und jubelst laut:
Jetzt hab' ich endlich Frieden.

Ach Freundchen, rede nicht so wild,
bezähme Deine Zunge;
ein jeder Wunsch, wenn er erfüllt,
kriegt augenblicklich Junge! (Wilhelm Busch)

Welches Problem wurde in dem Gedicht angesprochen? Nehmen Sie dazu Stellung!

10. Welcher Bedürfnisart würden Sie das Bedürfnis nach Rechtsberatung zuordnen?

11. Beschreiben Sie an Beispielen, daß die Bedürfnisse des Menschen vom Alter, vom Geschlecht, vom Klima, von der Erziehung und vom Einkommen abhängen.

2.8 Die Minimalkostenkombination

Minimalkostenkombination

Unter Produktion versteht man volkswirtschaftlich die Kombination der drei Produktionsfaktoren Arbeit, Kapital und Natur. Das ökonomische Prinzip verlangt vom Unternehmer, daß ein bestimmter Ertrag mit dem geringsten Aufwand an Produktionsmitteln erzielt werden soll. Es sind dabei folgende Begriffe zu unterscheiden:

Output = **mengenmäßiges** Ergebnis der Produktion

Input = **mengenmäßiger** Einsatz an Produktionsfaktoren

Erlös = verkaufte Gütermenge, bewertet mit Absatzpreisen

Kosten = eingesetzte Menge an Produktionsfaktoren, multipliziert mit ihren Preisen.

Wir unterstellen, daß ein bestimmter Ertrag durch unterschiedliche Kombination der Produktionsfaktoren erzielt werden kann, d.h. die Einsatzmenge eines Produktionsfaktors (z.B. Arbeit) kann durch die Einsatzmenge eines anderen Produktionsfaktors (z.B. Kapital) verändert werden, ohne daß sich der Output ändert. Dem Unternehmer stehen demnach verschiedene Produktionsverfahren (Kombination der Produktionsfaktoren) zur Verfügung. Gesucht ist das Produktionsverfahren, das die geringsten Gesamtkosten verursacht. Diese Kombinationsmöglichkeit nennt man **Minimalkostenkombination**.

Wiederholungsfragen:

1. Was versteht man unter einem Produktionsverfahren?
2. Erklären Sie die Begriffe Output, Input, Erlös und Kosten!
3. Was versteht man unter der Minimalkostenkombination?

Aufgaben und Fälle zur Sicherung des Lernerfolgs:

1. Ein Unternehmer stellt nur ein Produkt (Taschenrechner) her. Wir unterstellen der Einfachheit halber, daß der Einsatz des Produktionsfaktors Natur konstant bleibt. Es sollen 10 Taschenrechner hergestellt werden. Die abgebildete Übersicht zeigt 5 Kombinationsmöglichkeiten der Produktionsfaktoren Arbeit und Kapital (Produktionsverfahren), die den gleichen Ertrag erzielen.

Produktions-verfahren	Einsatz an Arbeit	Einsatz an Kapital	Ertrag in Stück
A	10	1	10
B	6	2	10
C	4	2	10
D	2	4	10
E	1	5	10

Wir nehmen an, daß der Preis für eine Einheit Kapital 25,– DM, der Preis für eine Einheit Arbeit 15,– DM beträgt. Ermitteln Sie die Minimalkostenkombination für die Produktionsverfahren.

Produktions-verfahren	Kosten für Arbeit	Kosten für Kapital	Gesamt-kosten
A			
B			
C			
D			
E			

2. Wie würden Sie reagieren, wenn der Preis des Produktionsfaktors Arbeit auf 30,– DM steigen würde, während der Preis des Produktionsfaktors Kapital unverändert bleibt?

2.9 Einfacher Wirtschaftskreislauf

Wirtschaftskreislauf

Eine Volkswirtschaft ist ein Netz von gegenseitigen Verflechtungen und Beziehungen. Ständig werden Güter und Dienstleistungen hergestellt, gekauft und verkauft. Verbrauch bzw. Gebrauch der Güter und Dienstleistungen und deren Herstellung fallen hierbei auseinander. In einem vereinfachten Kreislaufmodell sollen die Abhängigkeiten zwischen den wirtschaftlichen Einheiten (Wirtschaftssubjekten) Haushalte und Unternehmen dargestellt werden.

2.9.1 Die Güterströme

Güterströme

Die Herstellung (Produktion) von Gütern und Dienstleistungen findet in Unternehmen statt. Der Verbrauch bzw. Gebrauch (Konsumtion) von Gütern und Dienstleistungen erfolgt in den Haushalten. Den Ort, an dem die hergestellten Güter angeboten bzw. nachgefragt werden, bezeichnet man aus der Sicht der Unternehmen als Absatzmarkt.

Wir erinnern uns: Produktion ist die Kombination der Produktionsfaktoren Arbeit, Kapital und Boden (Natur). Die Unternehmen fragen demnach am Beschaffungsmarkt Produktionsfaktoren nach, die von den Haushalten angeboten werden.

2.9.2 Die Geldströme

Geldströme

Als Gegenleistung für die Überlassung der Produktionsfaktoren durch die Haushalte zahlen die Unternehmen ein Entgelt. Die schematische Darstellung zeigt, daß der Geldstrom dem Güterstrom entgegenläuft.

Das den Haushalten zugeflossene Einkommen wird dazu verwendet, um die von den Unternehmen angebotenen Güter und Dienstleistungen zu kaufen. Somit fließen Geldbeträge von den Haushalten zurück an die Unternehmen, wie die schematische Darstellung zeigt.

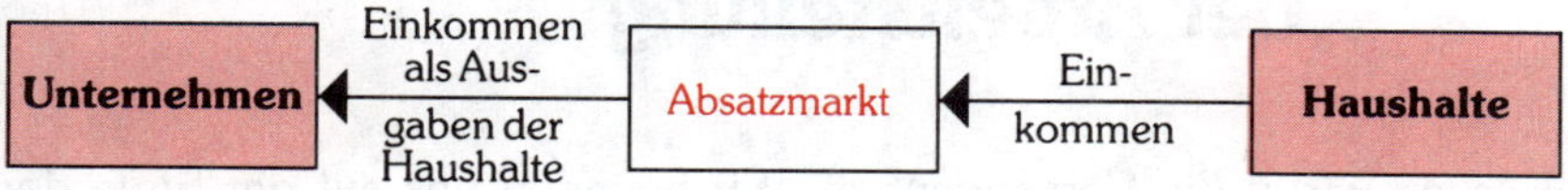

Es muß noch darauf hingewiesen werden, daß unserem Modell folgende vereinfachende Annahmen zugrunde liegen:

- Es findet kein Außenhandel statt.
- Der Staat greift nicht in das Wirtschaftsgeschehen ein.
- Die gesamte Produktion besteht nur aus Konsumgütern; es gibt keine Investitionen.
- Die Haushalte verwenden das gesamte Einkommen zum Kauf von Konsumgütern; es gibt weder Ersparnisse noch Banken.

Wiederholungsfragen:

1. Nennen Sie die wirtschaftlichen Einheiten eines einfachen Wirtschaftskreislaufs!
2. Beschreiben Sie den Fluß der Güterströme und der Geldströme!
3. Nennen Sie vereinfachende Annahmen, die dem Modell eines einfachen Wirtschaftskreislaufs zugrunde liegen!

Aufgaben und Fälle zur Sicherung des Lernerfolgs:

1. Ordnen Sie den Ziffern 1–10 der Abbildung die folgenden Begriffe zu: Güterangebot, Faktorangebot, Haushalte, Unternehmen, Güterentgelt, Faktorentgelt.

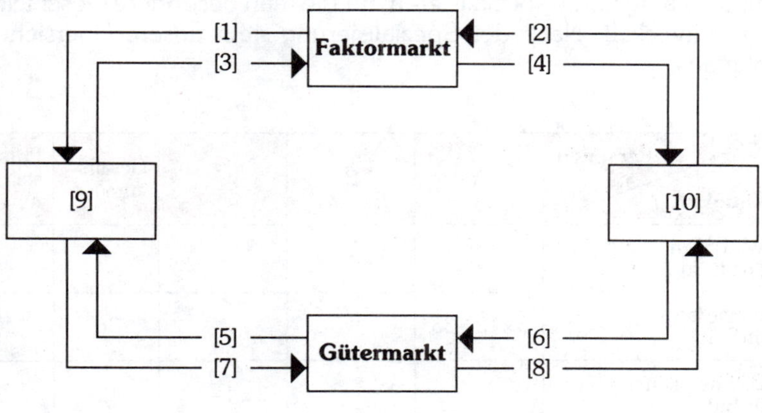

2. Was haben der Wirtschaftskreislauf und der Blutkreislauf gemeinsam?

2.10 Stufen und Auswirkungen der Arbeitsteilung

Blicken wir in die Vergangenheit: Wir befinden uns auf der Stufe der geschlossenen Hauswirtschaft. Die Familie war autark, d.h. alles, was sie zum Leben brauchte, wurde von den Familienmitgliedern hergestellt. Wir nehmen an, daß die Familien A, B und C jede Woche 40 Fische, 4 Stück Wild und als Bau- und Brennmaterial 8 mittelgroße Bäume benötigen. Familienvater A ist ein geschickter Fischer, Familienvater B ein guter Jäger und Familienvater C ist ein fähiger Holzfäller. Wenn jeder für sich alleine insgesamt 9 Stunden arbeitet, d.h. für jede Tätigkeit **jeweils 3 Stunden** aufwendet, sieht das Ergebnis am Ende eines Arbeitstages wie folgt aus:

Tätigkeit / Personen	A	B	C	Gesamtertrag (in Stück)
Wild jagen (in Stück)	2	3	1	6
Fische fangen (in Stück)	12	5	8	25
Bäume fällen (in Stück)	2	3	4	9
Gesamtertrag				40

Arbeitsteilung

Alle drei Familienväter können jagen, fischen und Bäume fällen. Da aber jeder eine Tätigkeit besonders gut beherrscht, ist es sinnvoll, sich auf die Fähigkeit zu spezialisieren, für die man besondere Geschicklichkeit entwickelt. Nach der Spezialisierung sieht unsere Übersicht wie folgt aus:

Tätigkeit / Personen	A	B	C	Gesamtertrag	Ertragssteigerung
Wild jagen (in Stück)	–	3 x 3 = 9	–	9	3
Fische fangen (in Stück)	3 x 12 = 36	–	–	36	11
Bäume fällen (in Stück)	–	–	3 x 4 = 12	12	3
Gesamtertrag				57	17

2.10.1 Die hauswirtschaftliche Arbeitsteilung

hauswirtschaftliche Arbeitsteilung

Robinson Crusoe kannte noch keine Arbeitsteilung. Er erstellte alle Güter selbst, die er zum Leben brauchte. Und er ge- oder verbrauchte alle Güter selbst, die er herstellte.

Die ursprünglichste Form der Aufgabenteilung ist die Arbeitsteilung zwischen Mann und Frau. Auf Grund physischer Gegebenheiten war der Mann zuständig für körperlich schwere Aufgaben im Außenbereich: Jagd, Fischerei, Hausbau und Verteidigung der Familie. Die Frau wurde mit körperlich leichteren Aufgaben im Innenbereich betraut. Sie war zuständig für die Haus- und Feldarbeit.

2.10.2 Die Berufsbildung

Berufsbildung

Manuelle Fertigkeiten und geistige Fähigkeiten der Menschen sind unterschiedlich verteilt. Es zeigte sich, daß die Mitglieder einer Gruppe für die verschiedenen Tätigkeiten unterschiedliche Geschicklichkeit entwickeln. Ein guter Jäger war nicht unbedingt ein guter Fischer. Der eine war ein geschickter Töpfer, der andere ein geschickter Weber. Warum soll der unbewegliche Dicke auf die Jagd gehen und der schnelle Dünne Fische fangen? Jedes Gruppenmitglied soll die für ihn geeigneten Aufgaben übernehmen. So entstanden im Laufe der Zeit auf Grund individueller Fertigkeiten und Fähigkeiten bestimmte **Grundberufe**: die Berufe der Jäger, Fischer, Töpfer, Weber, Schneider, Tischler, Schmiede usw. Diesen Vorgang der Arbeitsteilung bezeichnet man als **Berufsbildung**. Die Spezialisierung auf bestimmte Berufe war demnach Folge unterschiedlicher Geschicklichkeit der Menschen.

2.10.3 Die Berufsspaltung

Berufsspaltung

Mit fortschreitender technischer Entwicklung spalteten sich die Grundberufe. Eine weitere Spezialisierung innerhalb eines Berufszweiges war die Folge. Diesen Vorgang bezeichnet man als **Berufsspaltung**. So spaltete sich beispielsweise der Beruf des Schneiders auf in Damen- und Herrenschneider. Weitere Beispiele:

Berufsbildung	Berufsspaltung
Schmied →	Hufschmied Waffenschmied Goldschmied

Berufsbildung	Berufsspaltung
Schlosser	Bauschlosser Maschinenschlosser Autoschlosser
Kaufmann	Bürokaufmann Einzelhandelskaufmann Großhandelskaufmann Industriekaufmann Bankkaufmann

Hauswirtschaftliche Arbeitsteilung, Berufsbildung und Berufsspaltung kann man auch als **überbetriebliche** oder **gesellschaftliche Arbeitsteilung** bezeichnen.

2.10.4 Die innerbetriebliche Arbeitsteilung im technischen Bereich

Arbeitsteilung

Unter technischer Arbeitszerlegung (technische Arbeitsteilung) versteht man die Aufspaltung eines Produktionsvorgangs in selbständige Teilabschnitte. Der einzelne Arbeiter ist nicht mehr an allen Arbeitsgängen beteiligt, sondern er führt lediglich eine kleine Teilarbeit aus, die sich ständig wiederholt. Ziel dieser innerbetrieblichen Arbeitsteilung im Fertigungsbereich ist eine Steigerung des Ertrags. Die Vorteile der Arbeitszerlegung hat Adam Smith bereits im 18. Jahrhundert in seinem berühmten „Stecknadelbeispiel“ beschrieben:

„Einer zieht den Draht, einer richtet ihn, ein Dritter schneidet ab, ein vierter spitzt ihn zu, ein fünfter schleift ihn am oberen Ende, damit der Kopf angesetzt werde; die Fertigung des Kopfes erfordert zwei oder drei verschiedene Verrichtungen; das Ansetzen desselben ist ein Geschäft, das Weißglühen der Nadeln ein anderes; ja sogar das Einstecken der Nadeln bildet ein Gewerbe für sich. So ist das wichtige Geschäft der Stecknadelfabrikation in ungefähr 18 verschiedene Vorrichtungen geteilt, die in manchen Fabriken alle von verschiedenen Händen vollbracht werden.“

Smith erklärte, daß in einem ihm bekannten kleineren Betrieb damals im Durchschnitt von den Arbeitern jeder täglich 4.800 Nadeln herstellte.

„Hätten sie dagegen alle einzeln und unabhängig gearbeitet und wäre keiner für dies besondere Geschäft angelernt worden, so hätte gewiß keiner 20, vielleicht nicht eine Nadel täglich machen können.“

(Quelle: Häuser, Karl, Volkswirtschaftslehre, S. 54 f.
Funk-Kolleg zum Verständnis der modernen Gesellschaft Band 2, Fischer Bücherei 1967)

Mit dem Einsatz des Fließbandes wurde die Massenproduktion ermöglicht. Jeder Arbeiter führt nur noch einen Handgriff oder eine Reihe bestimmter Handgriffe aus. Auf diese Weise können große Mengen gleichartiger Güter hergestellt (Massenproduktion) und die Kosten pro Stück gesenkt werden. Unternehmen mit hohen Absatzmengen können daher billiger produzieren als Unternehmen mit geringen Absatzmengen.

2.10.5 Die innerbetriebliche Arbeitsteilung im kaufmännischen Bereich

Eine Arbeitsteilung ist nicht nur im Fertigungsbereich möglich und notwendig, sondern auch im kaufmännischen Bereich (kaufmännische Arbeitsteilung). Bei dieser Art der Arbeitsteilung werden innerhalb der kaufmännischen Abteilungen (Einkauf, Verkauf, Personalabteilung, Rechnungswesen usw. bestimmte Arbeitsleistungen in Teilverrichtungen aufgelöst. Beispiel:

Abteilung	Arbeitszerlegung
Buchhaltung	→ Belege sortieren → Belege kontieren → Buchen in Grund- und Hauptbuch → Belege ablegen

2.10.6 Die betriebliche Arbeitsteilung durch Abteilungsbildung

Anhand der Aufbauorganisation werden in einem Betrieb mehrere Stellen mit gleichartigen Aufgaben bzw. Tätigkeiten zu Abteilungen zusammengefaßt (siehe S. 188). Ziel dieser Abteilungsbildung ist eine Steigerung der Arbeitsproduktivität.

2.10.7 Vorteile der Arbeitsteilung

Die Vorteile der Arbeitsteilung wurden bereits mehrfach umschrieben. Im einzelnen ergeben sich folgende positiven Auswirkungen: Arbeitsteilung *Vorteile*

- ermöglicht Massenproduktion,
- senkt die Produktionskosten,
- verkürzt die Arbeits- und Ausbildungszeit,

– steigert das Einkommen und damit den Lebensstandard,
– führt zu einer besseren Güterversorgung in der Volkswirtschaft,
– ermöglicht den Einsatz der Menschen nach ihren Fähigkeiten und Neigungen.

Lassen wir zum Abschluß dieses Kapitels einen Professor für Volkswirtschaftslehre die Vorteile der Arbeitsteilung beschreiben:

„Beispielsweise könnte ein Steuerberater, der gelegentlich und durchaus mit Geschick seinen Garten bearbeitet, vor der Frage stehen, ob er eine bestimmte Arbeit – eine Hecke zu schneiden – selbst übernehmen oder ob er sie einem Gelegenheitsarbeiter überlassen soll. Nehmen wir an, der Steuerberater verdiene in seiner Praxis nach Abzug aller damit verbundenen Aufwendungen zehn Mark pro Stunde, der Gelegenheitsarbeiter verlange für seine Dienste für die gleiche Zeit fünf Mark und beide könnten mit dem gleichen Erfolg und in der gleichen Zeit die Gartenarbeit bewältigen. Dann würde es für den Steuerberater teuer kommen, wenn er die Arbeit selber übernähme. Es wäre ökonomisch sinnvoller für ihn, in seiner Praxis zu arbeiten und damit seine Dienstleistungen gegen Gartenarbeit zu tauschen, indem er seine Einnahmen als Steuerberater für die Bezahlung der Gartenhilfe verwendet. Mit anderen Worten, in der Praxis verrichtet der Steuerberater die Gartenarbeit sozusagen in der halben Zeit oder mit verdoppelter Produktivität.

An diesem Beispiel lassen sich Sinn und Effekte der Arbeitsteilung und die damit verbundene Notwendigkeit, wirtschaftliche Leistungen auszutauschen, auf recht einfache Weise erklären."

(Quelle: Häuser, Karl, Volkswirtschaftslehre S. 71 a.a.O.)

Wiederholungsfragen:

1. Was versteht man unter hauswirtschaftlicher Arbeitsteilung?
2. Beschreiben Sie den Prozeß der Berufsbildung und Berufsspaltung!
3. Was versteht man unter betrieblicher, was unter innerbetrieblicher Arbeitsteilung?
4. Geben Sie ein Beispiel für die kaufmännische Arbeitsteilung!
5. Nennen Sie Vorteile der Arbeitsteilung!

Aufgaben und Fälle zur Sicherung des Lernerfolgs:

1. Wie könnte die Berufsspaltung aus dem Grundberuf Händler aussehen? (Denken Sie auch an den Außenhandel)
2. Welches sind Ihrer Meinung nach die Nachteile einer fortschreitenden Arbeitsteilung?

2.11 Markt und Preis

2.11.1 Der Markt

Definition Markt

Der Austausch von Gütern und Dienstleistungen vollzieht sich auf den Märkten. Der Ausdruck **Markt** kennzeichnet daher das **Zusammentreffen von Angebot und Nachfrage**. Hierbei ist es nicht notwendig, daß sich Anbieter und Nachfrager persönlich gegenüberstehen (wie auf dem Wochenmarkt). Die Marktteilnehmer können auch telefonieren oder schreiben. Der Marktbegriff ist wesentlich weiter gefaßt. Mit dem Begriff „Markt" bezeichnet man nicht nur den geografischen Ort des Zusammentreffens von Angebot und Nachfrage, sondern darüber hinaus die gedankliche Zusammenfassung des gesamten Angebots an bzw. der gesamten Nachfrage nach bestimmten Gütern/Dienstleistungen. So gibt es beispielsweise weltweit einen Markt für Personalcomputer.

Anbieter und Nachfrager vertreten am Markt unterschiedliche Interessen. Die Anbieter wollen zu einem möglichst hohen Preis verkaufen und somit einen möglichst hohen Gewinn erzielen (**Gewinnmaximierung**). Die Nachfrager wollen zu einem möglichst niedrigen Preis kaufen und einen hohen Nutzen erzielen (**Nutzenmaximierung**). Ein Ausgleich der Interessen erfolgt über den Preis. Der Marktpreis ist das Ergebnis dieses Kompromisses.

2.11.2 Marktarten

Theoretisch gibt es so viele Märkte, wie es Güter und Dienstleistungen gibt, d.h. jedes Gut hat seinen eigenen Markt. Durch die Zusammenfassung zu Gütergruppen lassen sich folgende Marktarten unterscheiden:

Marktarten

Marktart	Gehandelte Güter/Dienstleistungen
Faktormärkte	Produktionsfaktoren Arbeit, Kapital, Boden
Sachgütermärkte	Konsum- und Produktionsgüter
Dienstleistungsmärkte	Dienstleistungen eines Steuerberaters, Rechtsanwalts, Friseurs usw.
Kapitalmärkte	kurz-, mittel- und langfristige Kredite

2.11.3 Marktformen

Marktformen

Die Anzahl der Anbieter und Nachfrager bestimmt sowohl das Marktverhalten der Marktparteien als auch die Preisbildung auf dem Markt. Je nach Zahl der Anbieter und Nachfrager kann eine Einteilung der Märkte in sog.

Marktformen erfolgen. Es ist hierbei nicht notwendig, die Marktteilnehmer exakt zu bestimmen. Es genügt eine Gruppierung in „einer", „wenige" und „viele". Der Einfachheit halber sollen hier lediglich die Marktformen auf der Angebotsseite abgeleitet werden:

Marktformenschema

Anbieter	**Nachfrager**	**Marktform**	**Beispiele**
einer	viele	Angebots-Monopol[1]	Bundespost bei der Briefbeförderung
wenige	viele	Angebots-Oligopol[2]	Automobilmarkt Waschmittelmarkt Zigarettenmarkt
viele	viele	Angebots-Polypol[3]	Weinmarkt Gebrauchtwagenmarkt

Anmerkungen:

1. Betrachtet man den Weltmarkt für ein bestimmtes Gut, dürfte es schwer fallen, Beispiele für Angebots-Monopole zu finden. Selbst wenn wir uns räumlich auf das Gebiet der Bundesrepublik beschränken, finden sich außer bei den Monopolbetrieben Bundespost und Bundesbahn fast keine Monopole. Beschränkt man sich jedoch auf ein geographisch kleines Gebiet, so lassen sich durchaus monopolähnliche Stellungen der Anbieter feststellen. Das einzige Hotel und der einzige Metzger am Ort genießen durchaus eine beschränkte Monopolstellung.

2. Schwierigkeiten bereiten die Abgrenzung der Begriffe „wenige" und „viele". Es ist sicherlich einleuchtend, daß niemand in der Lage ist, Namen und Anzahl aller Automobilkäufer und Waschmittelkonsumenten zu nennen. „Wenige" ist immer dann gegeben, wenn es ohne große Schwierigkeiten möglich ist, die Anbieter eines Gutes namentlich zu nennen und an zwei Händen abzuzählen sind (Hinweis: Verwechseln Sie nicht die Zigarettenanbieter mit den Zigarettennamen).

3. Ähnliche Überlegungen wie für das Monopol sind auch für das Polypol anzustellen. Bezogen auf das gesamte Gebiet der Bundesrepublik ist der Blumenmarkt (Anbieter: Blumengeschäfte) als Polypol anzusehen. Bezogen auf eine kleine Stadt muß man den Blumenmarkt jedoch als Oligopol bezeichnen.

---
1) griech. monos = allein
2) griech. oligoi = wenige
3) griech. poly = viele

Wiederholungsfragen:

1. Was versteht man unter einem Markt im volkswirtschaftlichen Sinn?
2. Welche Ziele verfolgen Anbieter und Nachfrager?
3. Wie erfolgt ein Ausgleich der unterschiedlichen Interessen der Marktparteien?
4. Nach welchem Gesichtspunkt lassen sich Marktformen ableiten?
5. Erklären Sie die Begriffe Monopol, Oligopol und Polypol. Geben Sie zu jeder Marktform ein Beispiel.
6. Inwiefern kann man von „beschränkten Monopolen" sprechen?

Aufgaben und Fälle zur Sicherung des Lernerfolgs:

Fertigen Sie die abgebildete Übersicht an und bestimmen Sie die Ihrer Meinung nach vorliegende Marktform!

Anbieter	Nachfrager	Marktform
Mineralölgesellschaften	Autofahrer	
Anbieter von Fernsehgeräten	Fernsehkonsumenten	
Erfinder der kalorienfreien Leberwurst	Liebhaber von Hausmacher Wurst	
Boutiquen	Modebewußte Konsumenten	
KfZ-Versicherungen	Versicherungsnehmer	
Steuerberater	Arbeitnehmer/ Arbeitgeber	

2.11.4 Preisbildung auf einem vollkommenen Markt

Vollkommener Markt

Auf einem vollkommenen Markt bildet sich nach dem Gesetz von Angebot und Nachfrage unter folgenden Voraussetzungen ein einheitlicher Preis (Gleichgewichtspreis):

- Homogenität der Güter (es werden nur gleiche, vertretbare Güter angeboten, z.B. Wertpapiere, Bücher),
- vollständige Markttransparenz (alle Informationen sind den Marktteilnehmern bekannt),

- unendlich schnelle Anpassungszeit der Marktpartner gegenüber Marktänderungen,
- rationales Handeln der Marktteilnehmer (Gewinn- und Nutzenmaximierung),
- atomistische Konkurrenz (Anbieter und Nachfrager haben aufgrund ihrer großen Zahl eine so geringe Marktmacht, daß von ihnen kein Einfluß auf den Marktpreis ausgehen kann),
- fehlende Präferenzen (Bevorzugungen) hinsichtlich sachlicher, persönlicher oder zeitlicher Art.

Würde ein Anbieter auf einem vollkommenen Markt einen höheren Preis als den Gleichgewichtspreis verlangen, so gingen alle Nachfrager zur Konkurrenz, da vollkommene Markttransparenz herrscht. Würde umgekehr ein Anbieter unterhalb des Gleichgewichtspreises anbieten, so würde er die gesamte Nachfrage auf sich ziehen. Es wäre ihm aber aus zeitlichen Gründen nicht möglich, diese Nachfrage zu befriedigen, da er kurzfristig sein Angebot nicht vermehren kann.

Fehlt auch nur eine dieser Bedingungen, handelt es sich um einen unvollkommenen Markt (die Wertpapierbörse kommt dem Ideal des vollkommenen Marktes am nächsten).

Beispiel: Auf einem vollkommenen Markt treffen sich 10 Anbieter und 10 Nachfrager. Alle Marktteilnehmer wollen jeweils eine Einheit eines Gutes kaufen bzw. verkaufen. Die folgende Übersicht zeigt die Kaufabsichten bzw. Verkaufsabsichten:

Anbieter	**will mindestens den folgenden Preis erzielen**	**Nachfrager**	**will maximal bis zu folgendem Preis nachfragen**
A 1	1,– DM	N 1	10,– DM
A 2	2,– DM	N 2	9,– DM
A 3	3,– DM	N 3	8,– DM
A 4	4,– DM	N 4	7,– DM
A 5	5,– DM	N 5	6,– DM
A 6	6,– DM	N 6	5,– DM
A 7	7,– DM	N 7	4,– DM
A 8	8,– DM	N 8	3,– DM
A 9	9,– DM	N 9	2,– DM
A10	10,– DM	N10	1,– DM

Aufgabe: Ermitteln Sie anhand des unterstellten Käufer- bzw. Verkäuferverhaltens Angebotsmenge, Nachfragemenge und Umsatzmenge bei den jeweiligen Preisen!

Bei welchem Preis wird der höchste Umsatz erzielt?

Preis/DM	Nachfragemenge (Stück)	Angebotsmenge (Stück)	Umsatzmenge (Stück)
1,– DM			
2,– DM			
3,– DM			
4,– DM			
5,– DM			
6,– DM			
7,– DM			
8,– DM			
9,– DM			
10,– DM			

2.11.4.1 Funktionen des Gleichgewichtspreises

Gleichgewichtspreis

Den Preis, der zum höchsten Umsatz führt, bezeichnet man als **Gleichgewichtspreis**, die dazugehörende Umsatzmenge als **Gleichgewichtsmenge** (Umsatzmaximierung). Alle anderen Preise führen zu einem niedrigeren Umsatz. Der Gleichgewichtspreis stellt alle Anbieter und Nachfrager zufrieden, die zu diesem Preis verkaufen bzw. kaufen wollten (**Markträumungsfunktion**). Der Gleichgewichtspreis trennt die konkurrenzfähigen von den nicht konkurrenzfähigen Anbietern. Wer nicht kostengünstig produzieren kann, wird langfristig aus dem Markt ausscheiden. Nachfrager, die nicht über die notwendigen finanziellen Mittel verfügen, kommen nicht zum Zuge (**Auslesefunktion**).

2.11.4.2 Die Gesetze von Angebot und Nachfrage

Gesetz von Angebot und Nachfrage

Als das **Gesetz von Angebot und Nachfrage** bezeichnet man ganz allgemein die Abhängigkeit von Angebot und Nachfrage vom Preis und umgekehrt: Angebot und Nachfrage bestimmen den Preis bzw. der Preis bestimmt Angebot und Nachfrage.

Die Nachfrage- bzw. Angebotskurven auf Seite 52 zeigen das beabsichtigte Verhalten der Marktteilnehmer. Wenn der Preis eines Gutes steigt, sinkt die Nachfrage (**Gesetz von der abnehmenden Nachfrage**). Umgekehrt gilt: Wenn der Preis eines Gutes sinkt, steigt die Nachfrage (**Gesetz von der steigenden Nachfrage**).

Wenn der Preis eines Gutes steigt, steigt das Angebot (**Gesetz vom steigenden Angebot**). Umgekehrt gilt: Wenn der Preis eines Gutes sinkt, sinkt auch das Angebot (**Gesetz vom sinkenden Angebot**). Beim Nachfrageverhalten stehen somit Preisänderung und Nachfragereaktion in umgekehrtem Verhältnis, während beim Angebotsverhalten Preisänderung und Angebotsreaktion in gleichem Verhältnis stehen.

Wir haben die Preisbildung und die Preisgesetze bei gegebenem Angebots- und Nachfrageverhalten beschrieben. Wir wollen nun einmal untersuchen, wie sich der Gleichgewichtspreis ändert, wenn sich die Angebotsmenge bzw. die Nachfragemenge ändern. Erhöht sich bei gleichbleibendem Angebot die Nachfrage (z.B. durch Einkommensverbesserungen), so bedeutet dies grafisch eine Verschiebung der Nachfragekurve nach rechts. Zu jedem Preis wird jetzt eine größere Menge nachgefragt. Wie die Abbildung zeigt, hat diese Nachfragesteigerung von N 0 nach N 1 eine Erhöhung des Gleichgewichtspreises bewirkt.

Geht infolge einer Mißernte – bei gleichbleibender Nachfrage – das Angebot nach einem landwirtschaftlichen Produkt zurück, entspricht dies grafisch einer Verschiebung der Angebotskurve nach links. Zu jedem Preis wird jetzt eine kleinere Menge angeboten. Eine Angebotsverringerung hat eine Erhöhung des Gleichgewichtspreises zur Folge.

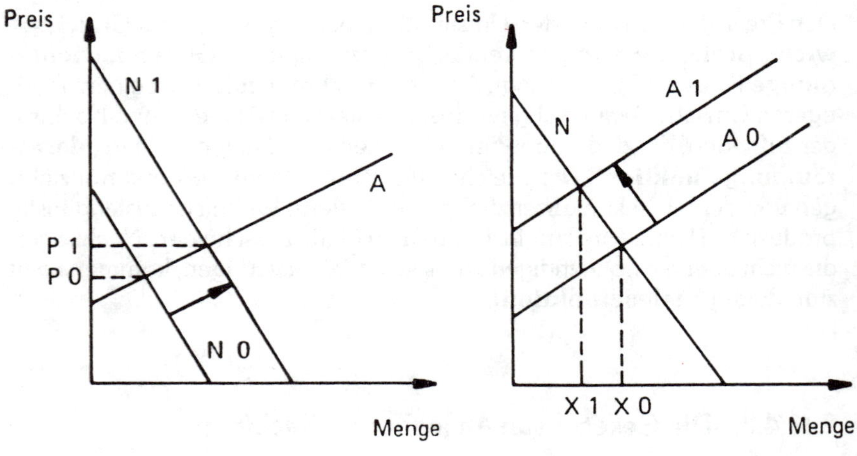

2.11.4.3 Bestimmungsgrößen von Angebot und Nachfrage

Nachfrageverhalten

Das Nachfrageverhalten hängt sowohl vom Preis des begehrten Gutes ab als auch vom Preis anderer vergleichbarer Güer mit ähnlichen Eigenschaften (Austauschgüter = Substitutionsgüter). Das Nachfrageverhalten ist auch abhängig vom Einkommen und von der Dringlichkeit des Bedürfnisses sowie von Werbeeinflüssen.

Das Verhalten der Anbieter ist abhängig von den Anschaffungs- oder Herstellungskosten des Gutes, vom erzielten Preis des angebotenen Gutes und von den Gewinnmöglichkeiten, vom Konkurrenzverhalten der Anbieter des gleichen Gutes oder ähnlicher Güter, von der Marktmacht (Wettbewerbslage) des Anbieters und vom unternehmerischen Risiko. *Anbieterverhalten*

2.11.4.4 Angebotsüberhang, Nachfrageüberhang, Konsumentenrente, Produzentenrente

Angebots- und Nachfrageüberhänge zeigen Zustände, bei denen angebotene und nachgefragte Mengen nicht übereinstimmen. Bei einem Preis oberhalb des Gleichgewichtspreises übersteigt die beabsichtigte angebotene Menge die beabsichtigte nachgefragte Menge (**Angebotsüberhang**). *Angebotsüberhang* Umgekehrt beabsichtigen die Nachfrager bei einem Preis unterhalb des Gleichgewichtspreises mehr Gütereinheiten nachzufragen, als die Anbieter bereit sind anzubieten (**Nachfrageüberhang**). *Nachfrageüberhang* Der Gleichgewichtspreis ist niedriger als der Preis, den eine Anzahl von Konsumenten zu zahlen bereit war, und er ist höher als der Preis, zu dem eine Reihe von Produzenten bereit war anzubieten. Alle Konsumenten, die bereit waren, einen höheren Preis als den Marktpreis zu zahlen, haben Kosten gespart (**Konsumentenrente**). *Konsumentenrente* Alle Produzenten, die bereit waren, zu einem niedrigeren Preis als dem Marktpreis anzubieten, haben einen zusätzlichen Gewinn erzielt (**Produzentenrente**). *Produzentenrente*

2.11.5 Die Preisbildung beim Angebotsmonopol

Ein Monopolist rechnet bei unterschiedlichen Preisen mit den folgenden Absatzmengen für sein Produkt. Welchen Preis soll der Monopolist festsetzen? *Monopolpreisbildung*

Preis/DM	Absatzmenge/Stück	Erlös/DM
1,–	10.500	10.500,–
2,–	8.700	17.400,–
3,–	4.800	14.400,–
4,–	3.200	12.800,–
5,–	1.400	7.000,–

Der Gesamtgewinn wird nicht nur von den Umsatzerlösen beeinflußt, sondern auch von den Produktionskosten, die die verkauften Güter verursacht haben.

Erweitern wir daher unsere Übersicht:

Preis DM	Absatzmenge Stück	Erlös DM	Gesamtkosten DM	Gesamtgewinn DM
1,–	10.500	10.500,–	6.100,–	4.400,–
2,–	8.700	17.400,–	5.800,–	11.600,–
3,–	4.800	14.400,–	3.200,–	11.200,–
4,–	3.200	12.800,–	2.500,–	10.300,–
5,–	1.400	7.000,–	1.600,–	5.400,–

Ergebnis: Bei einem Preis von 2,– DM erzielt der Monopolist den größtmöglichen Gesamtgewinn.

Der Markt und damit der Wettbewerb ist in der Realität fast nie vollkommen.

Die meisten Märkte sind unvollkommen:
- Die Zahl der Anbieter und/oder Nachfrager ist zu gering.
- Die Nachfrager haben keine vollständige Marktübersicht.
- Die Produzenten bieten ungleichartige Güter an.
- Die Anbieter versuchen, die Konkurrenz auszuschalten.
- Einzelne Anbieter haben geographische Standortvorteile.
- Die Hersteller haben Anpassungsschwierigkeiten an neue Marktsituationen.

Zwar hat der Monopolist keine Konkurrenten am Markt, jedoch kann er nicht willkürlich **Preis und Absatzmenge** bestimmen. Auch für einen Monopolisten gilt das „Gesetz der abnehmenden Nachfrage“, d.h. er muß seine Nachfragekurve als gegeben hinnehmen.

Preis-Absatz-Relation

Der Monopolist hat demnach zwei Möglichkeiten:
- Er setzt den Preis fest und nimmt die sich daraus ergebende Nachfragemenge als gegeben hin, oder
- er setzt die Absatzmenge fest und nimmt den sich daraus ergebenden Marktpreis als gegeben hin.

Dem Modell der Monopolpreisbildung liegt die Annahme zugrunde, der Monopolist betreibt Preispolitik. Setzt er einen hohen Preis fest, dann muß er mit einer geringen Absatzmenge rechnen. Wählt er einen niedrigen Preis, dann erhöht sich zwar die Absatzmenge, der Gewinn je Stück wird aber niedriger. Unternehmerisches Ziel des Monopolisten ist es aber, den größtmöglichen Gesamtgewinn zu erzielen (Gewinnmaximierung).

2.11.6 Die Preisbildung beim Angebotsoligopol

Auf einem vollkommenen Markt hat der einzelne Anbieter überhaupt keine Möglichkeit, Preispolitik zu betreiben. Die Marktmacht des einzelnen Anbieters ist zu gering, um die Preise zu beeinflussen. Der Preis ist daher für den Anbieter fest vorgegeben. Er hat nur die Möglichkeit, seine Angebotsmenge so anzupassen, daß er den größtmöglichen Gewinn erzielt. Ein solches Verhalten bezeichnet man als Mengenanpassung. Der Anbieter auf einem vollkommenen Markt ist daher **Mengenanpasser**.

Auf dem Monopolmarkt kann der einzige Anbieter Preispolitik betreiben. Er hat dabei das Verhalten der Nachfrager und seine Produktionskosten als gegeben hinzunehmen.

Oligopol-Preisbildung

Auf einem Oligopolmarkt kommt neben dem Verhalten der Nachfrager auch das Verhalten der Konkurrenten hinzu. Oligopolistische Verhaltensweise ist dadurch gekennzeichnet, daß der Oligopolist das Verhalten seiner Konkurrenten in seiner Markt- und Preisstrategie berücksichtigt (man spricht in diesem Zusammenhang von oligopolistischer Interdependenz). Auf einem Oligopolmarkt gibt es zwei mögliche Zustände: „Krieg“ oder „Frieden“.

Bei einer „kriegerischen“ Auseinandersetzung versuchen die Oligopolisten, durch stetig fortschreitende Preissenkungen die Konkurrenten vom Markt zu verdrängen. Man bezeichnet diesen Verdrängungskrieg, der mit der Absicht geführt wird, den Gegner zu vernichten, als **ruinöse Konkurrenz**.

Da ein „Krieg“ für alle Oligopolisten unangenehme und unerwünschte Folgen nach sich zieht, sind Oligopolmärkte häufiger durch ein **friedliches Nebeneinander** gekennzeichnet. Man hat erkannt, daß der Preiskrieg ein untaugliches Mittel ist, den Gegner zu verdrängen, gibt es doch letztlich keine Sieger, sondern nur Verlierer.

Diese „friedliche Koexistenz“ führt häufig zu stillschweigenden Preisabsprachen (Mineralölmarkt, Automobilmarkt). Das Gleichschrittverhalten zementiert kurzfristig die Preise. Längerfristig findet eine friedliche Preiserhöhung aller Oligopolisten statt.

Dies zeigt auch das folgende Beispiel:

„Am Anfang steht die Ungewißheit. Man kann zwar einigermaßen abschätzen, wie der Käufer auf Preis- oder Qualitätsänderungen reagiert; wie aber verhält sich der Rivale? Die Beobachtung der Wirklichkeit gibt kein eindeutiges Bild. Im Jahre 1928 wurde der Preis für die Lucky-Strike-Zigarette, die uns ja aus der Nachkriegszeit in lebhafter Erinnerung ist, heraufgesetzt. Die Konkurrenz, Camel und Chesterfield, hielt an dem alten Preis fest, so daß der Lucky-Strike-Umsatz zurückging und der Preis wieder gesenkt werden mußte. Aber bei späteren Preisänderungen gingen alle drei Firmen parallel, und bei Preisherabsetzungen einer Firma wird das überhaupt die Regel sein – es sei denn, man verlasse sich darauf, daß die eigene Marke dem Kunden besser schmeckt als die des Unterbieters, mit anderen Worten, daß die Kunden einem treu bleiben werden. Bei gleicher Qualität aber wird es wahrscheinlich überhaupt nicht zu einer Unterbietung kommen. Denn jeder muß damit rechnen, daß der Rivale den Preis dann ebenfalls senkt und daß dann beide schlechter dran sind als vorher. Man unterläßt also die Preissenkung, man provoziert keinen Kampf, man hält Ruhe. Wird das aber auch der andere tun? Ich darf ihn nicht für dümmer halten, als ich selbst bin, d.h. ich muß annehmen, daß er die gleichen Überlegungen anstellt wie ich, also ebenfalls Ruhe hält. Aber ganz sicher bin ich mir nicht, und man wird unwillkürlich an die Geschichte von dem Hund erinnert, der den Fremden anbellt. „Warum haben Sie Angst“, sagt der Hundebesitzer, „Sie wissen doch,, Hunde, die bellen, beißen nicht.“ „Ja“, lautet die Antwort, „**ich** weiß es wohl, aber ob's der Hund weiß?“

Quelle: Erich Preisser, Nationalökonomie heute, Seite 68 ff.; C. H. Beck Verlag; 10. Auflage 1971.

2.11.7 Verbraucherschutz und Verbraucherberatung

Verbraucherschutz

„Da der Verbraucher häufig gegenüber Produzenten und Anbietern im allgemeinen in einer schwächeren Position ist, sind Verbraucherschutz und Verbraucherinformation bzw. -beratung notwendig, um dem Verbraucher angesichts des kaum noch überschaubaren Warenangebotes Hilfestellung zu leisten und ihn vor unlauteren Geschäftsmethoden zu bewahren. Der Verbraucherschutz soll als Verwirklichung einer rechtspolitischen Forderung den Endverbraucher als Nachfrager von Sachgütern und Dienstleistungen schützen, seine Stellung gegenüber der Anbieterseite im Marktgeschehen verstärken und dadurch auch über die Interessenwahrung des einzelnen hinaus zur Hebung der Lauterkeit und Fairneß im Wirtschaftsleben beitragen.“

Quelle: Wie funktioniert das? a.a.O. Seite 434.

Die vom Hersteller bzw. vom Verkäufer gegebenen Informationen über die angebotenen Güter und Dienstleistungen sind oftmals unzureichend. Eine der Ursachen für Verbraucherfehlverhalten sind aber unzureichende Informationen. Verbraucherorganisationen und Verbraucherinstitutionen haben es sich daher zur Aufgabe gemacht, den Verbraucher zu beraten und zu informieren, um ihn vor spontanen, unüberlegten Handlungen zu schützen.

Diese Aufgaben nehmen auf Bundesebene die

– „Arbeitsgemeinschaft der Verbraucherverbände“ (AGV),

auf Länderebene

– die Verbraucherzentralen (VZ)
– sowie die „Stiftung Warentest“ (Zeitschrift „test“) wahr.

Darüber hinaus bieten eine Reihe von Einzelgesetzen dem Verbraucher Schutz.

Gesetz	Wichtige Bestimmungen
Preisangabeverordnung	– Die Preisangaben für den Endverbraucher sind einschließlich Umsatzsteuer anzugeben (§ 1 Abs. 1 VOPr). – Waren, die sichtbar ausgestellt sind, sind durch Preisschilder oder Beschriftung der Waren auszuzeichnen.
Rabattgesetz	Der Preisnachlaß für Bezahlung für den Endverbraucher darf 3% nicht übersteigen (§ 2 Satz 1 RabattG).
Abzahlungsgesetz	– Der Vertragsabschluß bedarf der Schriftform (§ 1 a Abs. 1 AbzG). – Der Käufer kann binnen einer Woche schriftlich widerrufen (§ 1 b Abs. 1 AbzG). – Die Belehrung über das Widerrufsrecht ist vom Käufer gesondert zu unterschreiben (§ 1 b Abs. 2 AbzG).
Zugabeverordnung	Es ist verboten, neben der Ware oder Leistung eine Zugabe (Waren oder Leistung) anzubieten oder zu gewähren (§ 1 Abs. 1 Satz 1 ZugabeVO). Ausnahme: Gegenstände von geringem Wert (Luftballons, Kugelschreiber).

Wiederholungsfragen:

1. Nennen Sie die Voraussetzungen für einen vollkommenen Markt!
2. Geben Sie eine ökonomische Erklärung für den Verlauf einer typischen Angebots- bzw. Nachfragekurve!
3. Was versteht man unter dem Gleichgewichtspreis und unter der Gleichgewichtsmenge?
4. Welche Funktionen erfüllt der Gleichgewichtspreis?
5. Was besagt das Gesetz von der abnehmenden Nachfrage?
6. Von welchen Bestimmungsgrößen hängt das Verhalten der Anbieter und Nachfrager ab?
7. Welchen Preis setzt ein Monopolist fest?
8. Beschreiben Sie die zwei möglichen Zustände auf einem Oligopolmarkt!

Aufgaben und Fälle zur Sicherung des Lernerfolgs:

1. Gegeben ist die Nachfragefunktion y(N) = 30 – 0,15x und die Angebotsfunktion y(A) = 5 + 0,1x. Zeichnen Sie die Angebots- bzw. Nachfragekurve in ein Koordinatensystem, bei dem der Preis (y) auf der vertikalen Achse und die Menge (x) auf der horizontalen Achse abgetragen wird.
   a) Ermitteln Sie graphisch und rechnerisch den Gleichgewichtspreis und die Gleichgewichtsmenge.
   b) Ermitteln Sie graphisch und rechnerisch die Konsumenten- und Produzentenrente.
   c) Wie hoch ist der Nachfrageüberhang bzw. Angebotsüberhang bei einem Preis von 22,50 DM? Zeichnen Sie den Nachfrageüberhang/Angebotsüberhang in ihr Schaubild ein.
2. „Die Preise werden weder von einem höheren Staatsbeamten noch von einem Unternehmer festgesetzt, wie Ihnen die folgende Geschichte verdeutlichen soll: Eines Tages entdeckt die Wissenschaft, daß Leber ein gutes Mittel gegen Anämie abgäbe. Daraufhin setzte eine rege Nachfrage nach Leber ein, die, alten Statistiken zufolge, vordem kaum abgesetzt werden konnte. Der Preis für Leber, der bis dahin aus undurchsichtigen Gründen weit unter dem für Nieren gelegen hatte, schnellte in die Höhe. Betreten Sie heute einmal eine Metzgerei und fragen Sie nach den Preisen für Leber und, falls Sie solche überhaupt vorfinden, nach dem für Nieren. Eine wahre Revolution hat sich hier ereignet. Der Preis für Leber ist in Relation zu dem für Nieren stark gestiegen, womit das begrenzte Leberangebot auf die zahlreichen eifrigen Lebernachfrager verteilt wird. Dies alles besorgt das unpersönliche Wirken von Angebot und Nachfrage."

   (Quelle: Samuelson, Paul A. Volkswirtschaftslehre, 3. Auflage, S. 82).

   Wie würden sich Ihrer Meinung nach die folgenden Geschehnisse auf den **Leberpreis** auswirken (alle anderen Annahmen bleiben unverändert)? Begründen Sie Ihre Meinung! (Hinweis: Im Text ist Rinderleber gemeint.)
   a) Die Bauern züchten vermehrt Rinder.
   b) Wissenschaftler haben entdeckt, daß Rinderleber Krebs verursachen kann.
   c) Der Preis für Rindernieren sinkt sehr stark.
   d) Rinderleber wirkt sich günstig auf die Intelligenz von Schülern aus.
   e) Infolge einer rätselhaften Krankheit schrumpft der Rinderbestand sehr stark.

f) Der Genuß von Rindernieren soll Frauen noch schöner aussehen lassen.

3. Zeichnen Sie in ein Koordinatensystem den Verlauf einer typischen Angebotskurve auf dem Kartoffelmarkt. Wie wirkt sich Ihrer Meinung nach eine Rekordernte auf den Kartoffelpreis aus? Begründen Sie Ihre Meinung graphisch!

4. Nennen Sie Gründe, die einen Nachfragerückgang verursachen können!

5. Wer hat recht?

   Wie hat zu einem Bauern ein Doktor gesagt? – „Ihr Landleute", sagte er, „habt's doch immer gut. Wenn das Getreide wenig gewachsen ist, so verkauft ihr es um einen teuern Preis. Ist es wohlfeil, so habt ihr viel zu verkaufen und löset auch viel Geld." „Umgekehrt, Herr Doktor", sagte der Bauersmann, „wir kommen auf keinen grünen Zweig. Denn wenn das Getreide teuer ist, so haben wir nicht viel zu verkaufen. Wenn wir aber viel haben, so ist es wohlfeil und macht uns doch nicht reich." – Auch gut gegeben.

   (Quelle: Johann Peter Hebel, Schatzkästlein des Rheinischen Hausfreundes, Emil Vollmer Verlag, Seite 25).

6. Zeichnen Sie entsprechend der untenstehenden Skizze ein Achsenkreuz und tragen Sie in das Koordinatensystem die Angebots- und Nachfragemengen in Abhängigkeit von den Preisen aus dem Beispiel Seite 50 ein, wobei auf der senkrechten Achse die Preise und auf der waagrechten Achse die Mengen abgetragen sind. Verbinden Sie die betreffenden Punkte zu einer Angebots- bzw. Nachfragekurve.

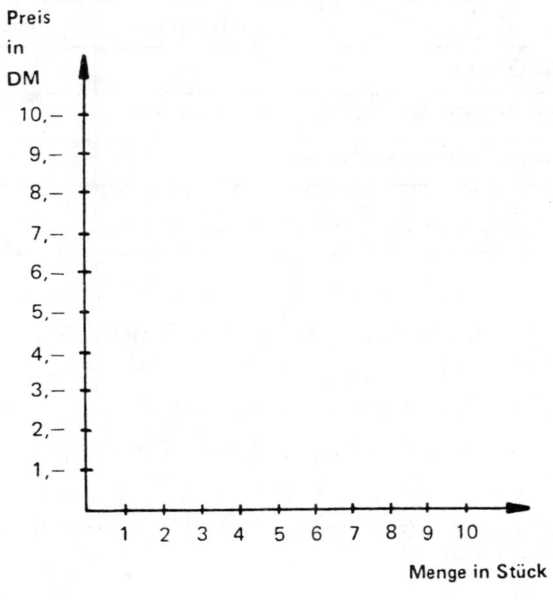

7. In einem landschaftlich schön gelegenen Ort in der Pfalz möchte ein Unternehmer ein Hotel mit 20 Doppelzimmern eröffnen. Da dies im Ort die einzige Übernachtungsmöglichkeit ist, hätte der Hotelier eine geographisch begrenzte Monopolstellung. Aufgrund seiner Erfahrung kalkuliert der Unternehmer bei unterschiedlichen Preisen folgende Kapazitätsauslastungen und Kosten:

Preis/ Doppel-zimmer in DM	**Nachfrage/ Doppel-zimmer**	**Erlös in DM**	**Gesamt-kosten in DM**	**Gewinn in DM**
50,–	18		420,–	
60,–	16		395,–	
70,–	11		201,–	
80,–	7		183,–	
90,–	3		120,–	
100,–	3		120,–	

Vervollständigen Sie die Kalkulation. Zu welchem Übernachtungspreis würden Sie dem Hotelier raten? Begründen Sie Ihre Meinung!

8. Wie verhalten sich Preis (hoch, niedrig), Angebot und Nachfrage (groß, gering) nach Erdbeeren im Winter und im Sommer? Begründen Sie Ihre Meinung!

	Im Winter	**Im Sommer**
Preis für Erdbeeren		
Angebot an Erdbeeren		
Nachfrage nach Erdbeeren		
Begründung		

3 Wirtschaftsordnungen

3.1 Grundprobleme einer Wirtschaftsordnung

Grundproblem

Der Konflikt zwischen den unbegrenzten Bedürfnissen des Menschen und den begrenzten Gütern zur Bedürfnisbefriedigung auf dem „Raumschiff Erde" zwingen den Menschen zu planvollem Handeln. Wir leben nun einmal nicht im Schlaraffenland, in dem eine unendliche Bedürfnisbefriedigung möglich ist. Jede Gesellschaft – ob kapitalistisch oder kommunistisch – muß daher vier grundlegende Probleme lösen:

1. **Was** soll produziert werden (Konsumgüter, Produktionsgüter)?
2. **Wieviel** soll produziert werden (Stückzahl)?
3. **Wie** soll produziert werden (Produktionsverfahren)?
4. **Für wen** soll produziert werden (Güterverteilung an die Mitglieder der Gesellschaft)?

Im Idealfall würden Produktion und Bedarf in einer Volkswirtschaft genau übereinstimmen.

Dies ist jedoch in den seltensten Fällen tatsächlich der Fall:

Produktion	10 Fahrräder	100 Brote	20 Messer
Bedarf	15 Fahrräder	90 Brote	20 Messer

In diesem Beispiel wurden 5 Fahrräder zu wenig produziert. Fünf Nachfrager können daher ihr „Bedürfnis nach Fahrrad" nicht befriedigen. Auf der anderen Seite sind für 10 Brote keine Nachfrager vorhanden. In beiden Fällen wurde am tatsächlichen Bedarf vorbeiproduziert.

Die Steuerung des Wirtschaftsprozesses setzt planvolles Handeln voraus, um Produktion und Bedarf in einer Volkswirtschaft in Übereinstimmung zu bringen. Art und Weise der Planung des Wirtschaftsprozesses sowie das Verhältnis von Staat und Einzelwirtschaften (Unternehmungen und Haushalte) sind in der jeweiligen Wirtschaftsordnung festgelegt.

3.2 Möglichkeiten der Planung

Zentrale Planung

Bei der **zentralen Planung** plant eine oberste Planbehörde Ziele und Ablauf des Geschehens bis ins Detail.

Die Mitglieder der Gesellschaft sind weisungsgebunden, sie haben keinerlei Planspielraum:

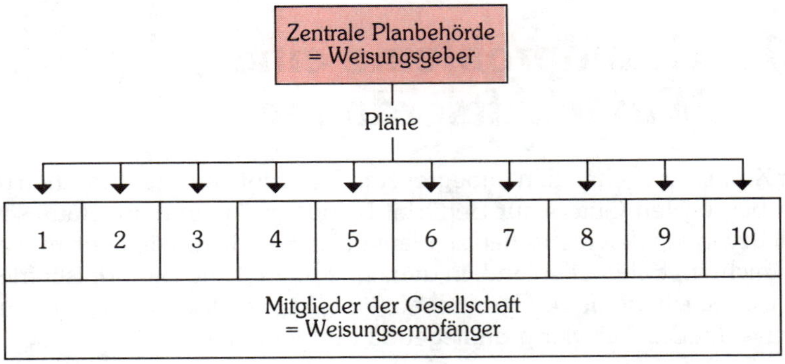

Abb. 7

Bei der **dezentralen Planung** gibt es keine Zentrale, die in die Geschehnisse eingreift. Jedes Mitglied der Gesellschaft führt seine Planungen selbständig und eigenverantwortlich aus.

Bei der **Rahmenplanung** setzt die zentrale Planbehörde einen groben Rahmen. Die Mitglieder der Gesellschaft führen die Detailplanung aus.

3.3 Marktwirtschaft und Zentralverwaltungswirtschaft

Je nachdem, ob eine zentrale Planung (der Staat plant den Wirtschaftsprozeß) oder dezentrale Planung (jeder Haushalt und Unternehmer plant für sich selbst) vorliegt, unterscheidet man zwei entgegengesetzte, **idealtypische Wirtschaftsordnungen**:

- Marktwirtschaft
- Zentralverwaltungswirtschaft

Marktwirtschaft

In der **Marktwirtschaft** bilden sich die Preise im freien Zusammenspiel von Angebot und Nachfrage. Einkommen und Arbeitsbedingungen werden von Arbeitgebern und Arbeitnehmern frei ausgehandelt. Der Einsatz der Produktionsfaktoren vollzieht sich nach den Einzelplänen der Wirtschaftssubjekte.

Der Staat hat lediglich die Aufgabe, für Sicherheit und Ordnung zu sorgen und den Schutz des Privateigentums zu garantieren (alle Produktionsmittel sind Privateigentum), ohne in das Wirtschaftsgeschehen einzugreifen.

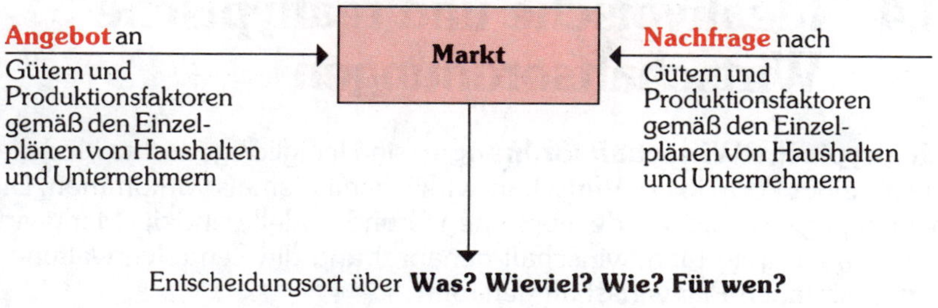

Abb. 8: Angebot und Nachfrage am Markt

Zentralverwaltungswirtschaft

eIn der **Zentralverwaltungswirtschaft** plant, lenkt und kontrolliert die oberste Planbehörde (Staat) den Wirtschaftsprozeß. Der Staat setzt Preise, Einkommen und Arbeitsbedingungen fest und bestimmt den Einsatz der Produktionsfaktoren. Alle Produktionsmittel sind Eigentum des Staates (Kollektiveigentum).

Zentrale Planung

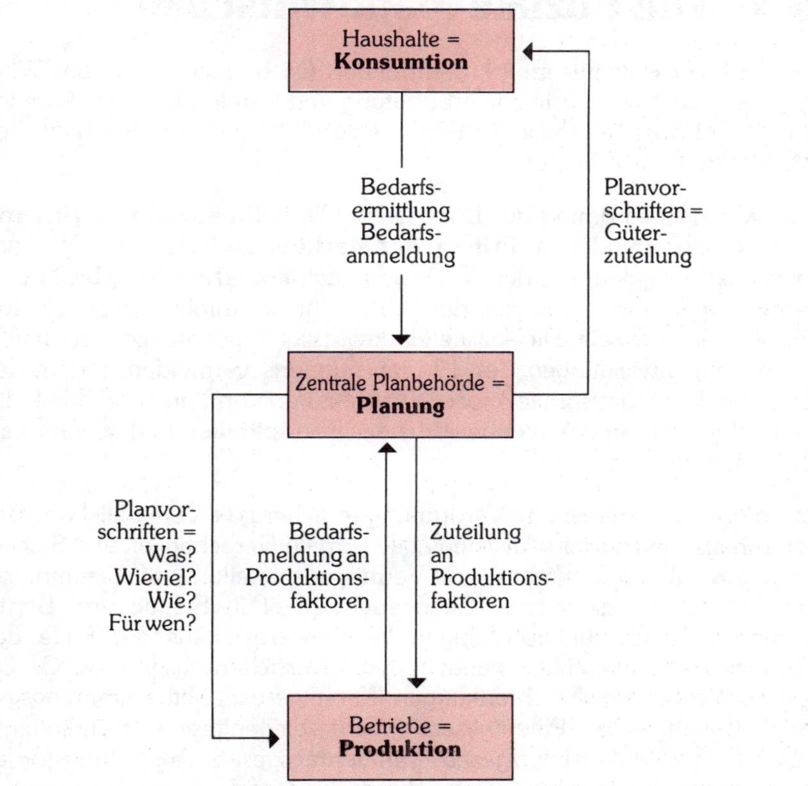

Abb. 9: Das System der zentralen Planung in der Wirtschaft

3.4 Idealtypische und realtypische Wirtschaftsordnungen

Idealtypische Wirtschaftsordnungen sind lediglich gedachte Modelle, die in reiner Form in der Wirtschaftswirklichkeit niemals vorkommen. Die beiden gegensätzlichen idealtypischen Grundmodelle sind die Marktwirtschaft (auch freie Marktwirtschaft genannt) und die Zentralverwaltungswirtschaft (auch Planwirtschaft genannt).

Reine Marktwirtschaft und reine Zentralverwaltungswirtschaft lassen sich in der Realität nicht verwirklichen, da sie lediglich in der Wirtschaftstheorie vorkommen. Die in der Wirtschaftswirklichkeit vorkommenden Wirtschaftsordnungen (**realtypische Wirtschaftsordnungen**) sind Mischformen, die sowohl Elemente der Marktwirtschaft als auch Elemente der Zentralverwaltungswirtschaft aufweisen.

3.5 Die Soziale Marktwirtschaft

Die Rolle des Staates im 19. Jahrhundert (Nichteingreifen in das Wirtschaftsgeschehen) führte zur Ausbeutung und Verelendung der Arbeiter sowie zur Konzentration in der Wirtschaft (Anhäufung von wirtschaftlicher Macht durch Großbetriebe).

Soziale Marktwirtschaft

Die Wirtschaftsordnung der Bundesrepublik heißt **soziale Marktwirtschaft**. Sie verbindet das **Prinzip der Marktwirtschaft** (freies Spiel der Wirtschaftssubjekte) mit der Forderung nach **sozialem Ausgleich** und sichert die Funktionsfähigkeit der Märkte. Ihr Koordinierungsprinzip soll der Wettbewerb sein. Die soziale Marktwirtschaft möchte die wirtschaftlichen Fehlentwicklungen des 19. Jahrhunderts vermeiden, indem der Staat am Wirtschaftsprozeß soziale Korrekturen vornimmt und durch die Aufrechterhaltung des Wettbewerbs der Konzentration in der Wirtschaft entgegentritt.

Viele Gesetze, Erlasse und Verordnungen sichern die Verwirklichung der wirtschafts- und sozialpolitischen Ziele (soziale Gerechtigkeit und Sicherheit, gerechte Einkommens- und Vermögensverteilung, Mitbestimmung des Wirtschaftsgeschehens, Chancengleichheit in Schule und Beruf, Sicherung eines funktionsfähigen Wettbewerbs). Aus der Fülle der Gesetze seien nur einige genannt: Sozialversicherungsgesetze, Gesetz gegen Wettbewerbsbeschränkungen (Kartellgesetz), Mitbestimmungsgesetz, Rabattgesetz, Patentgesetz, Warenzeichengesetz, Kündigungsschutzgesetz, Mutterschutzgesetz, Tarifvertragsgesetz, Ausbildungsförderungsgesetz, Mieterschutzgesetz, Bundeskindergeldgesetz, Vermögensbildungsgesetz, Gesetz zur Regelung des Rechts der Allgemeinen Geschäftsbedingungen, Gesetz gegen unlauteren Wettbewerb.

Wiederholungsfragen:

1. Welche vier grundlegenden Probleme muß jede Wirtschaftsgesellschaft lösen?
2. Nennen Sie Möglichkeiten der Planung!
3. Was versteht man unter Wirtschaftsordnung?
4. Beschreiben Sie die Marktwirtschaft und die Zentralverwaltungswirtschaft?
5. Wodurch unterscheiden sich idealtypische Wirtschaftsordnungen von realtypischen Wirtschaftsordnungen?
6. Beschreiben Sie die Wirtschaftsordnung der Bundesrepublik Deutschland!

4 Das Geldwesen

4.1 Die geschichtliche Entwicklung des Geldwesens

Die Entwicklung des Geldwesens vollzog sich in verschiedenen Etappen.

Naturaltauschwirtschaft

Auf der Stufe der **Naturaltauschwirtschaft** erwarben sich die Menschen Güter durch **Tausch**. Unter einem Tausch versteht man die Lieferung einer Sache (z. B. Nahrungsmittel) gegen die Lieferung einer anderen Sache (z. B. Waffen). Hierbei müssen allerdings die Bedürfnisse der Tauschpartner übereinstimmen: Es muß der Tauschpartner gefunden werden, der ausgerechnet meine angebotene Sache in vorhandener Menge und Qualität nachfragt und zugleich die von mir nachgefragte Sache in Menge und Qualität anbietet.

Auf der Stufe der **Geldwirtschaft** erwerben sich die Menschen Güter durch **Kauf**. Unter einem Kauf versteht man die Lieferung einer Sache gegen Geld.

Warengeld

Zunächst übernahmen wertvolle, von allen Menschen begehrte Waren die Rolle des Geldes (Muscheln, Perlen, Vieh, Waffen, Nahrungsmittel). Alle Güterpreise wurden in diesem Warengeld ausgedrückt.

Edelmetalle (Gold und Silber) entwickelten sich zum allgemeinen Zahlungsmittel. Edelmetalle sind knapp, leicht transportierbar, stofflich wertbeständig, leicht teilbar und leicht aufbewahrbar. Zunächst war Metallgeld in Form von Wägegeld in Umlauf. Die zur Zahlung verwendeten Metalle wurden mit ihrem ursprünglichen Gewicht und in ihrer ursprünglichen Form abgewogen.

Im Laufe der Zeit haben sich bestimmte Formen herausgeprägt (Barren, Stäbe, Ringe). Die Bezahlung mit diesen Formen war ebenfalls noch recht umständlich, da die Edelmetalle bei jedem Kauf neu gewogen werden mußten.

Münzen

Dieser Arbeitsgang wurde mit dem Entstehen von Prägegeld (Münzen) überflüssig. Durch Prägung erhielten die Metalle eine Wertangabe. Der Metallwert entspricht hierbei dem aufgeprägten Wert. Ein Stempel garantiert die Einheitlichkeit von Gewicht und Feingehalt des Edelmetalles.

Wir sprechen von **Kurantmünzen**, wenn der Metallwert dem aufgeprägten Wert entspricht. Man sagt auch, das Metall ist stoffwertvoll.

Unsere heutigen **Scheidemünzen** sind stoffwertlos, d. h. der Materialwert ist weit geringer als der aufgeprägte Wert der Münze.

Noten

Metallgeld in Form von Münzen wurde später durch Banknoten ergänzt. Banknoten sind ebenfalls stoffwertlos. Banknoten und Münzen werden auch als **Bargeld** bezeichnet.

Buchgeld

Buchgeld ist die modernste Form des Zahlungsverkehrs. Buchgeld tritt überhaupt nicht in Erscheinung. Es erscheint lediglich in den Büchern der Kreditinstitute, es ist somit stofflos. Schecks und Überweisungen sind bargeldlose Zahlungsmittel. Mit ihnen wird Buchgeld von Girokonto zu Girokonto überwiesen (deshalb wird das Buchgeld auch als Giralgeld bezeichnet).

4.2 Der Binnenwert des Geldes

4.2.1 Das Verhältnis von Kaufkraft und Preisentwicklung

Kaufkraft

Der Binnenwert unserer Währung (**Kaufkraft**) gibt an, wieviel Güter und Dienstleistungen für einen bestimmten Geldbetrag im Zeitablauf erworben werden können bzw. wieviele Währungseinheiten für eine bestimmte Gütermenge erforderlich sind. Nehmen wir an, eine Packung einer bestimmten Bonbonmischung koste im Vergleich zu heute (1,– DM) vor 10 Jahren 0,50 DM. Dann besagt die Behauptung „die DM ist nur noch die Hälfte wert", für eine DM bekomme ich heute nur noch die halbe Bonbonmenge bzw. für die gleiche Bonbonmenge muß ich heute den doppelten Preis zahlen.

Ein direktes Meßinstrument – wie etwa ein Thermometer zur Messung des Fiebers – steht zur Bestimmung der Kaufkraft nicht zur Verfügung. Die Messung der Kaufkraft erfolgt indirekt über die Preisentwicklung. Zwischen Kaufkraft und Preisentwicklung besteht ein umgekehrtes Verhältnis:

- **steigende** Preise bedeuten **sinkende** Kaufkraft,
- **sinkende** Preise bedeuten **steigende** Kaufkraft.

4.2.2 Die Messung des Geldwertes

Das statistische Bundesamt stellt Gruppen von Gütern in sog. Warenkörben zusammen und ermittelt deren Kosten zu verschiedenen Zeitpunkten. Aus Gründen der Vergleichbarkeit werden hierfür Preisindices[1] gebildet. Da es unmöglich ist, **alle** Güterpreise zu erfassen, berechnet man die Preisindices für bestimmte Interessengruppen. Eine Hausfrau interessiert die Preisentwicklung für Frischfleisch mehr als die Preisentwicklung für Baumaschinen. Das statistische Bundesamt bildet u.a. folgende Preisindices:

[1] Einzahl: Preisindex = statistische Meßzahl

- Preisindex für industrielle Erzeugnisse,
- Preisindex für Importgüter/Exportgüter,
- Preisindex für die Lebenshaltungskosten der privaten Haushalte.

Der amtlich zusammengestellte Warenkorb für die privaten Haushalte umfaßt ein paar Hundert typische Güter und Dienstleistungen, die in privaten Haushaltungen benötigt werden.

Beispiel: Ein Warenkorb mit vier haushaltstypischen Verbrauchsausgaben wird für 1990 (= Basisjahr) gebildet. Derselbe Warenkorb wird auch für 1991 (= Berichtsjahr) zusammengestellt. Für den Wert des Warenkorbs im Basisjahr setzt man 100%. Liegt der Wert des Warenkorbs 1991 über 100%, so sind die Kosten der privaten Lebenshaltung gestiegen, die Kaufkraft ist gesunken. Sinken die Lebenshaltungskosten im Berichtsjahr (Wert des Warenkorbs unter 100%), so ist die Kaufkraft gestiegen.

Güter und Dienstleistungen	**Preise (P_o) pro Einheit in DM Basisjahr 1990**	**Menge (q_o) pro Jahr Basisjahr 1990**	**Wert ($p_o \cdot q_o$) des Warenkorbs Basisjahr 1990**
Herrenhaarschnitt	18,– pro Schnitt	12	216,–
Superbenzin	1,45 pro Liter	720	1.044,–
Schwarzbrot	2,90 pro 500 g	104	301,60
Miete	6,– pro m^2	960	5.760,–
Summe			7.321,60

Güter und Dienstleistungen	**Preise (P_1) pro Einheit in DM Berichtsjahr 1991**	**Menge (q_1) pro Jahr Berichtsjahr 1991**	**Wert ($p_1 \cdot q_1$) des Warenkorbs Berichtsjahr 1991**
Herrenhaarschnitt	22,– pro Schnitt	12	264,–
Superbenzin	1,65 pro Liter	720	1.188,–
Schwarzbrot	3,10 pro 500 g	104	322,40
Miete	8,– pro m^2	960	7.680,–
Summe			9.454,40

Ergebnis:

7.321,60 DM = 100%
9.454,40 DM = x%
x = 129,13%

(Preisindex nach Laspeyres)

Die Kosten für die Lebenshaltung haben sich für die privaten Haushalte 1991 im Vergleich zu 1990 um 29,13% verteuert.

Wiederholungsfragen:

1. Wodurch unterscheiden sich Tausch und Kauf?
2. Welches Problem besteht beim Naturaltausch?
3. Wodurch unterscheidet sich Wägegeld von Prägegeld?
4. Wodurch unterscheiden sich Kurantmünzen von Scheidemünzen?
5. Inwiefern ist Papiergeld stoffwertlos?
6. Was versteht man unter Buchgeld?
7. Was versteht man unter dem Binnenwert des Geldes?
8. Welches Verhältnis besteht zwischen der Kaufkraft und der Preisentwicklung?
9. Beschreiben Sie den Vorgang der Geldwertmessung durch das statistische Bundesamt!

Aufgabe zur Sicherung des Lernerfolgs:

Es ist Berufsschultag. In einer Klasse für Steuerfachgehilfen findet eine Tauschbörse statt. Monika bietet einen Kassettenrekorder und wünscht sich zwei Langspielplatten von den Rolling Stones.

Erika möchte ein kaum getragenes Kleid gegen einen Tennisschläger tauschen.

Gabi wünscht sich ein gebatiktes Halstuch und bietet ein Paar Ohrringe an.

Rita hat einen Vogelkäfig zu vergeben. Sie wünscht sich dafür ein Kleid.

Marion sucht ein Paar Ohrringe gegen zwei Langspielplatten von den Rolling Stones.

Manuela tauscht ihren Tennisschläger gegen einen Kassettenrekorder.

a) Stellen Sie angebotene und gewünschte Güter in übersichtlicher Form gegenüber!

Name	Angebot	Nachfrage

b) Wieviel Tauschstationen sind notwendig, bis Monika die gewünschten Schallplatten erhält?

c) Warum ist es reiner Zufall, daß kein Tauschpartner leer ausging bzw. auf seinem Angebot sitzen blieb?

5 Außenwirtschaftliche Beziehungen

5.1 Die Zahlungsbilanz

Kein Land der Erde ist autark, d.h. keine Volkswirtschaft kann alle notwendigen Güter und Dienstleistungen selbst herstellen. Die Bundesrepublik unterhält daher vielfältige wirtschaftliche Beziehungen zum Ausland. Schauen Sie sich einmal die Schaufensterauslagen in den Einzelhandelsgeschäften an: Zigarren aus Kuba, Modellkleider aus Frankreich, Tee aus China, Personalcomputer aus Japan, um nur einige Güter zu nennen. Die Rohstoffe zur industriellen Produktion müssen zum größten Teil importiert werden. Umgekehrt exportiert die Bundesrepublik Güter in die ganze Welt. Alle außenwirtschaftlichen Beziehungen zwischen der Bundesrepublik und dem Ausland innerhalb einer Wirtschaftsperiode werden in der sog. **Zahlungsbilanz** festgehalten. Der Begriff „Bilanz" ist allerdings unglücklich gewählt, da es sich nicht um Bestandsgrößen wie in der Jahresbilanz eines Betriebes handelt, sondern um Zahlungseingänge und Zahlungsausgänge (**Stromgrößen**).

Zahlungsbilanz

Die Zahlungsbilanz besteht aus mehreren Teilbilanzen und gliedert sich in vereinfachter Form wie folgt:

1. **Handelsbilanz**:	erfaßt Güterausfuhr (Export) und Gütereinfuhr (Import)
2. **Dienstleistungsbilanz**:	erfaßt Import und Export von Dienstleistungen[1]
3. **Übertragungsbilanz**:	erfaßt unentgeltlich geleistete oder empfangene Übertragungen[2]
1.–3.: = Leistungsbilanz	
4. **Kaptitalverkehrsbilanz**:	erfaßt Kapitalexporte und -importe
5. **Devisenbilanz**:	erfaßt Devisenzu- und -abgänge
1.–5.: = Zahlungsbilanz	

Alle außenwirtschaftlichen Vorgänge werden in der Außenhandelsstatistik doppelt gebucht. Die einzelnen Teilbilanzen sind in der Regel nicht ausgeglichen, d.h. es entsteht ein positiver Saldo (die Zahlungseingänge

[1] Der Unterschiedsbetrag zwischen Exporten und Importen von Waren und Dienstleistungen wird als Außenbeitrag bezeichnet.

[2] z.B. Entwicklungshilfe, EG-Beiträge, Überweisungen von Gastarbeitern in ihre Heimat.

aus dem Ausland sind größer als die Zahlungsausgänge an das Ausland) oder ein negativer Saldo (die Zahlungsausgänge an das Ausland sind größer als die Zahlungseingänge aus dem Ausland).

Nach den Regeln der doppelten Buchführung (Sollbuchung = Habenbuchung) müssen jedoch beide Seiten der Zahlungsbilanz betragsmäßig gleich groß sein. Rechnerisch und buchungstechnisch gibt es keinen Zahlungsbilanzsaldo, da die Zahlungsbilanz immer ausgeglichen ist. Begriffe wie „aktive oder passive Zahlungsbilanz" bzw. „Zahlungsbilanzüberschuß" oder „Zahlungsbilanzdefizit" sind daher irreführend. Es gibt nur aktive oder passive Teilbilanzen. Wenn in der Wirtschaftspraxis von einer aktiven oder passiven Zahlungsbilanz die Rede ist, so beziehen sich diese Begriffe auf den Saldo der Devisenbilanz, über den der Zahlungsbilanzausgleich erfolgt.

Beispiel: Außenwirtschaftliche Geschäftsfälle:

1. Die Bundesrepublik exportiert Waren im Wert von 100 Geldeinheiten.
2. Die Bundesrepublik importiert Waren im Wert von 40 Geldeinheiten.

Buchungssätze:

1. Handelsbilanz an Devisenbilanz
   Soll: 100 GE Haben: 100 GE
2. Devisenbilanz an Handelsbilanz
   Soll: 40 GE Haben: 40 GE

Darstellung auf T-Konten:[3]

S	Handelsbilanz		H
Warenexport	100	Warenimport	40
		Saldo	60

S	Devisenbilanz		H
Devisenabfluß	40	Devisenzufluß	100
Saldo	60		

Ergebnis: Die außenwirtschaftlichen Aktivitäten der Bundesrepublik haben zu einer aktiven Handelsbilanz und zu einer aktiven Devisenbilanz geführt.

5.2 Der Wechselkurs

Wechselkurs

Die Bundesrepublik und ihre ausländischen Handelspartner haben verschiedene Währungen. Leider gibt es noch kein Weltwährungssystem. Außenwirtschaftliche Beziehungen sind daher nur möglich, wenn die Preise der Handelspartner vergleichbar sind.

[3] Da es sich um „Bilanzen" handelt, müßte man die „Konten" eigentlich mit Aktiva und Passiva bezeichnen.

Die Vergleichbarkeit der Preise erfolgt über den Wechselkurs. Der Wechselkurs drückt das Wertverhältnis zwischen der Inlandswährung und der Auslandswährung aus:

> Der Wechselkurs ist der Preis für 100 ausländische Währungseinheiten (Ausnahmen: Italien = 1.000, USA und Großbritannien = 1), ausgedrückt in Inlandswährung.

Beispiele:

Stadtsparkasse Neustadt	
Wechselkurs	
öS:	**14,20**
100 öS kosten 14,20 DM	

Stadtsparkasse Wien	
Wechselkurs	
DM:	**704,50**
100 DM kosten 704,50 öS	

Ausländische Zahlungsmittel sind

- **Sorten** (Banknoten und Münzen) und
- **Devisen** (bargeldlose Zahlungsmittel wie Schecks, Wechsel und Überweisungen).

5.3 Wechselkurssysteme

Wechselkurssysteme

Freie Wechselkurse bilden sich ohne staatliches Eingreifen durch Angebot und Nachfrage auf dem Devisenmarkt:

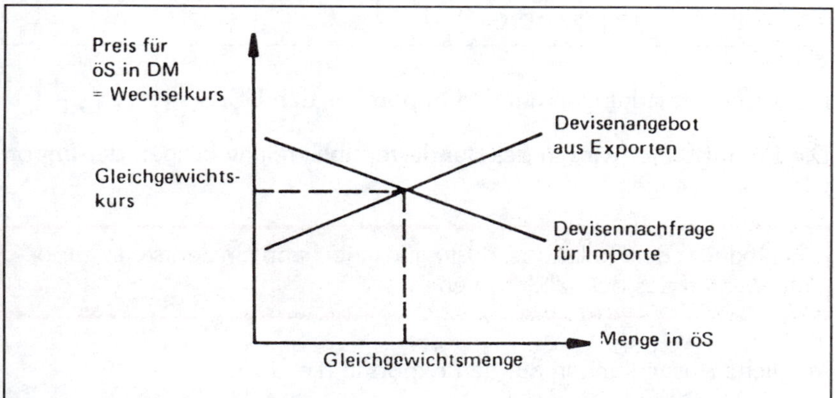

Wird der Wechselkurs vom Staat festgesetzt, handelt es sich um feste Wechselkurse.

5.4 Der Außenwert des Geldes

Außenwert

Der Binnenwert des Geldes (= Kaufkraft) zeigt an, wieviel Güter und Dienstleistungen in Inlandswährung (DM) erworben werden können. Der Wert der DM im Ausland ist theoretisch Null, da das Ausland eine andere Währung hat und daher mit DM keine Güter und Dienstleistungen im Ausland gekauft werden können. Es besteht jedoch die Möglichkeit, ausländische Währungseinheiten mit inländischem Geld zu kaufen. Hierbei ist es notwendig, die Währungen in einzelnen Ländern austauschbar zu machen. Die Austauschbarkeit der Währungen untereinander bezeichnet man als **Konvertibilität**. Der Wechselkurs ist das Bindeglied zwischen den verschiedenen Währungen. Der Außenwert der DM richtet sich nach dem jeweiligen Wechselkurs (= Tauschrelation zweier Währungen). Das Austauschverhältnis zwischen verschiedenen Währungen bezeichnet man als **Parität**. Je mehr ausländische Währungseinheiten für inländisches Geld (DM) gekauft werden können bzw. je weniger inländisches Geld für ausländische Währungseinheiten zu zahlen ist, desto höher ist der Außenwert unser Währung. Ein niedriger Wechselkurs bedeutet demnach einen hohen Außenwert der Inlandswährung, während ein hoher Wechselkurs einen niedrigen Außenwert der Inlandswährung zur Folge hat.

Konvertibilität

Beispiel: Der Preis für einen deutschen Sportwagen soll in der Bundesrepublik 30.000 DM betragen; der Preis für eine Dose Erdnußbutter soll in den USA 1 Dollar betragen.

Wechselkurs für 1 Dollar		**Bezeichnung des Vorgangs einer Wechselkurssenkung**
alt	**neu**	
3,– 1 Dollar kostet 3,– DM	2,80 1 Dollar kostet 2,80 DM	Aufwertung = Revalvation

Mögliche Auswirkungen auf den Import aus den USA:

Die Erdnußbutter wird in der Bundesrepublik relativ billiger, der Import wird daher steigen.

Je niedriger der Dollarkurs, desto günstiger kann ein deutscher Importeur Waren aus den USA beziehen.

Mögliche Auswirkungen auf den Export in die USA:

Vor der Aufwertung kostet der Wagen in den USA 10.000 Dollar, nach der Aufwertung 10.714,29 Dollar. Der Preis für den Wagen wird steigen, die Nachfrage nach dem deutschen Exportgut geht zurück.

Je niedriger der Dollarkurs, desto ungünstiger kann ein deutscher Exporteur Waren in die USA liefern.

Wiederholungsfragen:

1. Welche Geschäftsfälle werden in der Zahlungsbilanz festgehalten?
2. Aus welchen Teilbilanzen besteht die Zahlungsbilanz?
3. Was versteht man unter einer aktiven Handelsbilanz?
4. Was versteht man unter dem Wechselkurs?
5. Wodurch unterscheiden sich freie Wechselkurse von festen Wechselkursen?
6. Wie kann man den Außenwert des Geldes messen?
7. Was versteht man unter einer Aufwertung der Währung?
8. Wie kann sich die Aufwertung einer auländischen Währung auf den Import bzw. Export des Inlandes möglicherweise auswirken?

Aufgaben und Fälle zur Sicherung des Lernerfolgs:

1. Beschreiben Sie mögliche Auswirkungen einer DM-Abwertung (Devalvation, $-Kurs von 3,– auf 3,10) auf den deutschen Export bzw. Import!
2. Bei welchem Kurs für Lire würden Sie lieber Urlaub machen in Italien?

   a) 1,60 b) 1,75 c) 1,80

   Begründen Sie Ihre Meinung!
3. a) Was versteht man unter einer passiven Handelsbilanz und einer passiven Devisenbilanz?

   b) Stellen Sie diese Situationen auf T-Konten dar!

6 Wirtschafts- und Konjunkturpolitik

6.1 Begriff und Träger der Wirtschaftspolitik

Begriff Wirtschaftspolitik

Unter Wirtschaftspolitik versteht man alle Maßnahmen, die zur Erreichung bestimmter wirtschaftlicher Ziele ergriffen werden. In der Bundesrepublik werden vor allem die **Deutsche Bundesbank**, die **Organe des Staates** (**Bund, Länder und Gemeinden**) und die **Tarifparteien** wirtschaftspolitisch tätig. Träger der Wirtschaftspolitik sind Institutionen, die direkt in das Wirtschaftsgeschehen eingreifen können und somit die gesamtwirtschaftlichen Größen beeinflussen (Sozialprodukt, Beschäftigung, Preisentwicklung).

Konjunkturpolitik ist ein Teilbereich der Wirtschaftspolitik und hat zum Ziel, die Konjunkturschwankungen (Pendelausschläge) zu glätten und für ein gleichförmiges, stetiges Wachstum zu sorgen.

6.2 Zielkonflikt und Zielharmonie

Ziele der Wirtschaftspolitik

In § 1 des Gesetzes zur Förderung der Stabilität und des Wachstums in der Wirtschaft (StWG) von 1967 heißt es: „... Die Maßnahmen sind so zu treffen, daß sie ... gleichzeitig zur Stabilität des Preisniveaus zu einem hohen Beschäftigungsstand und außenwirtschaftlichem Gleichgewicht bei stetigem und angemessenen Wirtschaftswachstum beitragen."

Die Erfahrung lehrt (empirische Untersuchungen scheinen dies zu bestätigen), daß es offensichtlich nicht möglich ist, alle 4 Ziele gleichzeitig zu verwirklichen. Die Verwirklichung eines oder mehrerer Ziele geht immer auf Kosten eines anderen oder anderer Ziele. Gesucht wird der Magier, dem es gelingt, alle 4 Ziele gleichzeitig „unter einen Hut zu bringen" (vgl. Abb. 10 S. 78).

Von **Zielkonflikt** spricht man, wenn die gleichzeitige Verwirklichung von zwei Zielen nicht möglich ist. Empirische Untersuchungen haben beispielsweise gezeigt, daß zwischen den Zielen Vollbeschäftigung und Preisniveaustabilität ein Zielkonflikt besteht. Sind zwei Ziele gleichzeitig zu verwirklichen (beispielsweise Vollbeschäftigung und angemessenes Wachstum), spricht man von **Zielharmonie**.

Das magische Viereck wird heute zu einem magischen Sechseck mit den Zielen Umweltschutz und gerechte Einkommens- und Vermögensverteilung erweitert.

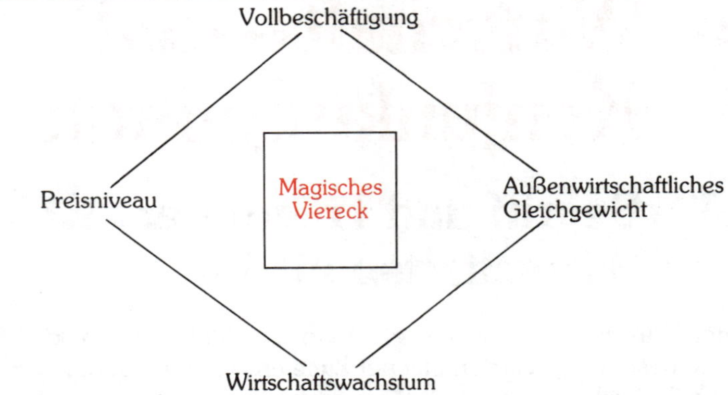

Abb. 10: Magisches Viereck

6.3 Die prozyklische Fiskalpolitik

Fiskalpolitik

Als **Fiskalpolitik**[1] bezeichnet man die Summe der finanzpolitischen Maßnahmen des Staates zur Erreichung bestimmter wirtschafts- und konjunkturpolitischer Zielsetzungen. Gemäß dem klassischen Haushaltsprinzip sollte der Staatshaushalt ausgeglichen sein (Staatseinnahmen = Staatsausgaben). Der Haushaltsplan eines Staates ist eine Gegenüberstellung von erwarteten Einnahmen und beabsichtigten Ausgaben.

Haushaltsplan

erwartete Einnahmen	**geplante Ausgaben**
Steuern und Zölle	Schulwesen
	Verteidigung
	Soziale Sicherung
	Wissenschaft/Forschung
	Verkehrs- und Nachrichtenwesen
Gebühren, Beiträge	Wohnungsbau
Kreditaufnahme	Entwicklungshilfe

Da sich die prozyklische Fiskalpolitik parallel zum Konjunkturverlauf orientiert, nennt man sie auch Parallelpolitik. In der Konjunkturphase der Hochkonjunktur erzielt der Staat hohe Einnahmen und kann daher auch hohe Ausgaben vornehmen. In der Konjunkturphase der Rezession oder gar Depression sind dagegen die Staatsausgaben aufgrund der gesunkenen Staatseinnahmen geringer.

---

[1] Die Begriffe Fiskalpolitik und Finanzpolitik sowie Konjunkturpolitik und Wirtschaftspolitik werden synonym gebraucht.

Die Höhe des Sozialprodukts bzw. des Volkseinkommens wird wesentlich bestimmt durch private und staatliche Nachfrage und Investitionen. In Zeiten des konjunkturellen Abschwungs sinken die Einkommen der privaten Haushalte und damit auch die Steuereinnahmen des Staates. Wenn man Unterbeschäftigung mit als Folge von Unternachfrage ansieht, dann verstärkt die sinkende staatliche Nachfrage den Konjunkturzyklus. Umgekehrt führen in Zeiten der Hochkonjunktur mit hohen privaten Einnahmen und hohen staatlichen Steuereinnahmen die hohen Staatsausgaben zu einem inflatorischen und konjunkturanheizenden Prozeß.

6.4 Die antizyklische Fiskalpolitik

antizyklische Fiskalpolitik

Die antizyklische Fiskalpolitik rückt ab vom Konzept des soliden Hausvaters. Der Staat soll über die gesamtwirtschaftliche Nachfrage auf den Konjunkturverlauf einwirken.

Daraus ergibt sich die Notwendigkeit einer zum Konjunkturverlauf entgegengesetzten (antizyklischen) Fiskalpolitik. Der Staat muß in Zeiten des Konjunkturabschwungs (Unternachfrage) Nachfrage schaffen und in Zeiten der Hochkonjunktur (Übernachfrage) Nachfrage abbauen. In Zeiten der Konjunkturflaute kann der Staat die fehlende private Nachfrage durch erhöhte staatliche Nachfrage kompensieren (deshalb wird die antizyklische Fiskalpolitik auch als kompensatorische Fiskalpolitik bezeichnet) und/oder über Steuersenkungen (Einkommensteuer) für verstärkte private Nachfrage sorgen. In Zeiten der Hochkonjunktur mit einer relativ hohen Inflationsrate muß der Staat seine Ausgaben kürzen und/oder die private Nachfrage durch Steuererhöhungen dämpfen.

6.5 Schwierigkeiten und Grenzen der antizyklischen Fiskalpolitik

Grenzen

Wie der Arzt braucht auch der Wirtschaftspolitiker bestimmte Indikatoren, um eine volkswirtschaftliche Krankheit zu diagnostizieren. Beim Diagnoseproblem geht es daher um die Frage, welche Indikatoren zur Diagnose und Prognose der Konjunkturlage aussagefähig sind (Beispiel: Preisindex für die Lebenshaltungskosten, Arbeitslosenzahl). Wenn der Arzt eine bestimmte Krankheit diagnostiziert hat, stehen ihm verschiedene therapeutische Wege zur Gesundung offen. Auch der Wirtschaftspolitiker hat die Wahl zwischen mehreren wirtschaftspolitischen Instrumenten. Die Entscheidung für ein bestimmtes Instrument kann ungewollt und ungeplant beabsichtigte negative Nebenwirkungen hervorrufen (eine konsequente Antiinflationspolitik gefährdet u.U. den sozialen Frieden). Selbst wenn der Wirtschaftspolitiker vollständige Entscheidungstransparenz hätte und die „richtige“ Maßnahme ergreifen würde, erhebt sich die Frage nach dem mengenmäßigen Umfang. Die falsche Dosierung einer konjunkturpolitischen Spritze kann unerwünschte Wirkungen nach sich ziehen: Die Maßnahme greift unzureichend, zu stark oder überhaupt nicht. Ein in der Wirtschaftspolitik dominierendes Problem sind die Interessenkonflikte zwischen verschiedenen Interessengruppen. Es geht hierbei um die Frage der gerechten Verteilung des Volkseinkommens. Gewerkschaften und Arbeitgeberverbände möchten einen möglichst großen Anteil an diesem volkswirtschaftlichen Kuchen erhalten (Steigerung der Lohnquote bzw. Gewinnquote). Da die meisten Parlamentarier in der nächsten Legislaturperiode wieder in den Bundestag gewählt werden wollen, müssen sie bei ihren wirtschaftspolitischen Entscheidungen Rücksicht nehmen auf die ihnen nahestehenden Interessenverbände. Expansive Wirtschaftspolitik findet überwiegend Zustimmung in allen Teilen der Bevölkerung (wer wehrt sich schon gegen Vorteile?). Restriktive Wirtschaftspolitik weckt dagegen Proteste der betroffenen Gruppen (wer möchte Nachteile in seinem sozialen Besitzstand erleiden?). Ein Politiker, der für eine Arbeitsmarktabgabe für Beamte und Freiberufler oder für eine Subventionskürzung der Landwirte eintritt, muß damit rechnen, daß bei der nächsten Bundestagswahl die betroffenen Gruppen ihm in seinem Wahlkreis die Stimme versagen. (Zur Zielsetzungsproblematik siehe Seite 77.) Dieser Zielkonflikt ist auch verzahnt mit der Entscheidungspolitik. Für die Gewerkschaften hat sicherlich die Sicherung der Arbeitsplätze den höchsten Stellenwert in den wirtschaftspolitischen Zielsetzungen, während die Bundesbank und die Arbeitgeberverbände in erster Linie die Inflationsrate bekämpfen wollen. An diesen verschiedenen wirtschafts- und sozialpolitischen Wertvorstellungen zeigt sich nochmals das Zielproblem, das Interessenproblem und das Entscheidungsproblem.

6.6 Wirtschaftspolitische Handlungsmöglichkeiten nach dem Stabilitätsgesetz

Möglichkeiten des Stabilitätsgesetzes

Der Bundesregierung stehen nach dem Stabilitätsgesetz folgende Maßnahmen auf der Ausgabenseite zur Konjunkturdämpfung zur Verfügung: Streckung von Baumaßnahmen (§ 6), Mittelzuführung an die Konjunkturausgleichsrücklage (§ 15 Abs. 1 und 2), zusätzliche Schuldentilgung (§ 5 Abs. 2). Auf der Einnahmenseite kann die Bundesregierung Abschreibungsvergünstigungen (degressive Abschreibung) aussetzen (§ 26), einen Konjunkturzuschlag zur Einkommen- und Körperschaftsteuer erheben (§ 26) und die öffentliche Kreditaufnahme begrenzen (§ 19). Folgende Maßnahmen stehen auf der Ausgabenseite zur Konjunkturbelebung zur Verfügung: Beschleunigung von Investitionsmaßnahmen (§§ 10,11), Auflösung der Konjunkturausgleichsrücklage (§§ 5,6,7,15). Auf der Einnahmenseite kann die Bundesregierung die Konjunktur beleben durch Wiedereinführung von Abschreibungsvergünstigungen (§ 26), durch Steuersenkung bei der Einkommen- und Körperschaftsteuer bis zu 10% für ein Jahr (§ 26), durch zusätzliche Kreditaufnahme (§ 6) und durch Gewährung eines Investitionsbonus von maximal 7,5% der Anschaffungs- oder Herstellungskosten (§ 26).

6.7 Sinn und Zweck der Konjunkturausgleichsrücklage

Konjunkturausgleichsrücklage

Bei einer Störung des gesamtwirtschaftlichen Gleichgewichts in der Hochkonjunktur (die Gesamtnachfrage ist größer als das Gesamtangebot) hat der Staat die Möglichkeit, durch entsprechende Einnahmenpolitik (Steuererhöhungen) die Konjunktur zu dämpfen. Eine Inflationsdämpfung ist unter anderem aber nur dann gewährleistet, wenn der Staat in Höhe der zusätzlichen Einnahmen aufgrund der Steuererhöhungen nicht gleichzeitig als Nachfrager auftritt.

Die Bundesregierung kann daher anordnen, daß Bund und Länder bestimmte Anteile ihrer Steuereinnahmen der Konjunkturausgleichsrücklage zuführen müssen. Diese Stillegung öffentlicher Gelder in Form einer unverzinslichen Einlage bei der Deutschen Bundesbank soll die gesamtwirtschaftliche Nachfrage beschneiden.

In Zeiten des Konjunkturabschwungs kann die Bundesregierung durch Auflösung eines Teiles der Konjunkturausgleichsrücklagen zusätzliche Ausgaben tätigen.

6.8 Wirtschaftspolitik des „deficit spending“

deficit spending

Mit „deficit-spending-policy“ bezeichnet man die Politik des bewußten Schuldenmachens durch den Staat, um die Konjunktur anzukurbeln. Wenn die Einnahmen und die Mittel aus der Konjunkturausgleichsrücklage nicht ausreichen, um die erforderlichen staatlichen Ausgaben zu tätigen, hat die Bundesregierung die Möglichkeit, Kredite aufzunehmen. Wenn der Staat mehr ausgeben will als er einnimmt, entsteht im Haushaltsplan ein Finanzierungsdefizit (negativer Saldo).

Da dieses Budgetdefizit durch Kreditaufnahme finanziert wird, erhöht sich die Geldmenge in der Wirtschaft, was zu einer Nachfragesteigerung nach Konsum- und Investitionsgütern führen kann.

6.9 Automatische Stabilisatoren

automatische Stabilisatoren

Bei der gesteuerten Stabilisierung ergreift der Staat von Fall zu Fall gezielte Maßnahmen zur Konjunkturbeeinflussung. Bei der automatischen Stabilisierung sind im Haushalt des Staates automatisch wirkende Stabilisatoren eingebaut, ohne daß es gezielter Maßnahmen bedarf. Die gesetzliche Ausgestaltung der Arbeitslosenversicherung führt beispielsweise in der Hochkonjunktur automatisch zu einer restriktiven Wirkung und im Konjunkturabschwung automatisch zu einer expansiven Wirkung (antizyklisches Verhalten).

In Zeiten der Hochkonjunktur steigen die Einkommen und damit die Steuererträge. Wenn der Staat diese höheren Einnahmen stillegt, wirkt der Steuerüberschuß nachfragedämpfend. In Zeiten des Konjunkturrückgangs sinken die Einkommen und damit die Steuereinnahmen des Staates. Wenn der Staat sein Ausgabevolumen beibehält, muß das entstehende Haushaltsdefizit durch Kreditaufnahme finanziert werden, was sich expansiv auswirkt.

6.10 Die geld- und kreditpolitischen Aufgaben der Deutschen Bundesbank

Hüterin der Währung

Nach § 3 des Gesetzes über die Deutsche Bundesbank regelt die Notenbank die währungspolitischen Befugnisse, „... den Geldumlauf und die Kreditversorgung in der Wirtschaft mit dem Ziel, die Währung zu sichern ...“. Man bezeichnet die Bundesbank auch als Hüterin der Währung, da die Sorge für die Stabilität des Binnenwertes unserer Währung (Bekämpfung der Inflation) an erster Stelle steht.

Neben der Finanzpolitik ist die Geldpolitik ein weiteres Instrument der Konjunkturpolitik.

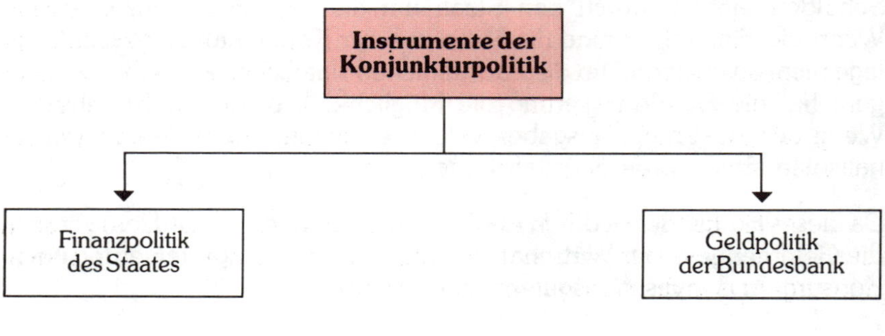

6.11 Diskontpolitik

Diskontpolitik

Wechselinhaber haben die Möglichkeit, sich durch Verkauf von Wechseln (Diskontierung) an die Geschäftsbanken finanzielle Mittel zu beschaffen. Die Geschäftsbanken haben ihrerseits die Möglichkeit, sich durch den Verkauf dieser Wechsel (Rediskontierung) an die Bundesbank zu refinanzieren.

Der Bundesbankdiskontsatz (Bankrate) ist ein Zins (Preis), den die Bundesbank beim Ankauf der Wechsel von den Geschäftsbanken berechnet.

Die Bundesbank kauft Wechsel von den Geschäftsbanken unter folgenden Bedingungen:

- Es müssen gute Handelswechsel sein.
- Die Laufzeit darf maximal 90 Tage betragen.
- Es darf sich nicht um Sichtwechsel handeln.
- Der Wechsel muß zahlbar sein an einem Bankplatz.
- Der Wechsel muß mindestens drei Unterschriften von als zahlungsfähig bekannten Firmen enthalten.
- Es muß sich um einen DM-Wechsel handeln.

Durch eine Erhöhung des Diskontsatzes wird die Refinanzierung für die Geschäftsbanken teurer. Es werden weniger Wechsel zur Rediskontierung bei der Bundesbank eingereicht. Die Liquidität der Geschäftsbanken nimmt ab. Andererseits werden die Geschäftsbanken den Diskontsatz gegenüber ihren Wechseleinreichern erhöhen, um Gewinneinbußen zu verhindern. Es ist zu erwarten, daß die Nachfrage nach Wechselkrediten zurückgeht und sich damit die nachfragewirksame Geldmenge verringert. Das „Drehen an der Diskontschraube“ schränkt den Kreditspielraum der Geschäftsbanken ein und damit ihre Geldschöpfungsmöglichkeiten. Es werden u.U. aber nicht nur die Zinsen für Wechselkredite steigen, sondern auch die Zinsen für andere Kreditarten. Wenn die Zinsen für Wechselkredite steigen, geht die Nachfrage nach dieser Kreditart zurück und es steigt die Nachfrage nach billigeren Kreditarten (z.B. nach Kontokorrentkrediten). Steigende Nachfrage nach anderen Krediten bewirkt aber, daß das allgemeine Zinsniveau steigt und damit auch andere Kreditarten teurer werden (unabhängig von diesen Wirkungen hat eine Diskontsatzerhöhung für die Geschäftsbanken eine Signalwirkung zur Dämpfung der Inflationsrate).

Eine „Politik des teuren Geldes“ durch die Bundesbank wirkt sich letzten Endes inflations- und konjunkturdämpfend aus, da die Kreditnachfrage zurückgeht und die Geldmenge kleiner wird.

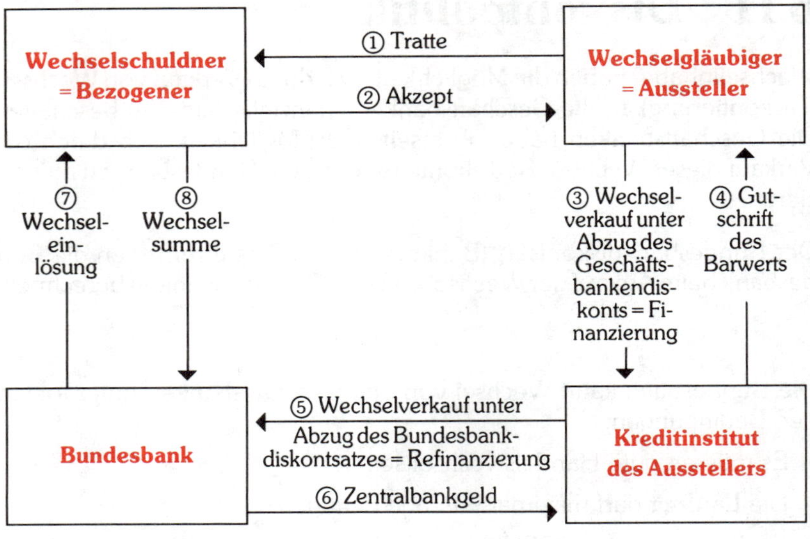

Abb. 11: Finanzierung und Refinanzierung

6.12 Rediskontkontingentpolitik

Rediskont-politik

Da die Bundesbank nicht verpflichtet ist, die ihr von den Geschäftsbanken angebotenen Wechsel anzukaufen, kann sie die Menge der von ihr rediskontierten Wechsel verändern (quantitative Diskontpolitik im Gegensatz zur qualitativen Diskontpolitik).

Durch eine Erhöhung der Rediskontkontingente erweitert die Bundesbank den Refinanzierungsspielraum der Banken und damit das Kreditangebot.

6.13 Mindestreservepolitik

Mindest-reservepolitik

Die Kreditinstitute müssen nach § 16 BBankG einen bestimmten Teil ihrer Einlagen als zinsloses Guthaben bei der Bundesbank halten (Mindestreserven). Der Höchstsatz für Sichteinlagen beträgt 30%, für Termineinlagen 20% und für Spareinlagen 10%. Der Mindestreservesatz bestimmt die Höhe der Einlagen.

Durch eine Senkung des Mindestreservesatzes erhöht sich die Überschußreserve der Geschäftsbanken. Diese Zunahme der Bankenliquidität bewirkt eine Zunahme der Kreditvergabe und der Geldmenge, führt also zu einer Belebung der Konjunktur.

Einlageart	Erläuterung	Mindestreservesätze		
		Höchstsatz	bisher höchster Satz	bisher niedrigster Satz
Spareinlagen	haben eine gesetzliche Kündigungsfrist, z.B. innerhalb von 30 Tagen	10%	9,25%	4,00%
Termineinlagen	haben eine bestimmte Laufzeit	20%	13,95%	4,00%
Sichteinlagen	sind täglich (bei Sicht) fällig	30%	20,15%	9,25%

6.14 Lombardpolitik

Lombardpolitik

Die Deutsche Bundesbank darf Kreditinstituten verzinsliche Darlehen gegen Pfänder (Lombardkredite) auf längstens 3 Monate gewähren (§ 19 Abs. 1 Ziffer 3 BBankG). Der Lombardsatz ist ein Zinssatz, zu dem die Bundesbank den Kreditinstituten Darlehen gegen Wertpapierverpfändung gewährt. Zur Sicherung des Lombardkredites können die Kreditinstitute z.B. bundesbankfähige Wechsel und festverzinsliche Schuldverschreibungen des Bundes und der Länder hinterlegen (lombardieren). Im Gegensatz zur Diskontpolitik bleibt das Kreditinstitut Eigentümer der Wertpapiere, während die Bundesbank lediglich Besitzer wird.

Die Bundesbank beleiht die Wertpapiere jeweils bis zu einem bestimmten Beleihungshöchstsatz, z.B. bundesbankfähige Wechsel bis höchstens 90% des Nennbetrages. Der Preis für den Lombardkredit ist der Lombardsatz. Er liegt in der Regel 1% über dem Diskontsatz. Eine Erhöhung des Lombardsatzes führt wie eine Erhöhung des Diskontsatzes zu einer Verteuerung der Kredite, während eine Senkung des Lombardsatzes die Kreditkosten für die Kreditinstitute senkt.

6.15 Offenmarktpolitik

Offenmarktpolitik

Durch An- und Verkauf von verzinslichen Wertpapieren auf dem Geld- oder Kapitalmarkt kann die Bundesbank die Liquidität der Geschäftsbanken und den Geldumlauf beeinflussen (§ 15 BBankG).

Wenn die Bundesbank den Geldumlauf und die Kreditgewährungsmöglichkeiten kontraktiv (restriktiv) beeinflussen will, muß sie Wertpapiere am offenen Markt verkaufen. Dadurch werden finanzielle Mittel von den Geschäftsbanken an die Bundesbank abgezogen. Die Geldmenge verringert sich, der Konjunkturanstieg wird gebremst, die Inflationsrate geht zurück.

Durch den Kauf von Wertpapieren am offenen Markt erhöht sich die Geldmenge in der Volkswirtschaft.

Gemäß § 21 BBankG darf die Deutsche Bundesbank zur Regelung des Geldmarktes am offenen Markt kaufen oder verkaufen:

1. Bundesbankfähige Wechsel,
2. Schatzwechsel, Schatzanweisungen, Schuldverschreibungen und Schuldbuchforderungen, deren Aussteller der Bund oder ein Land ist.

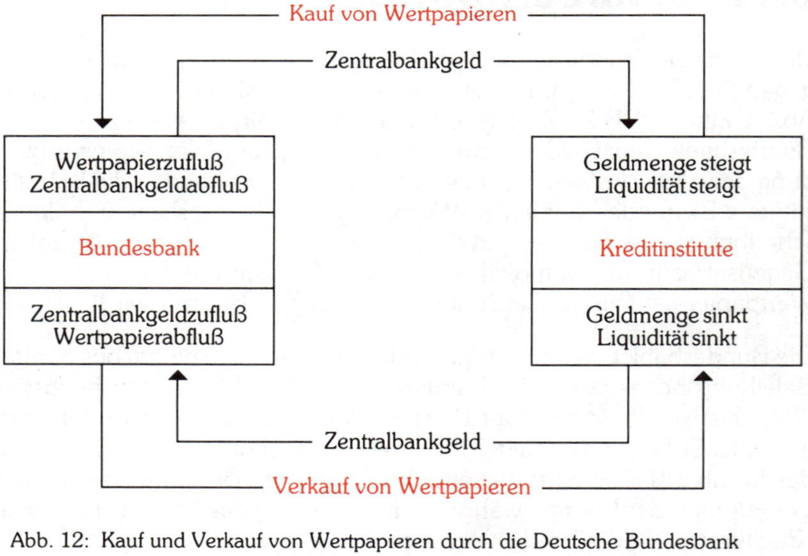

Abb. 12: Kauf und Verkauf von Wertpapieren durch die Deutsche Bundesbank

Die Wirkung der Offenmarktpolitik ist allerdings beschränkt, da die Bundesbank zwar jederzeit Wertpapiere kaufen bzw. verkaufen kann, die Geschäftsbanken aber nicht gezwungen werden können, Wertpapiere zu erwerben bzw. zu veräußern.

6.16 Die Wirksamkeit der geld- und kreditpolitischen Instrumente der Bundesbank

Das Erreichen der geld- und kreditpolitischen Ziele ist aus folgenden Gründen nicht sicher: Es liegt an den Geschäftsbanken, ob und in welchem Umfang sie Wechsel bei der Rediskontierung einreichen. Darüber hinaus brauchen die Banken einer Herauf- oder Herabsetzung des Diskontsatzes nicht zu folgen.

Weiterhin ist zu beachten, daß letzten Endes der Kreditnachfrager frei entscheidet, in welchem Umfang er Kredite beansprucht. In Zeiten der Hochkonjunktur wird u.U. die Kreditnachfrage auch dann nicht zurückgehen, wenn die Zinsen bei optimistischer Zukunftserwartung steigen.

Umgekehrt bietet in Zeiten der Rezession bei pessimistischer Zukunfts- und Gewinnerwartung eine Senkung der Kreditzinsen den Haushalten und Unternehmen wenig Anreiz zu vermehrter Kreditnachfrage. Der ehemalige Wirtschaftsminister Professor Schiller sagte einmal im Zusammenhang mit den Grenzen der Diskontpolitik: „Man kann die Pferde zur Tränke führen, zum Saufen zwingen aber kann man sie nicht.“

6.17 Stagflation

Stagflation

Nach der klassischen Theorie der Volkswirtschaft müssen die Anbieter ihre Preise senken, wenn die Nachfrage nach ihren Produkten nachläßt (deflatorischer Prozeß). Umgekehrt steigen die Preise bei steigender Nachfrage (inflatorischer Prozeß). In Zeiten staatlicher Stagnation müßte nach klassischer Lehrmeinung das Preisniveau relativ niedrig sein. Seit den sechziger Jahren ist in vielen westlichen Industriestaaten das Phänomen zu beobachten, daß bei stagnierender Wirtschaft (Stagnation) die Preise weiterhin steigen.

Wiederholungsfragen:

1. Nennen Sie die Träger der Wirtschaftspolitik!
2. Welche geld- und kreditpolitischen Aufgaben hat die Deutsche Bundesbank?
3. Nennen Sie die geld- und kreditpolitischen Instrumente der Bundesbank!

4. Beschreiben Sie mögliche kredit- und konjunkturpolitische Wirkungen einer Diskontsatzerhöhung!
5. Was versteht man unter der Rediskontkontingentpolitik?
6. Beschreiben Sie eine Senkung des Mindestreservesatzes auf den Konjunkturverlauf!
7. Was versteht man unter Lombardpolitik?
8. Welche Wertpapiere beleiht die Bundesbank?
9. Wie wirkt sich eine Erhöhung/Senkung des Lombardsatzes auf den Kreditspielraum der Kreditinstitute aus?
10. Was versteht man unter der Offenmarktpolitik?
11. Nennen Sie die wirtschaftlichen Ziele der Bundesregierung!
12. Was versteht man unter dem magischen Viereck?
13. Was versteht man unter der antizyklischen Fiskalpolitik?
14. Nennen Sie wirtschaftspolitische Handlungsmöglichkeiten nach dem Stabilitätsgesetz!
15. Was versteht man unter dem Haushaltsplan?
16. Nennen Sie Sinn und Zweck der Konjunkturausgleichsrücklage!
17. Was versteht man unter einer Wirtschaftspolitik des „deficit spending"?
18. Inwiefern kann man den progressiven Einkommensteuertarif als automatischen Stabilisator bezeichnen?
19. Was versteht man unter Stagflation?

Aufgaben und Fälle zur Sicherung des Lernerfolgs:

1. Wie wirkt sich eine Senkung des Diskontsatzes auf den Konjunkturverlauf aus? Begründen Sie Ihre Meinung!
2. Die Bundesbank möchte den Kreditspielraum der Geschäftsbanken erweitern. Erläutern Sie den Einsatz der Offenmarktpolitik zur Erreichung dieses Zieles!
3. Ein Bankkunde zahlt auf sein Girokonto 1.200,– DM ein. Die Bank rechnet mit einer Kassenreserve für Barauszahlungen von 20%.
   a) Wieviel DM kann die Bank ausleihen, wenn der Mindestreservesatz 10% beträgt?
   b) Wie hoch wäre der Kreditspielraum bei einem Mindestreservesatz von 12%?
   c) Wie hoch wäre der Kreditspielraum bei einem Mindestreservesatz von 7%?

4. Welche der untenstehenden Abbildungen stellt die prozyklische, welche die antizyklische Fiskalpolitik dar? Begründen Sie ihre Entscheidung!

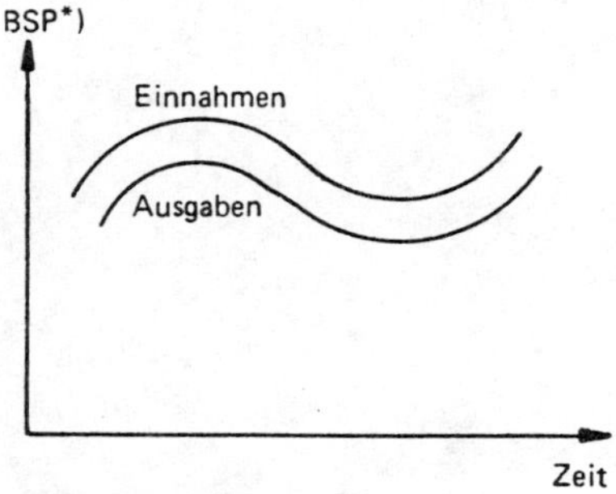

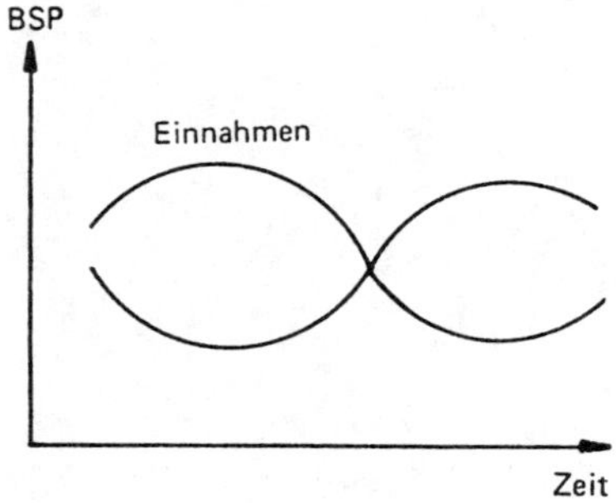

*) Bruttosozialprodukt in DM

5. Kreuzen Sie an, ob die folgenden konjunkturpolitischen Maßnahmen konjunkturbelebend oder konjunkturdämpfend wirken.

Ziel / **Konjunkturpolitische Maßnahmen**	**Konjunkturbelebung**	**Konjunkturdämpfung**
Senkung des Diskontsatzes		
Kauf von Wertpapieren		
Erhöhung des Mindestreservesatzes		
Verkauf von Wertpapieren		
Erhöhung des Diskontsatzes		
Senkung des Mindestreservesatzes		
Erhöhung des Einkommensteuersatzes		
Aussetzung der degressiven AfA		
Senkung des Körperschaftsteuersatzes		
Verschiebung öffentlicher Ausgaben		
Anpassung der Einkommensteuervorauszahlungen an die konjunkturelle Entwicklung		

7 Grundlagen des bürgerlichen Rechts

7.1 Allgemeiner Aufbau eines Gesetzes

juristische Zitierweise

Das BGB ist für den juristischen Laien ein unübersichtliches und schwer verständliches Gesetzeswerk. Wer zum erstenmal gezwungen ist, sich mit rechtlichen Problemen auseinanderzusetzen und Gesetzestexte zu lesen, hat begreiflicherweise Schwierigkeiten mit der juristischen Zitierweise. Daher sind ein paar grundlegende Bemerkungen notwendig.

Das Paragraphenzeichen (§) besteht aus zwei aneinandergefügten „S" und gibt den Abschnitt eines Gesetzes an. Gesetze bestehen aus Paragraphen (Einzelbestimmungen), die in numerierter Form niedergeschrieben sind. § 433 Abs. 1 Satz 1 BGB lautet beispielsweise: *„Durch den Kaufvertrag wird der Verkäufer einer Sache verpflichtet, dem Käufer die Sache zu übergeben und das Eigentum an der Sache zu verschaffen."* Werden mehrere Bestimmungen zitiert, so geschieht dies in Form doppelter Paragraphenzeichen, z. B. §§ 104-113 BGB oder §§ 106, 107 BGB.

Die in den Gesetzen festgelegten Einzelbestimmungen werden als **Rechtsnormen** (Rechtsregeln) bezeichnet. Die meisten Rechtsnormen bestehen aus zwei Teilen:

Teil 1		Teil 2
Tatbestand	→	Rechtsfolge
Voraussetzung	→	Folge
wenn	→	dann

Tatbestand und Rechtsfolge

Der Tatbestand umschreibt eine Vielzahl tatsächlicher Vorgänge (Ereignisse) und Verhaltensweisen (z. B. den Abschluß eines Kaufvertrages). Wenn ein bestimmter Tatbestand vorliegt (Voraussetzung), dann tritt eine Rechtsfolge (Wirkung) ein.

Beispiele	Tatbestand	Rechtsfolge
§ 433 Abs. 1 Satz 1	Durch den Kaufvertrag	wird der Verkäufer einer Sache verpflichtet, dem Käufer die Sache zu übergeben und das Eigentum an der Sache zu verschaffen.
§ 823 Abs. 1 BGB	Wer vorsätzlich oder fahrlässig das Leben, die Gesundheit, die Freiheit, das Eigentum .... eines anderen widerrechtlich verletzt,	ist dem anderen zum Ersatze des daraus entstehenden Schadens verpflichtet.

7.2 Privates und öffentliches Recht

Privatrecht

Das **Privatrecht** regelt die Rechtsbeziehungen zwischen Privatpersonen. Einzelinteressen stehen hierbei im Vordergrund. Die Personen gehen freiwillig privatrechtliche Pflichten ein. Niemand zwingt einen Bürger, einen Kaufvertrag zu unterschreiben. Da die beteiligten Bürger (z. B. Käufer und Verkäufer) gleichberechtigt sind, spricht man vom Prinzip der Gleichordnung. Das Handelsgesetzbuch (HGB) und das Bürgerliche Gesetzbuch (BGB) sind Teile des Privatrechts.

Öffentliches Recht

Beim **öffentlichen Recht** steht das Interesse der Allgemeinheit im Vordergrund. Die beteiligten Personen sind hierbei nicht gleichberechtigt. Öffentlich-rechtliche Pflichten werden auf Grund von Hoheitsgewalt erzwungen. Der Staat kann den Bürger zwingen, Steuern zu zahlen oder seiner Schulpflicht nachzukommen. Das öffentliche Recht ist demnach durch das Prinzip der Über- und Unterordnung (Staat – Bürger) gekennzeichnet. Strafrecht, Steuerrecht, Verwaltungsrecht und Schulrecht sind Teile des öffentlichen Rechts.

Eine Abgrenzung der beiden Gebiete ist für das Rechtsleben wichtig, obwohl dies in manchen Bereichen nicht immer exakt möglich ist. Entscheidend sind nicht die am Rechtsleben beteiligten natürlichen und juristischen Personen, sondern die Art und Weise ihrer Rechtsbeziehungen.

Vertragsfreiheit

Auf dem Gebiet des Privatrechts herrscht der **Grundsatz der Vertragsfreiheit.** Jeder Bürger kann selbständig entscheiden,

- **ob, wann** und **mit wem** er einen Vertrag eingehen will (Abschlußfreiheit),
- **worüber** er einen Vertrag eingehen will (inhaltliche Gestaltungsfreiheit),
- **in welcher Form** er einen Vertrag eingehen will (Formfreiheit).

Nachgiebiges Recht

Die meisten Vorschriften des Schuldrechts beinhalten **nachgiebiges Recht,** d. h. die gesetzlichen Bestimmungen des BGB gelten nur dann, wenn die Parteien vertraglich nichts Abweichendes vereinbart haben. So können beispielsweise die Kaufvertragsparteien im Rahmen der AGB (siehe Seite 125) die dem Käufer gesetzlich zustehenden Rechte bei mangelhafter Lieferung vertraglich abändern. Die Möglichkeit der Vertragspartner, ihre Rechtsbeziehungen frei zu regeln und gestalten, bezeichnet man als **Privatautonomie** (Autonomie = Selbständigkeit, Unabhängigkeit).

Zwingendes Recht

Auf dem Gebiet des öffentlichen Rechts greift der Staat durch sog. Verwaltungsakte in die Rechte der Staatsbürger ein. „Verwaltungsakt ist jede Verfügung, Entscheidung oder andere hoheitliche Maßnahme, die eine Behörde zur Regelung eines Einzelfalles auf dem Gebiet des öffentlichen Rechts trifft und auf die mittelbare Rechtswirkung nach außen gerichtet ist“. Die Zustellung eines vom Finanzamt festgesetzten Einkommensteuerbescheids durch die Post ist ein solcher Verwaltungsakt. Die Rechtsregeln des Steuerrechts sind zwingender Natur, d. h. abweichende Regelungen durch Vereinbarung sind nicht zulässig. Im Gegensatz zum Schuldrecht ist das Steuerrecht demnach **zwingendes Recht.**

Privates Recht	Öffentliches Recht
Betrifft Einzelinteressen	Betrifft Staatsinteressen
In der Regel durch Verträge abänderbar = nachgiebig	Durch Verträge nicht abänderbar = zwingend
Prinzip der Gleichordnung	Prinzip der Über- und Unterordnung
Bürger ↔ Bürger	Staat ↕ Bürger

Abb. 13

7.3 Rechtssubjekte und Rechtsobjekte

Rechtssubjekte

Alle **Personen**, die rechtsfähig sind, sind Rechtssubjekte. **Rechtssubjekte** sind demnach alle natürlichen und juristischen Personen (vgl. §§ 1, 21 BGB). Das bürgerliche Recht erkennt den eingetragenen Verein (e.V.) als juristische Person an. Im Bereich des Wirtschaftsrechts sind Aktiengesellschaften, Gesellschaften mit beschränkter Haftung und eingetragene Genossenschaften als juristische Person anerkannt.

Neben den juristischen Personen des Privatrechts gibt es juristische Personen des öffentlichen Rechts als selbständige Rechtssubjekte. Als juristische Personen des öffentlichen Rechts sind die Bundesrepublik Deutschland, die Bundesländer, die Gemeinde, die Industrie- und Handelskammern, die Steuerberaterkammern, Universitäten, Rundfunk- und Fernsehanstalten, Bundesbahn und Bundespost anerkannt.

Rechtsobjekte

Rechtsobjekte können Gegenstand von Rechtsgeschäften sein. Rechtsobjekte sind demnach **Sachen** und **Rechte**, an denen Rechtssubjekte Rechte haben (z. B. Eigentumsrechte, Pfandrechte, Kaufvertrags- und Mietvertragsansprüche).

7.4 Der Aufbau des BGB

Der Begriff „Bürgerliches Recht" ist identisch mit dem Begriff „Zivilrecht" (lat. jus civile). Das BGB, das deutsche Zivilgestzbuch, trat am 01.01.1900 in Kraft. Es ist in fünf Bücher eingeteilt:

Bücher des BGB

Buch	§§	Inhalt
1. Buch: Allgemeiner Teil	1–240	Allgemeine Grundsätze, die für das gesamte BGB gelten
2. Buch: Schuldrecht	241–853	Regelung der Rechtsbeziehungen zwischen Personen
3. Buch: Sachenrecht	854–1296	Regelung der Rechtsbeziehungen zwischen Personen und Sachen
4. Buch: Familienrecht	1297–1921	Regelung familienrechtlicher Beziehungen (Verlöbnis, Ehe, Verwandtschaft, Scheidung)
5. Buch: Erbrecht	1922–2385	Regelung der Rechtsverhältnisse über das Vermögen eines Menschen nach seinem Tode

7.5 Die Rechtsfähigkeit

Bedeutung der Rechtsfähigkeit

Niemand würde einen Tisch, an dem er sich ein Kleidungsstück beschädigt hat, rechtlich zur Verantwortung ziehen. Eine tote Sache kann nicht am Rechtsleben teilnehmen. Nur wer die sogenannte Rechtsfähigkeit besitzt, kann am allgemeinen Rechtsverkehr teilnehmen. Nach § 1 BGB beginnt diese Rechtsfähigkeit bei natürlichen Personen (alle Menschen aus Fleisch und Blut) mit Vollendung der Geburt. Die Rechtsfähigkeit eines Menschen endet erst mit dessen Tod, d. h. sie kann zu Lebzeiten nicht abgesprochen werden. Das Gesetz sagt an keiner Stelle, was Rechtsfähigkeit bedeutet. In der Juristensprache bedeutet Rechtsfähigkeit, **eine Person kann Träger von Rechten und Pflichten sein.** So kann beispielsweise schon der Säugling am Rechtsleben teilnehmen, indem er das Recht hat zu erben und die Pflicht, Steuern zu zahlen.

Hinweis: *Das römische Recht unterschied die Menschen in Freie und Sklaven. Sklaven besaßen keine Rechtsfähigkeit, d. h. sie waren rechtsunfähig. Da Sklaven nach römischem Recht keine Menschen, sondern Sachen waren, fanden auf sie die Rechtsbestimmungen des Sachenrechts Anwendung. Sklaven waren Eigentum des Herrn. Der Eigentümer einer Sache kann mit der Sache nach Belieben (vgl. auch § 903 BGB) verfahren. Das Töten des eigenen Sklaven war somit erlaubt und straffrei, das Töten eines fremden Sklaven war lediglich Sachbeschädigung.*

Grundsätzlich kann der Eigentümer eines Tieres nach Belieben über diese Sache verfügen, sofern nicht das Gesetz oder Rechte Dritter entgegen stehen. Das Töten eines Tieres könnte beispielsweise mit dem Tierschutzgesetz kollidieren. Nach deutschem Recht sind Tiere Sachen und besitzen somit keine Rechtsfähigkeit.

Juristische Personen

Wäre es nur natürlichen Personen möglich, die Rechtsfähigkeit zu erlangen, dann könnten weder eine Aktiengesellschaft noch ein Verein am Rechtsleben teilnehmen. Die Aktiengesellschaft könnte weder einen Kaufvertrag abschließen noch Mitarbeiter einstellen. Eine Aktiengesellschaft und ein Verein sind künstliche Gebilde ohne Fleisch und Blut. Sie verdanken ihr Leben also keiner biologischen, sondern einer juristischen Geburt. Diese sogenannten **juristische Personen** erwerben die Rechtsfähigkeit mit Eintrag in das entsprechende Register (Handelsregister bzw. Vereinsregister). Handeln können diese künstlichen Gebilde selbstverständlich nicht selbst, sondern nur ihre verantwortlichen Organe (Vorstand).

Personen	
Natürliche Personen	**Juristische Personen**
Dasein durch biologische Geburt	Dasein durch juristische Geburt
Rechtsgeschäftliches Handeln durch die natürliche Person selbst	Rechtsgeschäftliches Handeln durch die verantwortlichen Organe
Rechtsfähigkeit → Träger von Rechten und Pflichten ← Rechtsfähigkeit	

Beispiel:

Modul Aktiengesellschaft	
100 natürliche Personen = Aktionäre	eine juristische Person = Aktiengesellschaft

7.6 Die Geschäftsfähigkeit

Stufen der Geschäftsfähigkeit

Artikel 2 Grundgesetz garantiert das Recht auf freie Entfaltung der Persönlichkeit. Kann aber jeder Mensch diese im Grundgesetz verankerte Handlungsfreiheit uneingeschränkt wahrnehmen? Die Antwort auf diese Frage gibt uns die sogenannte **Geschäftsfähigkeit**. Nur wer geschäftsfähig ist, kann rechtswirksame (gültige) Rechtsgeschäfte vornehmen.

Da Rechtsgeschäfte durch Willenserklärungen zustandekommen, können sie nur von Personen vorgenommen werden, die auch tatsächlich in der Lage sind, einen eigenen Willen zu äußern. Das BGB kennt je nach Alter und Geisteszustand verschiedene **Stufen der Geschäftsfähigkeit**.

Geschäftsunfähigkeit

Nach § 104 BGB sind folgende Personen **geschäftsunfähig:** Kinder unter sieben Jahren, dauerhaft Geisteskranke und wegen Geisteskrankheit entmündigte Erwachsene. Alle Rechtshandlungen dieses Personenkreises sind unwirksam (§ 105 Abs. 1 BGB). **Beschränkt geschäftsfähig** sind Minderjährige zwischen sieben und achtzehn Jahren (§ 106 BGB). Rechtshandlungen beschränkt Geschäftsfähiger bedürfen der Zustimmung (vorherige Einwilligung oder nachträgliche Genehmigung) des gesetzlichen Vertreters. Schließt ein Minderjähriger ohne Zustimmung seiner Eltern einen Kaufvertrag ab, dann ist dieser Kaufvertrag bis zur Zustimmung oder Ablehnung durch den gesetzlichen Vertreter schwebend unwirksam (§ 108 Abs. 1 BGB).

Beschränkte Geschäftsfähigkeit

Personen, die das 18. Lebensjahr vollendet haben, sind **voll geschäftsfähig.** Ihre Rechtshandlungen sind voll gültig.

Ausnahmen

In den folgenden drei Fällen werden auch Minderjährige den voll geschäftsfähigen Personen gleichgestellt, d. h. ihre Rechtshandlungen sind auch ohne Zustimmung der Eltern voll gültig.

1. Verträge, die der Minderjährige im Rahmen seines Taschengeldes abschließt, sind rechtswirksam (§ 110 BGB). Diese Ausnahme gilt allerdings nicht für Ratenverträge und für alle Beträge, die einen bestimmten Betrag übersteigen (z. B. wenn vom wöchentlichen Taschengeld über Monate hinweg ein Geldbetrag angespart wurde).
2. Die Zustimmung der Eltern kann auch entfallen, wenn der Minderjährige gem. § 107 BGB lediglich einen rechtlichen Vorteil erlangt, z. B. durch eine Schenkung. Mit der Willenserklärung des Minderjährigen darf kein rechtlicher Nachteil verbunden sein. Beispiel: Der Abschluß eines besonders günstigen Kaufvertrages über einen Gebrauchtwagen bedarf der Zustimmung der Eltern, da er zwar wirtschaftliche Vorteile mit sich bringt, aber kein rechtlicher Vorteil vorliegt (Verpflichtung zur Gegenleistung).
3. Einer Zustimmung der Eltern bedarf es ebenfalls nicht, wenn der Jugendliche gemäß § 113 BGB zur Eingehung eines Dienst- oder Arbeitsverhältnisses ermächtigt worden ist. Für alle Rechtsgeschäfte im Rahmen des Dienst- oder Arbeitsverhältnisses ist der Minderjährige voll geschäftsfähig. So darf der Minderjährige beispielsweise die Arbeitsbedingungen selbständig vereinbaren, das Entgelt in Empfang nehmen (er darf allerdings nicht über das Entgelt frei verfügen) und das Arbeitsverhältnis kündigen. Zu beachten ist dabei, daß der Abschluß von Ausbildungsverträgen nicht unter den § 113 BGB fällt.

7.7 Die Deliktsfähigkeit

Deliktsfähigkeit ist ein bürgerlich-rechtlicher Begriff und darf nicht mit den strafrechtlichen Begriffen Straftat und Strafbarkeit verwechselt werden. Die **Deliktsfähigkeit** regelt die rechtlichen Folgen aus unerlaubten Handlungen. Wer deliktsfähig ist, kann rechtswidrig handeln mit der Folge, schadensersatzpflichtig zu werden (§ 823 BGB). Auch bei der Deliktsfähigkeit kennt das BGB verschiedene Stufen.

Stufen der Deliktsfähigkeit

Nach § 828 Abs. 1 BGB sind Kinder unter 7 Jahren **deliktsunfähig**, d. h. sie können für einen von ihnen verursachten Schaden nicht verantwortlich gemacht werden (wohl aber die Eltern, wenn sie ihrer Aufsichtspflicht nach § 832 BGB nicht nachgekommen sind). Personen zwischen 7 und 18 Jahren sind **beschränkt deliktsfähig**. Nicht verantwortlich und daher nicht schadensersatzpflichtig ist ein beschränkt Deliktsfähiger, wenn ihm auf Grund seiner geistigen Reife die erforderliche Einsicht in sein schädigendes Tun fehlte. Voll verantwortlich und damit voll schadensersatzpflichtig ist ein beschränkt Deliktsfähiger, wenn diesem die notwendige Einsicht unterstellt werden kann. Personen über 18 Jahren sind voll **deliktsfähig**.

Mit dem Abschluß einer privaten Haftpflichtversicherung können sich Eltern vor den unerwünschten Folgen einer unerlaubten Handlung ihrer minderjährigen Kinder weitgehend schützen.

Wiederholungsfragen:

1. Wodurch unterscheidet sich das Privatrecht vom öffentlichen Recht?
2. Nennen Sie Gesetze, die zum Privatrecht bzw. zum öffentlichen Recht gehören!
3. Inwiefern ist das Privatrecht umfassender als das bürgerliche Recht?
4. Wodurch unterscheidet sich nachgiebiges Recht von zwingendem Recht?
5. Warum kann man das bürgerliche Recht als Privatrecht für alle Staatsbürger bezeichnen, unabhängig welchen Beruf oder welches Gewerbe sie ausüben?
6. Erklären Sie die Begriffe Rechtssubjekt und Rechtsobjekt!
7. Erläutern Sie die Einteilung des BGB!
8. Was versteht man unter Rechtsfähigkeit?
9. Wodurch unterscheiden sich natürliche Personen von juristischen Personen?
10. Wann beginnt die Rechtsfähigkeit von Personen?
11. Was versteht man unter Geschäftsfähigkeit?
12. Erläutern Sie die Stufen der Geschäftsfähigkeit!
13. In welchen Fällen ist ein Minderjähriger voll geschäftsfähig?
14. Was versteht man unter Deliktsfähigkeit?
15. Erläutern Sie die Stufen der Deliktsfähigkeit!
16. In welchem Fall ist ein Minderjähriger voll deliktsfähig?

Aufgaben und Fälle zur Sicherung des Lernerfolgs:

1. Kann ein Geisteskranker Eigentümer einer Unternehmung sein?
2. Die 17jährige Steuergehilfin kauft von ihrem angesparten Taschengeld einen Pelzmantel für 800,– DM.

   Ist der Kaufvertrag gültig?
3. Der 16jährige Schüler Jürgen Gerber trifft nach einigen Schießversuchen mit dem Luftgewehr die Katze des Nachbarn und verletzt diese erheblich.

   Muß Jürgen für den entstandenen Schaden aufkommen?
4. Untersuchen Sie die rechtlichen Bedeutungen des Lebensalters

   a) unter 7 Jahre
   b) 7 – 18 Jahre
   c) über 18 Jahre

   bezüglich der Geschäfts- und Deliktsfähigkeit!
5. Kann ein Minderjähriger ohne Zustimmung der Eltern die Schenkung eines unbelasteten Grundstücks/eines Hundes annehmen?
6. Ein Minderjähriger schließt mit einem Kreditvermittler einen Kreditvertrag über 5.000,– DM mit folgenden Konditionen: Laufzeit 2 Jahre, Rückzahlung in einem Betrag, Zinssatz 1%.

   Ist der Kreditvertag gültig?
7. Welche Rechtsfolge beinhaltet der § 433 Abs. 2 BGB?
8. Stellen Sie Tatbestand und Rechtsfolgen des § 611 Abs. 1 BGB gegenüber!

7.8 Rechtsgeschäfte und Willenserklärungen

Rechtsgeschäft

Die Begriffe Willenserklärung und Rechtsgeschäft sind wie der Begriff Rechtsfähigkeit im BGB nicht definiert. Kaufverträge (§ 433 BGB), Mietverträge (§ 535 BGB) und Dienstverträge (§ 611 BGB) sind sogenannte Rechtsgeschäfte.

Rechtsgeschäfte sind Geschäfte, die privatrechtliche Rechtsfolgen herbeiführen (der Abschluß eines Kaufvertrages begründet für Verkäufer und Käufer Pflichten). Rechtsgeschäfte kommen durch Willenserklärungen von Personen zustande. Willenserklärungen ziehen demnach einen Rechtserfolg nach sich. Das Rechtsgeschäft ist Folge der Willenserklärung bzw. Grundlage eines Rechtsgeschäfts ist mindestens eine Willenserklärung.

7.9 Formen der Willenserklärungen

Im Rechtsleben besteht grundsätzlich Formfreiheit. Ein Kaufvertrag über ein Auto oder über einen Kasten Mineralwasser kann demnach mündlich oder schriftlich abgeschlossen werden. Aus Beweisgründen wird der Kaufvertrag über das Auto schriftlich abgeschlossen, aus Vereinfachungsgründen wählt man beim Kauf über einen Kasten Mineralwasser die mündliche Form.

Formvorschriften

Bei einigen Rechtsgeschäften besteht aber Formzwang, d. h. der Gesetzgeber schreibt die Form der Willenserklärung zur Beweissicherung (Testament) oder zum Schutz vor unüberlegten, vorschnellen Entschlüssen (Kauf- bzw. Verkauf von Grundstücken) vor. Bei Kaufverträgen über Grundstücke ist nach § 313 BGB **notarielle Beurkundung** erforderlich. Der Notar bestätigt hierbei sowohl die Richtigkeit des Inhalts als auch die Echtheit der Unterschrift. Erklärungen gegenüber dem Grundbuchamt bedürfen der **öffentlichen Beglaubigung.** Hierbei bestätigt der Notar die Echtheit der Unterschrift unter dem Schriftstück. Die Richtigkeit des Inhalts wird nicht bestätigt. Das private Testament muß handschriftlich abgefaßt und eigenhändig unterschrieben sein (§ 2247 BGB).

notarielle Beurkundung

öffentliche Beglaubigung

7.10 Arten von Rechtsgeschäften

Die häufigsten Rechtsgeschäfte sind **zweiseitige bzw. mehrseitige Rechtsgeschäfte.** Hierzu zählen alle Verträge. Verträge beruhen auf den übereinstimmenden Willenserklärungen von zwei oder mehreren Personen. Bei den **einseitigen Rechtsgeschäften** ist die Willenserklärung nur einer Person erforderlich. Die einseitigen Rechtsgeschäfte kann man weiter untergliedern in empfangsbedürftige und nicht empfangsbedürftige. **Empfangsbedürftige Rechtsgeschäfte** werden erst in dem Zeitpunkt wirksam, in dem die Willenserklärung dem Empfänger zugegangen ist (Kündigung, Anfechtung, Vollmachterteilung, Mahnung). **Nicht empfangsbedürftige Rechtsgeschäfte** werden bereits mit Abgabe der Willenserklärung wirksam (Testament).

einseitige und zweiseitige Rechtsgeschäfte

empfangsbedürftige Rechtsgeschäfte

7.11 Nichtige und anfechtbare Rechtsgeschäfte

Nichtige Rechtsgeschäfte sind ohne rechtliche Folgen, da sie von Anfang an ungültig sind. Sie haben keine Rechtswirkung. Ein Rechtsgeschäft ist nichtig, wenn es

nichtige Rechtsgeschäfte

1. von einem **Geschäftsunfähigen** abgeschlossen wurde (§ 105 Abs. 1 BGB);

2. von einem **beschränkt Geschäftsfähigen ohne Zustimmung** des gesetzlichen Vertreters abgeschlossen wurde (§ 108 BGB);
3. **nur zum Schein** abgeschlossen wurde (§ 117 BGB);
Beispiel: Um Grunderwerbsteuer zu sparen, läßt der Käufer eines Hauses beim Notar nicht die vereinbarte Kaufsumme von 300000,– DM eingetragen, sondern nur 250000,– DM;
4. **nur zum Scherz** geschlossen wurde (§ 118 BGB);
Beispiel: Frau Kaiser verkauft ihrer besten Freundin den Bahnhof von Neustadt zum Sonderpreis von 1000,– DM;
5. **gegen ein gesetzliches Verbot verstößt** (§ 134 BGB);
Beispiel: Ein Rauschgiftsüchtiger bestellt bei einem Dealer Heroin im Wert von 10000,– DM. Der Händler kann die Abnahme gerichtlich nicht erzwingen, da Rauschgifthandel verboten ist;
6. **gegen eine gesetzlich vorgeschriebene Form verstößt** (§ 125 BGB);
Beispiel: Der Kauf über ein Grundstück wurde nur schriftlich abgeschlossen;
7. **gegen die guten Sitten verstößt, oder Treu und Glauben** im Geschäftsverkehr verletzt werden (§ 138 BGB),
Beispiel: Ein Kreditvermittler verlangt für ein Darlehen 20 % Zinsen pro Monat. Das ist Wucher.

Anfechtungsgründe

Anfechtbare Rechtsgeschäfte sind zunächst voll gültig. Durch die Anfechtung werden diese Rechtsgeschäfte jedoch rückwirkend nichtig. Ein Rechtsgeschäft ist anfechtbar, wenn es

1. durch **arglistige Täuschung oder widerrechtliche Drohung** zustandekam (§ 123 BGB).
Beispiel: Ein Staubsaugervertreter droht einem Kaufinteressenten mit Schlägen, wenn er den Kaufvertrag nicht unterschreibt;
2. durch **Erklärungsirrtum** zustandekam (§ 119 Abs. 1 BGB).
Jemand weiß zwar, was er sagt, er wollte aber diese Erklärung überhaupt nicht abgeben. Hierzu gehören die Fälle des Verschreibens und des Versprechens;
3. durch einen **Inhaltsirrtum** zustandekam (§ 119 Abs. 1 BGB).
Jemand weiß nicht, was das Gesagte bedeutet;
4. durch einen **Übermittlungsirrtum** zustandekam (§ 120 BGB).
Beispiel: Die Bundespost hat ein Telegramm falsch übermittelt;
5. durch einen **Eigenschaftsirrtum** zustandekam (§ 119 Abs. 2 BGB).
Hier handelt es sich um einen Irrtum über eine wesentliche Eigenschaft einer Person oder Sache.
Beispiel: Eine Bank stellt unwissend einen wegen Unterschlagung vorbestraften Kassierer ein.

Anfechtungsfristen

Die Anfechtung muß bei Irrtum unverzüglich erfolgen (§ 121 Abs. 1 BGB). Bei arglistiger Täuschung und widerrechtlicher Drohung muß die Anfechtung innerhalb eines Jahres nach Entdeckung des Anfechtungsgrundes geltend gemacht werden (§ 123 Abs. 1 BGB).

Ist eine Willenserklärung nach § 118 BGB nichtig oder auf Grund der §§ 119, 120 BGB angefochten, so wird der Erklärende unter Umständen schadensersatzpflichtig (§ 120 Abs. 1 Satz 1 BGB).

Wiederholungsfragen:

1. Wodurch unterscheiden sich Willenserklärungen von Rechtsgeschäften?
2. Wodurch unterscheiden sich einseitige Rechtsgeschäfte von zweiseitigen Rechtsgeschäften?
3. Wodurch unterscheiden sich empfangsbedürftige Rechtsgeschäfte von nicht empfangsbedürftigen Rechtsgeschäften?
4. Erklären Sie die Begriffe Formfreiheit und Formzwang beim Abschluß von Rechtsgeschäften!
5. Was unterscheidet die öffentliche Beglaubigung von der notariellen Beurkundung?
6. Welche Rechtsgeschäfte sind nichtig?
7. Welche Rechtsgeschäfte sind anfechtbar?
8. Welche rechtliche Wirkung hat die Anfechtung?
9. In welchen Fällen muß die Anfechtung unverzüglich nach Entdekkung des Anfechtungsgrundes erfolgen, und in welchen Fällen kann die Anfechtung innerhalb eines Jahres erfolgen?

Aufgaben und Fälle zur Sicherung des Lernerfolgs:

1. „Ich gehe heute abend in die Disco." Ist diese Aussage eine Willenserklärung?
2. Prüfen Sie anhand der folgenden Fälle, ob ein gültiges, nichtiges oder anfechtbares Rechtsgeschäft vorliegt!
   a) Eine Steuergehilfin möchte eine Gehaltserhöhung von 500,– DM pro Monat durchsetzen. Sie droht ihrem Arbeitgeber mit einer Anzeige wegen Steuerhinterziehung, um ihrer Forderung Nachdruck zu verleihen.
   b) Die 18jährige Auszubildende Veronika Zimmer schließt mit dem Autohaus Neubert eine Kaufvertrag über einen Porsche 924 ab mit der Bitte, die Rechnung an ihren reichen Vater zu schicken. Der Vater weigert sich, den Kaufpreis zu zahlen. Kann das Autohaus seinen Anspruch gegenüber dem Vater gerichtlich geltend machen?

c) Ein Hauseigentümer vermietet an Ausländer für eine Monatsmiete von 800,– DM ein Einzelzimmer.

d) Ein Steuerberater will 100 Journale bestellen. Er schreibt aber in der Bestellung versehentlich 1.000.

e) Bei einem Steuerberater meldet sich auf Grund eines Stellenangebots eine angeblich bilanzsichere Gehilfin. Nach Abschluß des Arbeitsvertrages muß der Steuerberater aber erkennen, daß die Helferin völlig unzureichende Kenntnisse aufweist.

3. Prüfen Sie die folgenden Rechtsgeschäfte hinsichtlich der Zahl der Willenserklärungen, die zur Rechtswirksamkeit notwendig sind!

Rechtsgeschäfte	Zahl der Willenserklärungen
Kaufvertrag über einen Personalcomputer	
5 Personen gründen eine OHG	
Anfechtung eines Kaufvertrages	
Leasing-Vertrag	
Kündigung eines Arbeitsvertrages	
Testament	
Erbvertrag	

4. Die 18jährige Monika Neumann kauft sich von ihren Ersparnissen einen „garantiert unfallfreien" Pkw. Später stellt sich heraus, daß das Fahrzeug entgegen der Zusicherung des Verkäufers einen Unfall hatte. Kann Monika den Kaufpreis zurückverlangen?

7.12 Sachen

Sachen

Unter Sachen versteht das BGB körperliche Gegenstände (§ 90 BGB). Unbewegliche Sachen (Immobilien) wie Grundstücke haben im Gegensatz zu beweglichen Sachen (Mobilien) einen unverrückbaren Standort. Die Sachen können weiter unterteilt werden in vertretbare Sachen (§ 91 BGB) und nicht vertretbare Sachen.

Vertretbare Sachen[1)] sind austauschbare Sachen, die im Verkehr nach Zahl, Maß oder Gewicht bestimmt zu werden pflegen (§ 91 BGB), z.B. Wertpapiere, Personalcomputer, Obst und Gemüse, Geld, Bücher.

Nicht vertretbare Sachen[1)] sind nicht in mehreren Einzelexemplaren vorhanden, es sind Einzelstücke (Originale), z.B. ein Bild von Picasso.

---

1) Den Kauf einer vertretbaren Sache bezeichnet man als **Gattungskauf** (§ 243 BGB), den Kauf einer nicht vertretbaren Sache als **Stückkauf**.

7.13 Bestandteile

Bestandteile

Zusammengesetzte Sachen bestehen aus Einzelteilen (= Bestandteilen). Wesentliche Bestandteile einer Sache sind alle Einzelteile, die nicht voneinander getrennt werden können, ohne daß der eine oder andere Teil zerstört oder in seinem Wesen verändert wird (§ 93 BGB). Ein wesentlicher Bestandteil kann nicht Gegenstand besonderer Rechte sein (§ 93 BGB), d.h. ein Eigentumsvorbehalt wird unwirksam: Der Eigentümer der Hauptsache ist auch Eigentümer des wesentlichen Bestandteils.

Werden bewegliche Sachen mit Grund und Boden verbunden, so werden sie wesentliche Bestandteile der Hauptsache, solange sie mit dem Grund und Boden verbunden sind (§ 94 BGB).

Beispiele: sanitäre Anlagen eines Gebäudes; Weizen, der noch nicht geerntet ist.

Unwesentliche Bestandteile können getrennt werden, ohne daß eine der Sachen zerstört oder wertlos wird.

7.14 Zubehör

Zubehör

Als Zubehör bezeichnet man alle beweglichen Sachen, die, ohne Bestandteile der Hauptsache zu sein, dem wirtschaftlichen Zweck der Hauptsache dienen und zur Hauptsache in einem bestimmten räumlichen Verhältnis stehen (§ 97 Abs. 1 Satz 1 BGB).

Beispiele: Autoradio und Reserverad beim Auto.

Hauptsache und Zubehör sind selbständige bewegliche Sachen. Die Eigentumsverhältnisse von Hauptsache und Zubehör können demnach verschieden sein (Kauf von Zubehör unter Eigentumsvorbehalt). Der Eigentümer der Hauptsache muß nicht zugleich Eigentümer des Zubehörs sein. Im allgemeinen teilt das Zubehör das Schicksal der Hauptsache. Bei Veräußerungen von beweglichen Sachen und Grundstücken erstreckt sich die Verpflichtung auch auf das Zubehör (§§ 314, 926 BGB). Der Verkauf eines Autos erstreckt sich demnach auch auf das Radio.

7.15 Besitz und Eigentum

Besitz, Eigentum

Der Besitzer hat die tatsächliche (körperliche) Herrschaft über eine Sache (§ 854 BGB). Besitz gibt Antwort auf die Frage „**Wer hat die Sache**?“ Der Eigentümer hat die rechtliche Herrschaft über eine Sache (§ 903 BGB). Eigentum gibt Antwort auf die Frage “**Wem gehört die Sache**?“ Ein Autodieb ist demnach Autobesitzer der gestohlenen Sache des Autoeigentümers.

7.16 Miteigentum nach ideellen Bruchteilen

Miteigentum

Bei Alleineigentum steht das alleinige Eigentum an der Sache einer Person zu. Beim Miteigentum steht dem Miteigentümer ein ideeller Bruchteil an der ganzen Sache zu (§§ 1008 BGB).

Beispiel:
Vier Freunde kaufen gemeinsam einen Personalcomputer. Jeder hat das Geld zu einem Viertel aufgebracht. Jedem der vier Freunde (Miteigentümer) steht ein ideeller Anteil an dem Computer zu (je 25%). Jeder Miteigentümer kann seinen ideellen Anteil verkaufen oder belasten. Bei einem Verkauf des Personalcomputers steht jedem Miteigentümer 25% des Verkaufspreises zu.

7.17 Eigentumserwerb an beweglichen Sachen

7.17.1 Eigentumserwerb durch Einigung und Übergabe

Einigung und Übergabe

Nach § 929 Satz 1 BGB ist zur Übertragung des Eigentums an einer beweglichen Sache die **Einigung**, daß die Sache übergeben werden soll (= Vertrag) und die **tatsächliche Übergabe** erforderlich. Mit Abschluß des Kaufvertrages sind sich die beiden Parteien darüber einig, daß das Eigentum übertragen werden soll (Verpflichtungsgeschäft). Für den Eigentumserwerb muß die Sache aber noch übergeben werden (Verfügungs- oder Erfüllungsgeschäft).

Mit der Übergabe wurde der unmittelbare Besitz an der Sache verschafft.

Ist der Erwerber bereits Besitzer der Sache, so genügt die Einigung über die Eigentumsübertragung (§ 929 Satz 2 BGB).

7.17.2 Gutgläubiger Eigentumserwerb vom Nichteigentümer

Es ist nicht zumutbar, daß jeder Käufer erst überprüfen muß, ob der Verkäufer auch tatsächlich Eigentümer der Kaufsache ist. Ein **gutgläubiger** Dritter kann gem. § 932 BGB Eigentum vom Nichteigentümer erwerben (dies gilt nicht für gestohlene Sachen – § 935 Abs. 1 BGB).

Die Beweislast für die Gutgläubigkeit trägt derjenige, der die Gutgläubigkeit bestreitet und nicht der Käufer.

Wer im Hinterzimmer eines Gasthauses eine unter Eigentumsvorbehalt stehende Stereoanlage weit unter Neupreis kauft, wird nicht Eigentümer an der Kaufsache, denn er hat grob fahrlässig gehandelt. Der Gesetzgeber stellt hohe Ansprüche an die Gutgläubigkeit (z.B. Vorzeigen von Rechnungen).

7.17.3 Eigentumserwerb durch Verbindung

Wird eine bewegliche Sache mit einem Grundstück so verbunden, daß sie wesentlicher Bestandteil des Grundstücks wird, so erstreckt sich das Eigentum an dem Grundstück auf diese Sache (§ 946 BGB).

Beispiel:
Ein Handwerker, der die sanitären Anlagen in ein Haus einbaut, verliert das Eigentum an der Sache.

7.17.4 Eigentumserwerb durch Vermischung

Auch in diesem Falle ist eine neue Sache entstanden, das frühere Eigentum geht unter. Die neue Sache ist eine untrennbare Vermischung (§ 947 Abs. 1 BGB). Der Untrennbarkeit steht gleich, wenn die Trennung mit unverhältnismäßigen Kosten verbunden sein würde (§ 947 Abs. 2 BGB).

Beispiel:
Ein Konditormeister wird Eigentümer der Torten, auch wenn er nicht Eigentümer der einzelnen Bestandteile ist.

7.17.5 Eigentumserwerb durch Verarbeitung

Wer durch Verarbeitung eines oder mehrerer Stoffe eine neue bewegliche wertvollere Sache herstellt, erwirbt das Eigentum an der neuen Sache (§ 950 Abs. 1 Satz 1 BGB).

Beispiel:
Ein künstlerisch begabter Dieb stiehlt Eichenholz und stellt daraus einen massiven Eichenschrank her. Der Dieb wird Eigentümer des Schrankes.

Beachte:
Wer durch Verbindung, Vermischung oder Verarbeitung das Eigentum an der Sache verliert, hat gegenüber dem neuen Eigentümer einen Anspruch auf Bezahlung (§ 951 Abs. 1 Satz 1 BGB).

7.18 Eigentumserwerb an unbeweglichen Sachen

Einigung und Eintragung in das Grundbuch

Für die Eigentumsübertragung an unbeweglichen Sachen ist ebenfalls die **Einigung** notwendig. Da eine tatsächliche Übergabe aber hier nicht möglich ist, tritt an die Stelle der Übergabe die **Eintragung** des Eigentumübergangs **in das Grundbuch** (§ 873 Abs. 1 BGB). Die Einigung unterliegt einem besonderen Formzwang, da sie vor einem Notar erfolgen muß (Auflassung, § 925 Abs. 1 BGB).

Wiederholungsfragen:

1. Erklären Sie die Begriffe Stückkauf und Gattungskauf!
2. Wodurch unterscheiden sich vertretbare Sachen von nicht vertretbaren Sachen?
3. Was versteht man im bürgerlichen Recht unter einer Sache?
4. Wie unterscheiden sich wesentliche Bestandteile von unwesentlichen Bestandteilen?
5. Was versteht man unter Zubehör?
6. Wodurch unterscheiden sich Besitz und Eigentum?
7. Wie wird das Eigentum an beweglichen Sachen erworben?
8. Was versteht man unter gutgläubigem Eigentumserwerb vom Nichteigentümer?
9. Erklären Sie den Eigentumserwerb durch Verbindung, Vermischung und Verarbeitung!
10. Wie wird das Eigentum an unbeweglichen Sachen erworben?
11. Was versteht man unter Miteigentum?

Aufgaben und Fälle zur Sicherung des Lernerfolgs:

1. Ordnen Sie die einzelnen Gegenstände den Begriffen „Sachen", „Bestandteil" und „Zubehör" zu!

Unterscheidungsmerkmal / **Sachen Bestandteile Zubehör**	vertretbare Sache	nicht vertretbare Sache	wesentlicher Bestandteil	unwesentlicher Bestand teil	Zubehör
Rollex-Uhr					
Rennpferd					
Kartoffeln					

Unterscheidungsmerkmal / Sachen Bestandteile Zubehör	vertretbare Sache	nicht vertretbare Sache	wesentlicher Bestandteil	unwesentlicher Bestand teil	Zubehör
Deckblatt einer Zigarre					
Bilderrahmen					
1.000,– DM-Schein					
Tapete eines Zimmers					
Das BWL-Buch, mit dem Sie soeben arbeiten					
Baumaterial auf einem Grundstück					
Kork einer Flasche Chablis					
Geräte eines Bauernhofes					
Maßgeschneidertes Modellkleid					
Kaktus im Blumentopf					

2. Ein Gewerbetreibender liefert die Badezimmerkacheln und die Beleuchtung für eine Eigentumswohnung unter Eigentumsvorbehalt. Wie sind die Eigentumsverhältnisse nach dem Einbau der Kacheln bzw. der Beleuchtung? Begründen Sie Ihre Lösung!

7.19 Wichtige Verträge des täglichen Lebens im Überblick

Die folgende Übersicht zeigt die wichtigsten Verträge des täglichen Lebens und deren Merkmale:

Wichtige Verträge

Vertragsart	Name der Vertragspartner	Vertragsinhalt	Abgrenzung zu anderen Verträgen
Kaufvertrag § 433 BGB	Käufer und Verkäufer	Kauf bzw. Verkauf einer fertigen Sache gegen Entgelt	Beim Kaufvertrag ist die Kaufsache bereits fertiggestellt.
Werkvertrag §§ 631-650 BGB	Besteller und Unternehmer	Erfolgreiche Herstellung oder Veränderung (Reparatur) gegen Entgelt; der Besteller stellt das benötigte Material[1]	Beim Werkvertrag muß das versprochene Werk erst noch hergestellt werden.[5]
Werklieferungsvertrag § 651 BGB	wie Werkvertrag	wie Werkvertrag; jedoch stellt der Unternehmer das benötigte Material[2]	
Dienstvertrag § 611 BGB	Dienstherr (Dienstberechtigter) und Dienstverpflichteter	Überlassung einer Dienstleistung irgendwelcher Art gegen Entgelt bzw. Honorar; der Dienstpflichtige kann selbständig tätig[3] oder an Weisungen gebunden sein[4]. Bei unselbständig Dienstpflichtigen liegt ein Arbeitsvertrag vor (Arbeitgeber-Arbeitnehmer-Verhältnis), d. h. es gelten neben den Bestimmungen des BGB auch die Bestimmungen des Arbeitsrechts.	Im Gegensatz zum Werkvertrag wird nur die Überlassung der Dienste geschuldet (Verpflichtung zum Tätigwerden); eine Erfolgsgarantie wird nicht übernommen. Die Unterscheidung zwischen Dienstvertrag und Werkvertrag ist von Bedeutung bei den Rechtsfolgen, bei Mängeln und beim Nichteintritt des gewünschten Erfolgs.

[1] Umsatzsteuerrechtlich tätigt der Unternehmer eine Werkleistung

[2] Umsatzsteuerrechtlich tätigt der Unternehmer eine Werklieferung

[3] frei praktizierender Steuerberater

[4] angestellter Steuerberater in einer Steuerberatungsgesellschaft

[5] Verpflichtet sich der Unternehmer nur zur Beschaffung von Zutaten oder sonstigen Nebensachen, so finden ausschließlich die Vorschriften über den Werkvertrag Anwendung (§ 651 Abs. 2 BGB).

Wichtige Verträge

Vertragsart	Name der Vertragspartner	Vertragsinhalt	Abgrenzung zu anderen Verträgen
Leihvertrag §§ 598-606 BGB	Verleiher und Entleiher	Unentgeltliche Überlassung der Leihsache	Dem Leihvertrag liegt eine Stückschuld zugrunde, dem Darlehensvertrag eine Gattungsschuld.
Darlehensvertrag §§ 607-610 BGB	Darlehensgeber und Darlehensnehmer	Überlassung von Geld oder Waren gegen Entgelt	siehe Leihvertrag
Mietvertrag §§ 535-580 BGB	Mieter und Vermieter	Überlassung der Mietsache gegen Entgelt	Im rechtlichen Sinne werden Bezeichnungen wie „Bootsverleih" oder „Leihwagen" irrtümlich verwendet.
Pachtvertrag §§ 581-597 BGB	Pächter und Verpächter	Überlassung der Pachtsache und deren Ertrag gegen Entgelt	Im Gegensatz zum Mietvertrag stehen dem Pächter die Erträge aus der Pachtsache zu.

Aufgaben und Fälle zur Sicherung des Lernerfolgs:

1. Frau Schönborn beauftragt ihren Schneider, einen Mantel anzufertigen. Um welchen Vertrag handelt es sich, wenn
   a) der Schneider den Stoff stellt,
   b) Frau Schönborn den Stoff stellt,
   c) Frau Schönborn den Stoff und der Schneider die Knöpfe stellt?
2. Geben Sie an, um welche Vertragsart es sich bei den folgenden Fällen handelt:
   a) Ein Steuerberater überläßt seiner Helferin unentgeltlich den Pkw-Kombi für Umzugszwecke.
   b) Ein Steuerberater erwirbt gegen Entgelt eine Eigentumswohnung, die er für Praxisräume benötigt.
   c) Ein Steuerberater möchte neue Bürogeräte anschaffen. Zu diesem Zweck nimmt er einen Kredit über 25.000,– DM bei einer Bank auf.
   d) Ein Steuerberater beauftragt einen Rechtsanwalt, eine Honorarforderung gerichtlich geltend zu machen.
   e) Ein Steuerberater beauftragt einen Malermeister, die Praxisräume zu renovieren. Der Malermeister stellt die notwendigen Tapeten und Farben.

8 Rechtliche Grundlagen des Leistungsaustausches

8.1 Abschluß und Erfüllung eines Kaufvertrages

Rechtsgrundlage

Die Rechte und Pflichten aus einem Kaufvertrag sind in § 433 BGB geregelt. *„Durch den Kaufvertrag wird der Verkäufer einer Sache verpflichtet, dem Käufer die Sache zu übergeben und das Eigentum an der Sache zu verschaffen. Der Käufer ist verpflichtet, dem Verkäufer den vereinbarten Kaufpreis zu zahlen und die gekaufte Sache anzunehmen."* (Unterstreichen Sie in diesen beiden Sätzen das Wort „verpflichtet" mit roter Farbe!)

Verpflichtungsgeschäft

Mit Abschluß eines Kaufvertrages werden demnach lediglich **Verpflichtungen** der Kaufvertragsparteien begründet. Die **Erfüllung** der Verpflichtungen (= Eigentumsübertragung der Ware und des Geldes) ist nicht im Schuldrecht geregelt, sondern im Sachenrecht.

Der Verkäufer ist zunächst einmal verpflichtet, das Eigentum an der Kaufsache zu verschaffen. Durch den Vertrag selbst ist der Käufer noch lange nicht Eigentümer geworden. Der Abschluß eines Kaufvertrages ist lediglich ein **Verpflichtungsgeschäft.** Die Kaufvertragsparteien haben sich zu etwas verpflichtet. Verpflichtungsgeschäfte begründen eine rechtliche Beziehung zwischen zwei Personen. Beide Parteien sind sich einig, daß sie ihre Verpflichtungen aus dem Kaufvertrag erfüllen sollen.

Erfüllungsgeschäft

Erst mit der tatsächlichen Übergabe der beweglichen Sache wird der Käufer gemäß § 929 BGB neuer Eigentümer. Neben dem Kaufvertrag wurde noch ein Übereignungsvertrag geschlossen. Diesen Übereignungsvertrag nennt man **Erfüllungsgeschäft** oder **Verfügungsgeschäft.** Jetzt haben die Parteien ihre Verpflichtungen auch tatsächlich erfüllt. Verfügungsgeschäfte begründen eine rechtliche Beziehung zwischen einer Person und einer Sache.

Dem Abschluß eines Kaufvertrages (Verpflichtungsgeschäft) muß demnach ein Verfügungsgeschäft folgen. In vielen Fällen fallen Verpflichtungs- und Verfügungsgeschäft zeitlich nicht auseinander, sondern zeitlich zusammen (z. B. bei Käufen des täglichen Bedarfs). Mit der Erfüllung der Pflichten erlöschen gem. § 362 Abs. 1 BGB die geschuldeten Leistungen.

Mit Abschluß des Kaufvertrages (= Verpflichtungsgeschäft) werden umsatzsteuerrechtlich noch keine Leistungen bewirkt. Solange der Kaufgegenstand nicht übereignet wurde, liegt noch kein steuerbarer Umsatz vor. Für die Umsatzbesteuerung ist allein das Erfüllungsgeschäft maßgeben.

Eine Leistung im Sinne des § 3 Abs. 1 UStG liegt vor, wenn ein Unternehmer ein Erfüllungsgeschäft tätigt.

8.2 Rechte und Pflichten aus einem Kaufvertrag

Jeder Vertrag kommt durch zwei übereinstimmende Willenserklärungen zustande. Diese Willenserklärungen heißen **Angebot** (1. Willenserklärung) und **Annahme** des Angebots (2. Willenserklärung). Übereinstimmend bedeutet, daß sich die Vertragsparteien in allen wesentlichen Punkten geeinigt haben. Es gibt zwei verschiedene Möglichkeiten, einen Kaufvertrag abzuschließen:

1. *Der Verkäufer macht ein Angebot, der Käufer nimmt dieses an (Bestellung).*
2. *Der Käufer bestellt ohne vorheriges Angebot, der Verkäufer nimmt die Bestellung an.*

Rechte von Käufer und Verkäufer

Die Rechte und Pflichten aus dem Kaufvertrag ergeben sich aus den Bestimmungen des § 433 BGB. Danach hat der **Verkäufer** die **Kaufsache** dem Käufer zu **übergeben** und das **Eigentum** an der Kaufsache **zu verschaffen.** Der **Käufer** ist verpflichtet, die gekaufte Sache **anzunehmen** und den vereinbarten **Kaufpreis** zu **zahlen**.

Wiederholungsfragen:

1. Erklären Sie die Begriffe Verpflichtungs- und Verfügungsgeschäft!
2. Welche Rechtsbeziehungen regeln Verpflichtungsgeschäfte bzw. Verfügungsgeschäfte?
3. Schauen Sie im BGB nach! In welchem Buch des BGB befinden sich die §§ 433 und 929?

Aufgaben und Fälle zur Sicherung des Lernerfolgs:

Nennen Sie jeweils das richtige Datum für Verpflichtungs- und Erfüllungsgeschäft!

a) Gerd Rumpf bietet am 15.01.19.. den Personalcomputer „MODUL XR 42“ an.
b) Dr. Ritter nimmt am 20.01.19.. das Angebot an.
c) Gerd Rumpf liefert den Personalcomputer am 24.01.19..
d) Dr. Ritter überweist den Kaufpreis am 06.02.19..

8.3 Störungen bei der Erfüllung des Kaufvertrages

Mögliche Störungen

Die meisten Kaufverträge werden ordnungsgemäß erfüllt. Bereits bei Abschluß eines Kaufvertrages kann es jedoch zu Störungen kommen, wenn der Vertrag nichtig oder anfechtbar ist. Auch bei der Erfüllung eines Kaufvertrages können Störungen auftreten, wenn die Vertragspartner ihre Verpflichtungen aus dem Vertrag nicht erfüllen. Störungen können dabei sowohl auf der Käuferseite als auch auf der Verkäuferseite auftreten.

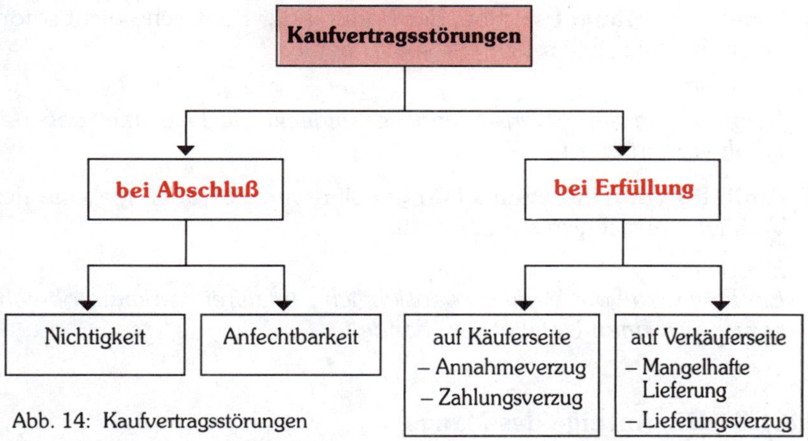

Abb. 14: Kaufvertragsstörungen

8.3.1 Mangelhafte Lieferung

8.3.1.1 Mangelarten

Arten von Mängeln

Eine mangelhafte Lieferung liegt vor, wenn der Verkäufer zwar rechtzeitig geliefert hat, die Kaufsache jedoch einen Mangel aufweist.

Nach § 459 Abs. 1 BGB haftet der Verkäufer für die Lieferung einer mangelfreien Kaufsache. Ein Verschulden des Verkäufers ist hierbei keine Voraussetzung für die Haftung. Ein Fehler im Sinne des Gesetzes liegt vor, wenn die Kaufsache **Fehler in der Güte oder Beschaffenheit aufweist (Qualitätsmängel).**

Beispiel:
Lieferung verdorbener Lebensmittel oder Lieferung einer Maschine mit technischen Fehlern.

Ein Qualitätsmangel (auch Sachmangel genannt) liegt ebenfalls vor, wenn der Kaufsache eine zugesicherte Eigenschaft fehlt (§ 459 Abs. 2 BGB).

Beispiel:
Es wurde entgegen der Zusicherung keine abwaschbare Tapete geliefert.

Allgemeine Formulierungen wie „Garantiert sicheres Abführmittel“ gelten hierbei nicht als zugesicherte Eigenschaft, da sich die „Garantie“ auf eine Vielzahl von Personen bezieht. Die Zusicherung muß jedoch gegenüber dem Käufer ausdrücklich erfolgen.

Offene und versteckte Mängel

Im Hinblick auf die Erkennbarkeit kann man offene und versteckte Mängel sowie arglistig verschwiegene Mängel unterscheiden.

- **Offene Mängel** sind bei der Prüfung der Kaufsache sofort erkennbar.

  Beispiel:
  Die Glasscheibe des gelieferten Aktenschrankes ist zerstört.

- **Verstecke Mängel** sind bei der Prüfung der Kaufsache nicht sofort erkennbar, sie stellen sich erst später heraus.

  Beispiel:
  Beim Öffnen einer Konservendose entdeckt die Hausfrau, daß der Inhalt verdorben ist.

- **Arglistig verschwiegene Mängel** sind versteckte Mängel, die der Verkäufer absichtlich geheim hielt.

  Beispiel:
  Ein Pkw wird vom Verkäufer absichtlich „unfallfrei“ verkauft, obwohl es sich um einen Unfallwagen handelt.

8.3.1.2 Die Anzeige des Mangels

Zwar hat der Käufer beim einseitigen Handelskauf und beim bürgerlichen Kauf weder eine sofortige Untersuchungspflicht noch die Pflicht, etwaige Mängel sofort anzuzeigen. Aus Beweisgründen empfiehlt es sich aber, die gelieferte Ware sofort auf Mängel hin zu untersuchen (möglichst im Beisein des Verkäufers bzw. des Lieferers). Wurde ein Mangel entdeckt, so sollte dieser ebenfalls sofort gerügt werden.

Rügefristen

Eine Rüge ist eine formlose Anzeige des Mangels durch den Käufer. Diese Mängelrüge sollte aber zu Beweiszwecken schriftlich abgefaßt werden, wenn Erfüllungs- und Verfügungsgeschäft zeitlich auseinanderfallen.

Wenn vertraglich nichts vereinbart wurde, gelten beim einseitigen Handelskauf und beim bürgerlichen Kauf die folgenden gesetzlichen Rügefristen:

Mangelarten / Kaufart	offene Mängel	versteckte Mängel	arglistig verschwiegene Mängel
Einseitiger Handelskauf und bürgerlicher Kauf	innerhalb von sechs Monaten nach Erhalt der Kaufsache (§ 477 BGB)		30 Jahre (§ 195 BGB)

Innerhalb dieser Rügefristen kann der Käufer seine Rechte auf Grund der mangelhaften Lieferung geltend machen (Gewährleistungsrechte). Die gesetzlichen Gewährleistungsfristen können jedoch vertraglich verkürzt oder verlängert werden (§ 486 BGB).

Beim zweiseitigen Handelskauf muß der Käufer die Kaufsache unverzüglich nach Lieferung untersuchen (§ 377 Abs. 1 HGB) und

1. offene Mängel unverzüglich rügen (§ 377 Abs. 1 HGB),
2. versteckte Mängel unverzüglich nach Entdeckung rügen (§ 377 Abs. 3 HGB).

Ein Unterlassen der Mängelrüge gilt als Annahme der gelieferten Kaufsache.

8.3.1.3 Die Rechte des Käufers bei mangelhafter Lieferung

Der Käufer kann wahlweise die folgenden Rechte geltend machen: *Wandlung*

1. Recht auf **Wandlung** (§ 462 BGB)
   Wandlung bedeutet, daß der Kaufvertrag rückgängig gemacht wird. Kaufsache und bereits erhaltenes Geld sind zurückzugeben.

   Beispiel:
   Dem Käufer liegt in der Zwischenzeit von einem anderen Lieferanten ein günstigeres Angebot vor.

2. Recht auf **Minderung** (§ 462 BGB) *Minderung*
   Minderung bedeutet, daß der Käufer den Kaufpreis herabsetzen kann.

   Beispiel:
   Der gelieferte Aktenschrank hat einen Kratzer an der Seite. Der Mangel ist nicht schwerwiegend.

3. Recht auf **Ersatzlieferung** (Umtausch, § 480 BGB) *Umtausch*
   Umtausch bedeutet, daß dem Käufer an Stelle der mangelhaften Kaufsache eine mangelfreie geliefert wird. Dies ist natürlich nur bei einer Gattungsschuld, nicht aber bei einer Stückschuld möglich.

   Beispiel:
   Die Kaufsache kann bei anderen Lieferanten nicht so günstig bezogen werden.

4. Recht auf **Schadensersatz** (§§ 463, 480 Abs. 2 BGB) *Schadensersatz*
   Statt Wandlung oder Minderung kann der Käufer Schadensersatz wegen Nichterfüllung verlangen, wenn der Fehler arglistig verschwiegen wurde oder das Fehlen einer zugesicherten Eigenschaft vorliegt.

   Die gesetzlichen Gewährleistungsrechte werden häufig vom Verkäufer vertraglich ausgeschlossen oder eingeschränkt (beachten Sie aber die Bestimmungen des AGB-Gesetzes). So kann beispielsweise das Recht auf Wandlung und Minderung vertraglich ausgeschlossen werden und lediglich ein Recht auf Nachbesserung vereinbart werden.

In folgenden Fällen kann der Käufer seine **Gewährleistungsrechte nicht geltend machen:**

Anschluß der Gewährleistung

- Der Käufer kannte den Mangel bereits bei Abschluß des Kaufvertrages (§ 460 BGB).
- Der Käufer kannte den Mangel bei der Übergabe und machte ein Gewährleistungsrecht nicht geltend (§ 464 BGB).
- Es handelt sich um einen unerheblichen Mangel (§ 459 Abs. 1 BGB). Bei unerheblichen Mängeln muß sich der Käufer eine Nachbesserung gefallen lassen (Beispiel: Die Knöpfe des gekauften Anzugs sind schlecht angenäht).
- Die Gewährleistungsansprüche wurden vertraglich ausgeschlossen.
- Die Rügefrist ist abgelaufen.

Quantitätsmängel (Mängel in der Menge) und **Artmängel** (Falschlieferung) sind beim einseitigen Handelskauf und bürgerlichem Kauf keine Mängel im Sinne des BGB.

Quantitätsmängel

Bei **Quantitätsmängeln** hat der Käufer lediglich einen Anspruch auf Nachlieferung (bei Minderlieferung) bzw. auf Rückgabe der Kaufsache (bei Mehrlieferung).

Artmangel

Bei einem **Artmangel** (Gattungsmangel) gehört die gelieferte Kaufsache nicht zu der bestellten Gattung.

Beispiel: Es wurden Erbsen „mittelfein" an Stelle von Erbsen „fein" geliefert.

Kein Artmangel liegt vor, wenn die gelieferte Kaufsache einer anderen Gattung angehört.

Beispiel: Es wurden Erbsen bestellt und Bohnen geliefert. In diesem Fall ist der Kaufvertrag überhaupt noch nicht erfüllt (bei Artmangel ist der Kaufvertrag zwar erfüllt, jedoch schlecht erfüllt).

Bei einem Artmangel hat der Käufer ein Recht auf Umtausch. Die zuviel gelieferte oder falsch gelieferte Ware darf nur nach Rücksprache mit dem Verkäufer auf dessen Gefahr und Kosten zurückgeschickt werden. Es muß dem Verkäufer die Möglichkeit gegeben werden, die Kaufsache persönlich abzuholen.

8.3.2 Lieferungsverzug

Die Bestimmungen des BGB über den Lieferungsverzug (das BGB spricht von Schuldnerverzug) gelten für alle Vertragsarten. Wesen, Voraussetzungen, Rechtsfolgen und Rechte sollen aber hier am Beispiel des Kaufvertrages dargestellt werden.

Im Gegensatz zur mangelhaften Lieferung wurde beim Lieferungsverzug der Kaufvertrag überhaupt noch nicht erfüllt.

8.3.2.1 Voraussetzungen des Lieferungsverzugs

Der Schuldner kommt nur in Verzug, wenn die folgenden Voraussetzungen erfüllt sind: *Voraussetzungen des Lieferungsverzuges*

1. Die Kaufsache muß **fällig** sein.

   Es muß ein Zeitpunkt vorliegen, an dem der Schuldner verpflichtet ist, seine Leistung zu erfüllen. Vor Fälligkeit kann eine Leistung nicht gefordert werden. *Fälligkeit*

2. Der Gläubiger muß **mahnen** (§ 284 BGB). *Mahnung*
   Lieferungsverzug tritt nicht von selbst bei Überschreitung der Fälligkeitszeit ein. Ist die Fälligkeit der Lieferung kalendermäßig nicht bestimmt *(„Lieferung ab Mai")*, dann muß der Gläubiger mahnen. Die Mahnung ist eine einseitige Willenserklärung an den Schuldner, jetzt endlich seine Leistung zu erfüllen. Sie ist zwar an keine Form gebunden, sollte jedoch aus Beweisgründen schriftlich erfolgen.
   Hinweis:
   Das Ende der Leistungszeit muß mit dem Kalender bestimmbar sein *(„Lieferung am 12.10.19..)*. Es genügt nicht, daß lediglich die Möglichkeit der Berechenbarkeit besteht *(„Lieferung demnächst")*. In diesem Fall soll die Lieferung nach Eintritt eines noch ungewissen Ereignisses (wann ist demnächst?) erfolgen.

   Einer Mahnung bedarf es nicht, wenn die Leistungszeit kalendermäßig bestimmt oder bestimmbar ist. *(„Der Tag mahnt für den Menschen"*, § 284 Abs. 2 BGB wie z. B. in der Klausel *„Lieferung am 24. Oktober")*.

   Eine Mahnung ist auch entbehrlich, wenn der Schuldner erklärt, daß er die geschuldete Leistung zu einem späteren Zeitpunkt als dem Fälligkeitstermin erbringen will (§ 242 BGB). In diesem Fall setzt sich der Schuldner selbst in Verzug.

3. Den Verkäufer muß ein **Verschulden** treffen.
   Der Verzug muß auf einem vom Schuldner zu vertretenden Umstand beruhen, d. h. der Verzug muß durch vorsätzliches oder fahrlässiges Handeln eingetreten sein (Nachlässigkeit). Der Schuldner hat somit höhere Gewalt nicht zu vertreten (Streik, Krankheit, Stillstand des Verkehrs infolge einer Katastrophe). Der Schuldner kommt somit nicht in Verzug, wenn er den Grund der Verzögerung nicht zu vertreten hat (§ 285 BGB).

Bei Gattungsschulden kommt der Verkäufer auch ohne Verschulden in Verzug. Gattungswaren kann der Verkäufer jederzeit wieder beschaffen. *Verschulden*

8.3.2.2 Die Folgen des Lieferungsverzugs

Nach Eintritt des Verzugs verschärft sich die Haftung des Schuldners. Er haftet jetzt auch für zufällig eingetretene Ereignisse. *Rechtsfolgen*

Beispiel: Ein Steuerberater hat einen Kaufvertrag über eine Büroeinrichtung abgeschlossen. Nach Verzugseintritt wird die Einrichtung beim Lieferanten durch Blitzeinschlag völlig zerstört. Der Lieferant haftet in diesem Fall für höhere Gewalt, er muß also noch liefern.

8.3.2.3 Die Rechte des Käufers bei Lieferungsverzug

Der Käufer kann **wahlweise** die folgenden Rechte geltend machen:

Erfüllung

1. Da der Kaufvertrag auch nach Eintritt des Verzugs bestehen bleibt, kann der Käufer weiterhin **Erfüllung des Kaufvertrages** verlangen, d. h. er kann auf Lieferung bestehen.

   Beispiel: Ein bestimmter Computer ist von keinem anderen Hersteller zu erhalten.

Erfüllung und Schadensersatz

2. Ist dem Käufer durch Verzug ein **Verzugsschaden** entstanden, so kann er diesen neben der Lieferung geltend machen (§ 286 Abs. 1 BGB).

   Beispiel: Durch die verspätete Lieferung eines Personalcomputers konnten Leistungen des Steuerberaters nicht erbracht werden. Der Verzugsschaden besteht in dem entgangenen Gewinn.

   Hat der Käufer an der Erfüllung des Kaufvertrages kein Interesse mehr, so kann er dem Verkäufer eine angemessene Nachfrist setzen mit der Androhung, nach Ablauf der Nachfrist

Rücktritt

3. vom **Kaufvertrag zurückzutreten** (§ 326 Abs. 1 BGB). Der Rücktritt ist eine einseitige empfangsbedürftige Willenserklärung. Nach erfolgtem Rücktritt hat der Käufer keinen Anspruch mehr auf Lieferung (§ 326 Abs. 1 BGB) oder Schadensersatz wegen Nichterfüllung. Den Verzugsschaden kann er jedoch gemäß § 286 Abs. 1 BGB zusätzlich geltend machen.

   Beispiel: Der Personalcomputer kann in der Zwischenzeit bei einem anderen Hersteller günstiger bezogen werden.

4. Nach Ablauf der Nachfrist kann der Käufer auch die **Lieferung ablehnen und Schadensersatz wegen Nichterfüllung** verlangen (§ 326 Abs. 1 BGB).

   Beispiel: Der Steuerberater muß den Personalcomputer bei einem anderen Hersteller zu einem höheren Preis beziehen. Er hat sich bei einem anderen Verkäufer eingedeckt (Deckungskauf).

Ablehnung der Lieferung und Schadensersatz

Die Nachfrist kann gleichzeitig mit der Mahnung erfolgen. Sie muß aber angemessen sein, d. h. der Schuldner muß die Kaufsache noch liefern können, ohne diese erst zu beschaffen oder anfertigen zu müssen. Der Schuldner muß aus der Mahnung eindeutig entnehmen können, daß nach Ablauf der Nachfrist eine Lieferung nicht mehr in Betracht kommt. Allgemeine Formulierungen *(„Wir behalten uns alle Rechte vor")* sind nicht eindeutig.

Es ist ratsam, zuerst Schadensersatz wegen Nichterfüllung anzudrohen. Ist kein Schaden entstanden, so ist ein späterer Rücktritt immer noch möglich. Da durch den Rücktritt der Kaufvertrag aufgehoben wird, ist ein späterer Anspruch auf Schadensersatz wegen Nichterfüllung ausgeschlossen. Der Käufer kann dann nur noch den Verzugsschaden geltend machen. Der Schadensersatzanspruch wegen Nichterfüllung ist aber umfangreicher als der Verzugsschaden. Er umfaßt jeglichen Schaden aus Lieferungsverzug und tritt an Stelle der Erfüllung. Der Kaufvertrag bleibt in diesem Fall weiter bestehen. Wenn der Schuldner Schadensersatz wegen Nichterfüllung leistet, tritt diese Leistung an die Stelle der Lieferung. Damit ist der Kaufvertrag erfüllt und aufgehoben.

8.3.2.4 Die Berechnung des Schadens

Konventionalstrafe

Im Wirtschaftsleben kommt es nicht selten vor, daß bereits bei Vertragsabschluß eine **Vertragsstrafe** (Konventionalstrafe) über eine bestimmte Geldsumme für den Fall vereinbart wird, daß der Schuldner seine Leistung nicht pünktlich erfüllt. Die Schadenshöhe ist hierbei dem Betrag nach im voraus festgelegt. Beim sogenannten Deckungskauf ist der Schadensumfang ebenfalls anhand von Rechnungen konkret nachzuweisen.

Schwierig wird die Schadensberechnung bei den sogenannten abstrakten Schäden. Diese Schäden können nicht durch Belege offensichtlich gemacht werden. Wenn ein Röntgengerät nicht pünktlich geliefert wurde, kann der Arzt seinen entgangenen Gewinn nicht konkret nachweisen. In diesem Fall müßte der Gewinn auf Grund von Erfahrungswerten geschätzt werden.

8.3.3 Annahmeverzug

Die Bestimmungen des BGB über den Annahmeverzug gelten ebenfalls für alle Vertragsarten. Die Problematik des Annahmeverzuges wird ebenfalls am Beispiel des Kaufvertrages dargestellt (das BGB spricht von Gläubigerverzug).

8.3.3.1 Voraussetzungen des Annahmeverzugs

Voraussetzung des Annahmeverzugs

Damit der Käufer in Annahmeverzug gerät, müssen folgende Voraussetzungen erfüllt sein:

1. Die Leistung muß **fällig** sein.
2. Der Verkäufer muß die Kaufsache **ordnungsgemäß angeboten** haben. Ordnungsgemäß angeboten ist die Kaufsache, wenn das Angebot zur rechten Zeit (zum vereinbarten Termin), am rechten Ort (am vereinbarten Erfüllungsort) und in der richtigen Art und Weise (in der vereinbarten Verpackung) erfolgte.

Zu beachten ist, daß der Annahmeverzug im Gegensatz zum Lieferungsverzug kein Verschulden voraussetzt, d. h. der Käufer kommt auch ohne Verschulden in Verzug, wenn er die Leistung nicht annimmt.

8.3.3.2 Die Folgen des Annahmeverzugs

Rechtsfolgen

Nach Eintritt des Verzugs vermindert sich die Haftung des Verkäufers. Er **haftet** jetzt nur noch für **Vorsatz** und **grobe Fahrlässigkeit.** Für leichte Fahrlässigkeit **haftet er nicht** (§ 300 Abs. 1 BGB).

Bei Gattungsschulden geht mit Eintritt des Verzugs die Gefahr des zufälligen Untergangs auf den Käufer über (§ 300 Abs. 2 BGB).

8.3.3.3 Die Rechte des Verkäufers bei Annahmeverzug

Trotz Eintritts des Verzugs bleibt der Kaufvertrag weiterhin bestehen. Der Käufer kann daher Erfüllung des Kaufvertrages verlangen und auf die Lieferung der Kaufsache bestehen. Der Verkäufer kann somit nur mit ausdrücklicher Zustimmung des Käufers die Kaufsache an einen anderen Käufer weiterverkaufen.

Ohne Zustimmung des Käufers stehen dem Verkäufer folgende Rechte zu:

Klage auf Abnahme

1. **Einlagerung** der Ware und **Klage auf Abnahme**
   Der Lieferer kann beim einseitigen Handelskauf die nicht angenommene Kaufsache auf Kosten und Gefahr des Käufers in einem öffentlichen Lagerhaus hinterlegen (§ 373 Abs. 1 HGB) und auf Abnahme klagen. Wegen der langen Prozeßdauer und der hohen Prozeßkosten wird häufig eine Klage nicht erhoben.

   Beispiel:
   Ein Steuerberater hat bei einem Schreiner eine Büroeinrichtung anfertigen lassen und gerät in Annahmeverzug. Da es sich um eine Sonderanfertigung handelt, ist eine öffentliche Versteigerung wenig erfolgversprechend.

Selbsthilfeverkauf

2. **Einlagerung** der Ware und **Selbsthilfeverkauf**
   Unter einem Selbsthilfeverkauf versteht man die öffentliche Versteigerung der Kaufsache (§ 373 Abs. 2 HGB).

   Der Verkäufer muß im Falle der Versteigerung folgende Pflichten beachten:

   a) *Er muß dem Käufer den Selbsthilfeverkauf androhen (§ 373 Abs. 2 HGB).*

   b) *Er muß dem Käufer Ort und Zeit der öffentlichen Versteigerung mitteilen (§ 373 Abs. 5 HGB).*

   c) *Er muß dem Käufer das Ergebnis der öffentlichen Versteigerung unverzüglich mitteilen (§ 373 Abs. 5 HGB).*

Zu beachten ist hierbei, daß einen Mehrerlös der Käufer erhält, einen Mindererlös der Käufer zu tragen hat.

Notverkauf

Eine Androhung des Selbsthilfeverkaufs entfällt bei leicht verderblichen Waren (Notverkauf, § 373 Abs. 2 HGB).

8.3.4 Zahlungsverzug

Beim Zahlungsverzug hat es der Käufer versäumt, den Kaufpreis rechtzeitig zu bezahlen. Aus methodischen Gründen erfolgt die Behandlung des Zahlungsverzugs im Kapitel „Außergerichtliches und gerichtliches Mahnverfahren".

Wiederholungsfragen:

1. Wodurch unterscheiden sich Qualitätsmängel, Quantitätsmängel und Artmängel?
2. Für welche Mängelarten gelten beim einseitigen Handelskauf und beim bürgerlichen Kauf die Gewährleistungsansprüche nicht?
3. Wodurch unterscheiden sich offene Mängel, versteckte Mängel und arglistig verschwiegene Mängel?
4. Welche gesetzlichen Rügefristen der Mängel aus Frage 3 bestehen beim einseitigen Handelskauf?
5. Warum sollte auch beim einseitigen Handelskauf eine sofortige Untersuchung und Rüge erfolgen?
6. Welche Rechte hat der Käufer bei einer mangelhaften Lieferung und in welchen Fällen wird er von diesen Rechten Gebrauch machen?
7. In welchen Fällen kann der Käufer seine Gewährleistungsansprüche nicht geltend machen?
8. Welche Rechte hat der Käufer bei Quantitätsmängeln und Artmängeln?
9. Nennen Sie die Voraussetzungen des Lieferungsverzugs!
10. In welchen Fällen ist eine Mahnung entbehrlich?
11. Warum ist Verschulden keine Voraussetzung bei Gattungsschulden?
12. Welche Folgen hat der Lieferungsverzug für den Verkäufer?
13. Welche Rechte hat der Käufer bei Lieferungsverzug und in welchen Fällen wird er von diesen Rechten Gebrauch machen?
14. Wodurch unterscheidet sich ein konkreter Schaden von einem abstrakten Schaden?
15. Was versteht man unter einer Konventionalstrafe?
16. Nennen Sie die Voraussetzungen für den Annahmeverzug!
17. Welche Folgen hat der Annahmeverzug für den Käufer?
18. Welche Rechte hat der Verkäufer beim Annahmeverzug und in welchen Fällen wird er von diesen Rechten Gebrauch machen?
19. Welche Pflichten hat der Verkäufer beim Selbsthilfeverkauf zu beachten?

Aufgaben und Fälle zur Sicherung des Lernerfolgs:

1. Raten Sie die folgenden Begriffe. Die Anfangsbuchstaben der zu ratenden Begriffe weisen auf die Rechte aus mangelhafter Lieferung hin.
   a) Eine Äußerung, die eine rechtliche Folge hat.
   b) Eine Pflicht des Verkäufers innerhalb der Gewährleistungsfrist.
   c) Ein Personenkreis, der bei der Geschäfts- und Deliktsfähigkeit von Bedeutung ist.
   d) Zwei nichtige Rechtsgeschäfte.

2. Welches Gewährleistungsrecht sollte der Käufer in den folgenden Fällen Ihrer Meinung nach in Anspruch nehmen? Begründen Sie Ihre Lösung!
   a) Dr. Ritter bestellte am 15.08.19.. bei dem Computervertrieb Rumpf einen Personalcomputer. Das am 19.08. gelieferte Gerät weist an der Seite zwei sichtbare Kratzer auf.
   b) Ein Steuerberater bestellt 50 Journale. Geliefert werden 60 Journale.
   c) Der gelieferte Personalcomputer aus Fall a) weist schwerwiegende technische Mängel auf. Dr. Ritter hat in der Zwischenzeit von einem anderen Händler ein günstigeres Angebot erhalten.
   d) Der gelieferte Neuwagen weist an der Innenseite des Kofferraumdeckels einen kleinen Kratzer auf.
   e) Ein Steuerberater bestellt 300 Journale. Geliefert werden 200 Journale.
   f) Eine Steuergehilfin hat eine mit Kratzern versehene Schallplatte günstig gekauft.
   g) Ein Mann mit Haarproblemen kauft sich ein Haarwuchsmittel, von dem der Hersteller behauptet, es „garantiere in kurzer Zeit neuen Haarwuchs". Der versprochene Erfolg blieb aus.
   h) Eine Familie kauft ein altes Bauernhaus. Der Verkäufer vermutet, daß in dem Holz der Schwamm sitzt. Trotzdem teilte er dies der Familie nicht mit.

3. Schreiben Sie zu den Fällen 2 a) und 2 c) eine entsprechende Mängelrüge, indem Sie jeweils eines der zustehenden Gewährleistungsrechte geltend mache.

4. Welche der folgenden Aussagen sind falsch bzw. richtig?
   a) Beim Stückkauf ist Verschulden keine Voraussetzung für Lieferungsverzug.
   b) Beim Gattungskauf ist Verschulden eine Voraussetzung für Lieferungsverzug.

c) Beim Annahmeverzug kommt der Käufer auch ohne Verschulden in Verzug.

d) Der Verkäufer haftet bei einer mangelhaften Lieferung nur dann, wenn ihn ein Verschulden trifft.

e) Der Verkäufer haftet vor Eintritt des Lieferungsverzugs nicht für höhere Gewalt.

f) Der Käufer haftet nach Eintritt des Annahmeverzugs nicht für höhere Gewalt.

5. Dr. Ritter hat am 02.05.19.. beim Sportversandhaus Wipfler, Nekkarpromenade 11, 6900 Heidelberg, für den Sommerurlaub eine Bergsteigerausrüstung bestellt. Die Lieferung sollte bis Anfang Juni erfolgen. Da die Lieferung bis Ende Juni noch nicht eingetroffen ist, möchte Dr. Ritter dem Versandhaus eine Nachfrist setzen.

   Wieviel Tage Nachfrist halten Sie bei einem Versendungskauf für angemessen?

6. Dr. Ritter bestellte am 15.08.19.. bei dem Computervertrieb Rumpf einen Personalcomputer. Die Lieferung sollte bis Mitte September erfolgen. Als Ende September das Gerät noch immer nicht geliefert ist, entschließt sich Dr. Ritter, der Firma Rumpf am 28.09.19.. eine Mahnung zu schreiben und eine Nachfrist zu setzen.

   Schreiben Sie im Auftrag von Dr. Ritter diese Mahnung und drohen Sie bei erfolglosem Verstreichen der Nachfrist ein gesetzlich zustehendes Recht an!

7. Die Steuergehilfin Marion Löffler hat ihren Sommerurlaub im Hotel „Bellevue" am Chiemsee gebucht. Wegen eines Trauerfalls in der Familie konnte Fräulein Löffler den Urlaub erst sechs Tage später als gebucht antreten. Müßte Marion Löffler diese sechs Tage bezahlen, wenn die Hotelleitung darauf bestehen würde?

8. Dr. Ritter und die Firma Rumpf haben vereinbart, daß der bestellte Personalcomputer am 20.08.1990 geliefert werden soll. Als der Lkw-Fahrer zum vereinbarten Zeitpunkt eintraf, las er am Praxiseingang ein Schild mit folgendem Inhalt: „Wegen Betriebsausflug bleibt die Praxis heute geschlossen". Die Firma Rumpf war von dem Betriebsausflug nicht unterrichtet. Auf der Rückfahrt wurde der Computer infolge eines Unfalls völlig zerstört. Der schuldige Unfallverursacher beging Unfallflucht und wurde nie ermittelt. Wie ist die Rechtslage?

9. Dr. Ritter hat am 16.06.19.. seine bestellte Bergsteigerausrüstung angemahnt (siehe Fall 5). Er hat dem Versandhaus eine Nachfrist von 10 Tagen gesetzt und mit Rücktritt vom Kaufvertrag gedroht, falls die Nachfrist erfolglos verstreichen sollte. Am 12.07. liefert das Versandhaus die Ausrüstung. Dr. Ritter verweigert die Annahme. Daraufhin macht das Versandhaus in seinem Schrei-

ben vom 14.07. Dr. Ritter darauf aufmerksam, daß er sich in Annahmeverzug befindet und besteht auf Abnahme der Ausrüstung.
Schreiben Sie im Auftrag von Dr. Ritter am 18.07.19.. einen Brief und begründen Sie das Verhalten Ihres Arbeitgebers.

10. Der Kaufpreis einer Ware beträgt 1.500,– DM. Wie ist die Rechtslage, wenn bei einem Selbsthilfeverkauf
    a) 1.600,– DM und b) 1.200,– DM erzielt wurden?

11. Prüfen Sie, ob bei den folgenden vereinbarten Lieferterminen eine Mahnung erforderlich ist:
    a) Lieferung im August 19..
    b) Lieferung sofort
    c) Lieferung 10 Tage nach Erhalt der Bestellung
    d) Lieferung Ende September 19..
    e) Lieferung ab Oktober 19..
    f) Lieferung 10 Tage ab Bestelldatum
    g) Lieferung im Laufe des Novembers 19..
    h) Lieferung Ostern 19..

12. Kurt Walter, Inhaber eines Betriebes für Büroeinrichtung, befindet sich in Lieferverzug. Walter begründet den Verzug mit dem Hinweis, infolge Blitzschlags sei sein Möbellager zerstört worden. Wie ist die Rechtslage, wenn es sich bei der vernichteten Wartezimmereinrichtung
    a) um eine Sonderanfertigung handelt bzw.
    b) um eine Gattungsware handelt?

13. Dr. Peter Ritter bestellte für seinen Privathaushalt Gartenmöbel. Es war ein besonders günstiges Angebot. Der Lieferer befindet sich in Verzug.
    Von welchem Recht wird Dr. Ritter Gebrauch machen?

14. Die Steuergehilfin Romi Becker hat für 10.000,– DM einen gebrauchten Sportwagen gekauft. Der Autohändler hat noch nicht geliefert und gerät in Verzug. In der Zwischenzeit hat Frau Becker erfahren, daß der Sportwagen nur noch Schrottwert hat. Da der Händler nicht rechtzeitig geliefert hat, entstanden Frau Becker durch die Anmietung eines Autos Kosten in Höhe von 380,– DM und Rechtsanwaltskosten in Höhe von 120,– DM. Von welchem Recht soll Frau Becker Gebrauch machen?

15. Marianne Trimborn hat für den Sommerurlaub in Griechenland bei einem Sportversandhaus bis Anfang Juni eine Taucherausrüstung bestellt. Da die Ausrüstung am 08.06. noch nicht eingetroffen ist, setzt Frau Trimborn dem Sportversandhaus eine Nachfrist bis zum 18.06. mit dem Hinweis, daß sie sich nach erfolglosem

Verstreichen der Nachfrist anderweitig eindecken werde und die Lieferung nicht mehr annehmen werde. Nachdem die Taucherausrüstung bis zum 20.06. noch nicht eingetroffen ist, kauft Frau Trimborn die Ausrüstung bei einem anderen Anbieter, wenn auch 200,– DM teurer. Wie ist die Rechtslage?

16. Wie ist die Rechtslage, wenn im Fall 8 die Firma Rumpf den nicht angenommenen Personalcomputer in ihrem Lager aufbewahrt und durch eine Hausangestellte beschädigt wird?

8.4 Die Allgemeinen Geschäftsbedingungen

AGB als Vertragsbestandteil

Die Kaufvertragspartner müssen sich über viele wichtige Punkte einigen (Erfüllungsort, Gerichtsstand, Zahlungsbedingungen usw.). Müßten diese Punkte bei jedem Kaufvertrag neu ausgehandelt und schriftlich festgelegt werden, wäre dies für den Verkäufer ein großer Zeitaufwand, der Kosten verursacht. Die sogenannten AGB finden auf eine Vielzahl von Verträgen Anwendung.

„Allgemeine Geschäftsbedingungen sind alle für eine Vielzahl von Verträgen **vorformulierten Vertragsbedingungen**, die eine Vertragspartei (Verwender) der anderen Vertragspartei bei Abschluß eines Vertrages stellt". (§ 1 Abs. 1 Satz 1 AGB-Gesetz).

Durch die AGB werden die Vertragsinhalte vereinheitlicht und standardisiert. Sie haben somit für eine Vielzahl von Verträgen Geltung.

Mit den AGB werden die Rechtsvorschriften zugunsten eines Vertragspartners (Verwender) einseitig abgeändert. Die andere Partei hat oft keine Möglichkeit, abweichende Vertragsbedingungen auszuhandeln, d. h. sie hat nur die Wahl, die vertragliche Ausgestaltung anzunehmen oder abzulehnen. Insofern kann man von einseitiger Privatautonomie sprechen.

Vorgedruckte Bedingungen können im Text des Vertrages eingearbeitet sein (Mustermietvertrag) oder sich äußerlich gesondert vom eigentlichen Vertrag befinden (als „Kleingedrucktes" auf der Rückseite des Vertrages oder als Aushang im Geschäftsraum).

Abänderung der gesetzlichen Regelung

Mit den AGB hat der Vertragspartner die Möglichkeit, die gesetzlichen Bestimmungen und Pflichten zu seinen Gunsten vertraglich abzuändern oder einzuschränken. Dabei besteht die Gefahr, daß der schwächere Partner übervorteilt wird. Zum Schutz des wirtschaftlich Schwächeren und kaufmännisch Unerfahrenen wurde 1976 das „Gesetz zur Regelung der Allgemeinen Geschäftsbedingungen" (AGB-Gesetz) erlassen.

Nach § 2 AGB-G sind die AGB nur dann Bestandteil des Kaufvertrages, wenn

- *der Käufer auf die vertraglichen Abmachungen in geeigneter Form ausdrücklich hingewiesen wurde, und wenn*
- *der Käufer damit einverstanden ist.*

Überraschende Klauseln, die so ungewöhnlich sind, daß der Vertragspartner mit ihnen nicht zu rechnen braucht, werden nicht Vertragsbestandteil (§ 3 AGB-G).

Beispiel: Mit Abschluß eines Kaufvertrages über einen bestimmten Personalcomputer hat sich der Käufer verpflichtet, ein Software-Paket des Herstellers abzunehmen. Diese überraschende Klausel ist nicht Vertragsbestandteil geworden und somit ungültig.

Die Bestimmungen des AGB-Gesetzes gelten auch dann, wenn der Verwender versucht, diese Bestimmungen durch andere Vertragsgestaltungen zu umgehen (§ 7 AGB-Gesetz Umgehungsverbot): Verbotene Klauseln sind verboten; wird eine verbotene Klausel in den AGB verwendet, ist sie ungültig.

Beachten Sie bitte folgendes:

1. Selbstverständlich können die AGB zugunsten des anderen Vertragspartners abgeändert werden.
2. Einzelvertraglich können die AGB auch zuungunsten des anderen Vertragspartners abgeändert werden.
3. Vor Abschluß eines Kaufvertrages sollte man sich Zeit nehmen, sorgfältig das „Kleingedruckte" zu lesen und sich nicht scheuen den Verkäufer zu fragen, wenn man eine Klausel in den AGB nicht verstanden hat.

Das AGB-Gesetz zählt in den §§ 10, 11 einen Katalog von konkreten Klauselverboten auf:

Mögliche vertragliche Formulierungen („Es gelten die umseitigen Bedingungen")	**Klauselverbot nach AGB-Gesetz (Unwirksame Klauseln)**
„Der Kaufpreis versteht sich vorbehaltlich zwischenzeitlicher Preiserhöhungen"	Verboten sind nachträgliche Preiserhöhungen für Waren oder Dienstleistungen, die innerhalb von vier Monaten nach Vertragsabschluß geliefert oder erbracht werden. (§ 11 Nr. 1 AGB-Gesetz)
„Der Verkäufer haftet nicht für Schäden, die auf grob fahrlässigem Verhalten beruhen"	Verboten ist ein Ausschluß der Haftung für einen Schaden, der auf einer grob fahrlässigen Vertragsverletzung des Verwenders beruht. (§ 11 Nr. 7 AGB-Gesetz)

Mögliche vertragliche Formulierungen („Es gelten die umseitigen Bedingungen")	**Klauselverbot nach AGB-Gesetz (Unwirksame Klauseln)**
„Ist die Ware mangelhaft, so sind sämtliche Gewährleistungsrechte ausgeschlossen. An die Stelle der Gewährleistungspflicht des Verkäufers tritt die Gewährleistungspflicht des Herstellers"	Verboten ist der Ausschluß sämtlicher Gewährleistungsrechte gegen den Vertragspartner und Einräumung von Gewährleistungsansprüchen gegenüber Dritten beim Kauf neuer Sachen. (§ 11 Nr. 10 a AGB-Gesetz)
„Der Käufer hat grundsätzlich nur Anspruch auf Nachbesserung innerhalb angemessener Frist"	Verboten ist die Beschränkung der Gewährleistungspflicht auf Nachbesserung, sofern dem Vertragspartner bei Fehlschlagen der Nachbesserung oder Ersatzlieferung nicht das Recht auf Minderung oder nach seiner Wahl Wandlung eingeräumt wird. (§ 11 Nr. 10 b AGB-Gesetz)
„Die Kosten der Nachbesserung, insbesondere Transport-, Arbeits- und Materialkosten, trägt der Käufer"	Verboten ist der Ausschluß der Kosten der Nachbesserung. (§ 11 Nr. 10 c ABG-Gesetz)
„Der Verkäufer haftet nicht für zugesicherte Eigenschaften"	Verboten sind Bestimmungen, durch die Schadensersatzansprüche nach dem BGB wegen Fehlens zugesicherter Eigenschaften ausgeschlossen oder eingeschränkt werden. (§ 11 Nr. 11 AGB-Gesetz)
„Ein Mangel ist spätestens innerhalb von einem Monat anzuzeigen"	Verboten ist eine Verkürzung der gesetzlichen Gewährleistungsfristen bei versteckten Mängel. (§ 11 Nr. 10 f AGB-Gesetz)

Hinweis:

1. Das AGB-Gesetz findet keine Anwendung bei Verträgen auf dem Gebiet des Arbeits-, Erb-, Familien- und Gesellschaftsrechts (§ 23 Abs. 1 AGB-Gesetz – Sachlicher Geltungsbereich).
2. Das AGB-Gesetz findet keine Anwendung auf Allgemeine Geschäftsbedingungen, die gegenüber einem Kaufmann verwendet werden, wenn der Vertrag zum Betrieb seines Handelsgewerbes gehört (Zweiseitiger Handelskauf; § 24 AGB-Gesetz – Persönlicher Geltungsbereich).

Wiederholungsfragen:

1. Was versteht man unter den AGB?
2. Welchen Vorteil haben die AGB für den Kaufmann?
3. Warum wurde das AGB-Gesetz erlassen?
4. Nennen Sie verbotene Klauseln des AGB-Gesetzes!
5. Erklären Sie den sachlichen und persönlichen Geltungsbereich des AGB-Gesetzes!

9 Der Zahlungsverkehr

9.1 Zahlungsarten

Im Hinblick auf die bei der Zahlung verwendeten Zahlungsmittel unterscheidet man

Zahlungsarten

- Barzahlung (Bargeldzahlung),
- halbbare Zahlung und
- bargeldlose (unbare) Zahlung.

9.1.1 Barzahlung

Bei der Barzahlung gibt der Zahlende Banknoten und Münzen, während der Zahlungsempfänger Banknoten und Münzen erhält. Barzahlung kann in unmittelbarer Form durch Übergabe von Banknoten und Münzen erfolgen. Mittelbare Formen der Barzahlung sind der Wertbrief und die Postanweisung.

Bestandteile einer Quittung

Nach § 368 BGB kann der Zahlungspflichtige vom Zahlungsempfänger eine Quittung verlangen. Die **Quittung** ist für den Zahlungspflichtigen ein Beweis, daß er seine Schuld bezahlt hat. Bei Ladengeschäften dient der Kassenzettel als Empfangsbestätigung. Die Quittung muß folgende Bestandteile aufweisen:

- *DM-Betrag,*
- *Name des Zahlungspflichtigen,*
- *Zahlungsgrund,*
- *Ort und Tag der Ausstellung,*
- *Unterschrift des Zahlungsempfängers.*

Die Barzahlung ist relativ teuer (Postgebühren, Personalaufwendungen), unsicher (Verlust- und Unfallgefahr) und umständlich (Geldzählen, Gehzeit).

9.1.2 Der Wertbrief

Barzahlung durch Wertbrief

Die Barzahlung durch einen Wertbrief ist zwar sicher (die Bundespost haftet bis zu dem auf der Vorderseite des Briefes angegebenen Wert), aber verhältnismäßig zeitaufwendig und teuer. In Wertbriefen kann Bargeld bis zu einem Betrag von 100.000,– DM, mit Luftpost bis 10.000,– DM, versandt werden. Briefe bis zu einem Wert von 500,– DM brauchen nicht versiegelt zu werden.

9.1.3 Die Postanweisung

Barzahlung durch Postanweisung

Bei der Zahlung durch Postanweisung füllt der Zahlende ein Postanweisungsformular aus und zahlt den Geldbetrag am Schalter eines Postamtes ein. Dem Zahlungsempfänger wird der Geldbetrag vom Geldbriefträger bar ausbezahlt (Quittung des Geldempfangs auf der Rückseite des mittleren Abschnitts). Den linken Abschnitt erhält der Zahlungsempfänger, während der Einzahler bei der Einzahlung den rechten Abschnitt als Zahlungsbeleg erhalten hat. Eine Zahlung mit Postanweisung ist für den Fall angebracht, daß weder der Zahlungspflichtige noch der Zahlungsempfänger über ein eigenes Konto verfügen.

Wiederholungsfragen:

1. Welche Zahlungsarten unterscheidet man im Hinblick auf die bei der Zahlung verwendeten Zahlungsmittel?
2. Erklären Sie den Begriff Barzahlung!
3. Welche Formen der baren Zahlung kennen Sie!
4. Warum sollte der Zahlungspflichtige bei der Barzahlung vom Zahlungsempfänger eine Quittung verlangen?
5. Nennen Sie Nachteile der Barzahlung!
6. Beschreiben Sie den Weg einer Postanweisung!

Aufgaben und Fälle zur Sicherung des Lernerfolgs:

1. Schauen Sie im Postgebührenheft nach:
   a) Bis zu welchem Höchstbetrag kann man mit einer Postanweisung zahlen?
   b) Welche Gebühr ist für einen Wertbrief über 100.000,– DM zu zahlen?
2. Für eine Beratung in Steuerangelegenheiten stellt Dr. Harald Körner, Moselstraße 3, 6700 Ludwigshafen, eine Rechnung über 61,– DM für Rolf Gärtner, Pommernstraße 11, 6700 Ludwigshafen. Rolf Gärtner begleicht diese Rechnung am 25.07.19.. bar. Stellen Sie im Auftrag Ihres Arbeitgebers eine entsprechende Quittung aus.

   Rechnungsdatum: 10.07.19..
   Rechnungsnummer: 116/85
3. Unsere heutigen Münzen sind Legierungen. Die 1 DM-Münze besteht zu 75% aus Kupfer. Welches Problem würde sich stellen, wenn der Kupferpreis für 5 g 1,50 DM betragen würde? Die 1 DM-Münze wiegt 5,5 g.

4. Bis zu welchem Betrag muß man (außer öffentlichen Stellen und Bundespost)
   a) auf Pfennig lautende Münzen,
   b) auf Deutsche Mark lautende Münzen

   annehmen? (Hinweis: § 3 Gesetz über die Ausprägung von Scheidemünzen.)
5. Eine Geschenkidee: Das Münzregal (= Recht, Münzen zu prägen) liegt beim Staat. Münzen werden in vier Prägeanstalten hergestellt, die durch Buchstaben auf den Münzen gekennzeichnet sind:

   D = Bayerisches Hauptmünzamt München
   G = Staatliche Münze Karlsruhe
   F = Staatliche Münze Stuttgart
   J = Hamburgische Münze

   Wie teuer wäre ein Satz einer Prägeanstalt, den Sie verschenken? (Achtung: Wieviel 2 DM-Münzen sind in Umlauf?)

9.1.4 Halbbare Zahlung mit Zahlschein

Eine halbbare Zahlung liegt vor, wenn der Zahlungsvorgang teils mit Bargeld und teils unbar abgewickelt wird. Zahlkarte, Zahlschein und Barscheck dienen der halbbaren Zahlung.

Voraussetzungen

Voraussetzung für die Teilnahme am halbbaren Zahlungsverkehr: Zahlender (beim Barscheck) oder Zahlungsempfänger (beim Zahlschein) haben ein Konto bei einem Kreditinstitut oder bei einem Postgiroamt. Der Zahlschein kann zur Bareinzahlung bei der Post oder bei der Bank verwendet werden.

Der Post-Zahlschein besteht aus folgenden Teilen:
- Blatt 1 = Gutschriftbeleg für den Zahlungsempfänger,
- Blatt 2 = Beleg für den Auftraggeber (Einzahlerquittung),
- Blatt 3 = Überweisungsauftrag für das Postgiroamt.

Der Bank-Zahlschein besteht ebenfalls aus drei Teilen:
- Blatt 1 = Original für die Bank,
- Erste Durchschrift = Einzahlerbeleg,
- Zweite Durchschrift = Empfängerbeleg.

Wiederholungsfragen:
1. Nennen Sie Formen und Voraussetzungen der halbbaren Zahlung!
2. Beschreiben Sie den Weg einer Zahlkarte bzw. eines Zahlscheins!
3. Gibt es bei der Zahlkarte einen Höchstbetrag für die Zahlung?

9.1.5 Bargeldlose Zahlung

Beim bargeldlosen Zahlungsverkehr müssen sowohl der Zahlungspflichtige als auch der Zahlungsempfänger ein Konto haben. Formen des bargeldlosen Zahlungsverkehrs sind:

- die Postüberweisung,
- die Banküberweisung und
- der Verrechnungsscheck.

9.1.5.1 Die Postüberweisung

Postüberweisung

Bei der Postüberweisung werden Beträge vom Postgirokonto des Auftraggebers auf das Postgirokonto des Zahlungsempfängers überwiesen. Der Auftraggeber füllt ein Postüberweisungsformular aus und schickt dieses Formular in einem gelben Postgirobrief an sein Postgiroamt (im Bundesgebiet gebührenfrei). Der Betrag wird seinem Konto belastet und dem Postgirokonto des Empfängers gutgeschrieben.

- Blatt 1 (Gutschrift) erhält der Zahlungsempfänger zusammen mit dem Kontoauszug.
- Blatt 2 (Beleg für den Auftraggeber) ist herauszutrennen bevor der Überweisungsauftrag an das Postgiroamt geht.
- Blatt 3 (Überweisungsauftrag) erhält das Postgiroamt.

Hinweis: Zahlungspflichtige bekommen häufig von ihren Lieferanten mit der Rechnung ein kombiniertes Formular Überweisung/Zahlschein zugeschickt, auf dem bereits die Kontonummer und die Adresse des Empfängers (eventuell der DM-Betrag) aufgedruckt sind.

Der Inhaber eines Postgirokontos kann Verbindlichkeiten auch dann durch Postüberweisung begleichen, wenn der Zahlungsempfänger lediglich über ein Bankkonto verfügt. Der Auftraggeber setzt als Zahlungsempfänger die Bank ein (Voraussetzung: die Bank hat ein Postgirokonto) und vermerkt auf dem Empfängerabschnitt den Namen des Zahlungsempfängers, seine Kontonummer und den Verwendungszweck.

9.1.5.2 Die Banküberweisung

Banküberweisung

Bei dieser Zahlungsart werden Beträge vom Bankkonto des Auftraggebers auf das Bankkonto des Zahlungsempfängers überwiesen. Zahlungsformular ist die Banküberweisung. Das Deckblatt (Original) verbleibt bei der Bank. Die erste Durchschrift dient als Absenderbeleg, die zweite Durchschrift geht dem Empfänger zu.

9.1.6 Sonderformen der Überweisung

9.1.6.1 Der Dauerauftrag

Gleichbleibende Beträge beim Dauerauftrag

Die Erteilung eines Dauerauftrages eignet sich für Zahlungen, die in gleichbleibenden Zeitabständen und in gleicher Höhe an denselben Empfänger vorzunehmen sind (Miete, Rundfunkgebühren). Der Zahlungspflichtige erteilt seiner Bank einen einmaligen Überweisungsauftrag. Die Bank überweist bis auf Widerruf automatisch die erteilten Aufträge, ohne daß sich der Zahlungspflichtige darum kümmern muß.

9.1.6.2 Das Lastschriftverfahren

Schwankende Beträge beim Lastschriftverfahren

Die Teilnahme am Lastschriftverfahren ist von Vorteil, wenn Zahlungen in ihrer Höhe wechseln oder in unterschiedlichen Zeitabständen anfallen (Telefonrechnung). Beim Lastschriftverfahren wird nicht der Zahlungspflichtige aktiv, sondern der Zahlungsempfänger.

Hierbei ist zu unterscheiden zwischen dem Einzugsermächtigungsverfahren und dem Abbuchungsauftrag.

Beim **Abbuchungsauftrag** erteilt der Zahlungspflichtige seiner Bank den Auftrag, die Lastschriften des Zahlungsempfängers bei Vorlage von seinem Konto abzubuchen.

Bei der **Einzugsermächtigung** erlaubt der Zahlungspflichtige dem Zahlungsempfänger, Zahlungen über die Bank des Zahlungsempfängers einzuziehen.

Sonderform	Zustimmung des Schuldners gegenüber
Abbuchungsauftrag	dem Kreditinstitut des Schuldners
Einzugsermächtigung	dem Gläubiger

9.1.6.3 Die Sammelüberweisung

Beim Sammelüberweisungsauftrag sind Überweisungen für mehrere Zahlungsempfänger zusammengefaßt (z. B. Lohn- und Gehaltsüberweisungen).

Das Sammelüberweisungsformular enthält Angaben über die Nummer der Einzelformulare, DM-Beträge, Zahlungsempfänger und eine Unterschrift, während die Einzelüberweisungsformulare keine Unterschriften enthalten. Ein Gebührenvorteil ergibt sich durch die Sammelüberweisung bei den meisten Banken nicht.

9.1.7 Vorteile des bargeldlosen Zahlungsverkehrs

Die bargeldlose Zahlung ist billiger als die Barzahlung durch die Bundespost. Aufbewahrung und Sicherung von Bargeld ist nicht notwendig. Die Zahlungsformulare können bequem am Schreibtisch zu Hause ausgefüllt werden. Der Zahlungspflichtige kann sein Kreditinstitut beauftragen, die Zahlungstermine zu überwachen und Zahlungen automatisch vorzunehmen.

Auf einen kurzen Nenner gebracht:

Die bargeldlose Zahlung ist **einfach, schnell** und **sicher**.

9.1.8 Überweisungsverfahren

Nach der Zahl der beteiligten Kreditinstitute unterscheidet man verschiedene Überweisungsverfahren:

- einstufiges Verfahren,
- zweistufiges Verfahren.

Einstufiges Verfahren

Beim einstufigen Überweisungsverfahren haben Auftraggeber und Empfänger beim selben Kreditinstitut ein Konto.

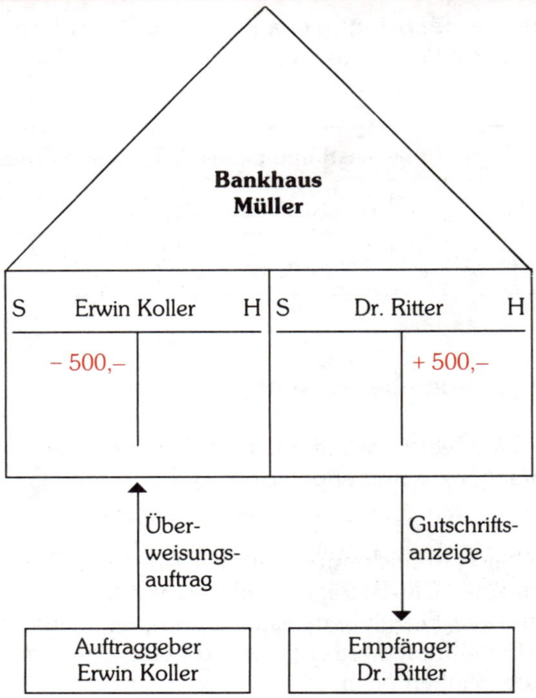

Abb. 15
Einstufiges
Verfahren

Beim zweistufigen Überweisungsverfahren haben Auftraggeber und Auftragnehmer bei verschiedenen Kreditinstituten ein Konto, die aber miteinander in Kontenverbindung stehen.

Zweistufiges Verfahren

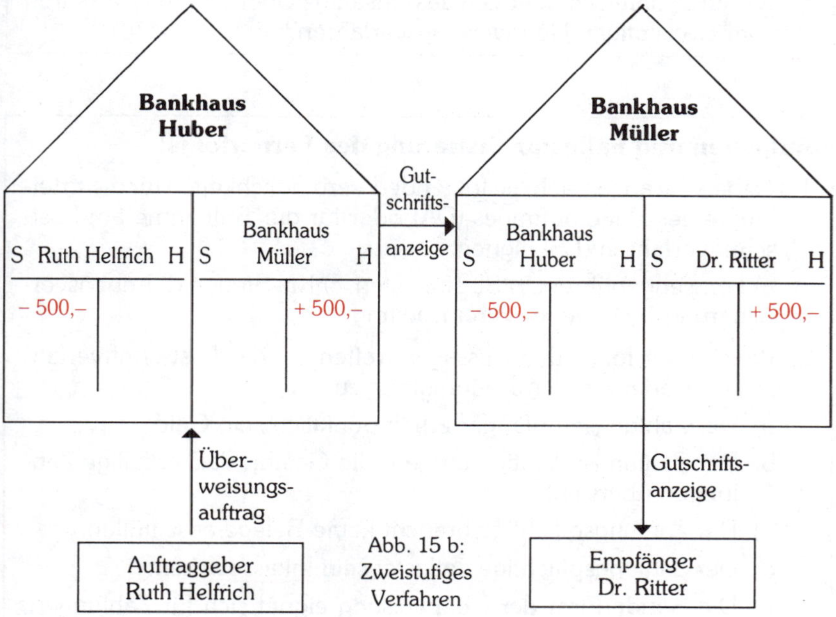

Abb. 15 b: Zweistufiges Verfahren

Dreistufiges Verfahren

Beim dreistufigen Überweisungsverfahren haben Auftraggeber und Empfänger bei verschiedenen Kreditinstituten ein Konto, die aber nicht miteinander in direkter Kontenverbindung stehen. Zur Abwicklung des Überweisungsauftrags wird ein drittes Kreditinstitut (Verrechnungsstelle) eingeschaltet, bei der die beiden Kreditinstitute ein Konto unterhalten.

Wiederholungsfragen:

1. Nennen Sie Formen und Voraussetzungen der bargeldlosen Zahlung!
2. Erläutern Sie den Weg einer Postüberweisung!
3. Für welche Zahlungen eignet sich die Erteilung eines Dauerauftrags bzw. die Teilnahme am Lastschriftverfahren?
4. Wodurch unterscheidet sich der Dauerauftrag vom Lastschriftverfahren?

5. Erklären Sie den Unterschied zwischen dem Einzugsermächtigungsverfahren und dem Abbuchungsverfahren!
6. Erläutern Sie Wesen und Vorteil der Sammelüberweisung!
7. Nennen Sie Vorteile der bargeldlosen Zahlung!
8. Wodurch unterscheidet sich das einstufige Überweisungsverfahren vom zweistufigen Überweisungsverfahren?

Aufgaben und Fälle zur Sicherung des Lernerfolgs:

1. Geben Sie an, ob sich die folgenden Verbindlichkeiten für die Erteilung eines Dauerauftrages (DA) oder für die Teilnahme am Lastschriftverfahren (LS) eignen:

   a) Fernsehgebühren, b) Stromkosten, c) Kfz-Steuer, d) Lebensversicherungsbeiträge, e) Vereinsbeitrag.

2. Welche der folgenden Aussagen treffen auf das Lastschriftverfahren und/oder auf den Dauerauftrag zu?
   a) Der Zahlungsempfänger erhält pünktlich sein Geld.
   b) Der Zahlungspflichtige umgeht die Gefahr, daß er fällige Zahlungen übersieht.
   c) Der Zahlungspflichtige braucht keine Belege auszufüllen.
   d) Der Zahlungspflichtige entlastet sein Inkassowesen.
   e) Die Sonderform der Überweisung eignet sich für Zahlungen, die in gleichbleibenden (unterschiedlichen) Zeitabständen, in gleicher (unterschiedlicher) Höhe an denselben (an unterschiedliche) Empfänger anfallen.

9.2 Der Scheck

Der Scheck ist eine schriftliche Anweisung des Ausstellers an den Bezogenen (Kreditinstitut, Postgiroamt), bei Vorlage (Sicht) der Urkunde (Scheckformular) einen bestimmten Geldbetrag aus seinem Guthaben an den Scheckeinreicher auszuzahlen oder auf dessen Konto gutzuschreiben.

9.2.1 Die gesetzlichen Bestandteile

Gesetzliche Bestandteile

Nach Artikel 1 des Scheckgesetzes (ScheckG) muß ein Scheck im Sinne des Scheckrechts folgende gesetzlichen Bestandteile aufweisen:

1. *Die Bezeichnung Scheck im Text der Urkunde (in der Sprache, in der die Urkunde ausgestellt ist),*
2. *die unbedingte Anweisung, eine bestimmte Geldsumme zu zahlen,*
3. *den Namen des Bezogenen,*
4. *den Zahlungsort,*
5. *den Tag und Ort der Ausstellung,*
6. *die Unterschrift des Ausstellers.*

Fehlt einer dieser gesetzlichen Bestandteile, gilt die Urkunde nicht als Scheck.

Ausnahmen:

– *Fehlt der Zahlungsort, dann gilt der beim Namen des Bezogenen angegebene Ort als Zahlungsort (Art. 2 Abs. 1 ScheckG).*

– *Fehlt der Ausstellungsort, dann gilt der Scheck an dem Ort als ausgestellt, der beim Namen des Ausstellers angegeben ist.*

9.2.2 Die kaufmännischen Bestandteile

Kaufmännische Bestandteile

Die sogenannten kaufmännischen Bestandteile haben keinen Einfluß auf die Rechtsgültigkeit des Schecks. Sie dienen lediglich der technischen Abwicklung des Scheckverkehrs in und zwischen den Kreditinstituten. Die kaufmännischen Bestandteile vereinfachen demnach den Scheckverkehr durch ihre Gestaltung:

– *Schecknummer (erleichtert Sachbearbeitung und Scheckwiderruf),*
– *Bankleitzahl,*
– *Kontonummer des Ausstellers (vereinfacht Scheckeinlösung),*
– *Wiederholung der Schecksumme in Ziffern,*
– *Guthabenklausel,*
– *Überbringerklausel,*
– *Zahlungsempfänger,*
– *Verwendungszweck (für Mitteilungen an den Zahlungsempfänger),*
– *Codierzeile (Scheck-Nr., Konto-Nr. Betrag, Bankleitzahl und Text in maschinenlesbarer Schrift).*

Nach Artikel 9 ScheckG gilt bei Abweichungen der Schecksumme in Buchstaben von der Schecksumme in Ziffern die Schecksumme in Buchstaben.

Die **Überbringerklausel** berechtigt das bezogene Kreditinstitut, die Zahlung der Schecksumme an jeden Scheckinhaber bei Vorlage des Schecks ohne Prüfung zu leisten. Eine Streichung der Überbringerklausel auf einem solchen Inhaberscheck gilt als nicht vorgenommen, sie ist also rechtlich unerheblich.

Durch die **Guthabenklausel** soll der Scheckaussteller an die vorgeschriebene Scheckdeckung (Guthaben bzw. Kreditzusage) erinnert werden.

9.2.3 Voraussetzungen für die Teilnahme am Scheckverkehr

Voraussetzungen

Wer am Scheckverkehr teilnehmen will, muß folgende Voraussetzungen erfüllen:

- Er muß die aktive Scheckfähigkeit besitzen. Mit aktiver Scheckfähigkeit bezeichnet man das Recht natürlicher und juristischer Personen, Schecks auszustellen. Mit passiver Scheckfähigkeit bezeichnet man das Recht, Schecks auf sich ausstellen zu lassen. Die passive Scheckfähigkeit haben nur Kreditinstitute.
- Es muß ein Giro- oder Kontokorrentkonto bei einem Kreditinstitut eröffnet werden.
- Es muß ein Kontoguthaben bzw. eine Kreditzusage vorhanden sein.
- Der Scheckteilnehmer muß Scheckformulare des betreffenden Kreditinstituts benutzen.
- Es muß ein Scheckvertrag mit dem betreffenden Kreditinstitut geschlossen werden.

9.2.4 Barscheck – Verrechnungsscheck

Barscheck

Verrechnungsscheck

Beim **Barscheck** ist das bezogene Kreditinstitut berechtigt, die Schecksumme bar auszuzahlen. Ein Barscheck kann von jedem Inhaber eingelöst werden. Daher besteht die Gefahr, daß bei Diebstahl oder Verlust ein Unberechtigter den Scheck einlöst und später nicht mehr ermittelt werden kann. Da bei einem **Verrechnungsscheck** das Kreditinstitut die Schecksumme dem Konto des Scheckeinreichers gutschreiben muß, lassen sich die Kontenbewegungen später feststellen. Insofern ist ein Verrechnungsscheck sicherer als ein Barscheck. Jeder Barscheck kann zu einem Verrechnungsscheck gemacht werden, wenn der Scheckinhaber quer über die Vorderseite des Schecks den Vermerk „Nur zur Verrechnung" anbringt. Eine Streichung dieses Vermerks ist rechtlich unerheblich, d. h. sie gilt als nicht erfolgt.

9.2.5 Inhaberscheck – Orderscheck

Überbringerklausel

Ein Scheck ohne Angabe des Nehmers gilt als **zahlbar an den Inhaber** (Art. 5 Abs. 3 Scheckgesetz). Ist ein Inhaberscheck durch den Vermerk „oder Überbringer" ergänzt, spricht man von einem **Überbringerscheck**. Einen Inhaberscheck (Überbringerscheck) kann jeder Inhaber zur Einlösung vorlegen, da das Kreditinstitut nicht verpflichtet ist, die Legitimation zu prüfen.

Orderklausel

Beim **Orderscheck** (äußeres Kennzeichen: am rechten Rand ein hellroter Streifen mit dem Wort „Orderscheck") fehlt die Überbringerklausel.

Er enthält den Namen eines bestimmten Scheckempfängers (meist mit dem Zusatz „oder Order"). Nur der Scheckempfänger kann den Orderscheck einlösen oder durch Indossament auf der Scheckrückseite weitergeben.

9.2.6 Die gesetzlichen Vorlegungsfristen

Vorlegungsfristen

Durch das Vorschreiben bestimmter Vorlegungsfristen kommt zum Ausdruck, daß der Scheck Zahlungsmittel sein soll und kein Kreditmittel. Das Scheckgesetz schreibt für in Deutschland zahlbare Schecks folgende Vorlegungsfristen vor (Art. 29 ScheckG):

8 Tage*, wenn der Scheck in Deutschland ausgestellt ist,*

20 Tage, wenn der Scheck in einem anderen europäischen Land (einschließlich der an das Mittelmeer angrenzenden Länder),

70 Tage*, wenn der Scheck in einem anderen Erdteil ausgestellt worden ist.*

Verlust der scheckrechtlichen Ansprüche

Bei nicht rechtzeitiger Vorlage verliert der Scheckinhaber nach Art. 40 ScheckG sein scheckrechtliches Rückgriffsrecht gegenüber dem Aussteller und den Indossanten. Er kann dann nur noch bürgerlich-rechtliche Ansprüche geltend machen (Zivilprozeß). Scheckrechtlich bedeutsam ist die Verpflichtung des bezogenen Kreditinstituts, innerhalb der Vorlegungsfrist – Kontendeckung vorausgesetzt – den Scheck einzulösen. Löst das Kreditinstitut den Scheck nicht ein, wird es schadensersatzpflichtig.

Weiterhin ist vor Ablauf der Vorlegungsfrist ein Scheckwiderruf unwirksam. Wird demnach innerhalb der Vorlegungsfrist ein widerrufener Scheck eingelöst, ist die Bank nicht verpflichtet, den Schaden zu ersetzen. Nach Ablauf der Vorlegungsfrist dürfen die Kreditinstitute nach Art. 32 ScheckG widerrufene Schecks nicht mehr einlösen, da sie sonst schadenersatzpflichtig werden.

In der Praxis werden Kreditinstitute bei Kontendeckung auch nach Ablauf der Vorlegungsfrist den Scheck einlösen und vor Ablauf der Vorlegungsfrist einen Scheckwiderruf beachten.

Vor Ablauf der Vorlegungsfrist	**Nach** Ablauf der Vorlegungsfrist
Scheckrechtliches **Rückgriffsrecht besteht**	Scheckrechtliches **Rückgriffsrecht besteht nicht mehr**
Kreditinstitut **muß** Scheck **einlösen**	Kreditinstitut **kann** Scheck **einlösen,** muß aber nicht
Scheckwiderruf kann beachtet werden, muß aber nicht Bei Einlösung: Keine Schadensersatzpflicht	**Scheckwiderruf muß** beachtet werden Bei Einlösung: Schadensersatzpflichtig

9.2.7 Die Einlösung des Schecks

Einlösung „Eingang vorbehalten“

Beim Barscheck zahlt das bezogene Kreditinstitut die Schecksumme bar aus oder schreibt sie auf Wunsch des Scheckeinreichers dessen Konto gut, wenn dieser über ein Konto bei dem bezogenen Kreditinstitut verfügt. Beim Verrechnungsscheck schreibt das Kreditinstitut den Betrag dem Konto des Einreichers gut und zieht den Gegenwert beim bezogenen Kreditinstitut ein. Da Zahlender und Empfänger in diesem Fall keine Konten bei demselben Kreditinstitut unterhalten, müssen sämtliche Kreditinstitute kontenmäßig miteinander in Verbindung stehen. Beim Verrechnungsscheck schreibt das Kreditinstitut den Scheckbetrag „Ev“ („Eingang vorbehalten“) gut. Die Gutschrift „Ev“ ist für das Kreditinstitut ein Risiko, da der Scheckeinreicher sofort über den Gegenwert verfügen kann und nicht erst, wenn der Gegenwert bei seinem Kreditinstitut eingegangen ist.

Wertstellung

Die Gutschrift des Scheckbetrages bei Fernschecks erfolgt zwar am selben Tag oder am folgenden Tag, jedoch erfolgt eine Verzinsung (= Wertstellung, Valutierung) des Betrages zu einem späteren Zeitpunkt. Bei Kunden ohne Kontoverbindung bei diesem Kreditinstitut wird der Scheck dem Scheckeinreicher erst „nach Eingang des Gegenwertes“ (n.E.) gutgeschrieben.

Kein gesetzliches Zahlungsmittel

Hinweis: Der Scheck ist kein gesetzliches Zahlungsmittel wie Banknoten und Münzen. Kein Gläubiger ist verpflichtet, Schecks zur Zahlung von Verbindlichkeiten anzunehmen. Da der Scheck nur Geldersatzmittel ist, wird er nur zahlungshalber (erfüllungshalber) entgegengenommen, d. h. das alte Schuldverhältnis zwischen Schuldner und Gläubiger bleibt vorerst noch bestehen. Es erlischt erst, wenn der Scheck eingelöst wird.

9.2.8 Die Nichteinlösung des Schecks

Nichteinlösung

Das bezogene Kreditinstitut verweigert die Einlösung eines Schecks, wenn dieser nicht gedeckt oder vom Aussteller widerrufen wurde. Der nicht eingelöste Scheck läuft vom bezogenen Kreditinstitut mit dem Vermerk „vorgelegt am ..... und nicht eingelöst“ (Vorlegungsvermerk) und einer Rückrechnung zurück zum Scheckeinreicher. Ein nicht eingelöster Scheck wird daher auch als Rückscheck bezeichnet.

9.2.9 Der vordatierte Scheck

Bei einem vordatierten Scheck wurde ein in der Zukunft liegendes Datum als Ausstellungsdatum eingesetzt. Ein vordatierter Scheck ist rechtlich unerheblich. Ein Scheck ist bei Sicht zahlbar, d. h. an dem Tag, an dem er dem bezogenen Kreditinstitut vorgelegt wird. Das Ausstellen eines vordatierten Schecks stellt somit für den Aussteller ein Risiko dar.

9.2.10 Der Euroscheck

Einlösgarantie

Die Annahme eines Schecks als Zahlungsmittel stellt für den Scheckgläubiger ein Risiko dar, zumal ihm das deutsche Scheckgesetz einen unzureichenden Schutz gegen Scheckmißbrauch bietet. Deshalb nahmen Geschäftsleute vor Einführung des Euroscheckverkehrs Schecks nur zurückhaltend an. Die **Einlösungsgarantie bis 400,– DM** hat das Mißtrauen gegenüber Schecks weitgehend beseitigt. Mit der Einführung des Euroschecks wurde darüber hinaus im privaten Bereich der bargeldlose Zahlungsverkehr gefördert. Euroschecks werden in Verbindung mit der Euroscheckkarte (Gültigkeitsdauer der Euroscheckkarte: 2 Jahre) von den Kreditinstituten ausgegeben. Der Scheckinhaber kann in fast allen europäischen Ländern pro Scheck in Verbindung mit Scheckkarte bei Kreditinstituten und Postämtern bis zu 400,– DM (in Landeswährung) abheben.

Darüber hinaus kann der Euroscheck als Zahlungsmittel verwendet werden. Das bezogene Kreditinstitut ist verpflichtet, jeden Euroscheck bis zum Betrag von 400,– DM einzulösen, wenn die Nummer der Scheckkarte auf der Rückseite des Schecks vermerkt ist und keine Abweichungen der Unterschriften auf dem Scheck und der Scheckkarte festzustellen sind. Diese Einlösungsgarantie gilt auch dann, wenn das Konto des Scheckausstellers kein Guthaben aufweist.

Zu beachten ist, daß ein Euroscheck vor Ablauf der Vorlegungsfrist nicht widerrufen werden kann. Nach Ablauf der Vorlegungsfrist ist ein Scheckwiderruf möglich.

Die Scheckkarteninhaber werden auf Kosten der Kreditinstitute gegen das Risiko des Mißbrauchs verlorener oder gestohlener Scheckkarten versichert. Ein möglicher Schaden ist durch die Scheckversicherung begrenzt auf eine Selbstbeteiligung von 10 % des Scheckbetrages (maximal 10 % von 400,– DM pro Scheck).

Prüfung von Euroschecks

Der Zahlungsempfänger sollte bei der Entgegennahme eines Euroschecks folgende **Prüfungen** vornehmen:

- Er sollte darauf achten, daß der Scheck nicht über 400,– DM ausgestellt ist (Einlösungsgarantie).
- Er muß die vor seinen Augen erfolgte Unterschrift mit der Unterschrift auf der Scheckkarte vergleichen.
- Der Scheckaussteller schreibt die Scheckkartennummer auf die Scheckrückseite. Der Schecknehmer muß diese Scheckkartennummer vergleichen.
- Der Schecknehmer muß die Kontonummer und das bezogene Kreditinstitut mit den entsprechenden Angaben auf dem Scheck vergleichen.
- Weiterhin muß geprüft werden, ob die Scheckkarte nicht ihre Gültigkeit verloren hat.

9.2.11 Der Postscheck

Dem Eigentümer von Postschecks bieten sich folgende Verwendungsmöglichkeiten:

Postverrechnungsscheck

- Der Aussteller kann den Scheck anstelle von Geld zum Ausgleich seiner Verbindlichkeiten verwenden. Der Schecknehmer kann den Postverrechnungsscheck bei seinem Kreditinstitut zur Gutschrift auf sein Konto einreichen.

Postbarscheck

- Der Aussteller kann mit dem Postscheck als Postbarscheck bei einem bestimmten Postamt Geld bar abheben. Auf Antrag beim Postgiroamt erhält der Postgiroteilnehmer eine grüne Ausweiskarte, die bei der Abhebung vorzulegen ist.

Wiederholungsfragen:

1. Was ist ein Scheck?
2. Nennen Sie die gesetzlichen Bestandteile des Schecks!
3. Nennen Sie kaufmännische Bestandteile des Schecks!
4. Welche Wirkung haben die kaufmännischen Bestandteile?
5. Nennen Sie die Voraussetzungen für die Teilnahme am Scheckverkehr!
6. Wodurch unterscheidet sich ein Barscheck von einem Verrechnungsscheck?
7. Welche Rechtswirkung hat die Streichung des Zusatzes „Nur zur Verrechnung"?
8. Warum ist das Ausstellen eines Verrechnungsschecks sicherer als das Ausstellen eines Barschecks?
9. Welche rechtliche Bedeutung hat der Zusatz „oder Überbringer" auf einem Scheck und welche Rechtswirkung hat die Streichung dieses Zusatzes?
10. Welche Bedeutung hat die Guthabenklausel auf einem Scheck?
11. Was ist ein Orderscheck?
12. Welche gesetzlichen Vorlegungsfristen kennen Sie?
13. Welche Rechtswirkungen hat die Nichteinhaltung der gesetzlichen Vorlegungsfristen?
14. Aus welchem Grund wurden im Scheckverkehr Euroschecks eingeführt?

15. Welche Prüfungen sollte der Zahlungsempfänger bei der Entgegennahme eines Euroschecks vornehmen?
16. Auf welche Art sind Euroschecks versicherungsrechtlich gegen Verlust geschützt?
17. Kann ein Euroscheck gesperrt werden?
18. Was versteht man unter der Gutschrift „Ev"?

Aufgaben und Fälle zur Sicherung des Lernerfolgs:

1. Sie haben sicherlich ein Girokonto bei einer Bank oder Sparkasse. Erkundigen Sie sich, ab welchem Alter ein Mensch die aktive Scheckfähigkeit besitzt.
2. Warum fehlt beim Euroscheck die Guthabenklausel?
3. Die Steuergehilfin Britta Jungblut hat ihr defektes tragbares Fernsehgerät in das Radio- und Fernsehfachgeschäft Udo Berg in Neustadt zur Reparatur gebracht.

   Es wurde vereinbart, daß das Gerät am 10.11.19.. vor Geschäftsschluß fertig sein soll und gegen Bezahlung der Reparaturkosten abgeholt werden kann. Als Frau Jungblut am 10.11. gegen 17.00 Uhr das Fernsehgerät abholen wollte und die Rechnung vorgelegt bekam, war sie über den hohen Betrag von 122,– DM erstaunt. Frau Jungblut hatte nicht soviel Bargeld bei sich. Sie unterhält jedoch bei der Stadtsparkasse ein Konto (Stadtsparkasse Neustadt, Kontonummer 2304). Leider hat Frau Jungblut auch keine Schecks bei sich. Sie stellt daher die folgende Zahlungsanweisung aus:

   > An die Stadtsparkasse Neustadt
   >
   > Sehr geehrte Damen und Herren,
   >
   > bitte zahlen Sie gegen Vorlage dieses Schecks an Udo Berg einhundertzweiundzwanzig DM zu Lasten meines Kontos Nr. 2304 bar aus.
   >
   > Mit freundlichen Grüßen Britta Jungblut
   >
   > Neustadt, 10. 11. 19..

   a) Prüfen Sie, ob die Urkunde ein Scheck im Sinne des Scheckgesetzes ist!

   b) Würden Sie diese Urkunde annehmen?

4. Prüfen Sie, ob in den folgenden Fällen die Bank einen Scheck einlösen muß bzw. einlösen darf (nicht einlösen darf). Vervollständigen Sie die abgebildete Übersicht!

Scheckeinlösung / Scheckwiderruf	außerhalb der Vorlegungsfrist	innerhalb der Vorlegungsfrist
ist nicht beantragt		
ist beantragt		

9.3 Der Wechsel

9.3.1 Das Ausstellen des Wechsels

Dr. Peter Ritter kauft am 15.08.19.. beim Computervertrieb Rumpf GmbH einen Personalcomputer für 9.120,– DM.

Den Kaufpreis möchte er erst in drei Monaten bezahlen, also am 15.11.19.. Der Computervertrieb stellt am 15.08.19.. einen Wechsel aus und schickt das Wechselformular an Dr. Ritter. Dr. Ritter akzeptiert am 22.08. auf dem Formular seine Wechselschuld mit seiner Unterschrift und schickt das Formular an die Firma Rumpf zurück.

9.3.2 Grundlegende Begriffe beim Wechselgeschäft

Tratte

Einen ausgestellten Wechsel (auch gezogener Wechsel) nennt man in der Wechselsprache **Tratte** (ital. tassare = ziehen). Der Wechselschuldner ist der **Bezogene**. Bezogene beim Wechselgeschäft können auch Privatpersonen sein, im Gegensatz zum Scheckgeschäft, bei dem Bezogene nur Kreditinstitute sein dürfen.

Akzept

Bestätigt der Bezogene mit seiner Unterschrift die Wechselschuld (er nimmt an, er akzeptiert) wird aus der Tratte ein **Akzept**. Der Begriff Akzept hat im Wechselgeschäft zweifache Bedeutung: Er beschreibt einerseits die Annahmeerklärung des Bezogenen und andererseits einen angenommenen Wechsel.

Ein Wechsel ist demnach eine Urkunde, in der der Aussteller (Wechselgläubiger) den Bezogenen (Wechselschuldner) auffordert, zu einem bestimmten Termin (Verfallzeit) eine bestimmte Geldsumme (Wechselbetrag) an eine bestimmte Person (Wechselinhaber) zu zahlen.

9.3.3 Die gesetzlichen Bestandteile

Gesetzliche Bestandteile

Nach Art. 1 des Wechselgesetzes (WG) muß ein rechtsgültiger Wechsel folgende gesetzliche **Bestandteile** (gesetzliche Bestandteile) enthalten:

1. Die Bezeichnung als Wechsel im Text der Urkunde, und zwar in der Sprache, in der sie ausgestellt ist (französisch: lettre de change für gezogene Wechsel; englisch: bill of exchange für gezogene Wechsel),
2. die unbedingte Anweisung, eine bestimmte Geldsumme zu zahlen („Zahlen Sie DM neuntausendeinhundertzwanzig."),
3. den Namen des Bezogenen (Dr. Peter Ritter),
4. die Angabe der Verfallzeit (15. November 19..),
5. die Angabe des Zahlungsortes,
6. den Namen des Wechselnehmers (Computervertrieb Rumpf),
7. die Angabe des Tages und des Ortes der Ausstellung (Mannheim, 15. August 19..),
8. die Unterschrift des Ausstellers.

Grundsätzlich müssen beim Wechsel alle acht gesetzlichen Bestandteile zur Gültigkeit der Urkunde vorhanden sein. Ausnahmen:

- Fehlt der Ausstellungsort, so gilt der bei der Unterschrift des Ausstellers angegebene Ort als Ausstellungsort (Art. 2 Abs. 4 WG).
- Fehlt die Angabe des Zahlungsortes, so gilt der beim Namen des Bezogenen angegebene Ort als Zahlungsort.
- Die Unterschrift des Bezogenen ist kein gesetzlicher Bestandteil, d.h. der Wechsel ist auch ohne Akzept gültig.
- Ein unmögliches Ausstellungsdatum macht den Wechsel ungültig.

9.3.4 Die kaufmännischen Bestandteile

Kaufmännische Bestandteile

Die kaufmännischen Bestandteile des Wechsels dienen wie die kaufmännischen Bestandteile des Schecks der schnelleren Abwicklung des Wechselverkehrs bei den Banken. Das Wechselformular enthält folgende **kaufmännischen Bestandteile**:

1. die Ortsnummer,
2. die Wechselsumme in Ziffern,
3. den Zahlstellenvermerk.

Der Bezogene kann sein Kreditinstitut als Zahlstelle angeben. Der Wechselinhaber löst in diesem Fall den Wechsel am Verfalltag nicht in der Wohnung oder im Betrieb des Bezogenen ein, sondern bei der angegebenen Zahlstelle (Wechselschulden sind immer Holschulden).

Dr. Ritter hat die Stadtsparkasse Neustadt (Kontonummer 431 267) beauftragt, die Wechselsumme auszuzahlen. Dr. Ritter könnte sein Kreditinstitut damit beauftragen, für ihn die Wechselsumme einzuziehen. Das Kreditinstitut erspart in diesem Fall Dr. Ritter Zeit und Arbeit.

9.3.5 Die Verfallzeit

Sichtwechsel
Zeitwechsel
Tagwechsel

Sichtwechsel („Gegen diesen Wechsel zahlen Sie bei Sicht") sind fällig bei Sicht, d.h. sobald sie dem Bezogenen vorgelegt werden. Ein **Zeitwechsel** ist nach einem bestimmten Zeitraum fällig („Gegen diesen Wechsel zahlen Sie heute in drei Monaten"), während bei einem **Tagwechsel** die Verfallzeit kalendermäßig festgelegt ist („Gegen diesen Wechsel zahlen Sie am ...").

9.3.6 Das Akzept

Das Akzept verpflichtet den Bezogenen zur Zahlung der Wechselsumme bei Vorlage. Das Akzept ist auf der Vorderseite des Wechsels querzuschreiben. Das **Vollakzept** enthält den Vermerk „Angenommen", den Wechselbetrag, die Verfallzeit sowie Ort und Tag der Annahme.

Vollakzept

Angenommen
9.120,– DM, fällig am 15.11.19..
Neustadt, 22.08.19..

Dr. Ritter

Das **Kurzakzept** enthält lediglich die Unterschrift des Bezogenen.

Kurzakzept

Angenommen

Dr. Ritter

Beim **Avalakzept** hat ein Bürge für den Bezogenen eine Bürgschaft übernommen (selbstschuldnerische Bürgschaft; Art. 30 WG). Die Bürgschaftserklärung wird durch die Worte „als Bürge" ausgedrückt (Art. 31 Abs. 2 WG).

Avalakzept

Angenommen

Dr. Ritter

Angenommen als
Bürge für Dr. Ritter

Dr. Lehmann

9.3.7 Die Wechselsteuer

Wechselsteuer

Jeder, der einen Wechsel in Umlauf bringt, haftet für die Entrichtung der Wechselsteuer: der Bezogene nach Annahme des Wechsels (die Einholung eines Akzepts führt noch nicht zur Steuerpflicht), der Aussteller bei der Wechselweitergabe und jeder Indossant.

Die Wechselsteuer beträgt 0,15 DM je angefangene 100,– DM Wechselsumme. Die Steuer kann durch Verwendung von Wechselsteuermarken, die beim Postamt erhältlich sind, entrichtet werden. Die Steuermarken werden durch Eintragung des Datums der Versteuerung entwertet (Monat in Buchstaben, Abkürzungen sind erlaubt). Die Wechselsteuermarken werden auf der Wechselrückseite angebracht. Die Verwendung von Wechselstempelmaschinen wird von der Bundespost auf Antrag genehmigt.

Wechselsteuerhinterziehung führt zu Strafen bis zum 50fachen Betrag der hinterzogenen Steuerschuld.

9.3.8 Die Verwendungsmöglichkeit des Wechsels

Verwendungsmöglichkeiten

Der Wechselinhaber hat folgende Verwendungsmöglichkeiten:

1. Er kann den Wechsel bis zum Verfalltag aufheben und die Wechselsumme am Verfalltag selbst kassieren (**Selbstinkasso**).
2. Er kann sein Kreditinstitut beauftragen, für ihn den Wechsel einzulösen (**Fremdinkasso**).
3. Er kann den Wechsel seinem Kreditinstitut verkaufen (**Diskontierung**). Bei der Diskontierung erhält der Wechselinhaber Bargeld oder eine entsprechende Gutschrift. Er erhält allerdings nicht die volle Wechselsumme, sondern den Wechselbetrag vermindert um die Zinsen (Diskont) für die Restlaufzeit.
4. Er kann den Wechsel als **Zahlungsmittel** zum Ausgleich eigener Verbindlichkeiten weitergeben.

9.3.9 Die Weitergabe des Wechsels als Zahlungsmittel

Indossament

Das Eigentum an beweglichen Sachen wird durch Einigung und Übergabe übertragen. Einigung und Übergabe genügen aber bei der Eigentumsübertragung eines Wechsels nicht. Hinzukommen muß noch ein spezieller Übertragungsvermerk. Durch diesen Übertragungsvermerk wird der Wechsel vom Wechselinhaber (alter Wechselgläubiger auf den Wechselnehmer (neuer Wechselgläubiger) übertragen. Da der Übertragungsvermerk auf der Wechselrückseite angebracht wird, nennt man ihn auch **Indossament** (ital. in dosso = auf dem Rücken).

Voll-indossament

Das **Vollindossament** enthält den Namen des Wechselempfängers sowie Ort, Datum und Unterschrift des Wechselgebers (Indossant). Im Wechselgeschäft sind hierbei die folgenden Formulierungen üblich: „Für mich an die Firma X", „Für uns an die Firma X", „Für mich an die Order der Firma X".

Wechselsteuermarken

Für mich an die Firma MODUL AG, München

Mannheim, 25. August 19..

Vollindossament

Blanko-indossament

Das **Blankoindossament** (**Kurzindossament**) enthält lediglich die Unterschrift des Indossanten.

Kurzindossament

Inkasso-indossament

Durch das **Inkassoindossament** wird der Wechselnehmer (ein Kreditinstitut) durch den Zusatz „zum Inkasso" oder „zum Einzug" bevollmächtigt, die Wechselsumme einzuziehen, wobei rechtlich von Bedeutung ist, daß der Indossant Eigentümer des Wechsels bleibt, während der Wechselempfänger lediglich Besitzer des Wechsels wird.

Der Computervertrieb Rumpf hat gegenüber der Firma MODUL AG Verbindlichkeiten in Höhe von 20.000,– DM. Zum teilweisen Ausgleich dieser Verbindlichkeiten gibt Rumpf den Wechsel am 25.08.1985 an die MODUL AG weiter. Die MODUL AG gibt den Wechsel am 29.08.1985 der Deutschen Bank in München zum Einzug.

Für mich an die Deutsche Bank AG, Filiale München,
zum Einzug

München, 29.08.19..

MODUL AG
Beger ppa.

Inkassoindossament

9.3.10 Vor- und Nachteile der Wechselverwendungsmöglichkeiten

Vor- und Nachteile

Bei der Diskontierung erhält der Wechselinhaber Bargeld, allerdings nicht die volle Wechselsumme, sondern den Wechselbetrag, vermindert um die Zinsen (Diskont) für die Restlaufzeit (Barwert). Der Wechselinhaber wird aber in der Regel den Diskont durch Belastung seines Vormannes erhalten. Beim Selbstinkasso fallen weder Inkassospesen noch Diskont an. Allerdings muß der Wechselinhaber einen Zinsverlust in Kauf nehmen, denn er hätte die Wechselsumme in der Zwischenzeit gewinnbringend anlegen können. Beim Fremdinkasso spart der Wechselinhaber Zeit und Arbeit, wird allerdings für diese Dienste durch die Kreditinstitute mit Inkassospesen belastet. Bei der Weitergabe des Wechsels zum Ausgleich eigener Schulden dient der Wechsel als Zahlungsmittel (wobei in der Regel ein Skontoabzug nicht möglich ist). Allerdings kann der Wechselnehmer seinen Vormann mit Diskont belasten.

9.3.11 Funktionen des Indossaments

Funktionen des Indossaments

Das Indossament hat rechtliche Wirkung durch die **Transportfunktion** (das Eigentum am Wechsel wird vom Wechselinhaber auf den Wechselnehmer übertragen; Ausnahme: beim Inkassoindossament), durch die **Legitimationsfunktion** (nach Art. 16 WG gilt als rechtmäßiger Inhaber des Wechseles, wer ihn in Händen hält, ... „sofern er sein Recht durch eine ununterbrochene Reihe von Indossanten nachweist ...") und durch die **Garantiefunktion** (nach Art. 15 WG haftet der Indossant als Rückgriffsschuldner für die Annahme und für die Zahlung). Wird ein Wechsel ausschließlich durch Kurzindossamente weitergegeben, so ist eine Legitimation des jeweiligen Wechselinhabers durch das Indossament nicht möglich.

9.3.12 Der weitergegebene Wechsel

Rimesse

Ein weitergegebener Wechsel wird auch als **Rimesse** bezeichnet, der Wechselnehmer als **Remittent** (ital. rimettere, lat. remittere = übergeben). Mit Rimesse bezeichnet man auch einen Wechsel „an fremde Order". Bei einem Wechsel „an fremde Order" weist der Aussteller den Bezogenen an, die Wechselsumme an einen Dritten zu zahlen. So hätte bei unserem Wechselgeschäft die Firma Rumpf Dr. Ritter anweisen können, nicht an sie, sondern an die MODUL AG zu zahlen. Der Wechseltext hätte in diesem Fall gelautet: „Gegen diesen Wechsel zahlen Sie ... an die MODUL AG".

Von einem Wechsel „an eigene Order" spricht man, wenn sich der Aussteller selbst als Wechselnehmer bezeichnet.

Sola-wechsel

Ein **Solawechsel** (Eigenwechsel) ist ein Zahlungsversprechen des Ausstellers, der zugleich Wechselschuldner ist („Gegen diesen Wechsel zahle ich ..."). Da beim Solawechsel der Aussteller gleichzeitig Bezogener ist, weist der Solawechsel somit nur 7 gesetzliche Bestandteile auf (Art. 75 WG). Der Solawechsel wird in der Praxis zur wechselrechtlichen Sicherung einer Forderung verwendet und ersetzt den Schuldschein.

9.3.13 Die Einlösung des Wechsels

Einlösung des Wechsels

Nach Art. 38 Abs. 1 WG beträgt die Vorlegungsfrist drei Tage: „Der Inhaber eines Wechsels, ..., hat den Wechsel am Zahlungstag oder an einem der beiden folgenden Werktage (der Samstag gilt nicht als Werktag, Anm. d. Verf.) zur Zahlung vorzulegen." Im allgemeinen ist der Verfalltag gleich Zahlungstag. Ist der Verfalltag jedoch ein Samstag, Sonn- oder Feiertag, so verschiebt sich der Zahlungstag bis zum nächsten Werktag.

Der Bezogenen prüft, ob er überhaupt zur Zahlung verpflichtet ist. Der Bezogene prüft weiterhin die lückenlose Indossamentenkette sowie die Wechselberechtigung des Wechselinhabers (Personalausweis). Darüber hinaus muß der Wechsel auf seine formale Gültigkeit hin überprüft werden (gesetzliche Bestandteile).

Der Bezogene kann nach der Wechseleinlösung die Herausgabe des quittierten Wechsels verlangen.

Hinweis: Die Zahlung mit Wechsel erfolgt wie beim Scheck zahlungshalber, da der Wechsel kein gesetzliches Zahlungsmittel ist.

9.3.14 Zahlstellenvermerk und Domizilvermerk

Der Wechsel kann am Wohnort des Bezogenen oder an einem anderen Ort zahlbar gestellt werden (Art. 4 WG).

Zahlstellenvermerk	**Domizilvermerk**
Wohnort des Bezogenen: Neustadt Einlösung: Stadtsparkasse Neustadt	Wohnort des Bezogenen: Neustadt Einlösung: Stadtsparkasse Ludwigshafen
gibt an, bei welchem Kreditinstitut der Wechsel einzulösen ist.	gibt an, an welchem Ort der Wechsel einzulösen ist.
Zahlstellenwechsel	Domizilwechsel
ist einzulösen bei einem Dritten (Kreditinstitut) am Wohnsitz/Geschäftssitz des Bezogenen.	ist einzulösen bei einem Dritten (Kreditinstitut), dessen Wohnsitz/Geschäftssitz vom Wohnsitz/Geschäftssitz des Bezogenen verschieden ist.

9.3.15 Die Nichteinlösung des Wechsels

Protest

Der letzte Wechselinhaber muß bei Nichteinlösung des Wechsels an einem der beiden auf den Zahlungstag folgenden Werktage Protest erheben (Art. 44 Abs. 3 Satz 1 WG; Protest mangels Zahlung, nicht jedoch an einem Sonnabend, Art. 72 Abs. 1 WG). Beispiel: Fälligkeitstag Freitag, 1. Protesttag Montag. Der Inhaber muß seinen unmittelbaren Vormann sowie den Aussteller vom Unterbleiben der Annahme oder der Zahlung innerhalb der vier Werktage, die auf den Tag der Protesterhebung folgen, benachrichtigen (Art. 45 Abs. 1 Satz 1 WG). Diese Pflicht zur Benachrichtigung wird in der Wechselsprache als **Notifikation** bezeichnet.

Jeder Indossant hat seinerseits die Pflicht, seinen unmittelbaren Vormann innerhalb von zwei Tagen zu benachrichtigen.

Ein Unterlassen der Notifikation führt nicht zum Verlust des wechselrechtlichen Rückgriffsrechts, sondern unter Umständen zur Schadensersatzpflicht bis zur Höhe der Wechselsumme.

Die Notifikation hat in der Praxis wenig Bedeutung, da die Indossanten selten ihre Anschrift angeben. Bei fehlender Anschrift entfällt aber die Notifikation (auch Notanzeige genannt). Darüber hinaus ist zu beachten, daß der Rückgriff nicht an eine Reihenfolge gebunden ist (Sprungregreß). Der Rückgriff kann in diesem Fall die Nachrichtenkette überholen.

9.3.16 Der Wechselprotest

Wechselprotest

Der Wechselprotest ist eine **öffentliche Urkunde** (lat. protestari = bezeugen, beweisen), die beweist, daß der Bezogene den Wechsel am Verfalltag nicht eingelöst hat. Protest kann aufgenommen werden durch einen Gerichtsvollzieher, durch einen Notar oder durch einen Postbediensteten. Protesterhebung durch die Post ist allerdings nur möglich bei einer Wechselsumme bis 3.000,– DM (§ 40 Abs. 2 Postordnung).

Der nicht rechtzeitige Protest führt zum Verlust des wechselrechtlichen Rückgriffsrechts gegenüber den Vormännern und dem Aussteller.

9.3.17 Protestarten

Protestarten

Nach dem Zeitpunkt der Protesterhebung unterscheidet man

- **Protest mangels Annahme** (Art. 43 Abs. 2 Ziffer 1 WG) und
- **Protest mangels Zahlung** (Art. 43 Abs. 1 WG)

Ein Protest mangels Annahme wird erhoben, wenn der Wechsel innerhalb der Vorlegungsfrist dem Bezogenen vorgelegt wurde, und der Bezogene die Annahme verweigerte (Zeitpunkt: zwischen Ausstellungstag und Verfalltag). Ein Protest mangels Zahlung wird erhoben, wenn der Bezogene die Zahlung der Wechselsumme verweigert (Zeitpunkt: am 1./2. Werktag nach dem Zahlungstag). Proteste sollen in der Zeit von 9.00 Uhr bis 18.00 Uhr vorgenommen werden (Art. 86 WG).

Bei einem **Windprotest** kann die Wohnung des Bezogenen nicht ermittelt werden, da sie fingiert ist (der Bezogene ist „vom Winde verweht"). Bei einem **Wandprotest** ist der Bezogene in seiner Wohnung nicht anzutreffen (er „richtet eine Wand auf").

Merke: Ohne Protest kein Regreß!

Protesterlaßklausel

Ausnahme: Der Aussteller sowie jeder Indossant kann durch den Vermerk „ohne Kosten" oder „ohne Protest" (Protesterlaßklausel) den Wechselinhaber von der Verpflichtung befreien, zum Zwecke der Ausübung des Rückgriffs Protest mangels Annahme oder mangels Zahlung erheben lassen (Art. 46 Abs. 1 WG). Der Aussteller verpflichtet sich, durch diese Protesterlaßklausel, auch ohne Protesterhebung die Rückgriffssumme zu zahlen. Ist der Vermerk von einem Indossanten beigefügt, so wirkt er nur diesem gegenüber (Art. 46 Abs. 3 Satz 1 WG). Es empfiehlt sich daher trotzdem Protest zu erheben, um nicht die Rückgriffsrechte gegenüber den anderen Indossanten zu verlieren. Ein Rückgriff ohne vorangegangenen Protest ist auch dann möglich, wenn über das Vermögen des Bezogenen Konkurs oder das gerichtliche Vergleichsverfahren eröffnet worden ist. (Art. 46 Abs. 6 Satz 1 WG). Zur Ausübung des Rückgriffsrechts genügt in diesem Fall der gerichtliche Beschluß.

Bitte Hinweise auf der Rückseite beachten!

Postprotestauftrag

Protesttag: 20.10.19.. Eingangs-Nr.

Die Post wird beauftragt, den anliegenden Wechsel — zahlbar am — über

DM 500,-- Pf -- (DM-Betrag in Buchstaben wiederholen) fünfhundert------------ Deutsche Mark

zur Zahlung vorzulegen oder, wenn der Auftrag postordnungswidrig ist, den Auftrag an einen anderen Protestbeamten (Art. 79 Wechselgesetz) weiterzuleiten.

Zahlungspflichtiger (Vor- und Zuname, Postleitzahl, Wohnort, Zustellpostamt, Straße und Hausnummer)
Georg Mantel
Hauptstr. 10
6700 Ludwigshafen

Zahlstelle - nur bei **Zahlstellenwechsel** ausfüllen - (Name, Postleitzahl, Ort, Zustellpostamt, Straße und Hausnummer)

Auftraggeber (Vor- und Zuname, Postleitzahl, Wohnort, Zustellpostamt, Straße und Hausnummer oder Postfach)
Autohaus Wilhelm Kolb, Ringstr. 2, 6700 Ludwigsh.

Postscheckkonto Nr 67432-674 Postscheckamt Lshfn

Vom Absender auszufüllen

4.74 - 6 5 4 3 2 1
DIN A 6 Kl. 317 f

P 14
PostO Anl. 27

9.3.18 Der Rückgriff

Rückgriff

Jeder, der auf einem Wechsel unterschrieben hat, haftet für die Einlösung der Wechselsumme.

Wenn der Bezogene den Wechsel am Verfalltag nicht einlöst, kann der Wechselinhaber im Wege des Rückgriffs die Wechselsumme und noch weitere Beträge von irgendeinem Wechselbeteiligten verlangen (Rückrechnung 1). Dieser Wechselbeteiligte wiederum kann Regreß nehmen auf einen anderen Wechselbeteiligten und die Rückrechnung 1 und weitere Beträge fordern.

Der Wechselberechtigte kann auf jeden Wechselverpflichteten zurückgreifen (Art. 48 WG).

Dabei ist zu unterscheiden zwischen

- einem Reihenregreß und
- einem Sprungregreß.

Reihenregreß

Beim **Reihenregreß** wird in der umgekehrten Reihenfolge Regreß genommen, in der der Wechsel weitergegeben wurde (jeder Indossant greift immer auf seinen unmittelbaren Vormann zurück).

Sprungregreß

Beim **Sprungregreß** werden einzelne Indossanten übersprungen (die Rückgriffnehmer wählen ganz bestimmte Vormänner aus). Beim Sprungregreß kann sich der Rückgriffnehmer einen zahlungskräftigen Vormann auswählen, indem er andere überspringt. Rückgriff kann immer nur auf den Vormann genommen werden, nicht auf den Nachmann.

Beispiel einer Indossamentenkette:

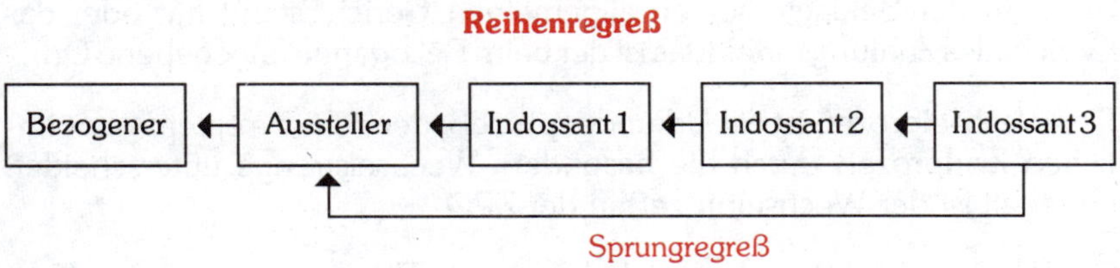

Indossamentenkette

Die abgebildete Übersicht zeigt die Indossamentenkette vom Bezogenen bis zum Indossanten 3. Für den Indossanten 2 ist der Indossant 1 sein unmittelbarer Vormann, während der Indossant 3 sein unmittelbarer Nachmann ist. Greift Indossant 3 auf Indossant 1 zurück und dieser zahlt, dann wird der übersprungene Indossant 2 von seiner Wechselverpflichtung frei, d.h. Indossant 1 kann nicht seinerseits bei Indossant 2 Rückgriff nehmen. Zahlt aber Indossant 1 nicht, dann kann Indossant 3 jederzeit wieder auf Indossant 2 Rückgriff nehmen, da dieser in diesem Fall nicht von seiner Wechselverpflichtung frei wurde.

Die Rückrechnung setzt sich aus folgenden Positionen zusammen:

1	Wechselsumme
2	Verzugszinsen, mindestens 6% seit dem Verfalltag
3	1/3% Provision aus der Wechselsumme
4	Protestkosten
5	eigene Auslagen
6	14% USt auf die Positionen 3 – 5
7	Summe der Rückrechnung

Verzugszinsen

Verzugszinsen sind als Schadensersatz und nicht als Teil des Entgelts für eine Leistung zu behandeln (BMF-Schreiben vom 24.02.1983 IV A 2 – S 7200 – 13/83, BStBl S. 246). Für Verzugszinsen ist somit keine Umsatzsteuer zu berechnen.

9.3.19 Die Wechselklage

Wechselklage

Gegen jeden, der seine Wechselverpflichtungen nicht erfüllt, kann geklagt werden, also gegen den Bezogenen, gegen den Aussteller und gegen die Indossanten.

Die sachliche Zuständigkeit der Gerichte richtet sich nach dem Streitwert. Bei einem Streitwert unter 5.000,– DM ist das Amtsgericht zuständig, bei einem Streitwert über 5.000,– DM ist sachlich das Landgericht zuständig. Nach § 603 Zivilprozeßordnung (ZPO) ist örtlich das Gericht zuständig, bei dem der Beklagte seinen allgemeinen Gerichtsstand hat oder das Gericht des Zahlungsortes (das ist der beim Bezogenen angegebene Ort).

Wechselprozeß

Der Wechselprozeß ist ein Urkundenprozeß, der sich von einem gewöhnlichen Zivilprozeß durch die besondere Wechselstrenge unterscheidet. Geregelt ist der Wechselprozeß in der ZPO.

Der Wechselprozeß zeichnet sich durch kurze Einlassungsfristen aus (Frist zwischen der Zustellung der Klagefrist und dem Termin der mündlichen Verhandlung). Die Höchstfrist beträgt 7 Tage.

Dingliche Einwendungen gegen jeden Wechselberechtigten beschränken sich auf die wechselrechtliche Gültigkeit der Wechselurkunde, auf die fehlende Protesturkunde und auf eine Wechselfälschung.

Persönliche Einwendungen wie Stundung und mangelhafte Lieferung können nur gegenüber dem Wechselgläubiger geltend gemacht werden, den es angeht.

Dingliche Einwendungen können jedem Wechselbeteiligten entgegengehalten werden. Dingliche Einwendungen beziehen sich auf die Wechselurkunde, persönliche Einwendungen beziehen sich auf den Kläger.

Schematische Darstellung des Ablaufes eines Wechselprozesses

Wechselsachen sind Feriensachen, d.h. die Bedeutung des Wechselprozesses ergibt sich aus der Tatsache, daß Wechselprozesse auch während der Gerichtsferien durchgeführt werden.

Am Ende des Wechselprozesses wird ein Urteil gesprochen, das sofort vollstreckbar ist (Recht des Gläubigers, beim Schuldner Vermögensgegenstände pfänden zu lassen).

9.3.20 Die Verjährung von Wechselansprüchen

Verjährung

Ansprüche des Ausstellers gegenüber den Indossanten und des Wechselinhabers gegenüber dem Bezogenen verjähren in drei Jahren ab Verfalltag. Ansprüche des Wechselinhabers gegenüber den Indossanten und dem Aussteller verjähren in einem Jahr ab dem Tag der Protesterhebung. Wechselansprüche der Indossanten gegenüber anderen Indossanten und dem Aussteller unterliegen der 6monatigen Verjährungsfrist ab dem Zeitpunkt der Einlösung der Rückrechnung des Wechselinhabers.

9.3.21 Die Wechselprolongation

Wechselprolongation

Unter Wechselprolongation (franz. prolonger = verlängern) versteht man die **Verlängerung der Wechsellaufzeit**, weil der Bezogene vor dem Verfalltag in Zahlungsschwierigkeiten geraten ist. Die Wechselprolongation vermeidet einen drohenden Protest und wendet damit die für alle Wechselbeteiligten unangenehmen Folgen ab: Kosten, Rufschädigung, verminderte Kreditwürdigkeit. Die Banken führen sogenannte Protestlisten. In diesen Verzeichnissen werden alle Wechselschuldner geführt, die ihren Wechselverpflichtungen nicht nachgekommen sind.

Prolongationswechsel

Wenn der Aussteller noch Eigentümer des Wechsels ist, erfolgt die Prolongation durch Zusendung eines neuen Akzepts an den Aussteller mit späterem Fälligkeitsdatum (Prolongationswechsel). Der Aussteller kann den neuen Wechsel diskontieren lassen oder als Zahlungsmittel weitergeben.

Wenn der Wechsel bereits an irgendeinen Indossanten weitergegeben wurde, wissen Aussteller und Bezogener nur, daß der Wechsel am Verfalltag dem Bezogenen vorgelegt wird, nicht aber, wer der augenblickliche Eigentümer ist. Der Bezogene sendet dem Aussteller ein neues Akzept mit späterem Fälligkeitsdatum (Prolongationswechsel). Der Aussteller läßt den Wechsel bei seinem Kreditinstitut diskontieren und überweist die Gutschrift an den Bezogenen. Am Verfalltag löst der Bezogene mit der erhaltenen Geldsumme den Wechsel ein.

Dauerschuld

Hinweis: Nach einem Urteil des Bundesfinanzhofes vom 15.11.1983 (VII R 179/83) entsteht eine Dauerschuld, wenn die mehrfache Prolongation eines Wechsels in der Weise vereinbart wird, daß die Stundung der Wechselschuld innerhalb eines Geschäftsjahres 12 Monate erreicht. Deshalb sind langfristige Wechselfinanzierungen zu vermeiden, denn Dauerschulden kosten Gewerbesteuer.

9.3.22 Die wirtschaftliche Bedeutung des Wechsels

Der Wechsel ist in folgender Hinsicht wirtschaftlich bedeutsam:

1. Der Wechsel dient als **Kreditmittel**.
   Der Gläubiger räumt dem Schuldner mit dem Wechselkredit einen Zahlungsaufschub ein und hat trotzdem die Möglichkeit, sich durch Diskontierung Bargeld zu verschaffen.
2. Der Wechsel ist **Zahlungsmittel**.
   Der Wechselgläubiger kann den Wechsel als Zahlungsmittel zum Ausgleich eigener Schulden verwenden.
3. Der Wechsel ist **Sicherungsmittel**.
   Eine Wechselforderung bietet dem Wechselnehmer wegen der strengen Vorschriften des Wechselrechts eine größere Sicherheit als eine reine Buchforderung.
4. Der Wechsel ist ein **Wertpapier**.

9.3.23 Besonderheiten im Wechselverkehr

9.3.23.1 Wechselreiterei, Kellerwechsel, Gefälligkeitsakzept

Wechselreiterei

Kellerwechsel

Bei der Wechselreiterei ziehen zwei Personen aufeinander Wechsel und lassen die Akzepte zum Zwecke der Geldbeschaffung bei einem Kreditinstitut diskontieren. Bei der **Wechselreiterei** ist jede Person Aussteller und Bezogener zugleich (strafbar). Der Reitwechsel ist ein reiner Finanzwechsel zur Überbrückung von Zahlungsschwierigkeiten. Ein **Kellerwechsel** ist ein Wechsel, der auf eine nicht vorhandene Person gezogen wurde. Eine Wechselverbindlichkeit entsteht im allgemeinen aufgrund einer Warenlieferung, wobei der Aussteller Gläubiger ist und der Bezogene die Wechselsumme schuldet. Von einem **Gefälligkeitsakzept** spricht man, wenn der Bezogene gegenüber dem Aussteller keine Schuld hat. Der Bezogene akzeptiert den Wechsel aus reiner Gefälligkeit, wobei der Aussteller verspricht, daß er die Wechselsumme am Verfalltag zur Verfügung stellt (Risiko für den Bezogenen). *Gefälligkeitsakzept*

9.3.23.2 Handelswechsel und Finanzwechsel

Ein **Handelswechsel** dient zur Finanzierung eines Waren- oder Dienstleistungsgeschäftes. Ein **Finanzwechsel** dient lediglich der Finanzierung (Geldbeschaffung), ohne daß ein Waren- oder Dienstleistungsgeschäft getätigt wurde. Die Deutsche Bundesbank kauft nur Handelswechsel von den Kreditinstituten.

Wiederholungsfragen:

1. Was ist ein Wechsel?
2. Nennen Sie die gesetzlichen Bestandteile des Wechsels!
3. Hinsichtlich der Verfallzeit unterscheidet man Sichtwechsel, Zeitwechsel und Tagwechsel. Grenzen Sie diese Wechselarten gegeneinander ab!
4. Erklären Sie die Begriffe Tratte, Akzept, Rimesse und Remittent!
5. Welche rechtliche Bedeutung hat die Annahmeerklärung und wo ist das Akzept anzubringen?
6. Wodurch unterscheidet sich das Vollakzept vom Kurzakzept?
7. Wer muß einen Wechsel versteuern?
8. Wie hoch ist die Wechselsteuer?
9. Wie ist die Wechselsteuer zu entrichten?
10. Welche Rechtsfolge hat eine Wechselsteuerhinterziehung?
11. Wodurch unterscheidet sich ein Wechsel „an eigene Order" von einem Wechsel „an fremde Order"?
12. Welche Verwendungsmöglichkeiten hat der Wechselinhaber?
13. Was ist ein Indossament und wo wird das Indossament angebracht?
14. Wodurch unterscheidet sich das Vollindossament vom Kurzindossament?
15. Welche drei Funktionen erfüllt das Indossament?
16. Welche Prüfungen sollte der Bezogene vor der Wechseleinlösung vornehmen?
17. Erläutern Sie die Begriffe Zahlstellenvermerk und Domizilvermerk!

18. Welches Recht hat der Bezogene nach der Wechseleinlösung?
19. Welche Pflichten hat der letzte Wechselinhaber bei Nichteinlösung des Wechsels am Zahlungstag?
20. Wann ist ein Wechsel einzulösen?
21. Was versteht man unter einem Wechselprotest?
22. Wie unterscheiden sich Protest mangels Annahme und Protest mangels Zahlung?
23. Durch welche Personen erfolgt die Aufnahme des Wechselprotestes?
24. Welche Rechtswirkung hat das Versäumnis einer rechtzeitigen Protesterhebung?
25. Was versteht man unter Notifikation?
26. Welche rechtliche Folge hat das Unterlassen der Notifikation für den letzten Wechselinhaber?
27. Was versteht man unter Regreß?
28. Auf wen kann der Wechselberechtigte Rückgriff nehmen?
29. Welche Beträge kann der Rückgriffnehmer geltend machen?
30. Wodurch unterscheidet sich ein Reihenregreß von einem Sprungregreß?
31. Wer kann Wechselklage einreichen?
32. Nennen Sie die sachliche und örtliche Zuständigkeit beim Wechselprozeß!
33. Wodurch unterscheiden sich dingliche Einlassungen gegenüber persönlichen Einlassungen?
34. Wann verjähren Wechselansprüche?
35. Was versteht man unter Wechselprolongation?
36. Welchen Vorteil hat die Prolongation?
37. Beschreiben Sie den Vorgang der Prolongation, wenn der Wechsel
    a) sich bei irgendeinem Indossanten befindet,
    b) noch im Besitz des Ausstellers ist!
38. Welche wirtschaftliche Bedeutung hat der Wechsel?
39. Erläutern Sie die folgenden Besonderheiten im Wechselverkehr: Wechselreiterei, Kellerwechsel und Gefälligkeitsakzept.
40. Was ist ein Solawechsel?
41. Was versteht man unter einem Windprotest bzw. Wandprotest?
42. Wodurch unterscheidet sich ein Handelswechsel von einem Finanzwechsel?

Aufgaben und Fälle zur Sicherung des Lernerfolgs:

1. Ordnen Sie die folgenden Personen und Begriffe des Wechselgeschäfts zwischen Dr. Ritter, dem Computervertrieb Rumpf und der Deutschen Bank den Ziffern 1 – 12 der Abbildung zu (vgl. S. 144 und 148).

   Remittent, Inkassobank, Aussteller, Bezogener, Zahlung der Wechselsumme, Tratte, Gutschrift, Inkassoauftrag, Rimesse, Warenlieferung, Akzept, Wechselvorlage, Wechselgläubiger, Wechselschuldner.

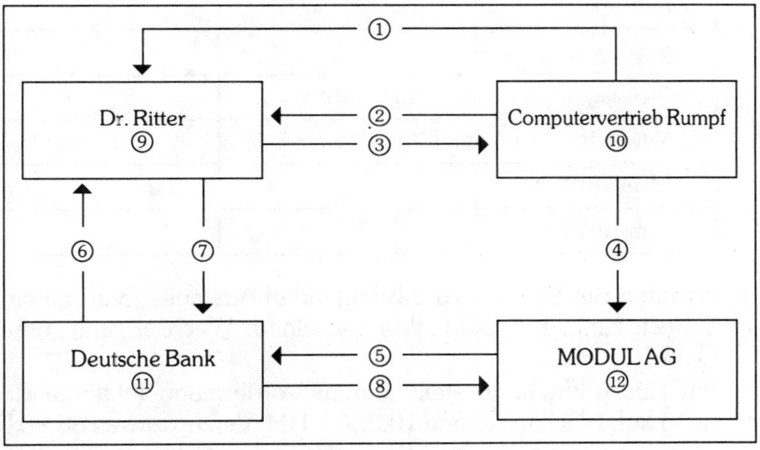

a) Wie hoch ist die Wechselsteuer?

b) Bis zu welchem Betrag kann in diesem Fall eine Wechselsteuerhinterziehung als Strafe anfallen?

2. Berechnen Sie die Wechselsteuer für die folgenden Wechsel:

Wechselbetrag	**Wechselsteuer**
156,– DM	
946,– DM	
1.000,10 DM	
9.998,– DM	
10.402,– DM	

3. Geben Sie den letzten Zahlungstag bzw. Vorlegungstag an!

Verfalltag	**Zahlungstag**	**letzter Vorlegungstag**
Mittwoch		
Donnerstag		
Freitag		
Samstag		
Sonntag		
Karfreitag		
Montag		
Dienstag		
Mittwoch		
Dienstag 01.05.		
Samstag 24.12		

4. Nehmen Sie Stellung zu der folgenden Aussage: „Wer mit einem Scheck zahlt, hat Geld. Wer mit einem Wechsel zahlt, braucht Geld.“
5. Ein Rückgriffnehmer stellt seinem Vordermann folgende Rechnung auf: Wechselsumme 10.256,– DM, Verzugszinsen 88,90 DM, 1/3% Provision aus der Wechselsumme, Protestkosten (Notar) 80,– DM, eigene Spesen (Telefon- und Portogebühren) 15,– DM. Berechnen Sie den Betrag der Rückrechnung!
6. Die nachfolgende Übersicht zeigt die von der Bundespost unter anderm beziehbaren Einzelwerte von Wechselsteuermarken. Bis zu welcher Wechselsumme kann mit den Einzelwerten die Steuerschuld entrichtet werden? Berechnen Sie die höchstmöglichen Geldstrafen einer Wechselsteuerhinterziehung!

Wechselsteuermarke (Einzelwert)	**Wechselsumme**	**mögliche Folgen einer Steuerhinterziehung**
0,60		
4,50		
60,–		
150,–		
5.000,–		
10.000,–		

7. Worauf weist der folgende Ausspruch hin: „Schreibe hin, schreibe her, schreibe aber niemals quer"?

8. Nennen Sie bei dem folgenden Wechsel die Art der Indossamente und prüfen Sie die Lückenlosigkeit der Indossamentenkette! Remittent ist Heimbert Dittrich.

Wechselrückseite mit Wechselsteuermarken

1. Für mich an Herrn Heinz Bitzer, Balingen
Hamburg, 01.08.19..

2. 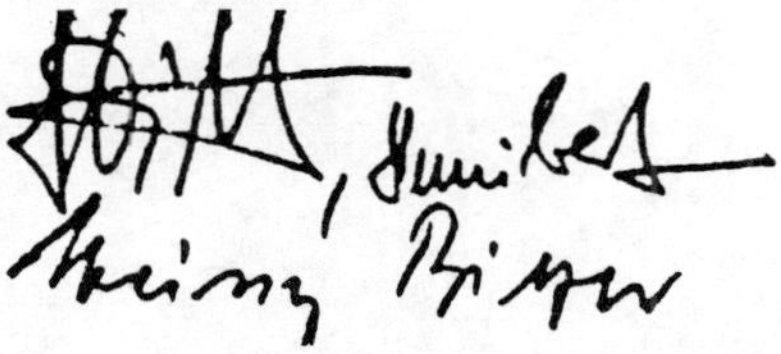

3. Für mich an die Order des Herrn Michael Guhr, Altheim
Hamburg, 06.08.19..

4. 5. 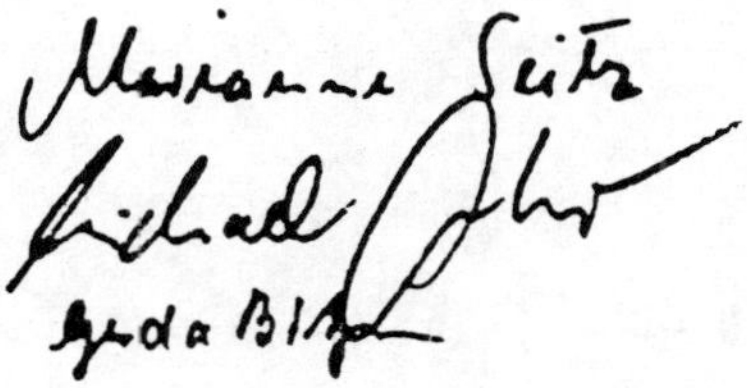

6. An Herrn Bruno Flack, Olpe
Dannstadt, 15.08.19..

7. 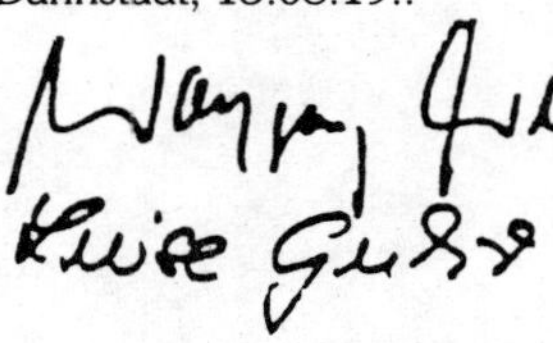

8. Für mich an die Volksbank Neustadt zum Einzug
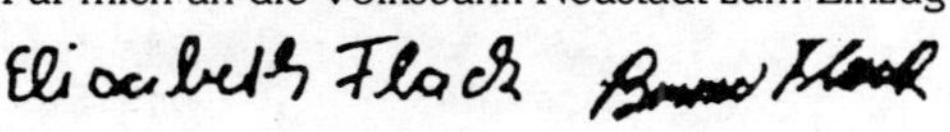

10 Außergerichtliches und gerichtliches Mahnverfahren

10.1 Das Überwachen der Forderungen

Zahlungseingang

Der Steuerberater muß aus Gründen der Wirtschaftlichkeit den **Zahlungseingang überwachen**, denn

- Geld trägt Zinsen, ein schleppender Zahlungseingang bedeutet daher Zinsverlust.
- Darüber hinaus verwendet der Steuerberater die Betriebseinnahmen zur Zahlung von Betriebsausgaben wie Lieferantenrechnungen, Gehälter und Zinsen.
- Forderungen von Freiberuflern unterliegen einer bestimmten Verjährungsfrist. Nach Ablauf dieser Verjährungsfrist kann der Steuerberater seine Ansprüche nicht mehr gerichtlich durchsetzen.

10.2 Gründe für die Nichtzahlung

Nichtzahlung

Wenn eine Zahlung nicht pünktlich eingeht, kann dies mehrere Ursachen haben. Der wohl häufigste Grund ist sicherlich in der **Vergeßlichkeit** des Mandanten zu suchen. Weitere Gründe können **Zahlungsunwilligkeit** (Mandant will überhaupt nicht zahlen) bzw. **Zahlungsunfähigkeit** (der Mandant kann überhaupt nicht zahlen) sein. Seltener dürfte der Grund für die Nichtzahlung in einer Überweisungsstörung durch die Post oder durch die Bank zu suchen sein. Eine Zahlungsstörung kann auch dann gegeben sein, wenn der Mandant verzogen ist und sein neuer Wohnsitz nicht ermittelt werden kann.

10.3 Zahlungsverzug

Rechte aus dem Zahlungsverzug

Warenschuldner und Geldschuldner sind auf Grund des Kaufvertrages verpflichtet, rechtzeitig zu leisten. Ein Schuldnerverzug liegt demnach vor, wenn der Schuldner seine geschuldete Leistung nicht rechtzeitig erbringt. Der Zahlungsverzug unterliegt demnach denselben Rechtsbestimmungen wie der Lieferungsverzug. Ist der Fälligkeitstag der Rechnung kalendermäßig bestimmt oder bestimmbar, dann befindet sich der Schuldner am Fälligkeitstag in Verzug. Ist das Zahlungsziel unbestimmt, dann kommt der Schuldner erst mit dem Empfang der Mahnung in Verzug. Bereits das Zustellen einer zweiten Rechnung ist als Mahnung anzusehen. Die Regeln des Schuldnerverzuges gelten für alle bürgerlich-rechtlichen Verträge, also auch für die Vertragsbeziehung zwischen Steuerberater und Mandant. Der Steuerberater kann daher dieselben **Rechte** geltend machen, die an anderer Stelle beim Lieferungsverzug dargestellt wurden.

Recht des Gläubigers

- Der Gläubiger kann auf **Zahlung** bestehen.
- Neben der Zahlung kann der Gläubiger **Verzugszinsen** geltend machen. Nach § 288 Abs. 1 BGB hat der Gläubiger bei bürgerlichen Rechtsgeschäften Anspruch auf 4 % Verzugszinsen vom Tag des Verzugs an, d. h. erst ab dem Zeitpunkt des Zugangs der Mahnung, wenn der Zahlungszeitpunkt unbestimmt war.

  Bei zweiseitigen Handelsgeschäften kann der Gläubiger nach § 352 Abs. 1 HGB 5 % Verzugszinsen schon vom Tag der Fälligkeit an berechnen. Vertraglich kann in den AGB ein höherer Zinssatz vereinbart werden.
- Der Gläubiger kann die über die gesetzlich zustehenden Verzugszinsen anfallenden **Bankzinsen** geltend machen, wenn er nachweisen kann, daß er auf Grund des Zahlungsverzuges gezwungen war, einen Kredit aufzunehmen.
- Der Gläubiger kann vom **Vertrag zurücktreten.**
- Der Gläubiger kann die **Zahlung ablehnen** und **Schadensersatz wegen Nichterfüllung verlangen.**

10.4 Das außergerichtliche Mahnverfahren

Die Mahnung mit Nachfristsetzung ist eine Aufforderung an den Schuldner, innerhalb einer bestimmten Zeit seine Leistung zu erbringen. Das außergerichtliche Mahnverfahren greift in die Rechtsbeziehungen zwischen den Vertragsparteien ein ohne Einschaltung der ordentlichen Gerichte. Weder über den zeitlichen Ablauf noch über die äußere Form gibt es Vorschriften.

Mahnen erfordert Fingerspitzengefühl. Unsachliche Argumente und laute Töne sind unangebracht. Eine Mahnung erzeugt beim Empfänger eine gewisse Betroffenheit. Scharfe Formulierungen machen den Absender mit Sicherheit nicht sympathischer.

Ablauf des privaten Mahnverfahrens

Aus Beweisgründen sollten Mahnungen grundsätzlich schriftlich erfolgen. Der folgende zeitliche Ablauf eines außergerichtlichen Mahnverfahrens wäre denkbar:

1. *Vier Wochen nach Fälligkeit erhält der Schuldner ein Erinnerungsschreiben in Form einer zweiten Rechnung mit der Bitte um Bezahlung innerhalb von 14 Tagen. Das Zusenden einer zweiten Rechnung gilt rechtlich als Mahnung.*

2. *Eine Woche nach erfolglosem Verstreichen der Nachfrist kann dem Schuldner eine zweite Mahnung mit Frist (14 Tage) zugehen.*

3. *Ist auch die zweite Nachfrist ohne Erfolg verstrichen, sollte innerhalb einer Woche eine dritte Mahnung mit einer letzten Nachfrist (14 Tage) erfolgen. Der Schuldner sollte unmißverständlich darauf hingewiesen werden, daß ihm ein Mahnbescheid zugeht, falls auch die letzte Frist verstreicht, ohne daß er leistet.*

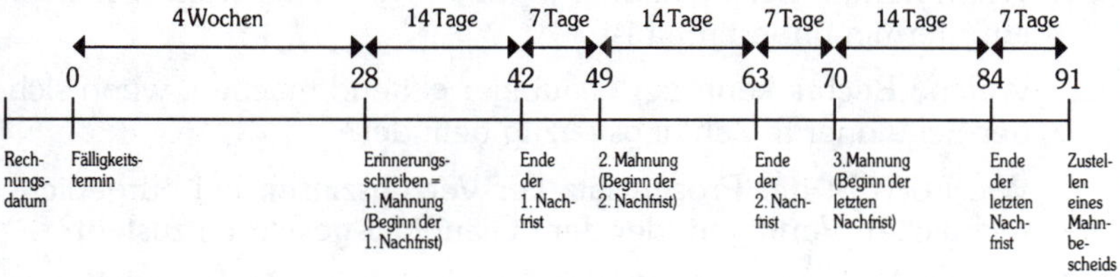

Abb. 16: Möglicher Ablauf eines außergerichtlichen Mahnverfahrens

In der dritten Mahnung könnte der Gläubiger auch mit dem Einzug des Rechnungsbetrages durch Postnachnahme drohen. Die Höchstgrenze für Postnachnahmen beträgt 3.000,– DM.

Der Gläubiger füllt ein entsprechendes Formblatt aus (Postkarte mit Nachnahme sowie anhängender Zahlkarte). Das vom Gläubiger freigemachte Formblatt wird dem Schuldner durch die Post zugestellt.

Der Nachnahmebetrag setzt sich aus folgenden Positionen zusammen: *Nachnahme*

1.	Honorarforderung
+ 2.	Postkartengebühr
+ 3.	Nachnahmegebühr
+ 4.	Verzugszinsen und eigene Auslagen
= 5.	Zahlkartenbetrag
+ 6.	Zahlkartengebühr
= 7.	Nachnahmebetrag

Die Zahlkartengebühr wird nach dem eingezogenen Nachnahmebetrag berechnet und davon abgesetzt, da nur der Briefträger die Zahlkarte freimachen darf. Es empfiehlt sich, dem Schuldner eine Frist für die Einlösung zu stellen und bei „Vermerk über besondere Versendungsformen" den Vermerk „Sofort zurück" anzubringen. Ohne diesen Vermerk wird die Sendung 7 Tage nach Eingang beim Zustellungspostamt bereitgehalten.

Wiederholungsfragen:

1. Aus welchen Gründen ist eine Überwachung der Zahlungseingänge erforderlich?
2. Wie kann der Steuerberater den Zahlungseingang überwachen?
3. Nennen Sie Gründe für die Nichtzahlung!
4. Wann kommt der Schuldner in Zahlungsverzug, wenn der Zahlungstermin unbestimmt ist?
5. Welche Rechte kann der Gläubiger geltend machen, wenn sich der Schuldner in Zahlungsverzug befindet?
6. Wie hoch ist der Prozentsatz der Verzugszinsen bei bürgerlichrechtlichen Verträgen, der dem Gläubiger gesetzlich zusteht?
7. Was versteht man unter dem außergerichtlichen Mahnverfahren?
8. Schlagen Sie einen zeitlichen Verlauf für das außergerichtliche Mahnverfahren vor!
9. Aus welchen Positionen setzt sich eine Postnachnahme zusammen?
10. Nennen Sie die Höchstgrenze für Postnachnahmen!

Aufgaben und Fälle zur Sicherung des Lernerfolgs:

1. Dr. Peter Ritter schickt dem Mandanten Peter Bauer, Holbeinstraße 11, 6730 Neustadt, am 15.08.19.. (= Rechnungsdatum) eine Rechnung über 700,– DM, Zahlungsziel 4 Wochen (Rechnungsnummer 631/..). Am 15.10.19.. erinnert Dr. Ritter Herrn Bauer daran, daß die Zahlung der Rechnung noch nicht eingegangen ist mit der Bitte um Überweisung innerhalb von 14 Tagen. Da am 05.11.19.. noch immer kein Zahlungseingang erfolgt ist, mahnt Dr. Ritter am 5.11.19.. den Rechnungsbetrag an mit der Bitte um Überweisung innerhalb von 14 Tagen. Da Peter Bauer auch diese Frist ohne erfolgte Zahlung verstreichen läßt, schickt Dr. Ritter am 26.11.19.. eine letzte Mahnung mit der Androhung eines gerichtlichen Mahnbescheids, wenn die Zahlung nicht innerhalb von 14 Tagen eingeht.

   Setzen Sie in dem nachfolgenden Schreiben die entsprechenden Daten und Informationen ein.

Dr. Peter Ritter
Steuerberater
Hauptstr. 67

6730 Neustadt

Neustadt, 15.10.19..

Herrn
Peter Bauer
Holbeinstr. 11

6730 Neustadt

Erste Erinnerung

Sicherlich ist Ihnen entgangen, die unten aufgeführten Honorar - Rechnungen zu begleichen.

Rechnungsnummer	Rechnungsdatum	Rechnungssumme
.	.	.
.	.	.
.	.	.

Ich erlaube mir, Sie daran zu erinnern und bitte Sie, den Betrag bis zum .... 19.. zu überweisen.

Mit freundlichen Grüßen

Dr. P. Ritter

Dr. Peter Ritter Neustadt, 05.11.19..
Steuerberater
Hauptstr. 67

6730 Neustadt

Herrn
Peter Bauer
Holbeinstr. 11

6730 Neustadt

Zweite Erinnerung

In meinem ersten Erinnerungsschreiben vom ... 19.. habe ich Sie um Begleichung meiner unten aufgeführten Honorar - Rechnungen bis zum ... 19.. gebeten.

Rechnungsnummer	**Rechnungsdatum**	**Rechnungssumme**
.	.	.
.	.	.
.	.	.

Zu meinem Bedauern muß ich feststellen, daß auch diese Frist erfolglos verstrichen ist. Erledigen Sie bitte die Angelegenheit sofort und überweisen Sie den Betrag von DM ...... bis zum ... 19..
Ich danke Ihnen für die sicherlich erfolgende Überweisung.

Mit freundlichen Grüßen

Dr. Peter Ritter Neustadt, 26.11.19..
Steuerberater
Hauptstr. 67

6730 Neustadt

Herrn
Peter Bauer
Holbeinstr. 11

6730 Neustadt

Letzte Erinnerung

Leider haben Sie auch die zweite Nachfrist ohne Begleichung meiner unten aufgeführten Honorar - Rechnungen verstreichen lassen.

Rechnungsnummer	**Rechnungsdatum**	**Rechnungssumme**
.	.	.
.	.	.
.	.	.

Ich bitte Sie zum letzten Mal, den Rechnungsbetrag bis zum ... 19.. zu überweisen. Sollte auch diese Nachfrist erfolglos verstreichen, werde ich die Zustellung eines Mahnbescheids beantragen. Vermeiden Sie bitte in Ihrem Interesse ein gerichtliches Mahnverfahren.

Hochachtungsvoll

2. Dr. Ritter entschließt sich, an Stelle des Mahnbescheids seine Forderung mit einer Postnachnahme einzutreiben.
   a) Schreiben Sie ein persönlich gerichtetes drittes Erinnerungsschreiben, in dem Sie Bezug nehmen auf zwei bisher erfolglose Erinnungsschreiben. Für den Fall der Nichtzahlung kündigen Sie den Einzug des Rechnungsbetrages durch ein Postnachnahme an.
   b) Wie lauten Zahlkartenbetrag und Nachnahmebetrag, wenn Dr. Ritter neben seiner Honorarforderung (1.500,– DM), Verzugszinsen und 8,– DM eigene Auslagen geltend macht?
   c) Füllen Sie ein Postnachnahmeformular versandreif aus!
3. Warum kommt der Geldschuldner auch ohne Verschulden in Verzug?
4. Bei welchen der folgenden Klauseln ist der Zeitpunkt der Zahlung bestimmt (b) bzw. unbestimmt (u)?
   a) Zahlbar am 1. Oktober;
   b) Zahlbar sofort;
   c) Zahlbar innerhalb von 30 Tagen ab Rechnungsdatum;
   d) Zahlbar am 15. des Monats;
   e) Zahlbar bis spätestens 31. Dezember 1990;
   f) Zahlbar ab 1.12.;
   g) Zahlbar 14 Tage nach Erhalt der Rechnung;
   h) Zahlbar 2 Wochen nach Lieferung;
   i) Zahlbar nach Erhalt der Ware.

10.5 Das gerichtliche Mahnverfahren

Haben sich private Mahnversuche als erfolglos herausgestellt, dann muß der Steuerberater auf gerichtlichem Weg seine Honorarforderungen eintreiben. Ein Zivilprozeß ist zeitaufwendig und teuer. Mit einem **Mahnbescheid** läßt sich in vielen Fällen derselbe Erfolg erreichen. Das gerichtliche Mahnverfahren ist ein **vereinfachtes Verfahren** zur Sicherstellung von finanziellen Ansprüchen ohne vorherige Gerichtsverhandlung. Die Gebühren für das Mahnverfahren sind wesentlich geringer als bei einem Prozeß vor einem ordentlichen Gericht. Im Gegensatz zum außergerichtlichen Mahnverfahren unterliegt das gerichtliche Mahnverfahren gesetzlich festgelegten Zeit- und Formvorschriften.

Ablauf des gerichtlichen Mahnverfahrens

Der Gläubiger (Antragsteller) beantragt einen **Mahnbescheid beim Amtsgericht** des Antragstellers. Beim gerichtlichen Mahnverfahren ist immer das Amtsgericht zuständig, unabhängig von der Höhe des Streitwertes. Die §§ 690, 692 ZPO bestimmen, was das Mahngesuch enthalten muß. Der Antragsteller wird sich in der Regel eines einheitlichen Vordrucks bedienen. Das entsprechende Formular ist beim Amtsgericht oder in Schreibwarengeschäften erhältlich. Das ausgefüllte Formular übermittelt der Antragsteller persönlich oder durch die Post dem Amtsgericht.

Nachdem das Amtsgericht die formelle Vollständigkeit der Angaben und der Gerichtskostenmarken geprüft hat, wird es dem Gesuch stattgeben und dem Schuldner den Mahnbescheid zustellen. Die Zustellung erfolgt in der Regel aus Beweisgründen mit Postzustellungsurkunde. Eine juristische Prüfung, ob die Forderung zu Recht besteht, wird vom Amtsgericht nicht durchgeführt. Aus diesem Grund ist beim gerichtlichen Mahnverfahren auch kein Richter notwendig. **Nach Erhalt** des Mahnbescheides **hat der Schuldner drei Reaktionsmöglichkeiten:**

Reaktion des Schuldners auf Mahnbescheid

1. Der **Schuldner zahlt** dem Gläubiger innerhalb von 2 Wochen die geschuldete Leistung einschließlich Verzugszinsen sowie Mahn- und Gerichtskosten. Das gerichtliche Mahnverfahren ist in diesem Fall beendet.
2. Der **Schuldner erhebt** innerhalb von 2 Wochen **Widerspruch**. In diesem Fall kommt es zu einem ordentlichen Klageverfahren (Zivilprozeß). Auf Antrag des Gläubigers oder des Schuldners wird ein Termin zur mündlichen Verhandlung festgesetzt.
3. Der **Schuldner reagiert nicht**. Der Gläubiger kann in diesem Fall innerhalb von sechs Monaten Antrag auf einen **Vollstreckungsbescheid** stellen. Der Mahnbescheid soll für vollstreckbar erklärt werden. Der Vollstreckungsbescheid ist eine Urkunde. In dieser Urkunde wird von der zuständigen Stelle das Recht der Vollstreckbarkeit festgestellt. Mit Hilfe dieser staatlichen Stelle kann der Gläubiger seine Rechte zwangsweise durchsetzen. Die Zustellung des Vollstreckungsbescheids erfolgt in der Regel ebenfalls mit Postzustellungsurkunde.

Reaktion des Schuldners auf Vollstreckungsbescheid

Nach Erhalt des Vollstreckungsbescheids hat der Schuldner wiederum **3 Reaktionsmöglichkeiten:**

1. Der **Schuldner zahlt**. Die Ansprüche der Parteien sind in diesem Fall beendet.
2. Der **Schuldner erhebt** innerhalb von 2 Wochen **Einspruch**. In diesem Fall kommt es wie beim Widerspruch zu einem ordentlichen Gerichtsverfahren.
3. Der **Schuldner reagiert** innerhalb der Einspruchsfrist **nicht**. Der Vollstreckungsbescheid ist nach Ablauf der Frist rechtskräftig geworden, d. h. der Gläubiger hat das Recht, einen Gerichtsvollzieher mit der Pfändung von Vermögensgegenständen des Schuldners zu beauftragen.

Hinweis: Der amtliche Vordrucksatz „Mahnbescheid/Vollstreckungsbescheid" für Rheinland-Pfalz faßt zwei Verfahrensakte in einem Formular zusammen.

Er besteht aus folgenden Vordrucken:

Vorblatt	Weiße Vorderseite	Ausfüllhinweise zum Mahnbescheid
	Weiße Rückseite	Entwurfsblatt
Blatt 1	Grüne Vorderseite	Antrag und Urschrift
	Rückseite	leer
Blatt 2	Weiße Vorderseite	Ausfertigung für Antragsgegner
	Weiße Rückseite	Hinweise des Gerichts
Blatt 3	Gelbe Vorderseite	Zustellungsnachricht an den Antragsteller, Antrag und Urschrift auf Erlaß des Vollstreckungsbescheids
	Gelbe Rückseite	Ausfüllhinweise
Blatt 4	Weiße Vorderseite	Ausfertigung für Antragsteller
	Rückseite	leer
Blatt 5	Weiße Vorderseite	Ausfertigung für Antragsgegner
	Weiße Rückseite	Hinweise des Gerichts

10.6 Die Zwangsvollstreckung

Gerichtsvollzieher

Pfändung

Mit Hilfe staatlicher Gewalt kann der Gläubiger durch die Zwangsvollstreckung seine Ansprüche gegenüber dem Schuldner durchsetzen. Auch an dieser Stelle des Verfahrens prüft der Gerichtsvollzieher nicht die Rechtmäßigkeit der Forderung. Die Zwangsvollstreckung in das bewegliche Vermögen erfolgt durch den Gerichtsvollzieher als wichtigstes Vollstreckungsorgan. Körperlich greifbare Sachen wie Geld, Schmuck, Edelmetalle und Wertpapiere nimmt der Gerichtsvollzieher in Besitz. Andere wertvolle Gegenstände versieht er mit einer Pfandsiegelmarke („Kukkuck"). Die beschlagnahmten Sachen dürfen nicht mehr verkauft werden.

Die Verwertung der gepfändeten Vermögensgegenstände erfolgt durch öffentliche Versteigerung. Der Versteigerungserlös geht unter Abzug der Vollstreckungskosten an den Gläubiger.

Ist die Zwangsvollstreckung erfolglos, weil der Gerichtsvollzieher keine pfändbaren Sachen vorfindet, muß der Schuldner auf Antrag des Gläubigers ein Vermögensverzeichnis erstellen und die Angaben eidesstattlich bestätigen. Früher hieß diese eidesstattliche Versicherung in der ZPO „Offenbarungseid" und der Mahnbescheid „Zahlungsbefehl". Wenn der Schuldner diese eidesstattliche Versicherung verweigert, droht ihm eine Haftstrafe bis zu 6 Monaten.

Die IHK veröffentlicht entsprechend den Veröffentlichungen der Amtsgerichte (§ 915 Abs. 1 ZPO) monatlich sogenannte Schuldnerlisten, die u. a. Personen erfassen, die eine eidesstattliche Versicherung abgegeben haben (EV) und für die ein Haftbefehl zur Erzwingung der eidesstattlichen Versicherung (H) vorliegt. Personen, die auf einer solchen Schuldnerliste erfaßt sind, müssen eine verminderte Kreditwürdigkeit und eine Verschlechterung ihres Rufes in Kauf nehmen. *Schuldnerliste*

Unser Staat ist ein Sozialstaat. Zum Schutz des Schuldners darf daher der Gerichtsvollzieher nicht alles pfänden. Bestimmte Sachen und Forderungen sind **unpfändbar** bzw. nur **beschränkt pfändbar**:

Nettolohn monatlich	Pfändbarer Betrag bei Unterhaltspflicht für					
	0	1	2	3	4	5 und mehr Personen
	in DM					
bis 759,99	–	–	–	–	–	–
760,00 bis 779,99	4,20	–	–	–	–	–
780,00 bis 799,99	18,20	–	–	–	–	–
800,00 bis 819,99	32,20	–	–	–	–	–
820,00 bis 839,99	46,20	–	–	–	–	–
840,00 bis 859,99	60,20	–	–	–	–	–
860,00 bis 879,99	74,20	–	–	–	–	–
880,00 bis 899,99	88,20	–	–	–	–	–
900,00 bis 919,99	102,20	–	–	–	–	–
920,00 bis 939,99	116,20	–	–	–	–	–

Auszug aus der derzeit gültigen Lohnpfändungstabelle.

1. Ein Teil des Einkommens ist unpfändbar. Die sogenannten Lohnpfändungstabellen werden laufend der allgemeinen Einkommensentwicklung angepaßt.
2. Gegenstände, die zu einer bescheidenen Lebensführung notwendig sind und Gegenstände, die der Schuldner zur Berufsausübung benötigt, dürfen nicht gepfändet werden.

Wegen des **Verbots der Überpfändung darf** der Gerichtsvollzieher die Pfändung nicht weiter ausdehnen, als zur Deckung der Ansprüche notwendig ist.

Beispiel: Die Forderung beträgt 100,– DM. Der Gerichtsvollzieher pfändet Sachen im Wert von 5.000,– DM.

Wegen des **Verbots der zwecklosen Pfändung muß** der Gerichtsvollzieher die Pfändung unterlassen, wenn die Kosten der Zwangsvollstreckung vermutlich höher sind als der Versteigerungserlös.

Beispiel: Der vermutliche Versteigerungserlös beträgt 100,– DM, die Kosten der Zwangsvollstreckung 150,– DM.

Von einer **Austauschpfändung** spricht man, wenn der Gerichtsvollzieher eine an sich unpfändbare Sache pfändet (das einzige Farbfernsehgerät, der einzige Pelzmantel), der Gläubiger aber dem Schuldner einen weniger wertvollen Ersatzgegenstand zur Verfügung stellt (Schwarz-Weiß-Fernsehgerät, Stoffmantel).

10.7 Der Zivilprozeß

Zivilprozeß

Der Gläubiger kann an Stelle des Mahnverfahrens versuchen, im Wege der Klage vor einem Zivilgericht seinen Anspruch durchzusetzen. Ein solcher Zivilprozeß ist wesentlich teurer als das gerichtliche Mahnverfahren.

Beispiel: Ein Steuerberater klagt wegen einer Forderung beim Amtsgericht. Der Streitwert beträgt 700,– DM. Wie hoch sind die Kosten des Rechtsstreits?

Prozeßkosten

a) Der Anwalt des Steuerberaters berechnet:

$\frac{10}{10}$ Prozeßgebühr	70,— DM
$\frac{10}{10}$ Verhandlungsgebühr	70,— DM
$\frac{10}{10}$ Erörterungsgebühr	70,— DM
$\frac{10}{10}$ Beweisgebühr (nur bei Beweisaufnahme)	70,— DM
Auslagenpauschale	40,— DM
Eigene Auslagen (geschätzt)	10,— DM
	330,— DM
+ 14 % USt	46,20 DM
	376,20 DM

b) Gerichtskosten: gem. § 11 Abs. 2 GKG 16,50 DM (ohne Zeugen- und ohne Sachverständigengebühr)

c) Falls eine Partei unterliegt, muß sie neben den eigenen Kosten auch die Kosten des Gegners übernehmen. Der Gegner macht in der Regel denselben Betrag geltend.

Kosten des Rechtsstreits:	785,40 DM

Ergebnis: Die Kosten des Rechtsstreits sind höher als der Streitwert.

Die Kosten erhöhen sich noch beträchtlich, wenn Sachverständige hinzugezogen werden müssen (dies dürfte bei einem solchen Prozeß der Fall sein).

Der Klageweg empfiehlt sich, wenn von vornherein feststeht, daß der Schuldner Einwendungen gegen das gerichtliche Mahnverfahren geltend macht. Bei einem Streitwert bis 5.000,– DM ist das Amtsgericht sachlich zuständig, bei einem Streitwert über 5.000,– DM das Landgericht. Nach der Klageerhebung kommt es zu einer Verhandlung vor Gericht mit Beweisaufnahme. Ein Urteil entscheidet über den Klageanspruch. Gegen das Urteil ist Berufung (bei einem Streitwert über 700,– DM) oder Revision (bei einem Streitwert über 40.000,– DM) möglich.

Berufung bedeutet, daß der Zivilprozeß nochmals vor der nächst höheren Instanz mit Beweisaufnahme durchgeführt wird. Bei der Revision wird keine neue Tatsachenprüfung vorgenommen. Das höhere Gericht prüft, ob die Gesetze richtig angewendet wurden.

Wiederholungsfragen:

1. Wodurch unterscheidet sich das gerichtliche Mahnverfahren vom außergerichtlichen Mahnverfahren?
2. Warum ist in vielen Fällen das gerichtliche Mahnverfahren der Klageerhebung vorzuziehen?
3. Wo wird ein Mahnbescheid beantragt?
4. Beschreiben Sie den Ablauf des gerichtlichen Mahnverfahrens mit den Reaktionsmöglichkeiten des Antragsgegners!
5. Was versteht man unter Zwangsvollstreckung?
6. Auf welche Art und Weise erfolgt die Zwangsvollstreckung durch den Gerichtsvollzieher?
7. Nennen Sie Forderungen und Gegenstände, die nicht oder nur beschränkt pfändbar sind!
8. Erklären Sie die Begriffe: Verbot der Überpfändung, Verbot der zwecklosen Pfändung und Austauschpfändung!
9. Wann empfiehlt es sich, sofort den Weg der Klage vor Gericht einzugehen?
10. Wie ist bei einem Zivilprozeß die sachliche Zuständigkeit geregelt?
11. Wodurch unterscheidet sich die Berufung von der Revision?

Aufgaben und Fälle zur Sicherung des Lernerfolgs:

1. Nach erfolglosen privaten Mahnschreiben (Sachverhalt S. 166 Nr. 1) möchte Dr. Ritter Herrn Hohlbeim am 28.12. einen Mahnbescheid zukommen lassen. Füllen Sie den Mahnbescheid aus, indem Sie die fehlenden Angaben ergänzen. Die Hauptforderung beträgt 700,– DM. Die Gerichtskosten sind vorauszuentrichten. Die Kostenmarken hierfür sind bei allen Gerichten erhältlich und sollen rechts oben auf Blatt 1 in dem dafür vorgesehenen Feld aufgeklebt werden. Wie hoch ist der Betrag der Kostenmarken?

Der Antrag wird gerichtet an das
Amtsgericht
Plz, Ort
① 6730 Neustadt

Geschäftsnummer des Amtsgerichts
Bei Schreiben an das Gericht stets angeben

② **Antragsgegner**/ges. Vertreter
Peter Bauer
Holbeinstr. 11

6730 Neustadt
Plz Ort

Raum für Kostenmarken/Freistempler (falls nicht ausreichend, unteres Viertel der Rückseite benutzen)

Kostenmarken

Mahnbescheid ← Datum des Mahnbescheids

③ **Antragsteller,** ges. Vertreter, Prozeßbevollmächtigte(r); Bankverbindung
Dr. Peter Ritter — Stadtsparkasse Neustadt
Hauptstr. 67 — Konto-Nr. 120148

④ **macht gegen –Sie–** ☐ **als Gesamtschuldner**

⑤ **folgenden Anspruch geltend** (genaue Bezeichnung, insbes. mit Zeitangabe): Geschäftszeichen des Antragstellers:
Rechnung vom 15.08.19..
Re 631/..

⑥ Hauptforderung DM
Zinsen
4% Verzugszinsen für die Zeit vom 16.09.19..
bis 28.12.19.. =
☐ seit dem Tage der Zustellung dieses Mahnbescheides

⑦ Vorgerichtliche Kosten DM --------

⑧ Kosten dieses Verfahrens (Summe 1 bis 5) DM

1 Gerichtskosten	2 Auslagen d. Antragst.	3 Gebühr d. Prozeßbev.	4 Auslagen d. Prozeßbev.	5 MWSt. d. Prozeßbev.
DM	6,50 DM	----- DM	----- DM	------ DM

⑨ **Gesamtbetrag DM** **zuzügl. der Zinsen**
Der Anspruch ist nach Erklärung des Antragstellers von einer Gegenleistung ☐ nicht abhängig. ☒ abhängig; diese ist aber bereits erbracht.

Das Gericht hat nicht geprüft, ob dem Antragsteller der Anspruch zusteht. Es fordert Sie hiermit auf, innerhalb von zwei Wochen seit der Zustellung dieses Bescheids entweder die vorstehend bezeichneten Beträge, soweit Sie den geltend gemachten Anspruch als begründet ansehen, zu begleichen oder dem (oben bezeichneten) **Gericht auf einem Vordruck der beigefügten Art** (s. Hinweis dazu auf der Rückseite) **mitzuteilen, ob und in welchem Umfang Sie dem Anspruch widersprechen.**

Werden die geforderten Beträge nicht beglichen und wird auch nicht Widerspruch erhoben, kann der Antragsteller nach Ablauf der Frist einen Vollstreckungsbescheid erwirken, aus dem er die Zwangsvollstreckung betreiben kann. Ein streitiges Verfahren in Ihrem allgemeinen Gerichtsstand wäre nach Angabe des Antragstellers durchzuführen vor dem

⑩ ☒ Amtsgericht ☐ Landgericht ☐ Landgericht -Kammer für Handelssachen- in Plz, Ort 6730 Neustadt

An dieses Gericht, dem eine Prüfung seiner Zuständigkeit vorbehalten bleibt, wird die Sache im Falle Ihres Widerspruchs abgegeben.

Rechtspfleger

Antrag
Ort, Datum
Neustadt, 28.12.19..

⑪ Anschrift des Antragstellers/Vertreters/Prozeßbevollmächtigten
Dr. Peter Ritter
Hauptstr. 67

6730 Neustadt

Eingangsstempel des Gerichts

Es wird beantragt, aufgrund der vorstehenden Angaben einen Mahnbescheid zu erlassen.

⑫ ☒ Im Falle des Widerspruchs wird die Durchführung des streitigen Verfahrens vor dem vorstehend bezeichneten Gericht beantragt.

⑬ ☒ Ordnungsgemäße Bevollmächtigung wird versichert.

⑭ ☐ Hier die Zahl der ausgefüllten Vordrucke angeben, falls sich der Antrag gegen mehrere Antragsgegner richtet.

Zweckform 2885

Dr. Peter Ritter
Unterschrift des Antragstellers/Vertreters/Prozeßbevollmächtigten

Blatt 1: Antrag und Urschrift

Abb. 17: Mahnbescheid

2. a) Bei einem Zirkus sollen Tiere gepfändet werden. An welcher Stelle sollte Ihrer Meinung nach der Gerichtsvollzieher seine Pfandsiegelmarke beim Elefant „Bimbo“ anbringen?

   b) Bei einem Winzer sollen Rebstöcke gepfändet werden. Genügt Ihrer Meinung nach eine Pfandsiegelmarke pro Rebstock?

   c) Steuerberater Dr. Peter Ritter hat gegen seinen Mandanten Peter Bauer in einem Zivilprozeß ein rechtskräftiges Urteil über DM 2.000,– erwirkt. Kann Dr. Ritter die Zwangsvollstreckung in das Grundstück Bauers betreiben?

3. Ist es Ihrer Meinung nach rechtlich zulässig, daß ein Gerichtsvollzieher am 01. April um 04.01 Uhr beim Schuldner klingelt um zu pfänden?

4. Ein Mahnbescheid zum Schmunzeln

   Liebe Familie Wischniewski,

   erlauben Sie uns, daß wir Ihnen zum Osterfest die besten Wünsche entbieten. Möge der Frühling seinen Einzug halten und die Natur, auch in Ihrem Garten sprießen und gedeihen!

   Es ist uns eine liebgewordene Gewohnheit, unsere besten Kunden zu Ostern mit einer kleinen Aufmerksamkeit in Form von Schokolade- oder Marzipaneiern im Wert von DM 3,20 zu überraschen. Da wir leider Ihren Geschmack nicht kennen, halten wir es für das beste, wenn Sie sich die Eier bei Gelegenheit selbst besorgen. Benutzen Sie dazu bitte einen Teil unseres Guthabens bei Ihnen aus unserer Rechnung vom 1.3. und überweisen Sie uns statt DM 1.258,16 nur noch DM 1.254,96.

   Nochmals mit den besten Wünschen, auch zum bevorstehenden Pfingstfest
   Ihre ergebene
   Buche-Kühlschränke GmbH.

   (Quelle: Merkle Ludwig, Briefe die zu Herzen gehen)

   Sind Sie schlagfertig?
   Schreiben Sie einen entsprechenden Antwortbrief!

10.8 Die Verjährung von Ansprüchen im Zivilrecht

Wirkung der Verjährung

Zum Schutz des Bürgers vor Beweisschwierigkeiten unterliegen alle Ansprüche der Verjährung. „Nach Vollendung der Verjährung ist der Verpflichtete berechtigt, die Leistung zu verweigern“ (§ 222 Abs. 1 BGB).

Der Schuldner hat ein Leistungsverweigerungsrecht. Oder vom Gläubiger her gesehen: Der Gläubiger kann seinen Anspruch nicht mehr gerichtlich erzwingen. Das Rechtsgeschäft selbst bleibt gültig. Daraus ergibt sich, daß der Anspruch zwar verjährt, nicht aber erloschen ist. Der Gläubiger kann den Schuldner auch nach Ablauf der Verjährungsfrist auf Zahlung verklagen, jedoch ist der Anspruch gerichtlich nicht mehr durchsetzbar.

Regelmäßige Verjährung 30 Jahre

Wenn der Schuldner trotz Ablauf der Verjährungsfrist in Unkenntnis zahlt, kann er die Leistung nicht mehr zurückfordern (§ 222 Abs. 2 BGB). Nach § 195 BGB beträgt die **regelmäßige Verjährungsfrist 30 Jahre.** Nach **30 Jahren** verjähren:

- *Ansprüche auf Lieferungen und Zahlungen von Privatleuten untereinander,*
- *Gewährleistungsansprüche wegen arglistig verschwiegener Mängel,*
- *Ansprüche auf Darlehensrückzahlungen von Privatleuten untereinander,*
- *Ansprüche aus rechtskräftigen Urteilen (Vollstreckungsbescheid, rechtskräftiges Urteil im Zivilprozeß).*

Die regelmäßige Verjährungsfrist beginnt am Ende des Tages zu laufen, an dem der Anspruch entstanden ist.

Beispiel: Ein Anspruch entsteht am 27.09.1989. Die Verjährungsfrist beginnt am 27.09.1989/24.00 Uhr zu laufen und endet am 27.09.2019/ 24.00 Uhr.

Verkürzte Verjährung 2 Jahre

Für bestimmte Rechtsgeschäfte hat der Gesetzgeber **verkürzte Verjährungsfristen** vorgesehen. Nach § 196 Abs. 1 Ziffer 1 BGB verjähren nach **2 Jahren:**

- *Ansprüche der Kaufleute, Handwerker, sonstiger Gewerbetreibenden und Land- und Forstwirten aus Warenlieferungen und sonstigen Leistungen gegenüber Privatleuten,*
- *Ansprüche der Gastwirte,*
- *Ansprüche der freien Berufe,*
- *Lohn- und Gehaltsansprüche.*

Verkürzte Verjährung 4 Jahre

Nach 4 Jahren verjähren:

- Ansprüche der Kaufleute, Handwerker, sonstigen Gewerbetreibenden und Land- und Forstwirten aus Lieferungen und sonstigen Leistungen, die für den Gewerbebetrieb des Empfängers bestimmt waren (§ 196 Abs. 2 BGB).
- Regelmäßig wiederkehrende Leistungen, wie Ansprüche auf rückständige Darlehenszinsen, Miet- und Pachtzinsen (§ 197 BGB).

Die verkürzten Verjährungsfristen beginnen erst mit dem Schluß des Jahres zu laufen, in dem der Anspruch entstanden ist.

Beispiel: Ein Elektrogerätehersteller liefert einem Elektrogroßhändler am 24.05.1989 Waren im Wert von 4.000,– DM. Es handelt sich um ein zweiseitiges Handelsgeschäft, das der vierjährigen Verjährungsfrist unterliegt. Die Frist beginnt am 31.12.1989/24.00 Uhr zu laufen und endet am 31.12.1993/24.00 Uhr.

Hinweis: Die verkürzten Verjährungsfristen finden nur Anwendung auf Ansprüche, die sich auf das Entgelt für eine Lieferung oder sonstigen Leistung beziehen. Der Anspruch des Käufers auf Lieferung oder sonstige Leistung sowie der Anspruch des Verkäufers auf Abnahme der Kaufsache verjährt erst nach 30 Jahren.

Bei den Verjährungsvorschriften handelt es sich um zwingendes Recht, die durch Rechtsgeschäfte weder ausgeschlossen noch erschwert werden können (§ 225 BGB).

10.8.1 Unterbrechung der Verjährung

Ein Gläubiger kann seinem Schuldner noch so viele Mahnungen schikken, am Ablauf der Verjährungsfrist ändert dies nichts. Deshalb ist es wichtig, die Außenstände zu überwachen, um eine Verjährung des Anspruchs zu verhindern. Bestimmte Aktivitäten des Schuldners und des Gläubigers können auf den Ablauf der Verjährungsfrist Einfluß nehmen. Solche Aktivitäten führen zu einer Unterbrechung oder Hemmung der Verjährung.

Unterbrechungsgründe

Unterbrechungsgründe sind (§§ 208, 209 BGB):

- ***Schuldanerkenntnis*** *des Schuldners (Stundungsbitte, Abschlagszahlung, Zinszahlung).*
- ***Gerichtliche Geltendmachung*** *des Anspruchs durch den Gläubiger (Mahnbescheid, Vollstreckungsbescheid, Klageerhebung vor Gericht, Anmeldung eines Anspruchs im Konkursverfahren.)*

Wirkung der Unterbrechung

Die Unterbrechung bewirkt, daß eine **neue Verjährungsfrist erst nach Beendigung der Unterbrechung** beginnt (§ 217 BGB). Die Unterbrechung durch Klageerhebung dauert fort, bis der Prozeß rechtskräftig entschieden ist (§ 211 BGB). Die Unterbrechung wirkt in diesem Fall somit nicht bloß für einen Augenblick mit der Wirkung eines sofortigen Neubeginns der Verjährungsfrist. Die Unterbrechung ist hier ein Dauerzustand.

Der Klageerhebung stehen die Zustellung eines Mahnbescheids im Mahnverfahren gleich (§ 209 Abs. 2 Nr. 1 BGB). Bei der Zustellung eines Mahnbescheids beginnt die neue Verjährungsfrist demnach ebenfalls zu einem späteren Zeitpunkt.

Die Unterbrechung gilt als nicht erfolgt, wenn Klage oder Mahnbescheid zurückgenommen werden (§§ 212, Abs. 1, 213 BGB).

Bei der Unterbrechung durch Schuldanerkenntnis beginnt die Verjährung sofort vom Tag der Unterbrechung an wieder neu zu laufen und nicht erst zu einem späteren Zeitpunkt. Der Tag des Ereignisses bleibt nach § 187 Abs. 1 BGB unberücksichtigt.

Beispiel: Am 27.11.1989 entsteht ein Anspruch des Steuerberaters gegenüber einem Mandanten. Die Verjährungsfrist beginnt am 31.12. 1989/24.00 Uhr zu laufen. Der Mandant bittet am 16.02.90 um Stundung des Rechnungsbetrages. Die Verjährungsfrist ist am 16.02.90 unterbrochen. Sie beginnt am 16.02.90/24.00 Uhr neu zu laufen und endet am 16.02.92/24.00 Uhr.

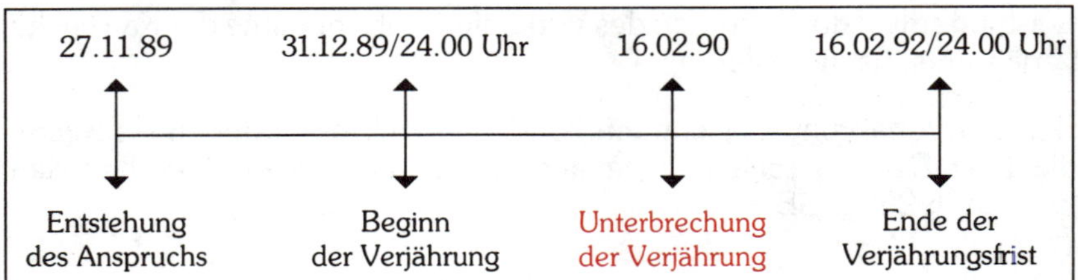

Abb. 18: Unterbrechung der Verjährungsfrist

10.8.2 Hemmung der Verjährung

Hemmung

Hemmungsgründe sind (§§ 202-204 BGB):

- **Nachträgliche Stundungsgewährung** durch den Gläubiger,
- **Stillstand der Rechtspflege** oder **höhere Gewalt** (Krieg, Naturkatastrophen) innerhalb der letzten 6 Monate der Verjährungsfrist.

Bei der Hemmung wird die **Verjährungsfrist um** den **Zeitraum der Hemmung verlängert**.

Beispiel: Eine zweijährige Verjährungsfrist wird vom 04.11. bis 08.11.1992 für 4 Tage gehemmt. Die Verjährungsfrist endet am 04.01.1993/24.00 Uhr.

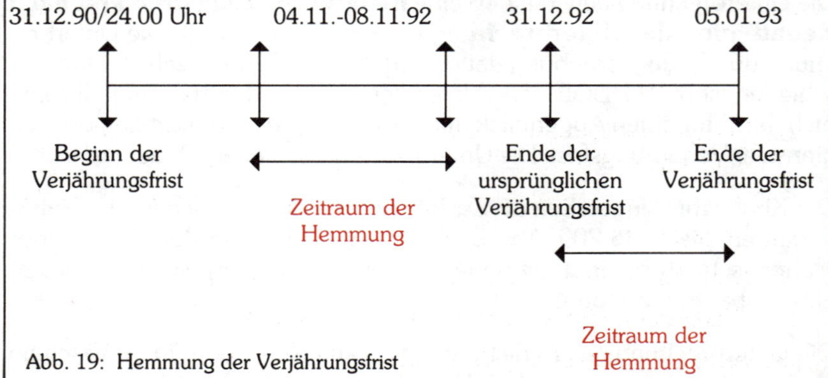

Abb. 19: Hemmung der Verjährungsfrist

10.8.3 Die Kombination von Unterbrechung und Hemmung

Hemmung und Unterbrechung

Die nachträgliche Stundungsgewährung durch den Gläubiger führt zu einer Hemmung der Verjährung. Einer nachträglichen Stundungsgewährung geht aber immer eine vorherige Stundungsbitte des Schuldners voraus. Die Stundungsbitte hat aber bereits zu einer Unterbrechung der Verjährung geführt.

Beispiel: Am 27.11.1989 entsteht ein Anspruch eines Steuerberaters gegenüber einem Mandanten. Die Verjährungsfrist beginnt am 31.12.1989/20.00 Uhr zu laufen. Am 12.02.1990 bittet der Mandant um Stundung der Zahlung für 2 Monate. Am 12.02.1990 ist die Verjährung unterbrochen. Sie beginnt am 12.02.1990/24.00 Uhr neu zu laufen und endet am 12.02.1992/24.00 Uhr. Noch am selben Tag gewährt der Steuerberater die Stundung für 2 Monate. Die Verjährungsfrist ist vom 12.02.1990 bis 12.04.1990 gehemmt. Die Verjährungsfrist wird um den Zeitraum der Hemmung verlängert. Die Verjährungsfrist endet demnach am 12.04.1992.

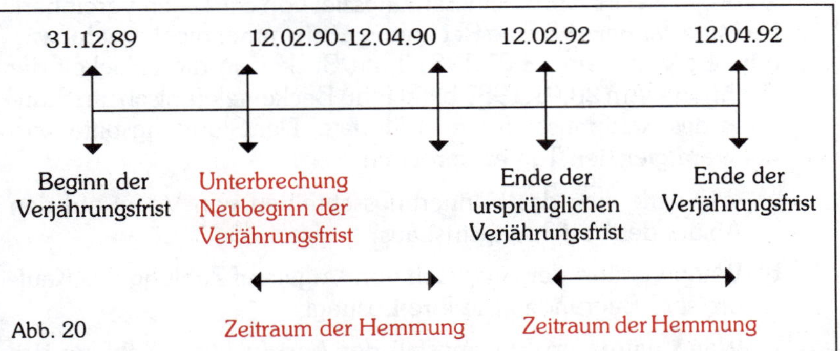

Abb. 20

Hinweis: Ausschlaggebend für die Ermittlung des Verjährungsfristendes ist die Frage, **wie lange** die Hemmung dauerte (Zeitraum) und nicht die Frage, **ab wann die Verjährungsfrist gehemmt war (Zeitpunkt).**

Wiederholungsfragen:

1. Erklären Sie die Wirkung der Verjährung aus der Sicht des Gläubigers bzw. aus der Sicht des Schuldners!
2. Wie ist die Rechtslage, wenn ein Schuldner in Unkenntnis der Verjährung zahlt?
3. Nennen Sie Ansprüche, die nach 30 Jahren verjähren!
4. Wann beginnt die 30jährige Verjährungsfrist zu laufen?
5. Nennen Sie Ansprüche, die nach 4 bzw. 2 Jahren verjähren!

5. Nennen Sie Ansprüche, die nach 4 bzw. 2 Jahren verjähren!
6. Wann beginnen die verkürzten Verjährungsfristen zu laufen?
7. Welchen Zweck verfolgt der Gesetzgeber mit den Verjährungsfristen?
8. Nennen Sie Aktivitäten, die zu einer Hemmung der Verjährung führen!
9. Wie wirkt sich die Hemmung auf den Ablauf der Verjährung aus?
10. Nennen Sie Aktivitäten, die zu einer Unterbrechung der Verjährung führen!
11. Wie wirkt sich die Unterbrechung auf den Ablauf der Verjährung aus?

Aufgaben und Fälle zur Sicherung des Lernerfolgs:

1. Die Steuergehilfin Barbara Becker kauft am 12.11.1988 bei der Firma Elektro Vogel OHG ein Farbfernsehgerät im Wert von 2.260,– DM. Es wurde ein Zahlungsziel von 30 Tagen vereinbart. Da Mitte Januar 1989 die Rechnung noch immer nicht bezahlt war, erinnert Vogel am 18.01.1989 Frau Becker an die Fälligkeit der Rechnung. Am 20.01.1989 bittet Frau Becker telefonisch um Stundung des Kaufpreises für zwei Monate. Der Stundungsbitte wird noch am gleichen Tag entsprochen.
   a) Wie wirkt sich das Erinnerungsschreiben von Vogel auf den Ablauf der Verjährungsfrist aus?
   b) Wann verjährt der Anspruch von Vogel auf Zahlung des Kaufpreises? Begründen Sie Ihre Lösung!
   c) Wann würde im Eingangsfall der Anspruch auf Zahlung des Kaufpreises verjähren, wenn weder Frau Becker noch Herr Vogel etwas unternommen hätten?
2. Dr. Ritter gewährt seiner Gehilfin Sonja Groß am 14.12.1989 ein Darlehen über 5.000,– DM. Das Darlehen sollte in 2 Jahren in einem Betrag rückzahlbar sein. Wann verjährt der Anspruch auf Rückzahlung des Darlehens?
3. Steuerberater Dr. Busch hat auf Grund einer Leistung am 04.03.1989 einen Anspruch gegenüber einem Mandanten in Höhe von 80,– DM, zahlbar innerhalb von 3 Monaten ab Rechnungsdatum. Am 10.06.1989 bittet der Mandant um Stundung des Rechnungsbetrages um 4 Monate. Die Stundungsbitte wird noch am gleichen Tag gewährt. Wann verjährt der Anspruch von Dr. Busch?
4. Fräulein Isolde Grimminger schuldet ihrem Hauswirt die Miete für den Monat August 1988. Wann ist der Anspruch auf Mietzahlung verjährt?

5. Ein Elektrohändler kauft am 24.11.1989 bei einem Hersteller von Taschenrechnern Waren im Wert von 250,– DM. Von der Metzgerei Kuhn bezieht er am selben Tag Waren im Wert von 200,– DM. Wann verjähren die Ansprüche des Herstellers bzw. der Metzgerei auf Zahlung des Kaufpreises?
6. Ein Möbelhaus bestellt bei einem Möbelgroßhändler Möbel im Wert von 50.000,– DM. Liefertermin sollte der 02.12.1989 sein. Wann verjährt der Anspruch auf Möbellieferung?
7. Im Laufe des Jahres 1987 nahm ein Mandant die Dienste eines Steuerberaters in Anspruch. Der Mandant erhält am 16.10.1987 eine Rechnung über 600,– DM (Rechnungsdatum: 14.10.1987). In der Rechnung wurde ein Zahlungsziel von 2 Monaten angegeben.

   Nach mehreren privaten Mahnungen bittet der Mandant am 30.03.1988 um Stundung der Zahlung für 4 Monate. Die Stundung wird am 01.04.1988 gewährt.

   a) Wann verjährt der Anspruch des Steuerberaters?
   b) Wann würde der Anspruch verjähren, wenn die Stundung nicht gewährt worden wäre?
   c) Wie wäre die Rechtslage, wenn der Steuerberater den Weg der Klageerhebung vorgezogen hätte und der Zivilprozeß am 03.04.89 rechtskräftig zu seinen Gunsten entschieden worden wäre?
8. Wie lange ist die kürzeste Verjährungsfrist im BGB, die im § 490 Abs. 1 genannt wird?

11 Organisation

11.1 Ziele privater und öffentlicher Betriebe

Die Produktion von Gütern und Dienstleistungen findet in privaten und in öffentlichen Betrieben statt.

Auf lange Sicht können private Betriebe nur bestehen, wenn sie Gewinne erzielen. Oberstes Ziel privater Betriebe ist daher das Streben nach maximalem Gewinn (**Gewinnmaximierung**). Da die Erlöse und Kosten unmittelbare Einflußgrößen des Gewinns sind, lassen sich nach dem ökonomischen Prinzip folgende unternehmerische Handlungsalternativen (Zwischenziele) ableiten:

Ziel privater Betriebe

1. Mit gegebenem Aufwand den größtmöglichen Umsatz erzielen (**Umsatzmaximierung**).
2. Eine bestimmte Umsatzmenge mit den geringstmöglichen Kosten herstellen (**Kostenminimierung**).

Private Betriebe erwerben die notwendigen Gewinne zur Existenzsicherung selbst.

Das Streben nach größtmöglichem Gewinn bezeichnet man als **erwerbswirtschaftliches Prinzip**.

Während private Betriebe weitgehend Einzelbedürfnisse befriedigen, erstreben öffentliche Betriebe vorwiegend die Befriedigung von Gemeinschaftsbedürfnissen. Eigentümer von öffentlichen Betrieben sind die Gebietskörperschaften (Bund, Länder, Gemeinden).

Ziel öffentlicher Betriebe

Beispiele:

- Bundesbahn,
- Bundespost,
- Straßenbahn,
- Museen,
- öffentliche Krankenhäuser,
- Schulen.

Oberziel öffentlicher Betriebe ist die optimale Versorgung der Bevölkerung mit öffentlichen Leistungen (**Versorgungsprinzip**).

Das Streben nach dem Allgemeinwohl bezeichnet man als **gemeinwirtschaftliches Prinzip**. Die Angebotspreise öffentlicher Betriebe decken häufig gerade die Kosten (**Kostendeckungsprinzip**).

11.2 Betriebswirtschaftliche Aufgaben im Wirtschaftsprozeß

Produktionsstufen

Nach der Stellung im Wirtschaftsprozeß (Produktionsstufe) kann man die Betriebe und ihre Aufgaben in folgende Hauptzweige gliedern:

Produktionsstufe	Aufgabe (Tätigkeitsmerkmal)	Beispiele
Urerzeugung	Gewinnung von Rohstoffen, Nahrungsmitteln und Energie direkt aus der Natur	Land- und Forstwirtschaft, Bergbau, Kiesgruben, Gewinnung von Energie aus Wasserkraft (Kraftwerke), Erdölgewinnung
Weiterverarbeitung	Weiterverarbeitung der Urprodukte und Produktion von Konsum- und Produktionsgütern durch Kombination der betrieblichen Produktionsfaktoren	Handwerksbetriebe, Industriebetriebe
Verteilung	Kauf und Verkauf von Gütern der Urproduktion und der Weiterverarbeitung (Verbindungsbetriebe zwischen den Betrieben der verschiedenen Produktionsstufen und den Endverbrauchern)	Großhandelsbetriebe, Einzelhandelsbetriebe, Außenhandelsbetriebe
Dienstleistungen	Produktion von persönlichen Dienstleistungen (Beispiel: geschäftsmäßige Hilfeleistung in Steuersachen: Beratung in allen Steuerangelegenheiten und Unterstützung bei deren Bearbeitung: Erstellen der Jahresabschlüsse, der Steuererklärungen, Buchhaltung) und sachlichen Dienstleistungen (Beispiel: Kreditgewährung)	Freie Berufe, Banken, Versicherungen, Speditionen, Kinos

11.3 Der betriebliche Entscheidungsprozeß

Entscheidungsprozeß

Betriebliche Entscheidungen (Dispositionen) werden vor allem von der Betriebsleitung (**dispositiver Faktor**) getroffen.

Der betriebliche Entscheidungsprozeß vollzieht sich in zeitlich aufeinanderfolgenden Stufen:

1. Zielsetzung → 2. Planung → 3. Organisation → 4. Kontrolle

Eine Planung des Produktionsprozesses kann erst erfolgen, wenn die Ziele des Betriebes festgelegt sind. Langfristiges Betriebsziel der Unternehmensführung ist das Weiterbestehen des Betriebes. Das kann nur durch die Realisierung von Gewinnen erreicht werden.

11.3.1 Planung

Planung

Planung ist die **gedankliche Vorwegnahme des Produktionsprozesses**. Der Gesamtplan eines Betriebes setzt sich aus einer Reihe von Einzelplänen zusammen.

Einzelpläne beschränken sich auf bestimmte Aufgabenbereiche:

Gesamtplan					
Absatzplan	Materialbeschaffungsplan	Personalbedarfsplan	Investitionsplan	Produktionsplan	Finanzplan
legt die Absatzmenge fest	legt den erforderlichen Materialbestand fest	legt den erforderlichen Personalbestand fest	legt die erforderlichen Neuinvestitionen fest	legt die Produktionsmenge fest	legt den erforderlichen Kapitalbedarf fest

Die Einzelpläne können nicht isoliert aufgestellt werden. Sie stehen untereinander in gegenseitiger Abhängigkeit. So sind beispielsweise Materialbeschaffungsplan, Produktionsplan, Personalbedarfsplan und Finanzplan abhängig vom Absatzplan. Erst wenn die Absatzmenge festgelegt wurde, kann die Produktionsmenge geplant werden.

11.3.2 Organisation

Organisation

Die **Organisation** ist ein **Hilfsmittel** zur Verwirklichung der betrieblichen Ziele und Planungen. Die **Organisation schafft Dauerregelungen** und **Anordnungen** (allgemeine Regelungen).

Im Gegensatz zur Organisation handelt es sich bei der Improvisation um außerplanmäßige Regelungen und Anordnungen für den Einzelfall (fallweise Entscheidungen, spezielle Regelungen).

11.3.3 Der Aufbauorganisationsplan

Der **Aufbauorganisationsplan** gliedert den Betrieb in Abteilungen und regelt die Zuständigkeit (Kompetenz) und Zusammenarbeit der Abteilungen.

Beispiel eines Betriebsgliederungsplanes (Betrieb: Druckerei):

Aufbau-organisation

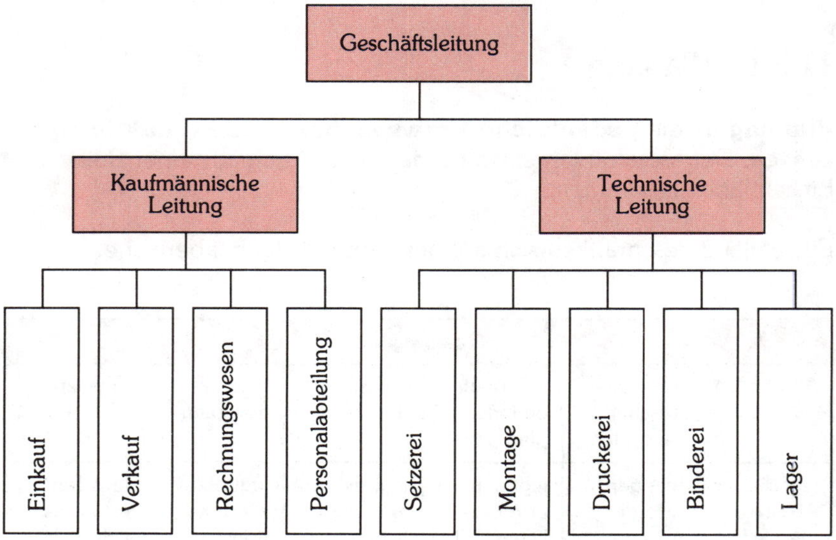

11.3.4 Weisungssysteme

Weisungs-system

Das Weisungssystem legt den Befehlsweg und die Weisungsbefugnisse der Abteilungen in einem Rangverhältnis fest. Weisungsträger übergeordneter Instanzen treffen Entscheidungen, die für Weisungsempfänger untergeordneter Instanzen verpflichtend sind. Die Weisungsträger besitzen somit Weisungsbefugnis. Diese Befugnis begründet das Vorgesetzten-Untergebenen-Verhältnis.

11.3.4.1 Das Ein-Linien-System

Ein-Linien-System

Beim Ein-Linien-System geht der Befehlsweg von oben nach unten über die nächst tieferen Instanzen, während der Meldeweg über die Befehlsausführung umgekehrt von unten nach oben über die nächsthöheren Instanzen verläuft. Mit Ausnahme der obersten Leitungsebene ist jede Stelle eines Unternehmers dadurch gekennzeichnet, daß sie einer anderen Stelle untergeordnet ist. Jede Stelle hat nur einen Vorgesetzten.

Beispiel:

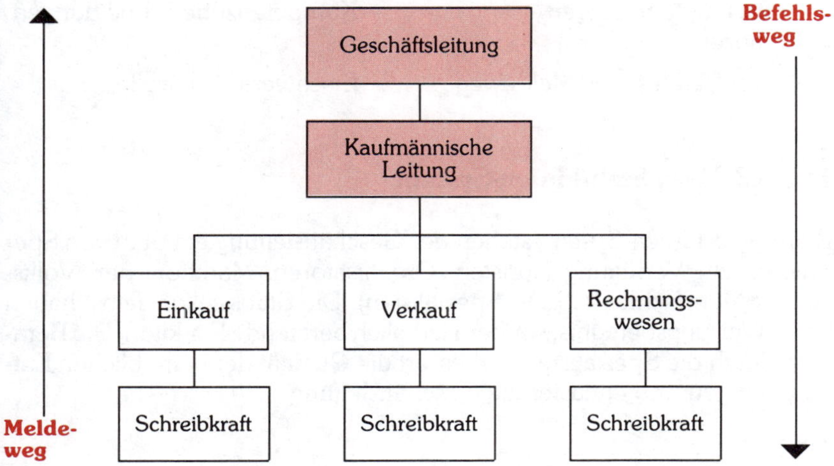

Vorteile	**Nachteile**
– Keine Kompetenzstreitigkeiten	– Langer Befehlsweg
– Erleichterung der Kontrolle	– Entscheidungsspielraum nimmt von oben nach unten ab
– Klare Weisungsbefugnisse	– Arbeitsbelastung nimmt von unten nach oben zu

11.3.4.2 Das Mehr-Linien-System

Mehr-Linien-System

Beim Mehr-Linien-System erhält ein Mitarbeiter nicht nur von einem Vorgesetzten Anordnungen, sondern von mehreren übergeordneten Stellen.

Beispiel:

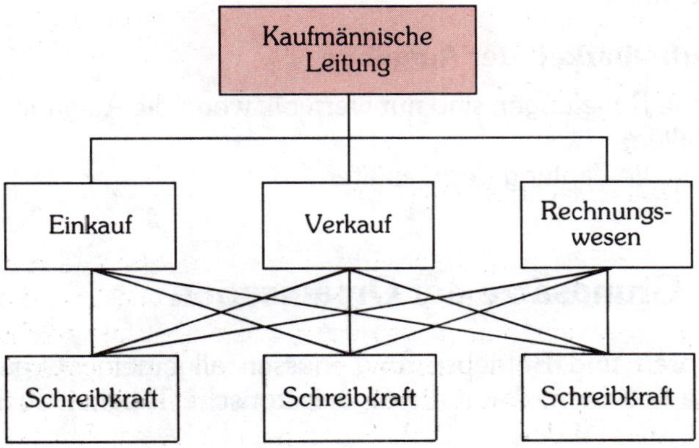

Vorteile	Nachteile
– Entlastung der oberen Instanzen	– Kompetenzüberschneidungen
– Kurzer Befehls- und Meldeweg	– Erschwerte Kontrolle

11.3.4.3 Das Stab-Linien-System

Stab-Linien-System

Beim Stab-Linien-System stehen der Geschäftsleitung ein Stab von Spezialisten zur Verfügung (Juristen, Organisatoren, Marktforscher, Volkswirte, Steuerfachleute, EDV-Spezialisten). Die Stabsstellen selbst haben keine Weisungsbefugnis, sondern lediglich beratende Funktion. Die Beratung durch die Spezialisten verbessert die Qualität der betrieblichen Entscheidungen und entlastet die Geschäftsleitung.

Beispiel:

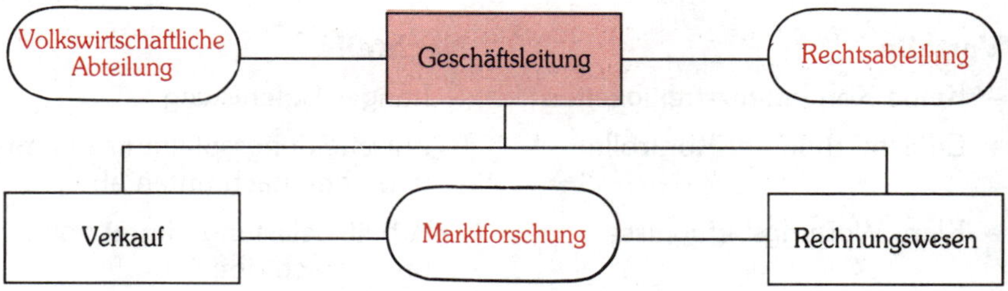

11.3.5 Voraussetzungen für die Organisation

Organisations-voraussetzungen

Voraussetzungen für die Organisation des betrieblichen Geschehens sind:

- **Teilbarkeit der Aufgaben**
  Die Aufgaben müssen auf mehrere Mitarbeiter verteilt werden können. Beispiel: Das Buchen von Geschäftsfällen wird auf mehrere Sachbearbeiter verteilt.

- **Wiederholbarkeit der Aufgaben**
  Generelle Regelungen sind nur wertvoll, wenn die Aufgaben regelmäßig anfallen.
  Beispiel: Die Zahlung der Gehälter.

11.3.6 Grundsätze der Organisation

Grundsätze der Organisationen

Organisatoren und Betriebsleitung müssen allgemeine Organisationsgrundsätze beachten, damit die organisatorische Tätigkeit auch sinnvoll ist.

- **Grundsatz der Wirtschaftlichkeit**

  Das organisatorische Ziel soll mit geringstmöglichem Aufwand erreicht werden.

- **Grundsatz der Zweckmäßigkeit**

  Die organisatorischen Regelungen müssen den betrieblichen Zielen gerecht werden. Die Organisation in einer Steuerberaterpraxis wird sich daher wesentlich von der Organisation in einem Industriebetrieb unterscheiden.

- **Grundsatz der Koordination**

  Die organisatorischen Regelungen müssen zeitlich, räumlich und personell aufeinander abgestimmt sein.

- **Grundsatz des organisatorischen Gleichgewichts**

  Der Betrieb befindet sich im organisatorischen Gleichgewicht, wenn weder Über- noch Unterorganisation herrscht. Das setzt einerseits voraus, daß alle regelmäßig wiederkehrenden Tätigkeiten und Aufgaben generell geregelt sind. Andererseits muß der Betrieb trotz genereller Regelungen in der Lage sein, auf unvorhersehbare Ereignisse sich mit Hilfe der Improvisation innerbetrieblich und außerbetrieblich anzupassen (Geschmackswandel, Änderung des Fertigungsprogramms).

Wiederholungsfragen:

1. Wodurch unterscheiden sich die Ziele privater Betriebe von den Zielen öffentlicher Betriebe?
2. Was versteht man unter dem erwerbswirtschaftlichen Prinzip?
3. Nennen Sie Aufgaben von Urerzeugungs-, Weiterverarbeitungs-, Verteilungs- und Dienstleistungsbetrieben!
4. Welches sind die betriebswirtschaftlichen Produktionsfaktoren?
5. Nennen Sie die Stufen des betrieblichen Entscheidungsprozesses!
6. Was versteht man unter Aufbauorganisation?
7. Erklären Sie das Ein-Linien-System!
8. Nennen Sie Vor- und Nachteile des Ein-Linien-Systems!
9. Erklären Sie das Mehr-Linien-System!
10. Nennen Sie Vor- und Nachteile des Mehr-Linien-Systems!
11. Was versteht man unter dem Stab-Linien-System?
12. Nennen Sie Voraussetzungen für die Organisation!
13. Erläutern Sie Grundsätze der Organisation!

12 Die menschliche Arbeit im Betrieb

12.1 Aufgaben und Anforderungen menschlicher Arbeit im Betrieb

Die Tätigkeiten des Produktionsfaktors Arbeit kann man nach bestimmten Merkmalen unterscheiden. Auf diese Weise erhalten wir verschiedene Arten von Arbeit.

Arbeitsanforderungen

- **Unterscheidung nach dem Grad der Weisungsbefugnis**

  Nach dem Grad der Weisungsbefugnis unterscheidet man **leitende** (dispositive) und **ausführende** (exekutive) Arbeit. Ausführende Arbeit (z.B. die Tätigkeit eines Sachbearbeiters) ist überwiegend weisungsgebunden. Leitende Arbeit (z.B. die Tätigkeit eines leitenden Angestellten) gibt Anordnungen und Befehle an ausführende Mitarbeiter weiter.

- **Unterscheidung nach dem Grad der Abhängigkeit**

  Nach dem Grad der Abhängigkeit unterscheidet man **selbständige** und **nichtselbständige** Arbeit. Der selbständig Tätige (z.B. Steuerberater mit eigener Kanzlei) kann über Beginn und Ende seiner Arbeitszeit frei bestimmen und ist an keine Weisungen gebunden. Der nichtselbständig Tätige (z.B. ein angestellter Steuerberater) ist an Beginn und Ende seiner Arbeitszeit gebunden und muß Anordnungen seines Arbeitgebers im Rahmen seines Angestelltenverhältnisses befolgen.

- **Unterscheidung nach dem Grad der Ausbildung**

  Nach dem Grad der Ausbildung unterscheidet man **gelernte**, **angelernte** und **ungelernte** Tätigkeit. Gelernte Tätigkeit (z.B. die Ausbildung zum Fachgehilfen in steuer- und wirtschaftsberatenden Berufen) ist gekennzeichnet durch eine erfolgreich abgeschlossene Berufsausbildung. Der angelernte Tätige braucht nur eine Kurzausbildung ohne Abschlußprüfung, um sich mit einer speziellen Tätigkeit vertraut zu machen (z.B. Tätigkeit in der Registratur). Ungelernte Arbeit setzt überhaupt keine Ausbildung voraus (z.B. das Reinigen der Praxisräume).

- **Unterscheidung nach dem Grad der Beanspruchung**

  Nach dem Grad der körperlichen und geistigen Beanspruchung unterscheidet man **überwiegend körperliche** und **überwiegend geistige** Arbeit. Bei körperlicher Arbeit steht der Muskeleinsatz im Vordergrund (z.B. die Tätigkeit eines Möbelpackers). Bei dispositiver Arbeit überwiegen die geistigen Anforderungen. Eine klare Trennung von körperlicher und geistiger Tätigkeit ist nicht möglich, da es keine Tätigkeit gibt, die nur körperliche bzw. nur geistige Anforderungen stellt. Die Betonung bei dieser Unterscheidung liegt daher bei dem Wort „überwiegend“.

12.2 Die analytische Arbeitsbewertung

analytische Arbeitsbewertung

Der Lohn ist der Preis für die betriebliche Tätigkeit des Produktionsfaktors Arbeit. Grundlage einer **leistungsgerechten** (nicht sozialen!) Entlohnung ist die Bewertung der menschlichen Arbeitsleistung.

Bei der analytischen Arbeitsbewertung werden die einzelnen Arbeitsaufgaben nach bestimmten Anforderungsmerkmalen analysiert. Die Arbeit wird hierbei nicht als Ganzes bewertet, sondern in Anforderungsarten zerlegt. Auf der „Genfer Konferenz“ im Jahre 1950 wurde ein allgemeines Schema der Anforderungsarten festgelegt (**Genfer Schema**). Jede Anforderungsart wird mit Punkten bewertet. Je höher die Anforderungen der Tätigkeit sind, desto höher ist die zu vergebende Punktzahl.

Beispiel: Der Arbeitsplatz eines Steuergehilfen wird nach dem Genfer Schema bewertet, wobei die einzelnen Anforderungsarten mit Punkten von 1 – 10 zu bewerten sind:

Anforderungsart	Steuergehilfe
Geistige Anforderungen – Ausbildung – Erfahrung – Planen und Organisieren	6
Körperliche Anforderungen	2
Verantwortung für – Sicherheit anderer – Betriebsmittel – Arbeitsablauf	5
Umwelteinflüsse – Lärm – Temperatur – Schmutz	1
Gesamtpunktzahl	14

Mit Hilfe des Genfer Schemas wurde versucht, die Arbeit einer Steuergehilfin objektiv zu bewerten. Es ist allerdings anzumerken, daß eine absolut objektive Bewertung nicht möglich ist. Bereits die Verteilung der Punkte ist eine subjektive Handlung.

12.3 Lohnformen

Das Ergebnis der analytischen Arbeitsbewertung liefert die Berechnungsgrundlage für eine leistungsgerechte Entlohnung.

12.3.1 Der Zeitlohn

Beim Zeitlohn gilt die Dauer der Arbeitszeit als Berechnungsgrundlage für die Lohnhöhe. Zwischen erbrachter Leistung und Lohnhöhe besteht kein direkter Zusammenhang. Der Arbeitgeber muß den Lohn auch dann zahlen, wenn der Arbeitnehmer eine unzureichende Leistung erbringt. Für den Arbeitnehmer fehlt unter Umständen die Motivation zur Leistungssteigerung, da sie nicht mit einer entsprechenden Einkommenssteigerung verbunden ist. Der Vorteil des Zeitlohnes liegt in der Einfachheit seiner Berechnung. Der Zeitlohn eignet sich für Tätigkeiten mit überwiegend geistiger Beanspruchung. *Zeitlohn*

Beispiele für Zeitlohn:

1. *Eine Steuergehilfin erhält für ihre Tätigkeit 2.000,– DM brutto im Monat bei täglich 8 Stunden Beanspruchung.*
2. *Ein Arbeiter erhält für seine Tätigkeit 15,– DM pro Stunde. Er hat 40 Stunden in der Woche gearbeitet. Sein Wochenbruttolohn beträgt demnach 600,– DM.*

12.3.2 Der Leistungslohn

Beim Leistungslohn gilt die tatsächlich erbrachte Leistung als Berechnungsgrundlage für die Lohnhöhe. Zwischen erbrachter Leistung und Lohnhöhe besteht ein direkter Zusammenhang. Die Lohnhöhe richtet sich nach der tatsächlich erbrachten Leistung. Der Akkordlohn als eine Form des Leistungslohns eignet sich für Tätigkeiten mit überwiegend körperlicher Beanspruchung. Er wird als **Zeitakkord** oder als **Geldakkord** berechnet. *Leistungslohn*

Beispiel für Geldakkord:

Beim Geldakkord wird für jedes hergestellte Stück ein vereinbarter Lohn gezahlt. Für Mehr-Stücke während der Arbeitszeit erhält der Arbeiter mehr Lohn. *Geldakkord*

Der Akkordlohn setzt sich aus einem tariflich vereinbarten **Mindestlohn** (Zeitlohn) und einem **Akkordzuschlag** zusammen. Mindestlohn und Akkordzuschlag ergeben den **Akkordrichtsatz**.

Mindestlohn (10,– DM) + 20% Akkordzuschlag (2,– DM) = Akkordrichtsatz (12,– DM)
Die Normalleistung je Stunde soll 6 Stück betragen.

$$\text{Stückakkordsatz (Lohn pro Stück)} = \frac{\text{Akkordrichtsatz}}{\text{Normalleistung je Stunde}} = \frac{12}{6} = 2{,}\text{– DM}$$

Es werden 2,– DM je Stück als Stückakkordsatz bezahlt. Bei einer hergestellten Menge von 10 Stück beträgt der

Bruttolohn = Stückzahl x Stückakkordsatz = 10 x 2 = 20,– DM

Der Geldakkord spielt keine große Rolle mehr, da bei Tarifänderungen die Stückakkordsätze neu bestimmt werden müssen.

Beispiel für Zeitakkord:

Zeitakkord

Beim Zeitakkord wird eine bestimmte Zeit pro Herstellungsstück vereinbart. Für Minderzeit erhält der Arbeiter Mehr-Lohn. Bei einer Normalleistung von 6 Stück pro Stunde beträgt der

$$\text{Zeitakkord (Vorgabezeit)} = \text{(Zeit je Stück)} = \frac{60}{\text{Normalleistung je Std.}} = \frac{60}{6} = 10\text{ Min.}$$

Bei einem Grundlohn von 12,– DM werden je Minute verrechnet (Minutenfaktor):

$$\text{Minutenfaktor} = \text{Lohn je Minute} = \frac{\text{Akkordrichtsatz}}{60} = \frac{12}{60} = 0{,}20\text{ DM}$$

Dies ergibt einen

Bruttolohn = Stückzahl x Zeitakkordsatz x Minutenfaktor = 10 x 10 x 0,20 = 20,– DM

12.3.3 Der Prämienlohn

Prämienlohn

Beim Prämienlohn bekommt der Arbeitnehmer zum leistungsunabhängigen Grundlohn eine leistungsabhängige Prämie (z.B. für die Senkung des Ausschusses). Der Prämienlohn ist somit Zeitlohn und Leistungslohn.

Die **Vorteile** des Leistungslohnes liegen in einer erhöhten Arbeitsmotivation (Leistungsanreiz = Mehrleistung = Mehrlohn) und in einer exakten Preiskalkulation (die Lohnkosten je Stück bleiben konstant). Für den Arbeitnehmer besteht allerdings infolge des Leistungsanreizes die Gefahr körperlicher Schäden, was zu krankheitsbedingten Personalausfällen führt.

12.3.4 Die Erfolgsbeteiligung

Erfolgsbeteiligung

Der Erfolg eines Betriebes kommt durch die Kombination der Produktionsfaktoren Arbeit und Kapital zustande. Eine exakte Bestimmung des Anteils der beiden Produktionsfaktoren am Betriebsergebnis ist allerdings nicht möglich. Ohne Kapital kann kein Betrieb produzieren, und ohne Arbeit bleibt das Kapital ungenutzt. Die Antwort auf die Frage, welcher Produktionsfaktor der wichtigste ist, kann somit nur lauten: Beide Produktionsfaktoren sind wichtig.

Da der Erfolg eines Betriebes ein Gewinn oder Verlust sein kann, müßte konsequenterweise eine Erfolgsbeteiligung neben einer Gewinnbeteiligung eine Verlustbeteiligung umfassen. Dies ist aber aus sozialpolitischen Erwägungen nicht durchführbar.

Bei der **Kollektivgewinnbeteiligung** wird der dem Produktionsfaktor Arbeit zustehende Gewinnanteil insgesamt zum Ausbau der sozialen Einrichtungen verwendet. Bei der **Individualgewinnbeteiligung** wird der Gewinnanteil auf die einzelnen Mitarbeiter verteilt. Die **Gewinnanteile** können

- bar ausbezahlt werden oder
- im Betrieb belassen werden. In diesem Fall führt die Gewinnbeteiligung der Arbeitnehmer zu einer Kapitalbeteiligung durch Ausgabe von Belegschaftsaktien (Teilhaberverhältnis auf der Arbeitnehmerseite, Eigenkapitalverhältnis auf der Arbeitgeberseite) oder zu einer Kapitalbeteiligung durch Ausgabe von Schuldscheinen (Gläubigerverhältnis auf der Arbeitnehmerseite, Fremdkapitalverhältnis auf der Arbeitgeberseite).

12.3.5 Der Soziallohn

Soziallohn

Der **Soziallohn** ist ein **Zusatzlohn**, der nicht für die erbrachte Arbeitsleistung bezahlt wird, sondern auf Grund wirtschafts- und sozialpolitischer Überlegungen. Diese sozialpolitischen Regelungen sind gesetzlich verankert und widersprechen zum Teil dem Prinzip der **Leistungsentlohnung** (gleicher Lohn für gleiche Leistung):

- Die Staffelung der Entlohnung nach Lebens- bzw. Dienstalter: Ältere Arbeitnehmer erhalten bei gleicher Leistung einen höheren Lohn als jüngere Arbeitnehmer.
- Die Staffelung des Lohnes nach dem Familienstand: Verheiratete Arbeitnehmer erhalten bei gleicher Leistung einen höheren Lohn als unverheiratete Arbeitnehmer.
- Altersversorgung, Essensgeld- und Kontoführungsgebührenzuschüsse, Urlaubsgeld, Heirats- und Geburtsbeihilfen, vermögenswirksame Leistungen.

12.4 Die Mitarbeiterbeurteilung

Mitarbeiterbeurteilung

Nicht nur in der Schule, auch im späteren Berufsleben muß sich der Mitarbeiter einer regelmäßigen Leistungsbeurteilung unterziehen. Die Personalbeurteilung ist an keine bestimmte Form gebunden. Formlose Beurteilungen sind allerdings im Zeitablauf nicht miteinander vergleichbar.

Bei der formgebundenen Beurteilung benotet der Beurteilende bestimmte **Anforderungsarten** (Beurteilungsmerkmale). Vereinfachtes Beispiel:

Beurteilungsmerkmale

Beurteilungsmerkmal	**Einzelnoten Gesamtnoten**	**Begründung**
1. Persönliche Anforderungen		
1.1 Äußeres Erscheinungsbild		
1.2 Umgang und Kontakt mit Kollegen		
1.3 Eigeninitiative		
1.4 Pünktlichkeit		
1.5 Zuverlässigkeit		
1.6 Verantwortungsbereitschaft		
1.7 Fortbildungsbereitschaft		
2. Fachliche Anforderungen		
2.1 Quantitätsmäßige Arbeitsbewältigung		
2.2 Qualitätsmäßige Arbeitsbewältigung		
2.3 Sachliche Fehlerhäufigkeit		
2.4 Planungsfähigkeit		
2.5 Organisationsfähigkeit		
3. Gesamtnote		

Die **Notenstufen** und deren Definition könnten wie folgt aussehen:

Notenstufen

Note	**Bedeutung**
Sehr gut = 1	Eine den Anforderungen in besonderem Maße entsprechende Leistung
Gut = 2	Eine den Anforderungen voll entsprechende Leistung
Befriedigend = 3	Eine den Anforderungen im allgemeinen entsprechende Leistung
Ausreichend = 4	Eine den Leistungen, die zwar Mängel aufweist, aber im Ganzen den Anforderungen noch entspricht
Mangelhaft = 5	Eine Leistung, die den Anforderungen nicht entspricht

Es versteht sich von selbst, daß mit dem Mitarbeiter anhand des Beurteilungsbogens ein Gespräch geführt werden muß, in dem die Einzelnoten begründet werden. Auf diese Art und Weise erkennt der Mitarbeiter seine Stärken und Schwächen und kann sein Verhalten entsprechend korrigieren und festgestellte Mängel beheben.

Auch ein noch so ausgefeilter und detaillierter Beurteilungsbogen garantiert keine absolut objektive Beurteilung. Eine solche Mitarbeiterbeurteilung gibt es nicht. In jede Notengebung fließen subjektive Momente ein. Wenn der Beurteiler eine bestimmte Note als gerecht empfindet, dann empfindet er jede andere Note als ungerecht (subjektiv!).

Der Beurteiler sollte sich aber bemühen, das Verfahren der Mitarbeiterbeurteilung so objektiv wie möglich durchzuführen und sich nicht von subjektiven Faktoren (Kleidung, Äußeres) beeinflussen lassen.

Merke: Beurteilt wird nicht, was der einzelne **ist**, sondern was der einzelne **tut**.

12.5 Arbeitszufriedenheit und Arbeitsleistung

Der betriebliche Erfolg hängt wesentlich davon ab, ob es der Betriebsleitung gelingt, die Mitarbeiter zur Leistungssteigerung zu motivieren. Der Mensch ist ein soziales Wesen und kann daher nicht wie eine Maschine behandelt werden. Das Leistungsvermögen eines Menschen wird bestimmt von seinen anlagebedingten Fähigkeiten und Fertigkeiten sowie von seiner Ausbildung und Erfahrung. Leistungsvermögen bewirkt noch keinen Einsatz menschlicher Arbeit zur Verwirklichung betrieblicher Ziele. Zum Leistungsvermögen muß noch die Leistungsbereitschaft treten. Die Leistungsbereitschaft hängt davon ab, ob der Mitarbeiter mit seiner Tätigkeit zufrieden ist. Allgemein kann man sagen, je größer die Arbeitszufriedenheit, desto größer die Leistungsbereitschaft. Die Lohnhöhe ist nur ein Bestimmungsfaktor für die Arbeitszufriedenheit. In einer amerikanischen Untersuchung wurde 52 Industrievorarbeitern ein Katalog mit 18 Faktoren vorgelegt, die mitbestimmend sind für die Arbeitszufriedenheit. In abnehmender Reihenfolge wurden folgende Faktoren genannt:

Arbeitszufriedenheit

Stelle	Faktoren der Arbeitszufriedenheit
1	Aufstiegschancen
2	Möglichkeit der Selbstentfaltung
3	Möglichkeit, das Ergebnis seiner Arbeit zu sehen
4	Persönliche Verantwortung
5	Möglichkeit zu selbständiger Arbeit
6	Möglichkeit, andere Menschen auszubilden und zu führen
7	Berufliche Sicherheit
8	Enge Zusammenarbeit mit übergeordneten Instanzen
9	Lohn

Stelle	Faktoren der Arbeitszufriedenheit
10	Ansehen innerhalb des Betriebes
11	Häufiger und enger Kontakt mit Arbeitern
12	Macht und Autorität
.	.
.	.
15	Soziale Einrichtungen
.	.
17	Geregelte Arbeitszeit
18	Sichere, saubere, nicht ermüdende Arbeit

Quelle: L. W. Gruenfeld, „A Study of the Motivation of Industrial Supervisors", Personal Psychology, 15 (1962), 303 – 314.

Wiederholungsfragen:

1. Unterscheiden Sie verschiedene Arten von Arbeit!
2. Erläutern Sie das Prinzip der analytischen Arbeitsbewertung!
3. Welche Lohnformen kennen Sie?
4. Nennen Sie Vor- und Nachteile der einzelnen Lohnformen!
5. Für welche Art von Tätigkeiten eignen sich die einzelnen Lohnformen?
6. Nennen sie Möglichkeiten der Erfolgsbeteiligung!
7. Was versteht man unter Soziallohn?
8. Nennen Sie soziallohnbezogene Regelungen!
9. Warum gibt es keine absolut objektive Mitarbeiterbeurteilung?
10. Nennen Sie Faktoren, die die Arbeitszufriedenheit und damit die Leistungsbereitschaft beeinflussen!

Aufgaben und Fälle zur Sicherung des Lernerfolgs:

1. Der Mindestlohn beträgt 12,– DM pro Stunde, der Akkordzuschlag 20% und die Normalleistung 4 Stück pro Stunde.

   Berechnen Sie den Bruttolohn nach Geldakkord und Stückakkord, wenn der Mitarbeiter bei einer 8 stündigen Arbeitszeit 40 Stück herstellt! Berechnen Sie auch den Bruttolohn pro Stunde!

2. Welche der folgenden Faktoren sind für Ihre persönliche Arbeitszufriedenheit wichtig bzw. weniger wichtig? (Hinweis: 1 = wichtigster Faktor, 7 = unwichtigster Faktor).

   Höhe des Gehalts, Verantwortung für Menschen und Maschinen, Aufstiegschancen, Sicherheit des Arbeitsplatzes, Sicherheit am Arbeitsplatz, geregelte Arbeitszeit, Möglichkeit zu selbständiger Arbeit.

3. Ein etwas ausgefallener Personalbeurteilungsbogen. Wie würden Sie sich beurteilen?

Merkmal	überragend	Tritt hervor	befriedigend	entspricht im wesentlichen den Anforderungen	entspricht nicht den Anforderungen
Arbeitsleistung	reißt Bäume aus	reißt sich ein Bein aus	reißt sich zusammen	reißt Kalenderblätter ab	reißt vor der Arbeit aus
Schnelligkeit	erreicht Lichtgeschwindigkeit	schnell wie ein Kugelblitz	schneller als Kegelkugeln	schneller als Rumkugeln	schiebt eine ruhige Kugel
Durchsetzungsvermögen	durchbricht Stahlbeton	durchbricht Mauerwerk	durchbricht die Arbeit	bricht Bleistifte ab	bricht leicht zusammen
Belastbarkeit	erledigt alles gleichzeitig	erledigt jeden Widersacher	erledigt seine Arbeit sofort	ist sofort erledigt	erledigt sein Geschäft
Kommunikationsfähigkeit	spricht mit Gott und Ebenbürtigen	spricht mit sich selbst u. Vorgesetzten	verspricht viel	verspricht sich oft	spricht guten Getränken zu
Geistige Fähigkeit	löst auf der Stelle jedes Problem	muß nachdenken, um Probleme zu lösen	hat mit Lösungen Probleme	löst Kreuzworträtsel	löst sich nur selten vom Fleck
Allg. und dienstl. Wissen	weiß alles am besten	weiß über alles Bescheid	weiß, was er falsch macht	weiß, wann Feierabend ist	weiß, wo gerade gefeiert wird
Führungsqualitäten	ist in allem führend	führt ein strenges Regiment	verführt zum Feiern	führt ein angenehmes Leben	braucht häufig Abführmittel
Verhalten gegenüber Vorgesetzten	macht Vorgesetzte überflüssig	öffnet Vorgesetzten die Tür	grüßt Vorgesetzte stets höflich	fragt Vorgesetzte nach der Uhrzeit	parkt auf reserviertem Chef-Parkplatz
Verhalten gegenüber Kollegen	hat keine Kollegen	läßt Kollegen ins Messer laufen	grüßt Kollegen mit „Mahlzeit“	unterhält sich mit Kollegen im Dienst	hält Kollegen von der Arbeit ab

Quelle: Elektronik + Computertage Saar, 7. – 9. September 1984, Messekatalog

4. „Es müßte der Ehrgeiz eines jeden Arbeitgebers sein, höhere Löhne zu zahlen als seine sämtlichen Konkurrenten, und das Streben des Arbeitnehmers, diesen Ehrgeiz praktisch zu ermöglichen" (Henry Ford). Interpretieren Sie die Aussage Henry Fords.
5. Nehmen Sie Stellung zu folgender Aussage: Da der Eigentümer alleine das Risiko des Verlustes trägt, soll ihm auch alleine der Gewinn zustehen. Wenn die Arbeitnehmer am Gewinn beteiligt werden wollen, so müssen sie auch am Verlust beteiligt werden, d.h. am Ende des Wirtschaftsjahres einen Teil ihres Einkommens zurückzahlen.

13 Kredite und Kreditsicherung

Eigenkapital und Fremdkapital

Wer mehr Geld hat als er zur Zeit benötigt, der spart in irgendeiner Form den überschüssigen Betrag. Wer mehr Geld benötigt als er zur Zeit hat, der nimmt bei der Bank oder einer Sparkasse einen Kredit auf.

Fremdkapital wird immer dann benötigt, wenn das Eigenkapital nicht ausreicht, ein bestimmtes Vorhaben zu finanzieren.

Das Wort **Kredit** kommt vom lateinischen *„credere" = vertrauen.* Der Kreditgeber vertraut darauf, daß der Kreditnehmer seinen Verpflichtungen nachkommt. Unter einem Kredit versteht man die befristete Überlassung von Geld oder Waren. Den Preis für die Kreditüberlassung nennt man Zins.

Die **Kreditarten** können nach vielen Gesichtspunkten **eingeteilt** werden:

Kreditarten

Unterscheidungsmerkmal	Bezeichnung des Kredits	Erläuterung
Laufzeit	kurzfristiger Kredit	Laufzeit bis 6 Monate
	mittelfristiger Kredit	Laufzeit 6 Monate bis 4 Jahre
	langfristiger Kredit	Laufzeit über 4 Jahre
Kreditgeber	Bankkredit	Kredit, der von einem Kreditinstitut gegeben wird
	Lieferantenkredit	Kredit, der von einem Lieferanten gewährt wird
Verwendungszweck	Produktivkredit	Kredit, der für die Gütererzeugung verwendet wird
	Konsumtivkredit	Kredit, der für den privaten Verbrauch verwendet wird
Verfügbarkeit	Kontokorrentkredit	Der in Anspruch genommene Kreditbetrag schwankt in seiner Höhe
	Darlehen	Einmalige Auszahlung mit vereinbarter Tilgung
Sicherheit	Personalkredit	Die Sicherheit besteht in der Haftung von Personen
	Realkredit	Die Sicherheit besteht in Rechten an einer Sache

13.1 Der Kreditvertrag

Rechtliche Grundlage für das Kreditgeschäft ist der Kreditvertrag zwischen dem Kreditgeber und dem Kreditnehmer. Das Kreditinstitut prüft zuvor die **Kreditfähigkeit** und die **Kreditwürdigkeit** des Kreditnehmers, um das Kreditrisiko zu mindern.

Kreditfähigkeit

Unter **Kreditfähigkeit** versteht man die Fähigkeit, Kreditverträge rechtswirksam abzuschließen. Die Kreditfähigkeit haben alle voll geschäftsfähigen natürlichen Personen und alle juristischen Personen. Beschränkt geschäftsfähige Personen bedürfen zur Kreditaufnahme der Einwilligung des gesetzlichen Vertreters und des Vormundschaftsgerichts.

Kreditwürdigkeit

Die persönliche Kreditwürdigkeit prüft charakterliche Eigenschaften des Kreditnehmers. Materielle Kreditwürdigkeit liegt vor, wenn der Kreditsuchende in geordneten wirtschaftlichen Verhältnissen lebt und somit darauf vertraut werden kann, daß der Kreditnehmer seinen Verpflichtungen aus dem Kreditvertrag nachkommt.

Zur **Überprüfung der materiellen Kreditwürdigkeit** stehen dem Kreditgeber u. a. folgende Mittel zur Verfügung:

- Einholen von Auskünften,
- Betriebsbesichtigung,
- Beobachtung der Kontenbewegungen,
- Auswertung von Jahresabschlüssen (Bilanzen, GuV-Rechnungen),
- Gehaltsabrechnungen,
- Einkommensteuerbescheide.

Unter der Auswertung des Jahresabschlusses versteht man die Aufbereitung der Bilanz/GuV-Rechnung und die Ermittlung betriebsstatistischer Kennzahlen (Bilanzkennzahlen, GuV-Kennzahlen, gemischte Kennzahlen).

13.1.1 Bilanzanalyse

Bilanzanalyse

Die Aufbereitung der Bilanz in Kennzahlen kann vertikal oder horizontal erfolgen.

Aktiva Bilanz zum 31.12.19.. Passiva

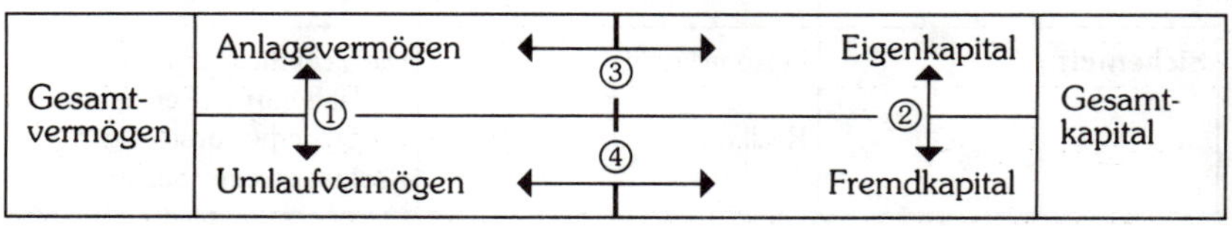

1. Der Aufbau des Vermögens

Konstitution

$$\text{Konstitution} = \frac{\text{Anlagevermögen}}{\text{Umlaufvermögen}}$$

2. Der Aufbau des Kapitals

Finanzierung

$$\text{Finanzierung} = \frac{\text{Eigenkapital}}{\text{Fremdkapital}}$$

3. Die Deckung des Anlagevermögens

Investierung

$$\text{Investierung} = \frac{\text{Eigenkapital}}{\text{Anlagevermögen}}$$

4. Die Zahlungsbereitschaft des Betriebes (Liquidität)

Liquidität

Unter Liquidität versteht man

- die Fähigkeit von Wirtschaftsgütern, in Bargeld verwandelt zu werden,
- die Bereitschaft eines Betriebes zur Zahlung seiner Verbindlichkeiten.

Liquide Mittel 1. Grades	Bargeld, Bank- und Postgiroguthaben, Schecks, Besitzwechsel
Liquide Mittel 2. Grades	Liquide Mittel 1. Grades, Forderungen aus Warenlieferung und Leistung, Wertpapiere
Liquide Mittel 3. Grades	Liquide Mittel 2. Grades + Werkstoffe
Verbindlichkeiten	Es wird nur ein Bezug zu den kurzfristigen Verbindlichkeiten hergestellt

$$\text{Liquidität 1. Grades} = \frac{\text{liquide Mittel 1. Grades}}{\text{kurzfristige Verbindlichkeiten}} \cdot 100$$

$$\text{Liquidität 2. Grades} = \frac{\text{liquide Mittel 2. Grades}}{\text{kurzfristige Verbindlichkeiten}} \cdot 100$$

$$\text{Liquidität 3. Grades} = \frac{\text{liquide Mittel 3. Grades}}{\text{kurzfristige Verbindlichkeiten}} \cdot 100$$

13.1.2 Rentabilitätskennzahlen

Rentabilität

Unter Rentabilität versteht man das Verhältnis in % des Gewinns zum eingesetzten Kapital oder zum erzielten Gewinn.

Eigenkapitalrentabilität (ER)

Eigenkapital = 100%
Gewinn = x %

$$ER = \frac{\text{Gewinn}}{\text{Eigenkapital}} \cdot 100$$

Gesamtkapitalrentabilität (GR)

Gesamtkapital = 100%
(Gewinn + Fremdkapitalzinsen[1]) = x %

$$GR = \frac{(\text{Gewinn} + \text{Fremdkapitalzinsen})}{\text{Gesamtkapital}} \cdot 100$$

Umsatzrentabilität (UR)

Gesamterlöse = 100%
Gewinn = x %

$$UR = \frac{\text{Gewinn}}{\text{Gesamterlöse}} \cdot 100$$

Beispiel: Gewinn = 105.000,– DM, Umsatzerlöse: 820.000,– DM, Fremdkapitalzinsen: 12.000,– DM.

Aktiva	Bilanz zum 31.12.19..		Passiva
1. **Anlagevermögen**		1. **Eigenkapital**	520.000,–
1.1 Grund und Boden	280.000,–	2. **Fremdkapital**	
1.2 Gebäude	150.000,–	2.1 kurzfristige Verbindlichkeiten	180.000,–
1.3 Betriebs- und Geschäftsausstattung	126.000,–	2.2 langfristige Verbindlichkeiten	100.000,–
2. **Umlaufvermögen**			
2.1 Forderungen aus Warenlieferung und Leistung	177.000,–		
2.2 Besitzwechsel	5.000,–		
2.3 Kasse	8.000,–		
2.4 Postgiroguthaben	12.000,–		
2.5 Bankguthaben	42.000,–		
	800.000,–		800.000,–

[1] Die Fremdkapitalzinsen müssen dem Gewinn zugerechnet werden, weil sie als Aufwand den Gewinn geschmälert haben.

1. **Konstitution** $= \frac{556.000}{244.000} = 2{,}28$

2. **Finanzierung** $= \frac{520.000}{280.000} = 1{,}86$

3. **Investierung** $= \frac{520.000}{556.000} = 0{,}94$

4. **Liquidität 1. Grades** $= \frac{67.000}{180.000} = 37{,}22\%$

5. **Liquidität 2. Grades** $= \frac{244.000}{180.000} = 135{,}56\%$

6. **Eigenkapitalrentabilität** $= \frac{105.000}{520.000} = 20{,}19\%$

7. **Gesamtkapitalrentabilität** $= \frac{117.000}{800.000} = 14{,}63\%$

8. **Umsatzrentabilität** $= \frac{105.000}{82.000} = 12{,}80\%$

Die einzelnen Kennziffern sagen isoliert gesehen wenig aus. Sie müssen immer im Vergleich zu anderen Betrieben, Branchen oder Abrechungsperioden gesehen werden.

Kreditvertrag

Der Kreditsuchende erhält vom Kreditinstitut ein Angebot, wenn über sein Kreditgesuch positiv entschieden wurde. Der Kreditvertrag kommt zustande, wenn der Kreditnehmer das Angebot annimmt. Der **Kreditvertrag** enthält wichtige Einzelheiten des Kreditgeschäfts:

- Bezeichnung des Kredits,
- Kredithöhe,
- Kreditkosten,
- Laufzeit,
- Verwendungszweck,
- Sicherheiten,
- Kündigungsmöglichkeiten,
- Bereitstellungszeitpunkt.

13.2 Der Lieferantenkredit

Einkauf mit Zahlungsziel

Einem **Lieferantenkredit** (Warenkredit) liegt ein **Wareneinkauf auf Ziel** zugrunde. Der Lieferer möchte durch die Einräumung von Skonto den Kunden zur vorzeitigen Bezahlung der Verbindlichkeiten veranlassen. Der Lieferantenkredit ist somit keine direkte Zinszahlung, jedoch müssen die Kosten auf das Jahr umgerechnet werden. Dann freilich erweist sich der Lieferantenkredit als ein sehr teurer Kredit.

Beispiel: Dr. Ritter kauft ein Kopiergerät im Wert von 5.000,– DM. Die Zahlungsbedingungen lauten: „Zahlbar innerhalb von 10 Tagen unter Abzug von 2 % Skonto oder nach 30 Tagen ohne Abzug".

	Rechnungsbetrag	*5.000,— DM*
–	*Skonto*	*100,— DM*
=	*Überweisungsbetrag*	*4.900,— DM*

Zahlt Dr. Ritter den Kaufpreis innerhalb von 10 Tagen, muß er nur 4.900,– DM überweisen.

Lohnt es sich auch dann Skonto auszunutzen, wenn zu diesem Zweck ein Bankkredit aufgenommen werden muß? Wir unterstellen, daß Dr. Ritter einen Kredit in Höhe von 4.900,– DM aufnimmt, Laufzeit 20 Tage, Zinssatz 10 %.

$$Z = \frac{4.900 \cdot 10 \cdot 20}{100 \cdot 360} = \underline{\underline{27{,}22 \text{ DM}}}$$

An Zinsen fallen 27,22 DM an. Dennoch entsteht ein Gewinn, wenn wir die Kreditkosten dem Skontobetrag gegenüberstellen:

	Skontobetrag	100,— DM
–	Kreditkosten	27,22 DM
=	Gewinn	72,78 DM

Betrachten wir nun den Zinssatz des Lieferantenkredits, wenn Dr. Ritter das Zahlungsziel von 30 Tagen beansprucht:

20 Tage Kreditkosten 2 %
360 Tage Kreditkosten x %

x = 36 %

Wenn Dr. Ritter das Zahlungsziel von 30 Tagen beansprucht, entsprechen die 20 Tage Kredit einem Jahreszinssatz von 36 %.[1)]

13.3 Der Kontokorrentkredit

Kontokorrent-Konto

Der Kontokorrentkredit (ital. il conto corrente = laufende Rechnung) dient zur Abwicklung des Zahlungsverkehrs. Die Bank gestattet dem Kreditnehmer, bis zu einer vereinbarten Kreditobergrenze (Kreditlimit) über sein Konto zu verfügen. Die Rückzahlungen erfolgen durch die Einzahlungen auf dem Kontokorrentkonto.

---

1) **Hinweis:** Im obigen Beispiel wurde der Jahreszins vereinfacht berechnet, indem der gewährte Skontosatz auf 360 Tage umgerechnet wurde. Eine genaue Berechnung erhält man durch die Verwendung der Zinssatzformel:

$$p = \frac{Z \cdot 100 \cdot 360}{K \cdot t}$$

$$p = \frac{100 \cdot 100 \cdot 360}{4.900 \cdot 20} = \underline{\underline{36{,}7\ \%}}$$

Wobei Z = Skonto
K = Rechnungsbetrag – Skonto
t = Kreditzeitraum – Skontozeitraum

Auf dem **Kontokorrentkonto** werden **Verbindlichkeiten** und **Forderungen** zwischen der Bank und dem Kreditnehmer ständig verrechnet. Der Saldo auf dem Konto schwankt gemäß den Zahlungseingängen bzw. den Zahlungsausgängen.

Überziehungskredit

Dem Kontokorrentkredit als **Überziehungskredit** entspricht bei Privatkunden der **Dispositionskredit.** Beim Dispositionskredit räumen die Banken ausdrücklich oder stillschweigend (z. B. als Ausdruck auf dem Kontoauszug) dem Kunden das Recht ein, sein Konto bis zu einem bestimmten Betrag zu überziehen (z. B. bis zu einem Monatsgehalt).

Kontokorrentkonto

Soll	**Kontokorrentkonto** **Haben**
= Lastschrift	= Gutschrift
Eigene Auszahlungen	Eigene Einzahlungen
Scheckausgänge	Scheckeingänge
Wechselausgänge	Wechseleingänge
Überweisungsausgänge	Überweisungseingänge

Sollsaldo = Verbindlichkeiten des Kreditnehmers gegenüber der Bank
Habensaldo = Forderungen des Kreditnehmers gegenüber der Bank

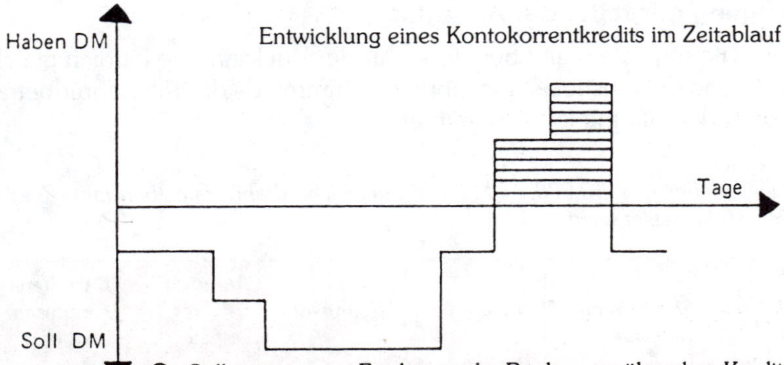

○ Sollzinsen = Forderung der Bank gegenüber dem Kreditnehmer

⊖ Habenzinsen = Forderung des Kreditnehmers gegenüber der Bank

Abb. 21

Kosten des Kontokorrentkredits

Die **Laufzeit des Kontokorrentkredits** beträgt in der Regel 6 Monate, wird aber von der Bank ständig erneuert. Die **Kosten** des Kontokorrentkredits sind relativ hoch.

Die Bank berechnet:

- Sollzinsen für den beanspruchten Kredit,
- Umsatzprovision,
- Überziehungsprovision,
- Kreditprovision,
- eigene Auslagen.

Für Guthaben gewährt die Bank Habenzinsen.

13.4 Das Darlehen

Begriff

Beim **Darlehen** wird eine bestimmte Geldsumme **für** eine **bestimmte Laufzeit** zur Verfügung gestellt. Im Gegensatz zum Kontokorrentkredit erfolgt beim Darlehen eine einmalige Auszahlung, wobei die Rückzahlungen nicht mehr in Anspruch genommen werden können.

Die Darlehenssumme wird entweder in voller Höhe oder unter Abzug eines Abschlags (Damnum, Disagio) ausgezahlt. Der Darlehensnehmer muß den Darlehensbetrag zurückzahlen und die fälligen Zinsen überweisen. Die Zinsen werden vom jeweiligen Restschuldbetrag berechnet. Für die Rückzahlung des Tilgungsdarlehens gibt es zwei Möglichkeiten:

Fallende Annuitäten

1. **Tilgung mit fallender Annuität**

   Die Tilgungsrate bleibt bei dieser Art der Rückzahlung jährlich gleich, während die Zinsbelastung jährlich abnimmt, da der Restschuldbetrag durch die Tilgung jährlich kleiner wird.

   Beispiel:
   Ein Darlehen über 10.000,– DM soll in vier gleichen Jahresraten bei einem Zinssatz von 10 % getilgt werden.

Darlehens-jahr *(Anfang)*	***Darlehens-summe***	***Zinsen***	***Tilgungsrate***	***Annuität*** *= Jahres-leistung*	***Darlehens-summe*** *am Ende des Jahres*
01	*10.000,–DM*	*1.000,–DM*	*2.500,–DM*	*3.500,–DM*	*7.500,–DM*
02	*7.500,–DM*	*750,–DM*	*2.500,–DM*	*3.250,–DM*	*5.000,–DM*
03	*5.000,–DM*	*500,–DM*	*2.500,–DM*	*3.000,–DM*	*2.500,–DM*
04	*2.500,–DM*	*250,–DM*	*2.500,–DM*	*2.750,–DM*	*0,–DM*
		2.500,–DM	*10.000,–DM*	*12.500,–DM*	

2. **Tilgung mit gleichbleibender Annuität**

Gleichbleibende Annuitäten

Die Annuität bleibt dadurch gleich, daß sich in den folgenden Jahren die Tilgungsrate um die ersparten Zinsen erhöht.

Beispiel: Ein Darlehen über 10.000,– DM ist mit 10 % zu verzinsen. Das Darlehen ist im 1. Jahr mit 2 % zu tilgen. Auch bei der Tilgung mit gleichbleibender Annuität nehmen Darlehenssumme und damit auch die Zinsen von Jahr zu Jahr ab. Da die Annuität in jedem Jahr gleich bleiben soll, erhöht sich die Tilgungsrate in den Folgejahren um die gegenüber dem Vorjahr ersparten Zinsen.

Darlehens-jahr *(Anfang)*	***Darlehens-summe***	***Zinsen***	***Tilgungsrate***	***Annuität***	***Darlehens-summe*** *am Ende des Jahres*
01	*10.000,—DM*	*1.000,—DM*	*200,—DM*	*1.200,—DM*	*9.800,—DM*
02	*9.800,—DM*	*980,—DM*	*220,—DM*	*1.200,—DM*	*9.580,—DM*
03	*9.580,—DM*	*958,—DM*	*242,—DM*	*1.200,—DM*	*9.338,—DM*
04	*9.338,—DM*	*933,80 DM*	*266,20 DM*	*1.200,—DM*	*9.071,80 DM*
.	.	.	.	.	.

Beim **Fälligkeitsdarlehen** ist die Darlehenssumme am vereinbarten Fälligkeitstag in voller Höhe zurückzuzahlen. Während der Laufzeit des Darlehens braucht der Kreditnehmer nur die Zinsen zu zahlen.

Unterscheidung der Kreditarten nach der zeitlichen Beanspruchung und der Rückzahlungsverwendungsmöglichkeiten		
Darlehen	**Kontokorrentkredit**	**Lieferantenkredit**
Einmalige Beanspruchung des zugesagten Kredits	Laufende Beanspruchung des zugesagten Kredits	Einmalige Beanspruchung des zugesagten Kredits
Rückzahlungen können nicht wieder beansprucht werden	Rückzahlungen können wieder beansprucht werden	Keine Rückzahlung

13.5 Die Wahl der geeigneten Kreditarten

Kreditvergleich

Das Darlehen wird für einen vorher fest vereinbarten längeren Zeitraum gewährt und ausgezahlt. Die Zinsen werden vom jeweiligen Restschuldbetrag berechnet. Das Darlehen eignet sich zur Finanzierung von privaten Konsumausgaben, zur Finanzierung von betrieblichen Investitionen sowie zur Anschaffung oder Herstellung von Gebäuden.

Der Kontokorrentkredit wird nicht ausgezahlt, sondern kann vom Kreditnehmer bis zu einer vereinbarten Obergrenze in Anspruch genommen werden. Der Kontokorrentkredit wird meist kurzfristig gewährt, kann aber jederzeit verlängert werden. Im Gegensatz zum Darlehen sind beim Kontokorrentkredit nur für den jeweils beanspruchten Kredit Zinsen zu zahlen. Da der Kontokorrentkredit gegenüber dem Darlehen kurzfristiger ist, eignet er sich nicht zur Finanzierung langfristiger Vorhaben.

13.6 Möglichkeiten der Kreditsicherung

Kreditsicherung

Sicherungsmöglichkeiten

Wenn der Kreditnehmer seinen Verpflichtungen nicht nachkommt, kann der Kreditgeber die Kreditsicherung verwerten. Die Kreditsicherung kann

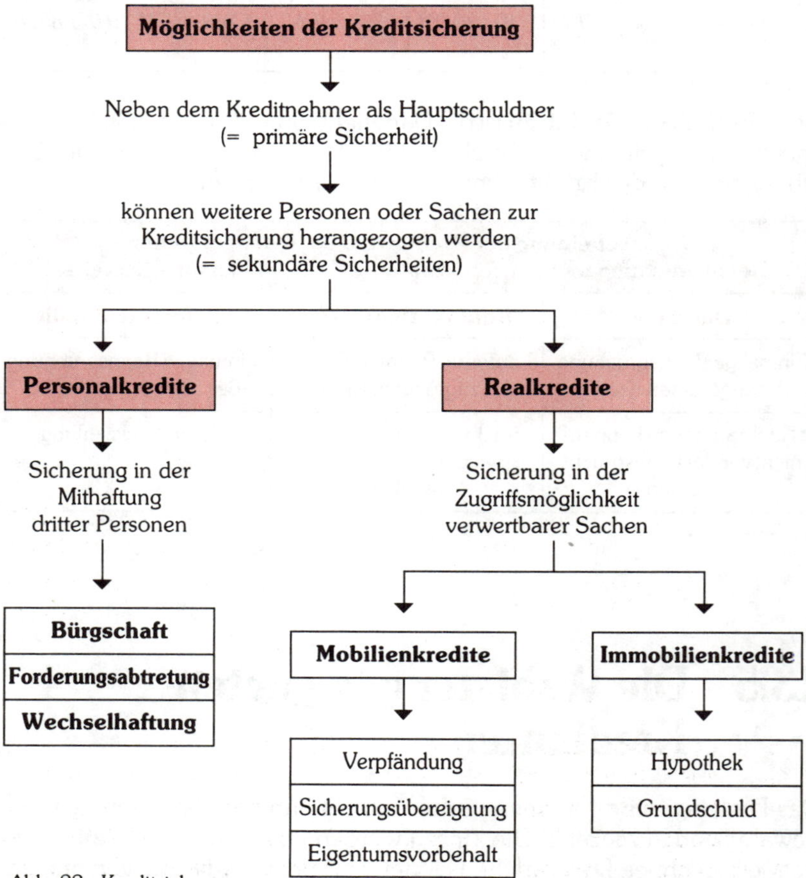

Abb. 22: Kreditsicherung

vorliegen in der Haftung weiterer Personen neben dem Hauptschuldner oder in der Verwertung von Sachen.

> Die Sicherung durch Personen oder durch Sachen verschafft dem Kreditgeber zusätzliche Möglichkeiten, seine Ansprüche durchzusetzen, wenn der Kreditnehmer nicht leistet.

13.6.1 Personalkredite

Blankokredit

Beim reinen Personalkredit besteht die Sicherheit lediglich im Vertrauen des Kreditgebers auf Erfüllung der Pflichten aus dem Kreditvertrag (**Blankokredit**). Der Schuldschein ist nur Beweisurkunde im Falle einer gerichtlichen Auseinandersetzung.

Beim verstärkten Personalkredit besteht die Sicherheit für den Kreditgeber in der Haftung weiterer Personen für die Kreditverbindlichkeiten.

13.6.1.1 Die Bürgschaft

Bürgschaftsverträge dienen der **Kreditsicherung.** Der Bürge verpflichtet sich gegenüber dem Kreditgeber, für die Erfüllung der Verbindlichkeiten des Kreditnehmers einzustehen (§ 765 Abs. 1 BGB). Der Bürgschaftskredit ist demnach in zweifacher Weise gesichert:

Mit dem Kreditvertrag (Hauptverbindlichkeit) haftet der Kreditnehmer (Hauptschuldner), mit dem Bürgschaftsvertrag haftet der Bürge (Zweitschuldner) für die ordnungsgemäße Erfüllung des Kreditvertrages.

Für den **Bürgschaftsvertrag** ist Schriftform zwingend vorgeschrieben (§ 766 BGB). Handelt es sich bei dem Bürgen um einen Vollkaufmann, kann der Bürgschaftsvertrag auch mündlich abgeschlossen werden (§ 350 HGB). Der Bürgschaftsvertrag begründet ein Dreiecksverhältnis zwischen Kreditgeber, Kreditnehmer und Bürgen.

Es gibt drei Arten von Bürgschaften:

einfache Bürgschaft § 771 BGB

- Bei der **gewöhnlichen** (einfachen) **Bürgschaft** ist der Bürge erst dann zur Zahlung verpflichtet, wenn der Kreditgeber die Zwangsvollstreckung in das Vermögen des Hauptschuldners ohne Erfolg betrieben hat (§ 771 BGB). Der Bürge kann die sogenannte **Einrede der Vorausklage erheben,** d. h. er kann verlangen, daß der Kreditgeber alle Rechtsmittel gegenüber dem Hauptschuldner ausschöpft, bevor er in Anspruch genommen werden kann.

Der Bürge kann auch auf die Einrede der Vorausklage verzichten. Dieser Verzicht ist dann sinnvoll, wenn die Zwangsvollstreckung in das Vermögen des Hauptschuldners vermutlich erfolglos sein wird. In diesem Fall müßte der Bürge für die Kosten der Zwangsvollstreckung zusätzlich aufkommen.

Selbstschuldnerische Bürgschaft § 349 HGB

- Bei der **selbstschuldnerischen Bürgschaft** hat der Bürge auf die Einrede der Vorausklage verzichtet. Der Kreditgeber kann in diesem Fall den Bürgen sofort in Anspruch nehmen, ohne zuvor die Zwangsvollstreckung in das Vermögen des Hauptschuldners versucht zu haben (§ 349 HGB).

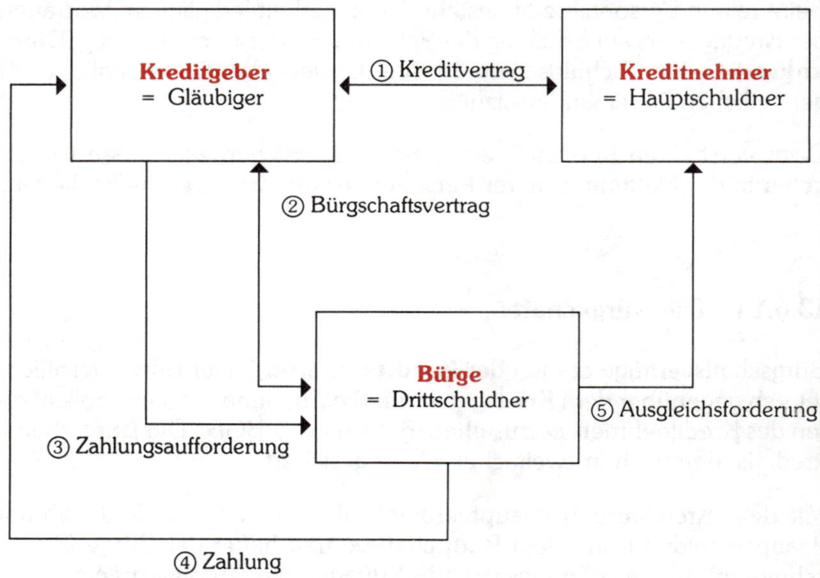

Abb. 23 a) Selbstschuldnerische Bürgschaft.

Privatpersonen haften nach dem BGB gewöhnlich, Vollkaufleute haften nach dem HGB selbstschuldnerisch.

In der Praxis verlangen allerdings die Kreditinstitute auch von Privatpersonen selbstschuldnerische Bürgschaften.

Ausfallbürgschaft

- Auch bei der **Ausfallbürgschaft** hat der Bürge die Einrede der Vorausklage. Der Bürge kann allerdings nicht auf Einrede der Vorausklage verzichten, d. h. der Kreditgeber muß die Zwangsvollstreckung in das Vermögen des Hauptschuldners versucht haben.

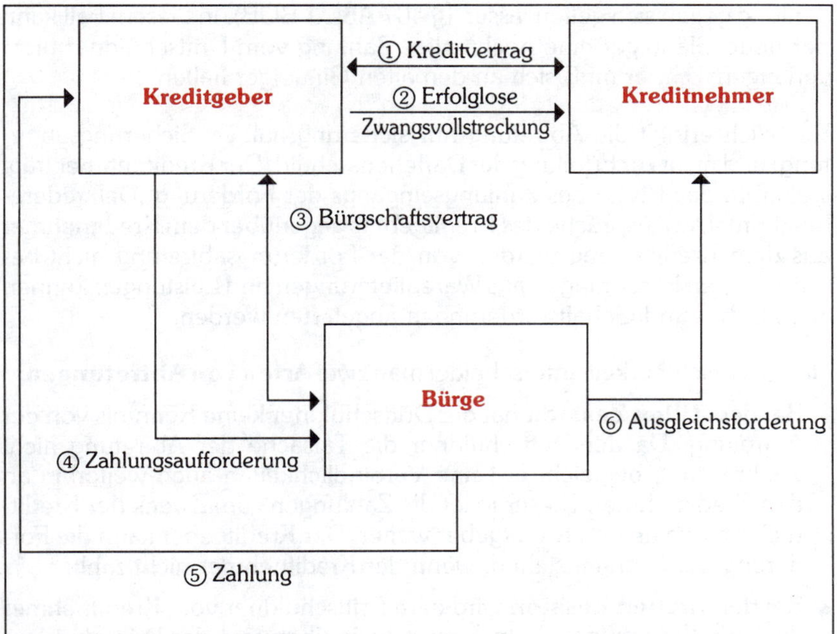

Abb. 23 b) Ausfallbürgschaft.

Wird der Bürge auf Grund des Bürgschaftsvertrages vom Gläubiger in Anspruch genommen, geht die Forderung gem. § 774 Abs. 1 Satz 1 BGB auf den Bürgen über (= Rückgriffsforderung des Bürgen). Der Kreditnehmer ist somit von seiner Schuld gegenüber dem Kreditgeber befreit. Er haftet jetzt dem Bürgen gegenüber mit demselben Kreditbetrag wie gegenüber dem Kreditgeber.

13.6.1.2 Die Forderungsabtretung

Wirkung der Zession

Bei der Kreditsicherung durch Forderungsabtretung (auch Zession genannt) werden Forderungen, die der Kreditnehmer gegenüber Dritten hat, vertraglich an den Kreditgeber abgetreten (§ 398 BGB). Nach außen findet ein Gläubigerwechsel statt: Der neue Gläubiger tritt an die Stelle des alten Gläubigers. Der Abtretungsvertrag bedarf keiner bestimmten Form. Aus Beweisgründen empfiehlt sich jedoch Schriftform. Durch die Forderungsabtretung entsteht ebenfalls ein Dreiecksverhältnis, und zwar zwischen Kreditgeber, Kreditnehmer und Drittschuldner.

Der Drittschuldner muß der Abtretung weder zustimmen noch muß er von der Abtretung informiert werden. Es ist allerdings ratsam, daß der neue Gläubiger den Drittschuldner von der Abtretung informiert. Zahlt der Drittschuldner in Unkenntnis der Abtretung an den alten Gläubiger, so hat er mit befreiender Wirkung geleistet, d.h. der neue Gläubiger muß die

Zahlung gegen sich gelten lassen (§ 407 Abs. 1 BGB). In diesem Fall kann der neue Gläubiger eine nochmalige Zahlung vom Drittschuldner nicht verlangen, d.h. er muß sich an den alten Gläubiger halten.

Rechtlich erfolgt die Abtretung nur sicherungshalber (Sicherungsabtretung) und nicht zur Erfüllung der Darlehensschuld. Der Kreditnehmer trägt weiterhin das Risiko des Zahlungseingangs der Forderung (Delkrederefunktion). Die Ansprüche des Kreditgebers gegenüber dem Kreditnehmer aus dem Kreditvertrag werden von der Forderungsabtretung nicht berührt. Neben Forderungen aus Warenlieferungen und Leistungen können auch Lohn- und Gehaltsforderungen abgetreten werden.

Nach der Sichtbarkeit unterscheidet man zwei **Arten von Abtretungen:**

Stille Zession

- Bei der **stillen Zession** hat der Drittschuldner keine Kenntnis von der Abtretung. Da der Drittschuldner die Tatsache der Abtretung nicht erfahren hat, begleicht er seine Verbindlichkeiten auch weiterhin an den Kreditnehmer. Dieser leitet die Zahlungen zum Zweck der Kreditrückzahlung an den Kreditgeber weiter. Der Kreditgeber kann die Forderung nur dann einziehen, wenn der Kreditnehmer nicht zahlt.

Offene Zession

- Bei der **offenen Zession** wird dem Drittschuldner vom Kreditnehmer die Abtretung mitgeteilt. In diesem Falle überweist der Drittschuldner seine Zahlungen direkt an den Kreditgeber. Der Drittschuldner kann in diesem Fall nur an den Kreditgeber mit schuldbefreiender Wirkung zahlen. Die eingegangenen Beträge werden mit der Schuld des Kreditnehmers verrechnet. Ein etwaiger Überschuß steht dem Kreditnehmer zu.

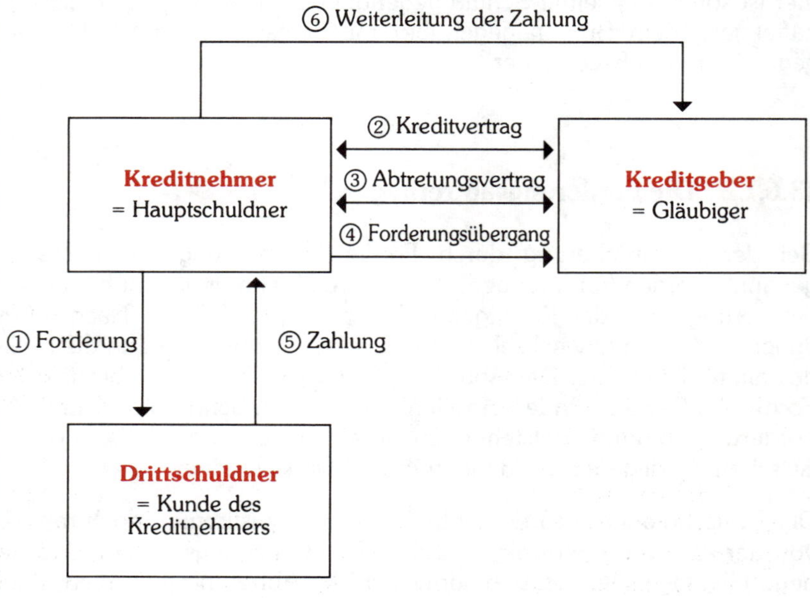

Abb. 24: Stille Zession.

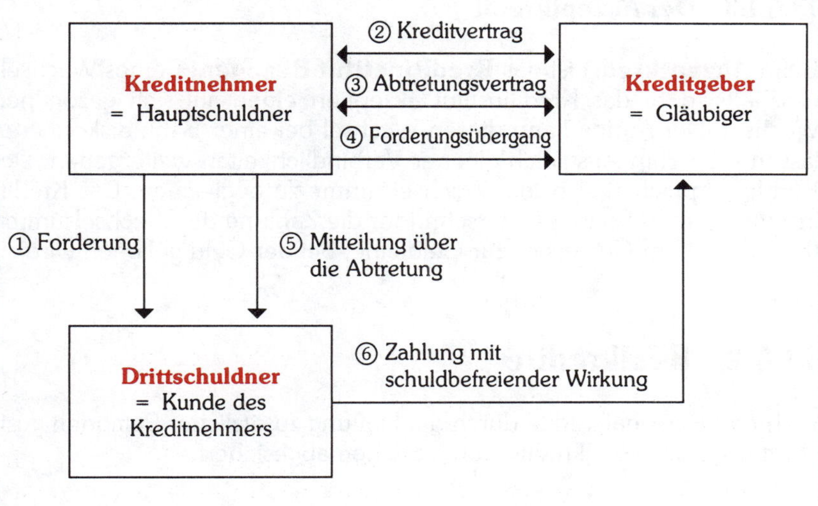

Abb. 25: Offene Zession.

Gefahren für den Gläubiger

Die stille Zession hat für den Kreditnehmer den Vorteil, daß der Drittschuldner von der Kreditaufnahme und der Forderungsabtretung nichts erfährt und damit das Ansehen des Kreditnehmers nicht geschädigt wird. Aus diesem Grund ist in der Bankpraxis die stille Zession die übliche Form.

Für den Kreditgeber besteht allerdings die **Gefahr**,

- *daß die Forderungen bereits an einen anderen Kreditgeber abgetreten worden sind;*
- *daß die Forderungen fingiert sind;*
- *daß der Kreditnehmer die Zahlungen nicht weiterleitet;*
- *daß in den Allgemeinen Geschäftsbedingungen eine Abtretung vertraglich ausgeschlossen ist;*
- *daß es sich um zweifelhafte Forderungen handelt.*

Die Abtretung einer einzelnen Forderung ist selten. Bei der **Globalzession** werden alle Forderungen z. B. gegenüber den Schuldnern A – K oder alle Forderungen gegenüber den Schuldnern in der Vorderpfalz abgetreten. Alle bestehenden und künftigen Forderungen gehen mit Entstehung der Forderung auf den Kreditgeber über.

Bei der **Mantelzession** tritt der Kreditnehmer bestehende Forderungen laufend in Höhe einer bestimmten Summe ab. Der Forderungsübergang erfolgt hierbei erst mit der Übergabe der Rechnungskopie bzw. der Debitorenlisten. Damit die vereinbarte Summe der abgetretenen Forderungen gleich bleibt, verpflichtet sich der Kreditnehmer, bezahlte Forderungen durch neue Forderungen zu ersetzen.

13.6.1.3 Der Akzeptkredit

Kreditleihe

Beim **Akzeptkredit** ist das **Kreditinstitut Bezogener** eines Wechselgeschäfts, d. h. das Kreditinstitut akzeptiert einen auf sich gezogenen Wechsel. Der Kunde kann diesen Wechsel bei einer Bank diskontieren lassen oder zum Ausgleich eigener Verbindlichkeiten weitergeben. Der Kunde verpflichtet sich, die Wechselsumme zu begleichen. Das Kreditinstitut haftet mit seiner Unterschrift für die Zahlung der Wechselsumme (Kreditleihe, im Gegensatz zur Geldleihe, bei der Geld geliehen wird).

13.6.2 Realkredite

Während Personalkredite durch die Haftung zusätzlicher Personen gesichert sind, sind Realkredite durch Sachen abgesichert.

13.6.2.1 Der Lombardkredit

Verpfändung von Sachen

Beim Lombardkredit hinterlegt der Kreditnehmer zur Sicherung des Kredits wertvolle **bewegliche Sachen** (Wertpapiere, Schmuck, Edelmetalle) als **Faustpfand** beim Kreditgeber (§ 1204 Abs. 1 BGB).

Die Verpfändung der Sachen erfolgt durch Einigung und Übergabe (§ 1205 Abs. 1 BGB). Der **Kreditnehmer** bleibt **Eigentümer** der Sache, der **Kreditgeber** wird lediglich **Besitzer.** Kommt der Kreditnehmer seinen Verpflichtungen aus dem Kreditvertrag nicht nach, kann der Kreditgeber das Faustpfand veräußern.

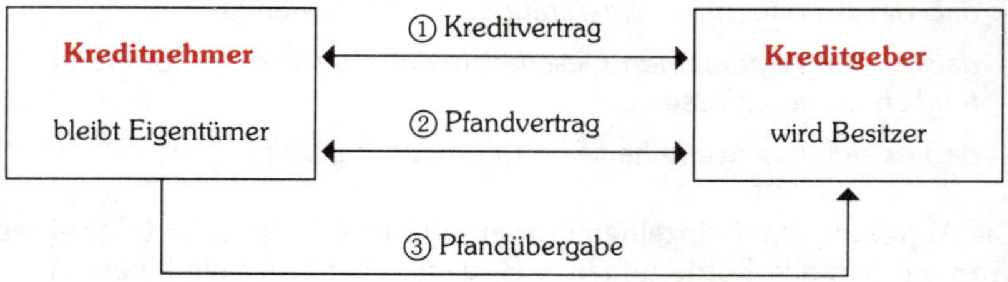

Abb. 26: Lombardkredit.

13.6.2.2 Die Sicherungsübereignung

Übereignung von Sachen

Eine Steuergehilfin nimmt einen Kredit auf zum Kauf eines Autos, ein Steuerberater nimmt einen Kredit auf zur Anschaffung eines Praxiscomputers. In beiden Fällen ist die Sicherung durch Faustpfand weder möglich noch sinnvoll. Der Kreditgeber wäre aus Platzgründen nicht in der Lage, die Sachen als Faustpfand in Verwahrung zu nehmen. Außerdem möchte die Steuergehilfin das Auto benutzen, der Steuerberater möchte den Computer in der Praxis einsetzen. Zur Sicherung des Kredits bietet sich in beiden Fällen die Sicherungsübereignung an.

Bei der Sicherungsübereignung wird das **Eigentum** einer beweglichen Sache auf den **Kreditgeber** übertragen. Der **Kreditnehmer** wird **Besitzer** der Sache und kann über sie verfügen. Die Sicherungsübereignung ist Ersatz für das Faustpfand. Im Gegensatz zum Faustpfand hat der Kreditgeber bei der Sicherungsübereignung lediglich ein „besitzloses Pfandrecht". Die Sicherungsübereignung ist von außen her nicht ersichtlich. Wenn der Kreditnehmer seine Verpflichtungen nicht erfüllt, kann der Kreditgeber die übereigneten Sachen veräußern.

Ist der Kredit vollständig getilgt, geht das Eigentum an der Sache auf den Kreditnehmer über.

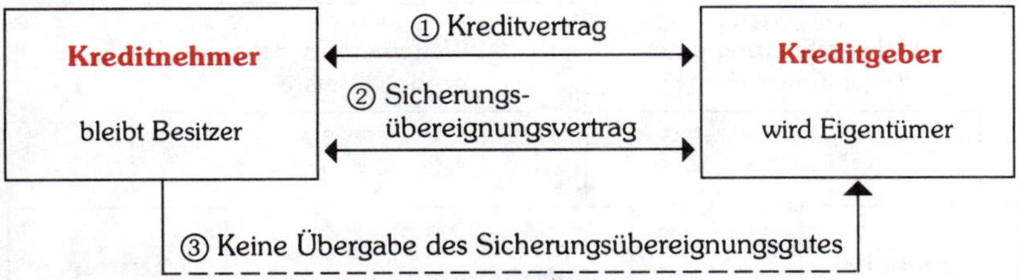

Abb. 27: Sicherungsübereignung.

13.6.2.3 Der Eigentumsvorbehalt

einfacher Eigentumsvorbehalt

Der Eigentumsvorbehalt ist eine Sicherungsmöglichkeit beim Warenkredit. Jeder Warenkauf auf Ziel ist mit dem Risiko des Forderungsverlustes verbunden. Aus Sicherungsgründen vereinbaren viele Käufer **Kauf bzw. Verkauf unter Eigentumsvorbehalt.**

Die bewegliche Sache bleibt hierbei bis zur vollständigen Bezahlung des Kaufpreises Eigentum des Verkäufers (§ 455 BGB) und geht somit im Konkursfall nicht in die Konkursmasse ein.

Der Kaufpreis wird beim Warenkredit somit nicht Zug um Zug mit der Warenübergabe bezahlt, sondern erst zu einem späteren Zeitpunkt. Eigentumsvorbehalt muß zwischen den Vertragspartnern eindeutig vereinbart werden. (Mögliche Klausel in den Lieferungs- und Zahlungsbedingungen: „**Die Ware bleibt bis zur vollständigen Zahlung unser Eigentum.**")

Der einfache Eigentumsvorbehalt ist nur sinnvoll, wenn der Käufer Endverbraucher der Kaufsache ist. Ist der Käufer kein Endverbraucher, sondern möchte er die Kaufsache beispielsweise als Händler weiterveräußern, so wäre dies nicht möglich bis zur völligen Bezahlung des Kaufpreises. Dies wäre aber wenig sinnvoll und würde den Kaufzweck nicht erfüllen. Für diesen Fall bietet sich der verlängerte Eigentumsvorbehalt an.

Beim verlängerten Eigentumsvorbehalt sichert sich der Vorbehaltseigentümer dadurch, daß er sich bei Abschluß des Kaufvertrages die Forderung aus dem Weiterverkauf abtreten läßt (siehe auch Kapitel „Sicherungsabtretung").

Verlängerter Eigentumsvorbehalt

Beim **verlängerten Eigentumsvorbehalt** kann der Vorbehaltskäufer im Gegensatz zum einfachen Eigentumsvorbehalt über die Kaufsache verfügen, d. h. er kann sie an Dritte weiterverkaufen. Der Vorbehaltskäufer tritt in diesem Fall die aus dem Weiterverkauf an den Dritten entstandene Forderung an den Vorbehaltsverkäufer ab.

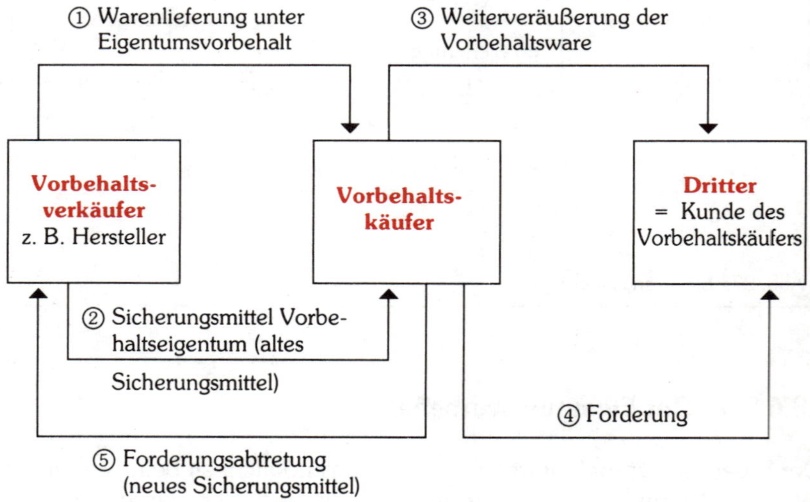

Abb. 28: Verlängerter Eigentumsvorbehalt.

Einfacher und verlängerter EV sind Sicherungsmittel **einer** Kaufsache. Werden mehrere Sachen gleichzeitig oder nacheinander geliefert, kommt als Sicherungsmittel der **erweiterte EV** in Betracht.

Beim erweiterten EV wird vertraglich vereinbart, daß der aus mehreren gelieferten Sachen bestehende EV so lange fortbestehen und erweitert werden soll, bis der Käufer alle Verbindlichkeiten aus sämtlichen Käufen beglichen hat. Das Eigentum geht erst dann auf den Käufer über, wenn **alle** Forderungen des Verkäufers ausgeglichen sind.

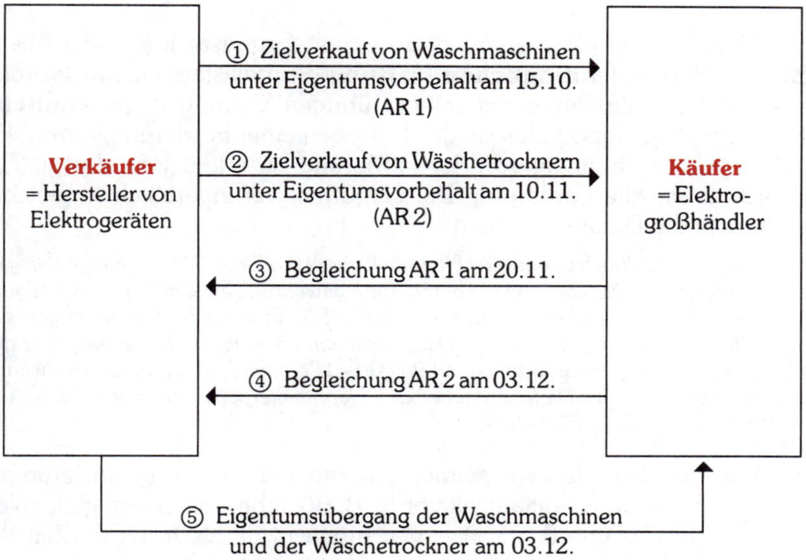

Abb. 29: Erweiterter Eigentumsvorbehalt.

13.6.2.4 Die Grundpfandrechte

Grundbuch

Hierbei sind die Kredite durch die Eintragung eines Grundpfandrechtes im Grundbuch gesichert. Grundpfandrechte sind Hypothek und Grundschuld. Das Grundbuch ist ein öffentliches Verzeichnis aller Grundstücke eines Grundbuchbezirks. Aus dem Grundbuch ist unter anderem ersichtlich:

- *Lage, Größe und Eigentümer eines Grundstücks,*
- *Grundpfandrechte*
- *und sonstige Belastungen.*

Eintragungen im Grundbuch

Das Grundbuch wird beim Amtsgericht geführt. Die Eintragungen im Grundbuch genießen **öffentlichen Glauben:** Jeder kann auf die Richtigkeit der Eintragung vertrauen, es sei denn er weiß, daß es sich um eine unrichtige Eintragung handelt (§ 892 Abs. 1 Satz 1 BGB).

Beispiel: Der Erwerber eines Grundstücks wird neuer Eigentümer, auch wenn der Verkäufer nicht Eigentümer war.

Die Eintragungen erfolgen in chronologischer Reihenfolge. Auf diese Art und Weise ergibt sich eine Rangfolge von Eintragungen. Die Rangfolge bestimmt, wer bei einer Zwangsvollstreckung an erster Stelle, an zweiter Stelle, an dritter Stelle usw. zum Zuge kommt.

13.6.2.4.1 Die Hypothek

Pfandrecht an Grundstücken

Die Hypothek ist ein Pfandrecht an einem Grundstück (§ 1113 Abs. 1 BGB[1]). Neben der **dinglichen Haftung** des belasteten **Grundstücks** haftet der Kreditnehmer mit seinem übrigen Vermögen (**persönliche Haftung**). Die Hypothek setzt das Bestehen einer Forderung voraus. Da die Hypothek abhängig von der Forderung ist, erleidet sie das gleiche Schicksal wie die Forderung: Die Hypothek verringert sich in gleicher Höhe wie die Darlehensschuld.

Beispiel: Im Grundbuch wurde eine Hypothek über 100.000,– DM eingetragen. In gleicher Höhe ist eine Darlehensschuld durch Kreditgewährung entstanden. Durch Tilgung verringert sich die Darlehensschuld auf 90.000,– DM. In gleicher Höhe verringert sich auch die Hypothek. Auf Antrag des Darlehensnehmers muß der Darlehensgeber den Hypothekeneintrag im Grundbuch auf 90.000,– DM abändern. Im Falle der Zwangsvollstreckung kann der Darlehensgeber den Hypothekenschuldner nur in Höhe von 90.000,– DM in Anspruch nehmen.

Noch in den 50er Jahren nahmen Hypothekenbanken Finanzierungen über die gesamte Kreditlaufzeit vor (z. B. 30 Jahre mit einem gleichbleibenden Zinssatz von 8 %). Dies war möglich, da bis zu dieser Zeit der Kapitalmarkt relativ stabil war, so daß es keine großen Zinsschwankungen gab. Da Hypothek und Forderung zusammengehören, gehören auch der Zinssatz für das Darlehen und der Zinssatz für die Hypothek zusammen.

Merkmale der Hypothek

In den Jahren 1976 bis 1981 gab es auf dem Kapitalmarkt Schwankungen bis zu 7 %. Eine Erhöhung der Hypothekenzinsen ist nur mit Zustimmung des Darlehensnehmers und der Nachranggläubiger (das sind Gläubiger, die nach dem 1. Rang im Grundbuch stehen) möglich. Soll der Darlehenszinssatz beispielsweise auf 10 % angehoben werden, muß auch der Hypothekenzins mit 10 % im Grundbuch stehen. Versagt der Darlehensnehmer der Zinserhöhung die Zustimmung, muß die Anpassung unterbleiben. Die Bank kann jedoch die Rückzahlung des Darlehens verlangen.

Wegen der aufgezeigten Nachteile der Hypothek sichern sich die Hypothekenbanken heute ausschließlich durch Grundschulden ab.

13.6.2.4.2 Die Grundschuld

Merkmale der Grundschuld

Die Grundschuld ist wie die Hypothek ein Pfandrecht an einem Grundstück (§ 1191 Abs. 1 BGB). Die Grundschuld setzt das Bestehen einer Forderung nicht voraus. Da Grundschuld und Darlehen voneinander unabhängig sind, brauchen auch Grundschuldzins und Darlehenszins nicht übereinzustimmen. Hypothekenbanken bieten heute i. d. R. einen festen Darlehenszinssatz für 5, 8 oder 10 Jahre an (z. B. 8 Jahre zu 10 %).

[1] Sie erstreckt sich neben dem Grundstück auch auf die Gebäude und das Zubehör (§ 1120 BGB).

Im Grundbuch wird ein wesentlich höherer Grundschuldzinssatz eingetragen (z. B. 20 %). Wird der Darlehenszinssatz nach Ablauf der 8 Jahre erhöht (z. B. auf 12 %), braucht kein neuer Grundbucheintrag zu erfolgen. Im Falle der Zwangsvollstreckung ist der Darlehensgeber berechtigt, den Grundschuldbetrag einschließlich des im Grundbuch eingetragenen Zinssatzes zu fordern. Die Hypothek nimmt im gleichen Maße ab wie sich die Darlehensschuld durch Tilgung verringert. Da die Grundschuld losgelöst ist von der Forderung, nimmt sie auch durch Tilgung nicht ab, d. h. sie bleibt über die gesamte Laufzeit in gleicher Höhe im Grundbuch für den eingetragenen Gläubiger stehen.

Nach dem Gesetz hat der Darlehensgeber bei der Sicherung durch Grundschuld nur eine dingliche Sicherung, nicht aber eine persönliche Sicherung. In der Praxis haftet der Darlehensnehmer aber auf Grund des Darlehensvertrages auch persönlich. Neben der Zwangsvollstreckung in das unbewegliche Vermögen des Schuldners könnte daher der Darlehensgeber versuchen, auf dem Wege des gerichtlichen Mahnverfahrens seinen Anspruch durchzusetzen.

13.6.2.4.3 Die Verwertung der Kreditsicherheiten

Falls der Darlehensnehmer seine Verpflichtungen aus dem Darlehensvertrag nicht erfüllt, hat der Darlehensgeber das Recht, die Zwangsvollstrekkung in das gepfändete Grundstück einzuleiten. *Zwangsvollstreckung*

Beispiel: Ein Darlehensnehmer baut ein Einfamilienhaus im Wert von 250.000,– DM. Die Hypothekenbank beleiht das Haus bis zu 60 %, d. h. der Darlehensnehmer erhält von der Hypothekenbank einen Kredit von 150.000,– DM. Der Restbetrag muß von anderen Darlehensgebern finanziert werden (Nachranggläubiger).

Wir unterstellen, daß das Bankhaus Schäfer 40.000,– DM und die Bausparkasse 60.000,– DM finanzieren.

Das Grundpfandrecht des Bankhauses ist mit dem zweiten Rang eingetragen, das Grundpfandrecht der Bausparkasse mit dem dritten Rang.

1. Rang 150.000,– DM	**2. Rang 40.000,– DM**	**3. Rang 60.000,– DM**

Beträgt der Versteigerungserlös 200.000,– DM, so können der erste und der zweite Rang voll befriedigt werden, der dritte Rang lediglich mit 10.000,– DM.

Neben dem Weg der **Zwangsversteigerung** steht dem Darlehensgeber auch der Weg der **Zwangsverwaltung** offen.

Im Gegensatz zur Zwangsversteigerung bleibt der Darlehensschuldner bei der Zwangsverwaltung Eigentümer des Grundstücks, ihm wird lediglich die Verfügungsmacht über das Haus entzogen und einem Verwalter übertragen. Der Verwalter führt die Mieterträge nach einem Tilgungsplan an die Gläubiger ab.

Beispiel: Ein Mietshaus erbringt einen Mietertrag von 10.000,– DM im Monat. Der Darlehensgeber kann für das Grundstück Zwangsverwaltung beantragen. In diesem Fall fließen bis zur Erfüllung seines Anspruchs dem Darlehensgeber die Mieterträge abzüglich entstehender Kosten zu.

Zwangsversteigerung	Zwangsverwaltung
Befriedigung aus dem **Verkauf** des Grundstücks	Befriedigung aus dem **Ertrag** des Grundstücks

Wiederholungsfragen:

1. Was versteht man unter einem Kredit?
2. Wodurch unterscheidet sich ein Konsumtivkredit von einem Produktivkredit bzw. ein Personalkredit von einem Realkredit?
3. Was versteht man unter Kreditfähigkeit und Kreditwürdigkeit?
4. Welche wichtigen Einzelheiten sollte der Kreditvertrag enthalten?
5. Was versteht man unter einem Lieferantenkredit?
6. Erklären Sie die Darlehensrückzahlung mit fallender Annuität und mit gleichbleibender Annuität!
7. Warum eignet sich ein Kontokorrentkredit nicht für langfristige Vorhaben?
8. Was ist eine Bürgschaft?
9. Wodurch unterscheidet sich die gewöhnliche Bürgschaft von der selbstschuldnerischen Bürgschaft?
10. Wodurch unterscheidet sich die gewöhnliche Bürgschaft von der Ausfallbürgschaft?
11. Was versteht man unter Forderungsabtretung?
12. Wodurch unterscheidet sich die stille von der offenen Zession?
13. Welche Gefahren bestehen für den Kreditgeber bei der stillen Zession?
14. Was versteht man unter einem Akzeptkredit?
15. Was versteht man unter einem Lombardkredit?
16. Beschreiben Sie die Kreditsicherung durch Sicherungsübereignung!
17. Was versteht man unter dem Grundbuch, und wo wird das Grundbuch geführt?
18. Welche Eintragungen enthält unter anderem das Grundbuch?
19. Was versteht man unter Grundpfandrechten?
20. Erklären Sie die Kreditsicherung durch eine Hypothek!
21. Wodurch unterscheidet sich die Hypothek von der Grundschuld?

22. Was versteht man unter der Rangfolge der Grundbucheintragungen, und welche rechtliche Bedeutung hat diese Rangfolge?
23. Wodurch unterscheidet sich die Zwangsvollstreckung von der Zwangsverwaltung?
24. Was versteht man unter einfachem Eigentumsvorbehalt?
25. Wodurch unterscheidet sich der verlängerte Eigentumsvorbehalt vom einfachen Eigentumsvorbehalt?
26. Was versteht man unter erweitertem Eigentumsvorbehalt?

Aufgaben und Fälle zur Sicherung des Lernerfolgs:

1. Ein Steuerberater erwirbt ein Bürogerät im Wert von 7.000,– DM. Bei Zahlung innerhalb von 8 Tagen kann 1 % Skonto abgezogen werden. Erfolgt keine vorzeitige Zahlung, ist der Rechnungsbetrag nach 60 Tagen zu begleichen.
   Lohnt sich die Aufnahme eines Bankkredits zur Ausnutzung des Skontos, wenn die Bank 12 % Zinsen verlangt?
   Der Kredit muß nach Ablauf des Zahlungsziels von 60 Tagen an die Bank zurückbezahlt werden.
2. Fräulein Anke Fuchs hat das Rechenbeispiel zum Lieferantenkredit wenig überzeugt. Sie wendet ein: „Die Rechnung geht nur auf, wenn der Schuldner den Kredit einschließlich Zinsen nach Ablauf des Zahlungsziels zurückzahlen kann."
   Können Sie Fräulein Fuchs davon überzeugen, daß unsere Rechnung (fast) stimmt?
3. Ein Darlehen über 20.000,– DM soll bei einem Zinssatz von 10 % in 5 gleichen Jahresraten getilgt werden.
   Stellen Sie einen Tilgungsplan bei Tilgung mit fallender Annuität auf!
4. Anita Burgsmüller, Pommernstr. 2, 6730 Neustadt, gewährt am 11.11.1989 ihrer besten Freundin Irene Walsch, Rosenstr. 7, 6730 Neustadt, ein privates Darlehen über 1.000,– DM. Es wurde vereinbart, daß das Darlehen in einem Betrag am 11.11.1990 einschließlich 4 % Zinsen zurückzuzahlen ist.
   a) Wann verjährt die Rückzahlung des Darlehens?
   b) Wann verjährt der Zinsanspruch von Anita Burgsmüller?
   c) Wie hoch ist der Rückzahlungsbetrag?
5. Welche der folgenden Aussagen über den Eigentumsvorbehalt sind richtig/falsch?
   a) Der Verkäufer der unbeweglichen Sache bleibt Eigentümer bis zur vollständigen Bezahlung des Kaufpreises.

b) Der Käufer wird lediglich Besitzer und kann die bewegliche Sache weiterverkaufen.

6. Inwiefern kann man sagen, daß die Grundschuld ohne Schuldgrund ist?

7. Das Grundpfandrecht der Bank A in Höhe von 80.000,– DM ist mit dem 1. Rang eingetragen, das der Bank B in Höhe von 50.000,– DM mit dem 2. Rang, das der Bank C in Höhe von 40.000,– DM mit dem 3. Rang, während das Pfandrecht der Bank D in Höhe von 20.000,– DM mit dem 4. Rang eingetragen ist. Wie werden die Darlehensgeber befriedigt, wenn der Versteigerungserlös 140.000,– DM beträgt?

8. Um Welche Art von Eigentumsvorbehalt handelt es sich bei den folgenden Kaufvertragsklauseln?
   a) „Wir behalten uns das Eigentum an den von uns gelieferten Waren bis zur völligen Bezahlung unserer gesamten Forderungen vor."
   b) Zur Sicherung unserer Kaufpreisforderung treten Sie die Ihnen aus der Weiterveräußerung zustehende Forderung ab."

9. Stellen Sie lt. der abgebildeten Übersicht die Möglichkeit der Einrede der Vorausklage bei den Bürgschaftsarten gegenüber!

Bürgschaftsart	Einrede der Vorausklage
gewöhnliche Bürgschaft	
Ausfallbürgschaft	
selbstschuldnerische Bürgschaft	

10. Irene Walsch (siehe Aufgabe 4) nimmt den Kredit bei der Sparkasse Neustadt auf und bittet Anita Burgsmüller, die Bürgschaft zu übernehmen.
    Bestimmen Sie die Bürgschaftsart in den folgenden Bürgschaftserklärungen!
    a)

> Ich, Anita Burgsmüller, Pommernstr. 2, 6730 Neustadt, übernehme die Bürgschaft gegenüber der Stadtsparkasse Neustadt für Fräulein Irene Walsch, Rosenstr. 7, 6730 Neustadt, gewährte Darlehen in Höhe von 1.000,– DM (in Worten: eintausend). Ich verzichte auf die Einrede der Vorausklage.
>
> Neustadt, den 11.11.1989
>
> Anita Burgsmüller
>
> (Bürge)

b)

Fräulein Irene Walsch, Rosenstr. 7, 6730 Neustadt, erhielt von der Stadtsparkasse Neustadt ein Darlehen in Höhe von 1.000,– DM (in Worten: eintausend). Für dieses Darlehen übernehme ich, Anita Burgsmüller, Pommernstr. 2, 6730 Neustadt, die Bürgschaft gegenüber der Stadtsparkasse Neustadt.

Neustadt, den 11.11.1989

Anita Burgsmüller

(Bürge)

c)

Für das Fräulein Irene Walsch, Rosenstr. 7, 6730 Neustadt, gewährte Darlehen in Höhe von 1.000,– DM (in Worten: eintausend) übernehme ich, Anita Burgsmüller, Pommernstr. 2, 6730 Neustadt, die Bürgschaft gegenüber der Stadtsparkasse Neustadt unter der Bedingung, daß ich erst in Anspruch genommen werden kann, wenn alle gesetzlichen Vollstreckungsmaßnahmen in das Vermögen von Fräulein Walsch erfolglos waren.

Neustadt, den 11.11.1989

Anita Burgsmüller

(Bürge)

14 Investition und Finanzierung

Jeder Betrieb braucht zur Verwirklichung seiner Ziele finanzielle Mittel. Ständig wird Kapital gebunden (Beschaffung von Vermögenswerten) und Kapital freigesetzt (Verkauf von Wirtschaftsgütern). Unter Finanzierung versteht man alle Maßnahmen, für die betrieblichen Ziele Geld zu beschaffen und einzusetzen.

Finanzielle Mittel sind nicht nur bei Neugründung des Betriebes erforderlich. Der betriebliche Leistungsprozeß schafft ständig Finanzierungsanlässe:

- Neue Maschinen müssen gekauft werden.
- Alte Produktionsanlagen werden durch neue ersetzt.
- Lieferantenrechnungen, Löhne und Gehälter sind zu zahlen.
- Steuertermine stehen ins Haus.
- Kredite müssen getilgt werden.

Begriff

Der Begriff Investition ist aus dem lateinischen Wort Investierung abgeleitet. **Investierung** bedeutet **einkleiden**, bekleiden, in ein Amt einführen, mit dem Zeichen der Amtswürde bekleiden. Betriebswirtschaftlich bedeutet Investierung (Investition) die Einkleidung („Ausstaffierung") eines Betriebes mit Sach- und Finanzvermögen, d.h. die Beschaffung von Vermögenswerten.

Unter Investition versteht man die Verwendung der finanziellen Mittel für Vermögenswerte (**Umwandlung von Geldkapital in Sachkapital**). Machen wir uns den Zusammenhang zwischen Finanzierung und Investition anhand einer Bilanz klar:

<table>
<tr><th>Aktiva</th><th colspan="2">Bilanz zum 31.12.19..</th><th>Passiva</th></tr>
<tr><td rowspan="2">Gesamt-vermögen</td><td>Anlagevermögen</td><td>Eigenkapital</td><td rowspan="2">Gesamt kapital</td></tr>
<tr><td>Umlaufvermögen</td><td>Fremdkapital</td></tr>
<tr><td colspan="2">Investitionsseite</td><td colspan="2">Finanzierungsseite</td></tr>
<tr><td colspan="2">Wofür wurden die finanziellen Mittel verwendet?
(Mittelverwendung)</td><td colspan="2">Woher kommen die finanziellen Mittel?
(Mittelherkunft)</td></tr>
<tr><td colspan="2">Geld anlegen</td><td colspan="2">Geld hergeben</td></tr>
</table>

Finanzierung

Die Finanzierungsseite zeigt, wer Kapitalgeber ist. Das Eigenkapital hat der Eigentümer des Betriebes selbst aufgebracht. Das Fremdkapital stammt von fremden Kapitalgebern.

Investition

Die Investitionsseite zeigt, welche Vermögenswerte mit den finanziellen Mitteln angeschafft worden sind (Anlagevermögen und Umlaufvermögen).

Zur Aufrechterhaltung der Liquidität (Zahlungsbereitschaft = Fähigkeit, seinen Zahlungsverpflichtungen nachzukommen) werden jederzeit finanzielle Mittel benötigt. Zahlungsunfähigkeit führt zur Eröffnung des Konkursverfahrens.

Die nachfolgende Abbildung zeigt noch einmal den Zusammenhang zwischen Finanzierung und Investition.

Zusammenhang Investition und Finanzierung

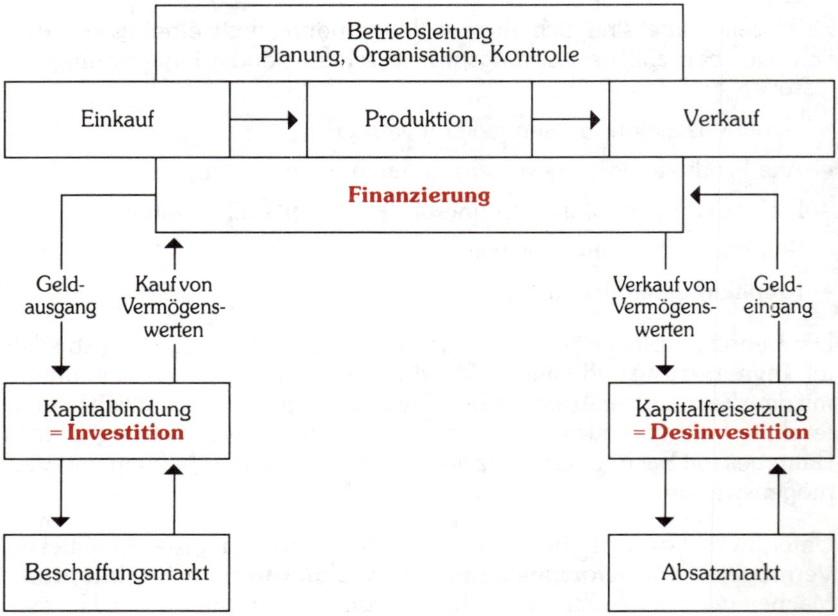

14.1 Finanzierungsarten

Im Finanzbereich eines Betriebes vollziehen sich ständig Prozesse der Kapitalbeschaffung und Kapitalverwendung sowie Prozesse der Kapitalbindung und Kapitalfreisetzung.

Kapitalbeschaffung = Voraussetzung
Kapitalverwendung = Folge

Kapitalbindung = Voraussetzung
Kapitalfreisetzung = Folge

Finanzierungsbegriff

Unter **Finanzierung** versteht man die zweckgerichtete **Kapitalbeschaffung in Form von Eigen- oder Fremdkapital**. Die Finanzierungsprozesse können die Bilanz auf unterschiedliche Art und Weise verändern.

Auswirkungen der Finanzierungsprozesse in der Bilanz	
Aktivtausch	Aktiv-Passivmehrung
Änderung des Vermögens in seiner Zusammensetzung	Kapitalerhöhung
Umschichtung von Vermögenswerten	Zuführung von Eigen- oder Fremdkapital

Die folgende Übersicht zeigt Finanzierungsarten in einer Gesamtschau:

Finanzierungsarten

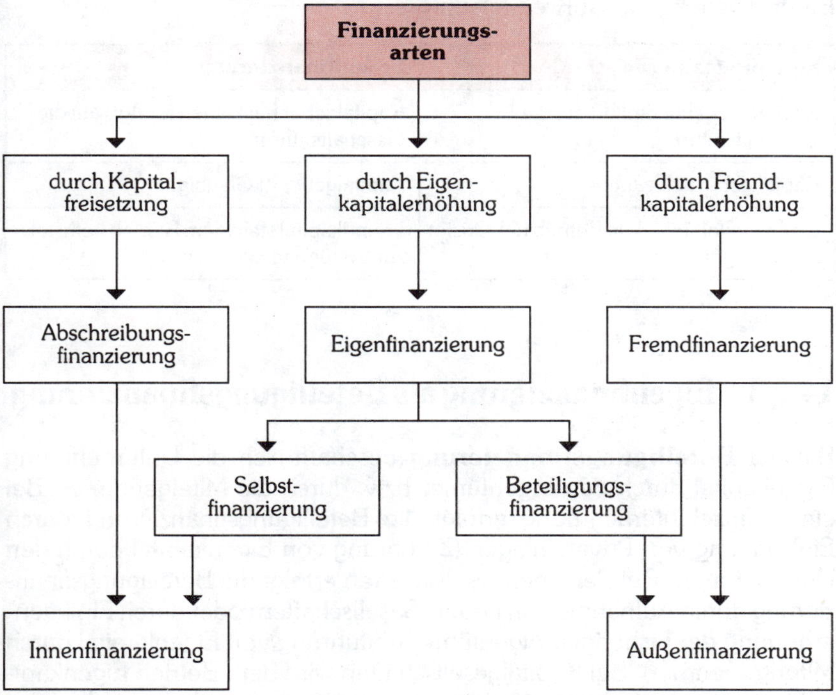

14.1.1 Außen- und Innenfinanzierung

Außen- und Innenfinanzierung

Nach der **Herkunft des Kapitals** unterscheidet man **Außen- und Innenfinanzierung**. Bei der Innenfinanzierung kommt das Kapital aus dem Betrieb selbst. Bei der Außenfinanzierung fließt dem Betrieb Kapital von außen zu.

14.1.2 Eigen- und Fremdfinanzierung

Eigen-finanzierung

Fremd-finanzierung

Nach der **Rechtsstellung des Kapitalgebers** unterscheidet man **Eigen- und Fremdfinanzierung**. Bei der Eigenfinanzierung wird das Kapital von dem Eigentümer (oder den Eigentümern) des Betriebes aufgebracht (Haftungskapital). Eigenfinanzierung bedeutet Kapitalaufbringung aus eigenem Vermögen (Erbschaft, Ersparnis, Heirat), d.h. Finanzierung aus eigenen Mitteln (Einlagen, Übernahme von Aktien, Leistungen von Stammeinlagen). Sofern es sich nicht um Einzelunternehmen handelt sondern um Gesellschaftsunternehmen, bezeichnet man die Finanzierung durch die Teilhaber als Beteiligungsfinanzierung. Bei der Fremdfinanzierung stammt das Kapital von fremden Kapitalgebern (Gläubigerkapital). Nimmt der Betrieb zur Beschaffung von zusätzlichem Kapital einen Kredit auf, spricht man von **Kreditfinanzierung**. Der Kreditgeber ist nicht am Betrieb beteiligt, er ist Kreditgläubiger.

Eigenfinanzierung	**Fremdfinanzierung**
Kapitalgeber hat Einfluß auf die Geschäftsführung	Kapitalgeber hat keinen Einfluß auf die Geschäftsführung
Kapitalgeber ist Teilhaber	Kapitalgeber ist Gläubiger
Eigenkapital steht dem Betrieb unbefristet zur Verfügung	Fremdkapital steht dem Betrieb befristet zur Verfügung

14.1.3 Eigenfinanzierung als Beteiligungsfinanzierung

Beteiligungs-finanzierung

Bei der **Beteiligungsfinanzierung** beschafft sich die Unternehmung Eigenkapital durch den Eigentümer bzw. durch die Miteigentümer. Bei einer Einzelunternehmung erfolgt die Beteiligungsfinanzierung durch Einbringung von Privateinlagen (Zuführung von Eigenkapital durch den Unternehmer). Bei Personengesellschaften erfolgt die Beteiligungsfinanzierung durch Aufnahme von neuen Gesellschaftern oder durch Einlagenerhöhung der bisherigen Eigentümer (Zuführung von Eigenkapital durch Mitunternehmer). Bei Kapitalgesellschaften wird dem Betrieb Eigenkapital durch den Erwerb von Anteilen an einer Kapitalgesellschaft zugeführt (Aktien, GmbH-Anteile). Mit der Überlassung von Eigenkapital haben die Kapitalgeber Rechte erworben (Gewinnanspruch, Anspruch auf Beteiligung am Liquidationserlös).

Fremdkapitalgeber	**Eigenkapitalgeber**
Anspruch auf Rückzahlung des zur Verfügung gestellten Kapitals	Kein Rückzahlungsanspruch
Anspruch auf feste Verzinsung des zur Verfügung gestellten Kapitals	Kein fester Verzinsungsanspruch

14.1.4 Eigenfinanzierung als Selbstfinanzierung

Selbst finanzierung

Bei der **Selbstfinanzierung** erfolgt eine **Kapitalzuführung aus zurückbehaltenen** (nicht ausgeschütteten) **Gewinnen** (Gewinnthesaurierung; thesaurieren = gr.-lat. Geld oder Edelmetall horten). Wir sprechen von offener Selbstfinanzierung, wenn die erzielten Gewinne offen in der Bilanz ausgewiesen werden. Bei Personengesellschaften wird der nicht ausgeschüttete Gewinn den Eigenkapitalkonten der Vollhafter zugeschrieben. Selbstfinanzierung ist somit Finanzierung aus eigener Kraft.

Beispiel: An einer OHG sind Gesellschafter A am 01.01.19.. mit 180.000,– DM und Gesellschafter B mit 120.000,– DM beteiligt. Der Gewinn in Höhe von 120.000,– DM ist nach handelsrechtlichen Bestimmungen zu verteilen. Die Privatentnahmen des Gesellschafters A betrugen im laufenden Jahr 20.000,– DM, die Privatentnahmen von B 12.000,– DM. Es wurden abweichend von § 122 Abs. 1 HGB vertraglich Privatentnahmen bis zu 20% vereinbart.

Gewinnverteilung ohne Verzinsung der Kapitalbewegungen:

Gesell-schafter	Kapital-einlage am 01.01.19..	4% Ver-zinsung	Rest-gewinn	Privatent-nahmen	Gesamt-gewinn	Kapital am 31.12.19..
A	180.000,–	7.200,–	54.000,–	20.000,–	61.200,–	221.200,–
B	120.000,–	4.800,–	54.000,–	12.000,–	58.800,–	166.800,–
	300.000,–	12.000,–	108.000,–	32.000,–	120.000,–	388.000,–

Die Konten zeigen folgende Entwicklung:

S	Eröffnungsbilanz		H
		Eigenkapital	300.000,–

S	Kapitalkonto A		H
Privatentnahmen	20.000,–	Anfangsbestand	180.000,–
Schlußbestand	221.200,–	Gewinnanteil	61.200,–

offene Selbstfinanzierung = 88.000,– DM

S	Kapitalkonto B		H
Privatentnahmen	12.000,–	Anfangsbestand	120.000,–
Schlußbestand	166.800,–	Gewinnanteil	58.800,–

S	Schlußbilanz		H
		Eigenkapital	388.000,–

Hinweis: Die Gewinnanteile des Kommanditisten einer KG werden nur so lange seinem Eigenkapitalkonto gutgeschrieben, bis der Kapitalanteil voll eingebracht ist. Ist der Kapitalanteil voll eingebracht, werden die Gewinnanteile nicht mehr dem Eigenkapitalkonto gutgeschrieben, sondern auf das Verbindlichkeitskonto „Gewinnanteil Kommanditist“ oder „sonstige

Verbindlichkeit" gebucht, da Kommanditisten nur mit ihrer Kapitaleinlage haften. Der Kommanditist trägt somit nicht zur Selbstfinanzierung bei, da sein Gewinnanteil kein Eigenkapital, sondern Schulden für die KG darstellt.

Selbstfinanzierung und Beteiligungsfinanzierung sind Formen der Eigenfinanzierung.

offene Selbstfinanzierung

Die **offene Selbstfinanzierung** bei einer AG ist aus den Gewinnrücklagen (gesetzliche Rücklagen, Rücklage für eigene Anteile, satzungsmäßige Rücklagen, andere Rücklagen) ersichtlich. Zurückbehaltene Gewinne werden als Gewinnrücklagen gebucht. Gewinnrücklagen sind direkt aus der Bilanz ersichtlich, d.h. sie sind in ihrer Höhe offen ausgewiesen (offene Selbstfinanzierung).

stille Selbstfinanzierung

Stille (versteckte) **Selbstfinanzierung** ist nicht direkt aus der Bilanz ersichtlich. Stille Selbstfinanzierung entsteht durch Überbewertung von Passivposten oder Unterbewertung von Aktivposten. Stille Reserven können beispielsweise in dem Aktivposten „Unbebaute Grundstücke" stecken. Betragen die Anschaffungskosten eines Grundstücks 300.000,– DM (oberster zulässiger Bilanzansatz) und sein Verkehrswert liegt bei 500.000,– DM, so sind stille Reserven von 200.000,– DM gebildet worden. Auf der Passivseite könnten in den Rückstellungen stille Reserven stecken, wenn aus übertriebener Vorsicht überhöhte Rückstellungen gebildet wurden (z.B. bei Rückstellungen für ungewisse Verbindlichkeiten in einem Schadensprozeß). In beiden Fällen ist das Eigenkapital um die stillen Reserven in der Bilanz zu niedrig ausgewiesen. Der zu versteuernde Gewinn ist somit ebenfalls zu niedrig ausgewiesen. Stille Reserven werden aufgelöst

- wenn die unterbewerteten Grundstücke verkauft werden, oder
- wenn die tatsächlich gezahlten Schadensersatzansprüche geringer sind als die gebildeten Rückstellungen für die Zahlung.

Vorteile der Selbstfinanzierung	**Nachteile** der Selbstfinanzierung
1. keine Finanzierungskosten	1. Gefahr der Kapitalfehlleitung (Fehlinvestition)
2. Steigerung der Kreditwürdigkeit	2. Gefahr der Auseinandersetzung mit den Anteilseignern
3. keine Abhängigkeit vom Kapitalgeber	

14.1.5 Abschreibungsfinanzierung

Abschreibungen

Die **Kapitalfreisetzung über Abschreibungen** erfolgt über die **Umsatzerlöse**. In den Selbstkosten der Erzeugnisse werden kalkulatorische Abschreibungen verrechnet[1]. Über die Umsatzerlöse wird der kalku-

[1] Aus Vereinfachungsgründen wird unterstellt, daß die kalkulatorischen Abschreibungen gleich den bilanziellen Abschreibungen sind.

lierte Abschreibungsbetrag verdient und eingenommen. Die Finanzierung aus Abschreibungen stellt eine schrittweise Vermögensumschichtung dar. Soweit der Umsatz über die Selbstkosten hinaus einen Gewinn erbringt, erfolgt eine Kapitalneubildung.

Kosten sind der in Geld bewertete Verbrauch von Gütern zur Produktion von Betriebsleistungen. Zur Leistungserstellung werden in einem Industriebetrieb neben Roh-, Hilfs- und Betriebsstoffen auch Anlagen (Maschinen) durch Abnutzung „verbraucht". Die Wertminderung eines Wirtschaftsgutes wird durch die Abschreibungen erfaßt.

Da der Wertverlust nicht direkt erkennbar ist, muß er errechnet werden. Ein Wirtschaftsgut abschreiben bedeutet, rechnerisch den Wert des Wirtschaftsgutes durch Abziehen von Beträgen zu vermindern. Die Abschreibungen verteilen die Anschaffungs- oder Herstellungskosten eines Wirtschaftsgutes auf die Jahre der betriebsgewöhnlichen Nutzung.

Beispiel:

Materialkosten	100.000,–
Personalkosten	50.000,–
Sonstige Kosten	30.000,–
Abschreibungen	20.000,– →
Gesamtkosten	200.000,–

Erlöse	200.000,–
darin enthalten 20.000,– DM Zahlungseingang, der gedanklich auf die Wertminderung der Anlagen entfällt.	

Bei einer Verkaufsmenge von 10.000 Stück im Jahr beträgt der Selbstkostenpreis 20,– DM (darin sind 2,– DM Abschreibungen enthalten). Jede über 20,– DM eingenommene DM bedeutet einen Gewinn und somit Selbstfinanzierung.

Die eingegangenen Zahlungen für die kalkulierten Materialkosten und Personalkosten müssen kurzfristig wieder ausgegeben werden. Der Abschreibungsgegenwert steht aber längere Zeit zur Verfügung, da das Anlagevermögen über einen längeren Zeitraum genutzt wird.

Kapitalfreisetzungseffekt

Bei der Kapitalfreisetzung aus Abschreibungen wird das dem Betrieb zur Verfügung stehende Kapital nicht vergrößert und führt somit nicht zu einer Bilanzverlängerung. Es handelt sich lediglich um einen Aktivtausch, um eine Vermögensumschichtung.

Da die Abschreibungsfinanzierung nur die Aktivseite der Bilanz berührt, wird sie nicht zur Selbstfinanzierung gezählt. Die in den Anlagen investierten finanziellen Mittel werden über die verdienten Abschreibungen nach und nach desinvestiert. Der Wert der Anlagen vermindert sich, die liquiden Mittel erhöhen sich entsprechend. Es hat ein **Kapitalfreisetzungseffekt** stattgefunden.

Beispiel:

S	Maschinen		H
AB	100.000,–	Abschreibungen	10.000,–
		SB	90.000,–

S	Bank		H
Erlöse	10.000,–		

S	G + V-Konten		H
Abschreibungen	10.000,–	Erlöse	10.000,–

S	Schlußbilanz		H
Maschinen	90.000,–		
Bank	10.000,–		

Der Maschinenbestand erscheint in der Bilanz mit 90.000,– DM. Der Bankbestand von 10.000,– DM resultiert aus 10.000,– verdienten Abschreibungen. Da die Abschreibungen als Aufwand im G + V-Konto erscheinen, verbleiben sie im Betrieb und erscheinen nicht als Gewinn.

Kapazitätserweiterungseffekt

Solange die Abschreibungsbeträge im Betrieb bleiben und nicht für Ersatzinvestitionen benötigt werden, erhöhen sie den Bestand an liquiden Mitteln. Wenn der Betrieb die Abschreibungsbeträge fortlaufend für Investitionszwecke ausgibt, kann unter bestimmten Voraussetzungen ohne zusätzliche Finanzierungsmittel der Anlagenbestand vergrößert werden. In diesem Fall kommt zum Kapitalfreisetzungseffekt ein **Kapazitätserweiterungseffekt**.

Beispiel:

Ein Betrieb erwirbt 10 Maschinen.
Anschaffungskosten je Maschine = 5.000,–
Nutzungsdauer je Maschine = 5 Jahre
Abschreibungsmethode = linear
Abschreibungssatz in % = 20
Abschreibungsbetrag in DM = 1.000,–

Die verdienten Abschreibungsbeträge werden fortlaufend reinvestiert. Die folgende Tabelle zeigt die Kapazitätserweiterung bei konstantem Kapitaleinsatz:

Jahr	**Maschinenzahl**			**Summe der verdienten Jahresabschreibungen**	**Buchwert der Maschinen**	**Reinvestition**	**Kapitalfreisetzung** Freies Kapital nach Reinvestition (liquider Abschreibungsrestbetrag)	**Buchwert + Reinvestition + Freies Kapital**
	Zugänge / Kapazitätserweiterung	Abgänge	Bestand					
1	10	–	10	10.000,–	40.000,–	10.000,–	–	50.000,–
2	2	–	12	12.000,–	38.000,–	10.000,–	2.000,–	50.000,–
3	2	–	14	14.000,–	34.000,–	15.000,–	1.000,–	50.000,–
4	3	–	17	17.000,–	32.000,–	15.000,–	3.000,–	50.000,–
5	3	–	20	20.000,–	27.000,–	20.000,–	3.000,–	50.000,–

Jahr	**Maschinenzahl**			**Summe der verdienten Jahresabschreibungen**	**Buchwert der Maschinen**	**Reinvestition**	**Kapitalfreisetzung** Freies Kapital nach Reinvestition (liquider Abschreibungsrestbetrag)	**Buchwert + Reinvestition + Freies Kapital**
	Zugänge Kapazitätserweiterung	Abgänge	Bestand					
6	4	10	14	14.000,–	33.000,–	15.000,–	2.000,–	50.000,–
7	3	2	15	15.000,–	33.000,–	15.000,–	2.000,–	50.000,–
8	3	2	16	16.000,–	32.000,–	15.000,–	3.000,–	50.000,–
9	3	3	16	16.000,–	31.000,–	15.000,–	4.000,–	50.000,–
10	3	3	16	16.000,–	30.000,–	20.000,–	–	50.000,–
11	4	4	16	16.000,–	34.000,–	15.000,–	1.000,–	50.000,–
12	3	3	16	16.000,–	33.000,–	15.000,–	2.000,–	50.000,–

Die Maschinenzahl hat sich bis zum fünften Jahr durch die Reinvestitionen verdoppelt. Im sechsten Jahr sind alle im ersten Jahr angeschafften Maschinen abgeschrieben. Ab dem achten Jahr hat sich der Maschinenbestand konstant auf 16 Maschinen eingependelt. Bei einem Abschreibungssatz von 20% und einem Kapazitätserweiterungseffekt von 10 auf 16 Maschinen beträgt der Erweiterungskoeffizient 1,6.

In dem oben dargestellten Finanzplan tritt der geschilderte Erweiterungseffekt nur unter folgenden Voraussetzungen ein:

1. Preissteigerungen bleiben unberücksichtigt, d.h. die Wiederbeschaffungskosten der Maschinen bleiben unverändert.

2. Die verdienten Abschreibungsbeträge müssen sofort und kontinuierlich für gleichartige Ersatzinvestitionen ausgegeben werden.

Dem Betrieb fließen bis zum Zeitpunkt der Ersatzinvetitionen ständig finanzielle Mittel zu. Es wäre daher unwirtschaftlich, diese finanziellen Mittel solange auf einem Sonderkonto anzusammeln, bis die alten Maschinen ersetzt werden müssen. Wie eben gezeigt, ist es sinnvoll und wirtschaftlich, die verdienten Abschreibungsbeträge sofort für Neuinvestitionen auszugeben. Eine Maschine wird somit nicht aus ihren Abschreibungsbeträgen finanziert, sondern aus irgendwelchen.

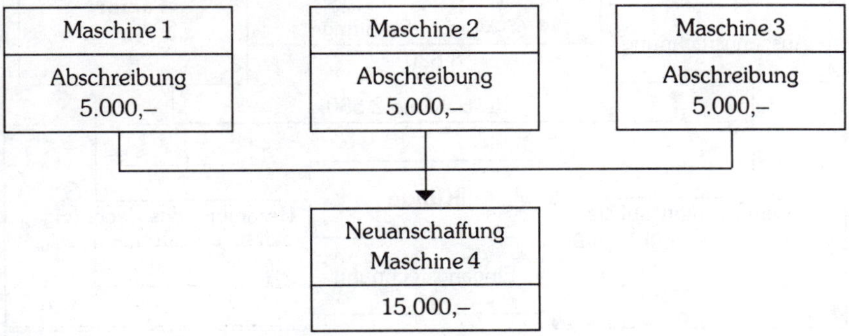

14.2 Besondere Finanzierungsarten

14.2.1 Factoring

Factoring

Die in den USA entwickelte Factoringfinanzierung hat den Zessionskredit in den Hintergrund gestellt. Ein **Factor** (Bank oder Factoring-Gesellschaft) **kauft** von seinen Kunden **Forderungen** aus Warenlieferungen und Leistungen. Betriebswirtschaftlich ist die Factoringfinanzierung der Außenfinanzierung – Fremdfinanzierung zuzuordnen.

Der Factor erwirbt das Eigentum an den gekauften Forderungen. Neben der reinen Finanzierungsfunktion übernimmt somit der Factor das Risiko des Forderungsausfalls (Delkrederefunktion). Dies unterscheidet das Factoring von der Sicherungsabtretung. Es ist allerdings zu beachten, daß der Factor wegen des Delkredererisikos eine Delkrederegebühr kalkuliert und diese seinen Kunden berechnet. Neben der Finanzierungs- und Delkrederefunktion kann der Factor häufig noch Dienstleistungsfunktionen erfüllen (Debitorenbuchhaltung, Inkasso, Mahnwesen und Rechnungsschreibung). Für die Übernahme dieser Funktionen berechnet der Factor neben den Zinsen für die Vorauszahlung eine Factoring-Provision. Bilanziell bewirkt der Vorgang des Factoring einen Aktivtausch: Die Forderungen aus Warenlieferung und Leistung verringern sich, das Bankguthaben/ Postgiroguthaben erhöht sich . Die zusätzlichen finanziellen Mittel können zum Ausgleich von Verbindlichkeiten verwendet werden.

Beispiel:

Verkauf von Warenforderungen zu folgenden Bedingungen:
Warenforderung = 11.400,– DM Vorauszahlung 80% = 9.120,– DM

Der Gegenwert der Vorauszahlung wird unter Abzug der Provision dem Verkäufer der Forderungen vergütet = 8.820,– DM

Zinsen für den Vorschuß, Factoring-Gebühr, Delkrederegebühr = 300,– DM

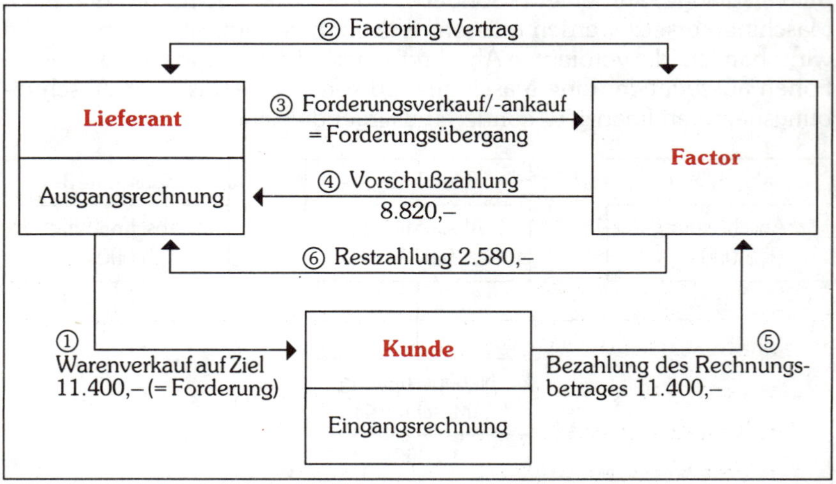

Hinweis: Der Factor zahlt in der Regel beim Kauf der Forderungen nicht den vollen Kaufpreis aus, sondern lediglich eine Anzahlung von z.B. 80%. Der Restbetrag ist fällig, wenn der Schuldner seine Verbindlichkeiten beim Factor beglichen hat.

Vorteile der Factoringfinanzierung für den Kunden	**Nachteile der Factoringfinanzierung** für den Kunden
1. Kein Delkredererisiko 2. Zusätzliche Kapitalzufuhr 3. Kosteneinsparung durch Verminderung der Verwaltungsaufgaben	1. Zins- und Provisionszahlungen für den vom Factor vorfinanzierten Forderungsbestand 2. Kein enger Kundenkontakt 3. Keine sofortige Auszahlung, lediglich Vorschußzahlung

14.2.2 Leasing

Unter **Leasing** versteht man die **Vermietung** oder **Verpachtung** von **Wirtschaftsgütern** gegen Entgelt (Außenfinanzierung-Fremdfinanzierung). *Leasing*

Beim **direkten Leasing** ist der Vermieter (Leasinggeber) gleichzeitig der Hersteller des Wirtschaftsgutes. Ist der Vermieter eine Leasinggesellschaft, die Wirtschaftsgüter vom Hersteller kauft, um sie zu vermieten, spricht man von **indirektem Leasing**

14.2.2.1 Operating-Leasing und Financial-Leasing (Operate-Leasing und Finance-Leasing)

Bei der Ausgestaltung der Leasingverträge unterscheidet man zwischen

- **Operating-Leasing** und
- **Financial-Leasing**.

Operating-Leasing *Finance-Leasing*

Beim Operate-Leasing ist eine Rückgabe des Wirtschaftsgutes während der Vertragsdauer jederzeit möglich, beim Finance-Leasing kann das Wirtschaftsgut während der Grundmietzeit nicht zurückgegeben werden. Die Leasingverträge werden meist langfristig abgeschlossen und sind während der Grundmietzeit, die kürzer als die betriebsgewöhnliche Nutzungsdauer ist, unkündbar. Bei Vertagsabschluß kann der Leasingnehmer für die Zeit nach der Grundmiete zwischen mehreren Vertragsvarianten wählen. Er hat die Möglichkeit,

- den Vertrag zu wesentlich ermäßigten Leasingraten zu verlängern,
- den Kauf des Leasinggegenstandes zu vereinbaren oder
- den Vertrag mit automatischem Eigentumsübergang abzuschließen.

Sale and lease back

Eine Sonderform des Financial-Leasing ist das sog. „Sale-and-lease-back" (verkaufe und miete wieder). Hierbei verkauft der Leasingnehmer bereits von ihm genutzte Investitionsgüter an eine Leasinggesellschaft und mietet sie darauf im Leasingverfahren wieder von dieser Gesellschaft.

Beim Operating-Leasing hat der Leasingnehmer während der Laufzeit die Möglichkeit, den Vertrag unter Einhaltung einer Kündigungsfrist zu kündigen, ohne daß weitere Kosten auf ihn zukommen. Der Leasinggeber trägt somit das volle Investitionsrisiko. Im Rahmen des Operating-Leasings bietet sich auch die Möglichkeit eines „Maintenance-Leasing" (= Full Service-Vertrag). Der Leasinggeber übernimmt dann auch bestimmte Nebenleistungen für den Leasinggegenstand (z.B. Wartung, Reparatur oder Versicherung).

14.2.2.2 Die steuerrechtliche Behandlung von Leasing-Verträgen

Für die steuerrechtliche Zuordnung des Leasingobjektes ist das wirtschaftliche Eigentum am Wirtschaftsgut maßgebend. Beim Operate-Leasing wird der Leasing-Gegenstand dem Leasinggeber zugerechnet, der ihn als Eigentümer mit den Anschaffungs- oder Herstellungskosten in seiner Bilanz aktiviert und über die Jahre der betriebsgewöhnlichen Nutzungsdauer abschreibt. Die Leasingraten sind für den Leasinggeber Betriebseinnahmen und für den Leasingnehmer Betriebsausgaben.

Leasingraten

Nach einem Erlaß des Bundesfinanzministeriums (BStBl. 1971 I, S. 264) wird der **Leasing-Gegenstand** dem **Leasinggeber zugerechnet**, wenn die **Grundmietzeit mindestens 40%** und **höchstens 90%** der betriebsgewöhnlichen Nutzungszeit **beträgt**.

Beispiel: Ein Lkw (Anschaffungskosten 50.000,– DM) hat eine betriebsgewöhnliche Nutzungsdauer von 4 Jahren. Es erfolgt eine Zurechnung

a) beim Leasingnehmer, wenn die Grundmietzeit 18 Monate = 37,5% beträgt.

b) beim Leasinggeber, wenn die Grundmietzeit 30 Monate = 62,5% beträgt.

bilanzielle Behandlung

In Fall a) muß der Leasingnehmer den Lkw mit 50.000,– DM auf der Aktivseite seiner Bilanz aktivieren. In gleicher Höhe entsteht auf der Passivseite der Bilanz eine Verbindlichkeit gegenüber dem Leasinggeber. Der Leasingnehmer schreibt den Lkw über die Jahre der betriebsgewöhnlichen Nutzungsdauer ab. Der Leasinggeber aktiviert die 50.000,– DM in seiner Bilanz als Forderung.

Hinweis: Neben dem Leasing von beweglichen Wirtschaftsgütern (Mobilien-Leasing) gibt es auch noch das Leasing von unbeweglichen Wirtschaftsgütern (Immobilien-Leasing; bebaute Grundstücke).

Nach den Leasing-Erlassen ergeben die folgenden Möglichkeiten der Zurechnung beweglicher Wirtschaftsgüter:

Zuordnung des Leasingobjektes

Zuordnung zum	**ohne Optionsrecht**	**mit Kaufoption**	**mit Mietverlängerungsoption**
Leasinggeber	Grundmietzeit 40 – 90% der Nutzungsdauer des Wirtschaftsgutes	Grundmietzeit 40 – 90% der Nutzungsdauer des Wirtschaftsgutes **und** der Optionskaufpreis ist größer als Restbuchwert	Grundmietzeit 40 – 90% der Nutzungsdauer des Wirtschaftsgutes und die Anschlußmiete ist größer als Wertverzehr des Wirtschaftsgutes
Leasingnehmer	Grundmietzeit weniger als 40% oder mehr als 90% der Nutzungsdauer des Wirtschaftsgutes	Grundmietzeit weniger als 40% oder mehr als 90% der Nutzungsdauer des Wirtschaftsgutes **oder** wenn bei einer Grundmietzeit von mindestens 40% und höchstens 90% der Nutzungsdauer der Optionspreis kleiner als Restbuchwert ist	Wenn die Grundmietzeit weniger als 40% oder mehr als 90% der Nutzungsdauer des Wirtschaftsgutes ist **oder** wenn bei einer Grundmietzeit von mindestens 40% und höchstens 90% der Nutzungsdauer die Anschlußmiete kleiner als der Wertverzehr des Wirtschaftsgutes ist

Vor- und Nachteile

Vorteile der Leasingfinanzierung für den Leasingnehmer	**Nachteile der Leasingfinanzierung für den Leasingnehmer**
1. Erhöhung der Liquidität (Miete statt Kauf) 2. Jeweils neuester Stand der Technik 3. Service-Übernahme durch Leasinggeber 4. Abzugsfähigkeit der Leasinggebühr als Betriebsausgabe	1. Hohe Miet- und Pachtzinsen 2. Summe der Leasingraten ist höher Kaufpreis

Auf der folgenden Seite sehen sie abschließend einen Vergleich zwischen Barkauf, Finanzierung und Leasing am Beispiel eines Autoerwerbs.

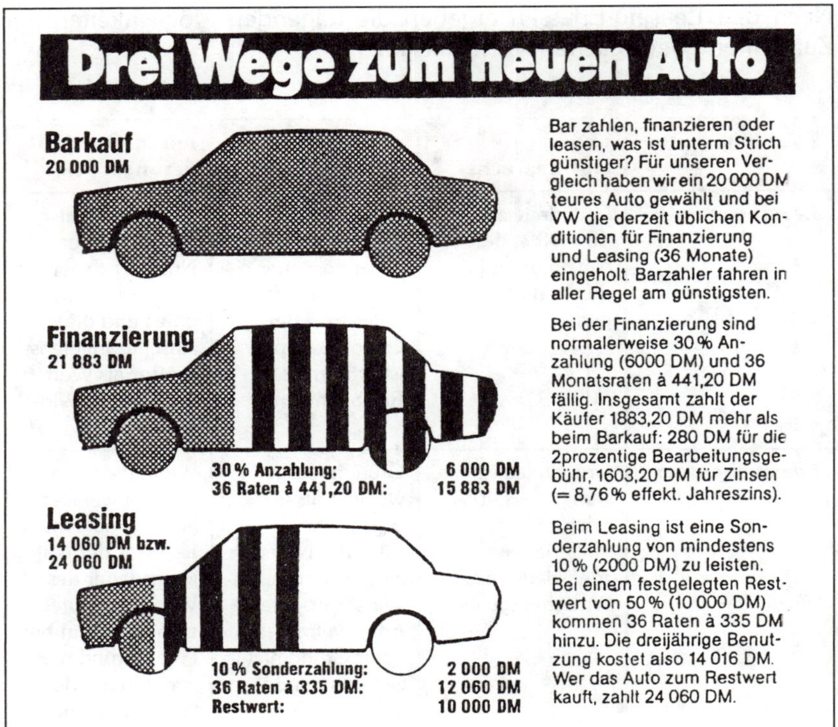

Abb. 30

Quelle: ADAC-Heft

14.3 Finanzierungsregeln

Finanzierungsregeln

Finanzierungsregeln bzw. Finanzierungsgrundsätze dienen

1. **nachträglich** der Beurteilung von Finanzierungsmaßnahmen auf Grund von Bilanzen und
2. **vorschauend** als unternehmerische Entscheidungshilfe bei der Beurteilung von Finanzierungsmöglichkeiten.

In Anlehnung an die Aufbereitung der Bilanz in Kennzahlen (Bilanzkennzahlen), spricht man von **horizontalen** und **vertikalen Finanzierungsregeln**.

14.3.1 Vertikale Finanzierungsregeln

a) **Finanzierungsgrundsatz für das Verhältnis von Eigenkapital und Fremdkapital**

1:1 Regel

Nach der sogenannten 1:1-Regel soll die Obergrenze für das Verhältnis von Eigenkapital und Fremdkapital in etwa die Gleichheit von eigenen und fremden Mitteln sein.

Verschuldungsgrad		→	Erwünschtes Finanzierungsverhältnis
Fremdkapital	100.000,–		1
Eigenkapital	100.000,–		1

b) **Finanzierungsgrundsatz für das Verhältnis zwischen Umlaufvermögen und kurzfristigen Verbindlichkeiten**

2:1 Regel

Nach der sogenannten 2:1-Regel soll das Umlaufvermögen zur Hälfte aus kurzfristigen Verbindlichkeiten finanziert werden.

Umlaufvermögen		→	Erwünschtes Finanzierungsverhältnis	
Umlaufvermögen 100.000,–	kurzfristige Verbindlichkeiten 50.000,–		2	1

14.3.2 Horizontale Finanzierungsregeln

a) **Finanzierungsgrundsatz für das Anlagevermögen**

Anlagevermögen und Eigenkapital sollen in etwa gleich groß sein. Nach diesem Grundsatz ist das Anlagevermögen möglichst mit Eigenkapital zu finanzieren, allenfalls mit langfristigem Fremdkapital.

horizontale Finanzierungsregeln

Fristenübereinstimmung	
Anlagevermögen	Eigenkapital und langfristiges Fremdkapital
Bindungsdauer fünf Jahre	Rückzahlungsfrist fünf Jahre

b) Finanzierungsgrundsatz für das Verhältnis vom Kapital und Vermögen

Nach der goldenen Bankregel (auch goldene Bilanzregel genannt) soll Anlagevermögen nicht mit kurzfristigem Fremdkapital finanziert werden, damit der Betrieb bei Fälligkeit der kurzfristig aufgenommenen Mittel nicht in Schwierigkeiten kommt. Kurzfristiges Fremdkapital sollte zur Finanzierung des Umlaufvermögens zur Verfügung stehen.

Fristenübereinstimmung	
Umlaufvermögen	kurzfristiges Fremdkapital
Bindungsdauer drei Monate	Bindungsdauer drei Monate

Wiederholungsfragen:

1. Welcher Zusammenhang besteht zwischen Finanzierung und Investition?
2. Erklären Sie die folgenden Finanzierungsarten: Außenfinanzierung, Innenfinanzierung, Eigenfinanzierung, Fremdfinanzierung!
3. Was versteht man unter Selbstfinanzierung?
4. In welcher Form erfolgt die Selbstfinanzierung bei Personengesellschaften bzw. bei Kapitalgesellschaften?
5. Wodurch unterscheidet sich die offene Selbstfinanzierung von der stillen Selbstfinanzierung?
6. Wie kann es zur Bildung von stillen Reserven kommen?
7. Nennen Sie Vor- und Nachteile der Selbstfinanzierung!
8. Was versteht man unter Factoring?
9. Wodurch unterscheidet sich die Factoringfinanzierung vom Zessionskredit?
10. Welche Funktionen übernimmt der Factor?
11. Nennen Sie Vor- und Nachteile der Factoringfinanzierung für den Kunden!
12. Was versteht man unter Leasing?
13. Wodurch unterscheidet sich das Operating-Leasing vom Financial-Leasing?
14. Wie werden Leasingverträge steuerlich behandelt?
15. Nennen Sie Vor- und Nachteile der Leasingfinanzierung für den Leasingnehmer!

Aufgaben und Fälle zur Sicherung des Lernerfolgs:

1. An einer KG sind Komplementär A mit 220.000,– DM und Kommanditist B mit 60.000,– DM beteiligt. Der Jahresgewinn lt. GuV-Rechnung in Höhe von 90.000,– DM soll nach handelsrechtlichen Bestimmungen verteilt werden (Hinweis: Rest im Verhältnis 3:1). Die Privatentnahmen des Komplementärs betrugen während des Jahres 18.000,– DM.

   Es wird unterstellt, daß der Kommanditist seine Kapitaleinlage voll eingebracht hat. Wie hoch ist die offene Selbstfinanzierung?

2. Ein geleastes Wirtschaftsgut hat eine betriebsgewöhnliche Nutzungsdauer von 8 Jahren. Wem ist das Wirtschaftsgut zuzurechnen, wenn die Grundmietzeit

   a) 7 Jahre,

   b) 2 Jahre

   beträgt?

3. Ein Betrieb erwirbt sechs Maschinen.
   Anschaffungskosten je Maschine: 3.000,– DM; Nutzungsdauer je Maschine: 5 Jahre; Abschreibungsart: linear.

   a) Stellen sie in Tabellenform einen Finanzplan mit Finanzierung aus Abschreibungen dar. Die verdienten Abschreibungsbeträge werden fortlaufend investiert.

   b) Errechnen Sie den Erweiterungskoeffizient.

4. Wem (Leasinggeber oder Leasingnehmer) ist in den folgenden Fällen der Leasinggegenstand zuzuordnen?

   a) Ein Gewerbetreibender schließt einen Leasing-Vertrag mit Kaufoption ab.
   Anschaffungskosten des Wirtschaftsgutes: 10.000,– DM; Nutzungsdauer: 10 Jahre; AfA-Art: linear; Grundmietzeit: 6 Jahre; Vorgesehener Kaufpreis nach Ablauf der Grundmietzeit: 2.000,– DM.

   b) Ein Gewerbetreibender schließt einen Leasing-Vertrag mit Mietverlängerungsoption.
   Anschaffungskosten des Wirtschaftsgutes: 10.000,– DM; Nutzungsdauer 10 Jahre; Grundmietzeit: 6 Jahre; Vorgesehene Vertragsverlängerung nach Ablauf der Grundmietzeit: 2 Jahre; Vorgesehene Anschlußmiete: 1.000,– DM.

14.4 Wertpapiere

Wertpapierbegriff

Nach dem weiter gefaßten Wertpapierbegriff zählen hierzu alle Urkunden, in denen ein privates Recht in der Weise verbrieft ist, daß zur **Ausübung dieses Rechts** der **Besitz der Urkunde** erforderlich ist.

Nach dem enger gefaßten Wertpapierbegriff zählen hierzu nur die Urkunden, in denen ein privates Recht in der Weise verbrieft ist, daß zur Ausübung dieses Rechts das Eigentum an der Urkunde erforderlich ist („Das Recht *aus* dem Papier folgt dem Recht *am* Papier"). Nur Inhaber- und Orderpapiere zählen hiernach zu den Wertpapieren.

Wertpapier	Recht
Aktie	Der Inhaber dieser Stammaktie ist bei der Siemens AG mit 50,– DM nach Maßgabe der Satzung als Aktionär beteiligt.
Scheck	Zahlen Sie gegen diesen Scheck aus meinem/unserem Guthaben DM fünftausend an den Scheckeinreicher.

Effektenarten nach dem verbrieften Recht und der Rechtstellung des Effekteninhabers	
Gläubigerpapiere verbriefen Forderungsrechte	**Teilhaberpapiere** verbriefen ein Teilhaberrecht
Die Ausgabe von Gläubigerpapieren erhöht das Fremdkapital	Die Ausgabe von Teilhaberpapieren erhöht das Eigenkapital
Obligationen Pfandbriefe	Aktien Kuxe

14.4.1 Äußere Form von Effekten

Effekten bestehen aus zwei Teilen:

Mantel und Bogen

1. Der **Mantel** ist die eigentliche Urkunde. Er verbrieft das Gläubiger- bzw. Teilhaberrecht.
2. Der **Zinsscheinbogen** bzw. **Dividendenscheinbogen** enthält die Zinsscheine bzw. Dividendenscheine (Kupons/Coupons). Alle Kupons sind fortlaufend numeriert. Bei Fälligkeit der Zinsen/Dividenden wird ein Kupon abgetrennt und zur Auszahlung vorgelegt. Sind alle Kupons zur Zahlung vorgelegt worden, erhält der Effenkteninhaber gegen Einsendung des **Erneuerungsscheins (Talon)**, der sich am Ende des Bogens befindet, einen neuen Bogen.

14.4.2 Gläubigereffekten

Der Eigentümer eines Gläubigereffekts hat einen Anspruch auf Verzinsung des Wertpapiers und einen Anspruch auf Rückzahlung des Nennwertes nach Ablauf der festen Laufzeit.

Gläubigerpapiere

Der Zinssatz ist in seiner Höhe genau festgelegt (festverzinsliche Effekten). Die Zinsen werden vom Nennwert (Nominalwert = der Geldbetrag, der auf dem Wertpapier gedruckt ist) berechnet.

Herausgeber (**Emittenten**) von Gläubigereffekten können Unternehmen, Banken oder staatliche Institutionen sein.

Zur Ausübung oder Übertragung der Rechte ist der Besitz der Urkunde notwendig. Die Rechte entstehen durch die Urkunde und können nur in Verbindung mit der Urkunde geltend gemacht werden. Mit der Veräußerung des Wertpapieres geht auch das verbriefte Recht auf den neuen Eigentümer über. Wertpapiere lassen sich nach verschiedenen Gesichtspunkten einteilen.

Übertragbarkeit

Wertpapierarten nach der Übertragbarkeit		
Inhaberpapiere	**Orderpapiere**	**Rektapapiere**
Das Eigentum wird durch Einigung und Übergabe übertragen.	Das Eigentum wird durch Einigung, Übergabe und Indossament übertragen.	Das Eigentum wird durch Einigung, Übergabe und Zession übertragen.
Überbringerscheck, Inhaberlagerschein, Inhaberaktien Banknoten	Wechsel, Namensaktie, Ladeschein, Orderlagerschein, Konnossement und Transportversicherunspolice gem. § 363 HGB	Namenslagerschein

Hinweis: Erhält der Einlagerer lediglich eine Quittung, so ist diese Quittung ebenso wie ein Schuldschein kein Wertpapier, sondern eine Beweisurkunde. Der Verlust des Schuldscheins führt daher nicht zum Verlust des verbrieften Rechts.

Recht

Wertpapierarten nach dem Vermögensrecht		
Geldwertpapiere	**Warenwertpapiere**	**Kapitalwertpapiere**
verbriefen Geldwerte ohne Ertragsanspruch	verbriefen Eigentumsrechte an Waren ohne Ertragsanspruch	verbriefen Beteiligungen an einer Gesellschaft oder Forderungsrechte mit Ertragsanspruch.
Banknote Scheck Wechsel	Ladeschein Lagerschein Konnossement	Gläubigerpapiere Teilhaberpapiere

Kapitalwertpapiere können vertretbar (Gattungssachen: irgendeine XY-Aktie verbrieft die gleichen Rechte) oder nicht vertretbar sein (Stücksachen: der Hypothekenbrief/Grundschuldbrief verbrieft spezielle Rechte; jedes belastete Grundstück ist individuell verschieden). **Vertretbare Wertpapiere** bezeichnet man auch als **Effekten**. Auch Effekten (Wertpapiere im engeren Sinne) können nach verschiedenen Gesichtspunkten eingeteilt werden.

bilanzmäßige Einteilung

Wertpapiere nach der bilanzmäßigen Einteilung (Betriebsvermögen)	
Wertpapiere des Anlagevermögens	**Wertpapiere des Umlaufvermögens**
Wertpapiere des Anlagevermögens stehen dem Betrieb dauerhaft zur Verfügung.	Wertpapiere des Umlaufvermögens stehen dem Betrieb nur vorübergehend zur Verfügung.

Hinweis: Ob ein Wertpapier zum Anlagevermögen oder zum Umlaufvermögen gehört, ergibt sich aus seiner Zweckbestimmung (Absch. 41c Abs. 1 Satz 1 EStR).

Wertpapier	Emittent	Darlehensnehmer
Kommunalobligationen	Hypothekenbanken und öffentlich-rechtliche Kreditanstalten	Gemeinden und Gemeindeverbände
Pfandbriefe	wie oben	Eigentümer von Grundstücken
Anleihen von Bund, Länder und Gemeinden	Bund, Länder, Gemeinden	Bund, Länder, Gemeinden
Industrieobligationen	Unternehmen	Unternehmen

14.4.3 Teilhabereffekten

Teilhaberpapiere

Teilhabereffekten (Aktien) verbriefen folgende Rechte:

- Recht auf Zahlung einer Dividende (Aktien werden daher auch als Dividendenpapiere bezeichnet),
- Teilnahme- und Stimmrecht bei der Hauptversammlung,
- Bezugsrecht bei der Ausgabe junger Aktien,
- Recht auf Liquidationserlös.

Nennwert

Kurswert

Der **Nennwert** der Aktie gibt an, mit wieviel DM der Aktionär an der Aktiengesellschaft beteiligt ist. Der Mindestnennbetrag einer Aktie beträgt 50,– DM. Höhere Nennbeträge müssen auf volle 100,– DM lauten. Der **Kurswert** ist der Preis der Aktie, der sich an der Börse gebildet hat (= Börsenkurs).

Aktien garantieren keine feste Verzinsung, ihr Ertrag schwankt im Zeitablauf (veränderlich verzinsliche Effekten). Aktien werden auch nicht (wie die Gläubigerpapiere) zurückbezahlt.

Übertragbarkeit

Aktienarten nach der Übertragbarkeit		
Inhaberpapiere lauten nicht auf den Namen des Eigentümers (sie enthalten lediglich die Inhaberklausel).	**Namensaktien** lauten auf den Namen des Eigentümers.	**vinkulierte** (gebundene) **Namensaktien** lauten auf den Namen des Eigentümers.
Das Eigentum wird durch Einigung und Übergabe übertragen.	Das Eigentum wird durch Einigung, Übergabe und Indossament übertragen.	Eigentumsübertragung wie bei Namensaktien; die AG muß jedoch der Eigentumsübertragung zustimmen.

Rechte

Aktienarten nach dem verbriefen Recht	
Stammaktien verbriefen für alle Aktionäre gleiche Rechte	**Vorzugsaktien** verbriefen zusätzliche Rechte: – höhere Dividende – garantierte Mindestdividende Hinweis: Nach § 12 Abs. 2 Satz 1 AktG sind Mehrstimmrechtsaktien unzulässig.

Ausgabe

Aktienarten nach dem Zeitpunkt der Ausgabe	
alte Aktien werden bei der Gründung der Aktiengesellschaft ausgegeben.	**junge Aktien** werden bei der Eigenkapitalerhöhung ausgegeben.

Beispiel einer Kapitalerhöhung gegen Einlagen: Das gezeichnete Kapital (Grundkapital) einer AG in Höhe von 100.000,– DM soll um 50.000,– DM erhöht werden. Das Bezugsverhältnis (Verhältnis von bisherigem Grundkapital zu Kapitalerhöhung) beträgt 2 : 1, d.h. auf 2 alte Aktien entfällt eine junge Aktie. Nach der Kapitalerhöhung werden durch Mischung alte und junge Aktien zum gleichen Kurs notiert (Mittelkurs).

	Gezeichnetes Kapital vor Kapitalerhöhung (alte Aktien)	Kapitalerhöhung (junge Aktien)	Gezeichnetes Kapital nach Kapitalerhöhung
Nennwert der Aktien	100.000,– DM	50.000,– DM	150.000,– DM
	180 %	120 %	160 %
Kurs der Aktien	180.000,– DM	60.000,– DM	240.000,– DM

Kurs

Berechnung des Mittelkurses:

2 alte Aktien, Kurswert	*= 360,– DM*
+ 1 junge Aktie, Kurswert	*= 120,– DM*
= 3 Aktien, Kurswert	*= 480,– DM*

⇒ 480,– DM : 3 = 160,– DM Mittelkurswert einer Aktie nach der Kapitalerhöhung.

Die alten Aktien werden zum Kurs von 165 exB gehandelt. Die Aktionäre werden aufgefordert, gegen Einreichung des Gewinnanteilscheines Nr. X der alten Aktien ihr Bezugsrecht bei einer Bezugsstelle auszuüben. Bezugsrechte werden an der Börse gehandelt, sofern die Aktien zur Börse zugelassen sind.

Bezugsrecht

Berechnung des Wertes des Bezugsrechts:

Kurswert einer alten Aktie	*180,– DM*
– Mittelkurswert	*160,– DM*
= Wert des Bezugsrechts einer alten Aktie	*20,– DM*

Der Wert des Bezugsrechts einer alten Aktie gibt den Kursverlust der alten Aktie nach Ermittlung des Mittelkurses an. Der Kursverlust beträgt pro alte Aktie 20,– DM. Der Kursverlust der beiden alten Aktien (40,– DM) wird durch den Kursgewinn der neuen Aktie ausgeglichen:

Mittelkurswert	=	160,– DM
Kurswert einer jungen Aktie	=	120,– DM
= Kursgewinn	=	40,– DM

Der Inhaber von 2 alten Aktien hat das Recht, eine junge Aktie zu erwerben. Der Inhaber von nur einer alten Aktie kann sein Bezugsrecht verkaufen.

Der **Börsenkurs** der Aktie bildet sich auf Grund von Angebot und Nachfrage an der Wertpapierbörse. Der **Bilanzkurs** drückt das Verhältnis zwischen Eigenkapital und Grundkapital aus:

Grundkapital	=	100%
Eigenkapital	=	x % (= Bilanzkurs)

$$\text{Bilanzkurs} = \frac{\text{Eigenkapital} \cdot 100}{\text{Grundkapital}}$$

Der Wert der Aktie liegt über ihrem Nennwert, wenn das Eigenkapital höher ist als das Grundkapital. Der Unterschied zwischen Börsenkurs und Bilanzkurs drückt die vermutete stille Rücklage der Aktie aus.

Beispiele:

Grundkapital	*= 100.000,– DM*
Eigenkapital	*= 220.000,– DM*
Bilanzkurs	*= 220%*

Auf eine Aktie im Nennwert von 100,– DM entfällt zusätzlich ein Eigenkapital in Höhe von 120,– DM. Beläuft sich der Börsenkurs der Aktie auf 300,– DM, wird ein Anteil an stillen Rücklagen von 80,– DM pro Aktie vermutet.

BASF

BASF Aktiengesellschaft, Ludwigshafen am Rhein

Bezugsangebot

Der Vorstand unserer Gesellschaft hat mit Zustimmung des Aufsichtsrats beschlossen, von der ihm satzungsgemäß eingeräumten Ermächtigung (genehmigtes Kapital) Gebrauch zu machen und das Grundkapital um 200 000 000,– DM auf 2 511 220 100,– DM durch Ausgabe von neuen, auf den Inhaber lautenden Aktien mit halber Dividendenberechtigung für das Geschäftsjahr 1985 zu erhöhen. Ein Bankenkonsortium unter Führung der Deutschen Bank Aktiengesellschaft, Frankfurt am Main, hat die neuen Aktien mit der Verpflichtung übernommen,

- unseren Aktionären im Verhältnis 14:1
- den Inhabern der Optionsscheine
  zu der 8½% DM-Optionsanleihe von 1974/86 der BASF Aktiengesellschaft im Verhältnis 40:3
  zu der 11% US-$-Optionsanleihe von 1982/88 der BASF Finance Europe N.V. im Verhältnis 14:1
  zu der 3% DM-Optionsanleihe von 1985/95 der BASF Aktiengesellschaft im Verhältnis 14:1

neue Aktien zum Preis von 190,– DM je 50-Mark-Aktie zum Bezug anzubieten.

Auf je 14 alte Aktien zu 50,– DM sowie auf je 14 Optionsscheine zu den Optionsanleihen von 1982 und 1985 kann jeweils eine neue Aktie zu 50,– DM und auf jeweils 40 Optionsscheine aus der Optionsanleihe von 1974 können drei neue Aktien zu je 50,– DM zum Preis von jeweils 190,– DM börsenumsatzsteuerfrei bezogen werden. Der Bezugspreis ist bei der Anmeldung des Bezugs, spätestens am 1. Oktober 1985, zu entrichten.

Die Bezugsrechte aus den Aktien und Optionsscheinen (Wertpapier-Kenn-Nummer 515 108) werden in der Zeit vom 17. bis 27. September 1985 einschließlich an allen deutschen Wertpapierbörsen gehandelt und amtlich notiert werden; sie können gemeinsam zum Bezug verwendet werden. Die Bezugsstellen sind bereit, den börsenmäßigen An- und Verkauf von Bezugsrechten zu vermitteln.

Für den Bezug wird die übliche Bankenprovision berechnet, es sei denn, daß der Bezug unter Einreichung der aufgerufenen Bezugsausweise durch den Bezieher während der üblichen Geschäftsstunden am Schalter einer Bezugsstelle vorgenommen wird und ein weiterer Schriftwechsel damit nicht verbunden ist.

Nachdem die Durchführung der Kapitalerhöhung in das Handelsregister eingetragen worden ist, bitten wir unsere Aktionäre und die Inhaber der vorerwähnten Optionsscheine, ihr Bezugsrecht zur Vermeidung des Ausschlusses in der Zeit

vom 17. September bis 1. Oktober 1985 einschließlich

gegen Einreichung des Gewinnanteilscheins Nr. 3 der alten Aktien sowie der Legitimationsscheine A zu den bezugsberechtigten Optionsscheinen bei einer Bezugsstelle während der üblichen Schalterstunden auszuüben. Bezugsstellen sind die nachstehend genannten in- und ausländischen Kreditinstitute:

Die neuen Aktien sind in einer Globalurkunde verbrieft, die beim zuständigen Kassenverein hinterlegt ist. Die Bezieher erhalten eine Gutschrift auf Girosammeldepotkonto. Auf Wunsch stehen nach Ablauf der Bezugsfrist Einzelurkunden zur Verfügung. Die neuen Aktien erhalten die Wertpapier-Kenn-Nummer 515 101; der Gewinnanteilschein Nr. 4 trägt den roten Aufdruck „1/2".

Die Zulassung der neuen Aktien zum Handel und zur amtlichen Notierung an allen deutschen Wertpapierbörsen sowie an den Börsen in Amsterdam, Antwerpen, Brüssel, Basel, Genf, Zürich, London, Paris und Wien ist beantragt worden.

Ludwigshafen, im September 1985

Der Vorstand

BASF Aktiengesellschaft
6700 Ludwigshafen

BASF

Abb. 31

14.4.4 Die steuerliche Behandlung der Dividende

Der Körperschaftsteuersatz für einbehaltene Gewinne beträgt seit 01.01.1990 in der Regel 50% (§ 23 Abs. 1 KStG). Für ausgeschüttete Gewinne mindert sich der Steuersatz auf 36% (§ 27 Abs. 1 KStG).

Dividendenbesteuerung

Beispiel: Der Jahresüberschuß einer AG beträgt 100.000,– DM. Davon werden 60.000,– DM als Dividende an die Aktionäre ausgeschüttet und 40.000,– DM einbehalten und den Gewinnrücklagen zugeführt. Vom einbehaltenen Gewinn sind 20.000,– DM (50% von 40.000,– DM), vom ausgeschütteten Gewinn sind 21.600,– DM (36% von 60.000,– DM) Körperschaftsteuer an das Finanzamt abzuführen. Die Aktionäre erhalten demnach insgesamt 38.400,– DM (64% von 60.000,– DM) als Bruttodividende ausgeschüttet. Ausgezahlt wird aber nicht die Bruttodividende, da das Kreditinstitut von der Bruttodividende 25% Kapitalertragsteuer einbehält und lediglich die Nettodividende ausbezahlt.

Erhält beispielsweise der Inhaber einer 50,– DM-Aktie eine Bruttodividende von 15,– DM ausgeschüttet, so ist diese Bruttodividende bereits um 36% Körperschaftsteuer gekürzt (100% – 36% = 64%).

Die an das Finanzamt abgeführte Körperschaftsteuer beträgt somit:

64 % = 15,– DM
36 % = x DM

$$x = \frac{36}{64} \cdot 15 = \frac{9}{16} \cdot 15 = \underline{\underline{8{,}44\,DM}}$$

Dividenden unterliegen nach § 43 Abs. 1 Nr. 1 EStG der Kapitalertragsteuer. Das Kreditinstitut zieht von der Bruttodividende 25% Kapitalertragsteuer ab (§ 43 a Abs. 1 EStG). Die Nettodividende (Dividendengutschrift durch die Bank) beträgt in unserem Beispiel 11,25 DM (15,– DM Bruttodividende – 3,75 DM KapErtrSt).

Die Dividende vor Körperschaftsteuer beträgt 23,44 DM:

Bardividende	*15,– DM*
+ $\frac{9}{16}$ der Bruttodividende	*8,44 DM*
= Dividende vor Körperschaftsteuerabzug	*23,44 DM*

Die Körperschaftsteuer wird in Höhe von 9/16 (56,25%) der Einnahmen auf die Einkommensteuer angerechnet (§ 36 Abs. 2 Nr. 3 EStG). Kapitalertragsteuer, die ebenfalls auf die Einkommensteuer angerechnet wird, und Körperschaftsteuer stellen somit eine Vorauszahlung auf die Einkommensteuer des Steuerpflichtigen dar. Unterliegt der Aktionär der Einkommensteuer, so ist die in der Veranlagung ermittelte Steuerschuld um die anrechenbare Kapitalertragsteuer und Körperschaftsteuer zu kürzen. Dem Aktionär wurden insgesamt 12,19 DM (8,44 DM KSt und 3,75 DM KapErtrSt) abgezogen. Er setzt in seiner Steuererklärung an:

Nettodividende	*11,25 DM*
+ KapErtrSt	*3,75 DM*
= Bruttodividende	*15,– DM*
+ 9/16 Körperschaftsteuergutschrift	*8,44 DM*
= Einnahmen aus Kapitalvermögen (zu versteuernder Betrag)	*23,44 DM*

14.4.5 Die Effektenbörse

Börse

Aktien kann man nicht direkt bei der Aktiengesellschaft kaufen oder verkaufen. Kauf und Verkauf von Wertpapieren erfolgt an den Börsen durch zum Börsenhandel zugelassene Personen (Börsenmakler). Börsenplätze sind in der Bundesrepublik Berlin, Bremen, Düsseldorf, Frankfurt, Hannover, München und Stuttgart. Der Börsenhandel wird montags bis freitags (sofern keine Feiertage) in der Zeit zwischen 11.30 und 13.30 Uhr abgewickelt. Da Privatpersonen nicht direkt Aktien an der Börse kaufen oder verkaufen können, erteilen sie einem Kreditinstitut Kauf- bzw. Verkaufsauftrag. Rechtlich gesehen tritt dieses als Kommissionär auf.

Aktienkauf Aktienverkauf

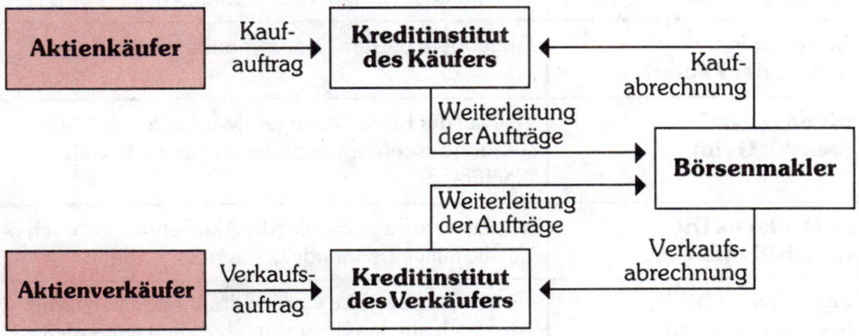

Abb. 32: Schematische Darstellung des Aktienkaufs/Aktienverkaufs

An der Börse treffen sich Aktiennachfrage und Aktienangebot. Die Börsenmakler ermitteln an Hand von Kauf- und Verkaufsaufträgen für die Papiere des Einheitsmarktes an jedem Börsentag einen Einheitskurs. **Beim Einheitskurs vollzieht sich der größtmögliche Umsatz**.

Hinweis: An der Börse selbst werden nur Kauf- und Verkaufsaufträge ausgeführt. Es erfolgt weder Lieferung der Wertpapiere noch Zahlung des Kaufpreises.

Da der Börsenkurs nicht vorhersehbar ist, können Aktienkäufer bzw. Aktienverkäufer ihre Aufträge limitieren, d.h. eine Preisober- bzw. Preisuntergrenze festsetzen. Die Aufträge können folgende Zusätze enthalten:

Limitierung

Zusatz	Auftrag	Bedeutung
bestens	Verkaufsauftrag	Verkauf zu jedem Preis (kein Mindestpreis)
billigst	Kaufauftrag	Kauf zu jedem Preis (kein Höchstpreis)
Limit	Kauf- oder Verkaufsauftrag	Festsetzen einer Kauf- bzw. Verkaufspreisgrenze

Die Kursnotierungen in den Tageszeitungen enthalten hinter dem Kurs oft Abkürzungen:

Kurszusätze

Kurszusatz	Bedeutung
bB oder bezB (bezahlter Brief)	Die Kaufwünsche zu diesem Kurs konnten befriedigt werden, es lag aber noch ein weiteres Angebot vor.

Kurszusatz	Bedeutung
b oder bez (bezahlt)	Alle zum notierten Kurs vorliegenden Aufträge konnten ausgeführt werden, ebenso die über dem Kurs limiterten Kauf- und die darunter limitierten Verkaufsaufträge.
G oder g (Geld)	Nachfrage zu diesem Kurs vorhanden, kein Umsatz.
B, p oder P (Brief oder Papier)	Angebot zu diesem Kurs vorhanden, kein Umsatz.
bG oder bezG (bezahlt Geld)	Alle auf der Kursbasis liegenden Verkaufsaufträge wurden ausgeführt, es bestand aber noch weitere Nachfrage
ex D oder ex Div. (ex Dividende)	Von diesem Tage ab wird die Aktie ohne Anspruch auf die fällige Dividende gehandelt.
ex B oder ex BR (ex Bezugsrecht)	Von diesem Tage ab werden die alten Aktien ohne Anspruch auf den Bezug junger Aktien gehandelt.

Wiederholungsfragen:

1. Was versteht man unter einem Wertpapier im weitesten Sinne?
2. Wie wird das Eigentum bei Inhaberpapieren bzw. Orderpapieren übertragen?
3. Nennen Sie Inhaberpapiere und Orderpapiere!
4. Aus welchen Teilen bestehen Effekten?
5. Welche Rechte hat der Inhaber eines Gläubigerwertpapieres?
6. Was sind Effekten?
7. Wodurch unterscheiden sich Kommunalobligationen von Kommunalanleihen?
8. Welche Rechte hat der Inhaber einer Aktie?
9. Wie wird das Eigentum bei Inhaberaktien, Namensaktien und vinkulierten Namensaktien übertragen?
10. Erklären Sie die folgenden Aktienarten: Stammaktien, Vorzugsaktien, junge Aktien und alte Aktien!
11. Wie wird der Bilanzkurs ermittelt?
12. Was versteht man unter dem Wert des Bezugsrechts?
13. Wie wird der Mittelkurs errmittelt?
14. Wie werden Dividenden steuerlich behandelt?
15. Wie ermittelt der Börsenmakler den Einheitskurs?

16. Was bedeuten die Zusätze bestens, billigst und Limit bei Kauf bzw. Verkaufsaufträgen?
17. Erklären Sie die folgenden Abkürzungen hinter den Börsenkursen: B, G, b, bB, bG!

Aufgaben und Fälle zur Sicherung des Lernerfolgs:

1. Ist Ihrer Meinung nach das Abschlußzeugnis der Berufsschule ein Wertpapier? Begründen Sie Ihre Meinung!
2. Stellen Sie Gläubiger- und Teilhabereffekten unter folgenden Merkmalen gegenüber:

Wertpapier / **Merkmale**	**Gläubigereffekten**	**Teilhabereffekten**
Verzinsung		
verbriefte Rechte		
Kapitalrückzahlung		
Eigen-, Fremdkapital		

3. Der Jahresüberschuß einer AG beträgt 1,8 Mio. DM. Davon werden 1,3 Mio. DM als Dividenden an die Aktionäre ausgeschüttet und 0,5 Mio. DM den Gewinnrücklagen zugeführt. Die Aktionäre erhalten 8,– DM Dividende je 50,– DM Aktie.
   a) Wieviel DM KSt sind an das Finanzamt abzuführen?
   b) Berechnen Sie Nettodividende, Dividende vor Körperschaftsteuer, Körperschaftsteuergutschrift und Kapitalertragsteuer!
   c) Welche Beträge setzt der Aktionär in seiner Steuererklärung ein?
4. Vergleichen Sie das Bezugsangebot der BASF (Seite 251)
   a) Wie hoch ist **rechnerisch** das Bezugsverhältnis?
   b) Wie hoch ist **rechnerisch** der Mittelkurswert einer Aktie nach Kapitalerhöhung, wenn der Kurswert einer alten Aktie 200,– DM beträgt?
5. Die Originalgröße von Aktien (veränderlich verzinslich) und Pfandbriefen (festverzinslich) beträgt 210 x 297 mm (DIN A 4). Welchen optischen Unterschied stellen Sie fest?
6. Die Südchemie erhöht ihr Kapital im Verhältnis 5:3: Kurs der alten Aktien = 257%, Kurs der neuen Aktien = 100%. Wie hoch ist der rechnerische Wert des Bezugsrechts?

7. Dem **Kursmakler an der Frankfurter Wertpapierbörse** liegen am 17. August 19.. folgende Kauf- und Verkaufsaufträge für Aktien der Südchemie AG vor:

Nachfrage: Kaufaufträge	**Angebot**: Verkaufsaufträge
35 Stück billigst	50 Stück bestens
– Stück zu 277,– DM	– Stück zu 270,– DM
5 Stück zu 276,– DM	– Stück zu 271,– DM
30 Stück zu 275,– DM	15 Stück zu 272,– DM
20 Stück zu 274,– DM	55 Stück zu 273,– DM
30 Stück zu 273,– DM	15 Stück zu 274,– DM
20 Stück zu 272,– DM	11 Stück zu 275,– DM
– Stück zu 271,– DM	– Stück zu 276,– DM
12 Stück zu 270,– DM	2 Stück zu 277,– DM

a) Stellen Sie die Nachfrage und das Angebot (jeweils in Stück) für jeden Kurs in einer Tabelle gegenüber!

b) Errechnen Sie den maximal möglichen Umsatz für jeden Kurs!

c) Welchen Kurs wird der Makler festsetzen?

d) Welche Funktionen hat dieser Einheitskurs?

e) Welchen Kurszusatz enthält die Kursnotierung in der Tageszeitung am nächsten Tag?

14.5 Krise und Auflösung des Betriebes

Unternehmenskrise

Einen Betrieb in wirtschaftlicher Krise bezeichnet man auch als **notleidenden Betrieb**. Die Krise kann man anhand bestimmter **Merkmale** feststellen:

- Umsatzrückgang,
- Gewinnrückgang bzw. Verlust,
- Zahlungsschwierigkeiten,
- vermehrte Kreditaufnahme,
- Schrumpfung des Eigenkapitals,
- zunehmende Verschuldung.

Ein Betrieb kann aus verschiedenen Gründen in finanzielle Schwierigkeiten geraten:

Gründe

innerbetriebliche Ursachen	**außerbetriebliche Ursachen**
– zu wenig Eigenkapital – Führungs- und Organisationsmängel – Fehlinvestitionen – Finanzierungsfehler – zu hohe Privatentnahmen – Personalmängel – veraltete Produktionsanlagen – falsche Produktpolitik	– rückläufige Konjunktur – Änderung des Verbrauchergeschmacks – steigende Zinsen – Verteuerung der Produktionsfaktoren – billige Einfuhren

Aus wirtschafts- und sozialpolitischen Gründen wird man bestrebt sein, alle Maßnahmen zu ergreifen, die den Fortbestand des Betriebes sichern. Sanierung und Vergleich sind Maßnahmen, die den Betrieb erhalten. Gelingt eine Sanierung oder ein Vergleich nicht, muß der Betrieb freiwillig (Liquidation) oder zwangsweise (Konkurs) aufgelöst werden.

14.5.1 Die Sanierung

Sanierung

Unter **Sanierung** (Heilung) versteht man alle Maßnahmen zur Beseitigung der finanziellen Schwierigkeiten und zur Wiederherstellung der Produktivität und Rentabilität.

Die **Sanierungsmaßnahmen** können

- **personell** bedingt sein (Umbesetzung, Personalabbau),
- **organisatorisch** bedingt sein (Änderung der Aufbau- und Ablauforganisation),
- **sachlich** bedingt sein (Modernisierung und Rationalisierung des Maschinenparks),
- **finanziell** bedingt sein (Zuführung von neuem Kapital).

14.5.2 Der Vergleich

Vergleich

Zweck eines Vergleiches ist es, den Fortbestand des Betriebes zu sichern und eine zwangsweise Auflösung zu vermeiden.

14.5.2.1 Der außergerichtliche Vergleich

außergerichtlich

Ein außergerichtlicher Vergleich kommt mit den Gläubigern ohne Einschaltung der Gerichte zustande. Der außergerichtliche (freiwillige) Vergleich wird auch als **Akkord** bezeichnet.

Beim **Stundungsvergleich** (Moratorium) stunden die Gläubiger alle oder einen Teil ihrer Forderungen. Die Verbindlichkeiten werden nach einem vereinbarten Tilgungsplan vollständig zurückbezahlt.

Beim **Erlaßvergleich** (Quotenvergleich) verzichten die Gläubiger auf alle oder einen Teil ihrer Forderungen.

Beispiel für einen Erlaßvergleich:

Ein Betrieb hat gegenüber den Lieferanten Abel und Berger Verbindlichkeiten in Höhe von 80.000,– DM bzw. 60.000,– DM. Abel verzichtet auf 50% seiner Forderungen, Berger auf 40%. Nach Erlaßvergleich betragen die Restverbindlichkeiten gegenüber Abel 40.000,– DM und gegenüber Berger 36.000,– DM.

Beim außergerichtlichen Vergleich werden die finanziellen Schwierigkeiten des Betriebes nicht öffentlich bekanntgemacht. Außerdem fallen keine Gerichtskosten an. Dem steht aber der Nachteil gegenüber, daß die Gläubiger in einem nachfolgenden Konkursverfahren die erlassenen Forderungen nicht mehr geltend machen können.

14.5.2.2 Der gerichtliche Vergleich

gerichtlich

Beim gerichtlichen Vergleich sollen sich Vergleichsschuldner und Vergleichsgläubiger mit Hilfe des Gerichts einigen. Der **Antrag** auf Eröffnung des Vergleichsverfahrens kann nur **vom Schuldner** gestellt werden (§ 2 Abs. 1 Satz 2 VerglO). Der Antrag ist unter den gleichen Voraussetzungen zulässig, unter denen auch das Konkursverfahren beantragt werden kann (§ 2 Abs. 1 Satz 3 VerglO), also bei Zahlungsunfähigkeit und Überschuldung.

In dem **Antrag hat der Schuldner**

- anzugeben, ob in den letzten fünf Jahren ein außergerichtliches oder gerichtliches Vergleichsverfahren oder ein Konkursverfahren über sein Vermögen durchgeführt wurde (§ 3 Abs. 2 Ziffer 1 und 2 VerglO),
- je ein Verzeichnis der Gläubiger und Schuldner unter Angabe der einzelnen Forderungen und Schulden beizufügen (§ 4 Abs. 1 Ziffer 2 VerglO).

Den Vergleichsgläubigern müssen **mindestens 35% ihrer Forderungen** angeboten werden (§ 7 Abs. 1 Satz 2 VerglO).

Wirkung der Vergleichseröffnung
Der Gemeinschuldner behält das Verwaltungs- und Verfügungsrecht.
Der Vergleichsverwalter überwacht die Geschäftsführung.

Die Vergleichsquote erhöht sich auf 40%, wenn der Schuldner eine Zahlungsfrist von mehr als 12 Monaten beansprucht (§ 7 Abs. 2 Satz 1 VerglO). Die Mindestsätze müssen bar geboten werden (§ 7 Abs. 3 VerglO). Nach positiver Prüfung des Antrages eröffnet das Vergleichsgericht das Vergleichsverfahren. Der Eröffnungsbeschluß ist öffentlich bekanntzugeben (§ 22 Abs. 1 VerglO). Der Eröffnungsbeschluß enthält die Ernennung eines Vergleichsverwalters und die Festsetzung eines Vergleichstermins (§ 20 Abs. 1 VerglO). Der Vergleichsverwalter hat die Aufgabe, die Geschäftsführung und die Ausgaben für die Lebensführung des Schuldners zu überwachen (§ 39 VerglO). Der Schuldner behält jedoch die Verfügungsmacht über sein Vermögen.

Ein **Vergleich kommt** gem. § 74 VerglO **zustande**, wenn

1. die Mehrheit der anwesenden stimmberechtigten Gläubiger unter Einrechnung der schriftlich zustimmenden dem Vergleichsvorschlag zustimmt und
2. die Gesamtsumme der Forderungen der zustimmenden Gläubiger mindestens 75% der Forderungen der stimmberechtigten Gläubiger beträgt.

Beispiel 1:
Es sind 10 Stimmberechtigte anwesend. Schriftlich haben sich sechs Gläubiger geäußert: Zwei Gläubiger haben den Vorschlag angenommen, vier Gläubiger haben den Vorschlag abgelehnt. Die zugrundezulegende Gesamtkopfzahl beträgt 12, die absolute Mehrheit 7 Stimmen (5 mündliche Jastimmen, 2 schriftliche Jastimmen).

Beispiel 2:
Die Gesamtforderungen aller Vergleichsgläubiger betragen 1 Mio. DM. Außer den 16 abstimmenden Gläubigern haben noch weitere zehn Gläubiger Forderungen, die aber weder anwesend waren, noch schriftlich zugestimmt oder abgelehnt haben. Die zustimmenden sieben Gläubiger müssen mindestens 750.000,– DM Forderungen besitzen.

Erforderliche Mehrheiten	
Absolute Stimmehrheit = 50% + 1 Stimme	Qualifizierte Forderungsmehrheit = ¾ Forderungen

Hinweis: Die Forderungsmehrheit erhöht sich auf 80% der Forderungen, wenn der Schuldner eine Vergleichsquote unter 50% bietet.

Das **Gericht lehnt** den **Vergleichsvorschlag** ab, wenn

1. der Schuldner die erforderliche Vergleichsquote nicht bietet (§ 17 Ziffer 1 VerglO),
2. innerhalb der letzten fünf Jahre ein Konkurs- oder Vergleichsverfahren über das Vermögen des Schuldners rechtskräftig eröffnet oder mangels Masse rechtskräftig abgelehnt worden ist (§ 17 Ziffer 4 VerglO).

14.5.3 Der Konkurs

Scheitert das Vergleichsverfahren, so ist zugleich von Amts wegen über die Eröffnung des Konkursverfahrens zu entscheiden (§ 101 Satz 1 VerglO). Wird der Konkurs eröffnet, so bezeichnet man ihn als Anschlußkonkurs (§ 102 Abs. 1 VerglO). *Konkurs*

Der Konkurs ist ein gerichtliches Verfahren zur zwangsweisen Auflösung des Betriebes. Zweck des Verfahrens ist die gleichmäßige Befriedigung aller Konkursgläubiger aus der Konkursmasse. Alle Konkursgläubiger sollen gleich behandelt werden. Der Konkurs erfaßt das gesamte Vermögen (Gesamtvollstreckung) im Gegensatz zur Einzelvollstreckung nach der ZPO. Konkursgrund ist die Zahlungsunfähigkeit (Insolvenz; § 102 Abs. 1 KO). Bei juristischen Personen genügt bereits Überschuldung als Konkursgrund (§§ 207 Abs. 1, 213 KO). **Zahlungsunfähigkeit** ist gegeben, wenn Zahlungseinstellung erfolgt ist (§ 102 Abs. 2 KO).

Überschuldung liegt vor, wenn das Vermögen die Schulden nicht mehr deckt (die Verbindlichkeiten sind größer als das Vermögen).

Der Antrag auf Eröffnung des Konkursverfahrens kann vom Schuldner **oder** einem Gläubiger gestellt werden (§ 103 Abs. 2 KO). Die Abweisung des Verfahrens kann erfolgen, wenn eine den Kosten des Verfahrens entsprechende Konkursmasse nicht vorhanden ist (Ablehnung mangels Masse; § 107 Abs. 1 KO).

Konkurs-voraus-setzungen

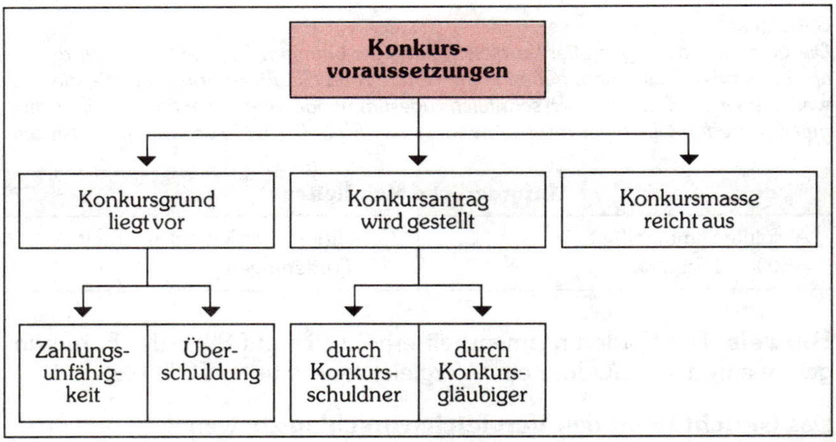

Konkurs-gründe

Konkursgründe	
Bei natürlichen Personen, OHG, KG §§ 102, 209 KO	Bei AG, GmbH §§ 207 KO, 63 GmbHG, § 92 Abs. 2 AktG
Zahlungsunfähigkeit (Illiquidität) = Dauerndes Unvermögen, den Zahlungsverpflichtungen nachzukommen	**Zahlungsunfähigkeit** oder **Überschuldung** = Vermögen ist kleiner als die Schulden

Summe des Vermögens 1.000.000,–
⁒ Summe der Schulden 1.500.000,–

= positive Differenz = Reinvermögen
= negative Differenz = Überschuldung 500.000,–

Wird eine Aktiengesellschaft zahlungsunfähig, oder deckt das Vermögen nicht mehr die Schulden, so hat der Vorstand die Eröffnung des Konkursverfahrens oder des gerichtlichen Vergleichsverfahren zu beantragen (§ 92 Abs. 2 AktG). Bei Überschuldung reicht das Vermögen nicht mehr aus, die Verbindlichkeiten zu decken.

Beispiel:

Aktiva	Überschuldungsbilanz		Passiva
Vermögen	3.000.000,–	Gezeichnetes Kapital	1.000.000,–
Verlust	2.000.000,–	Fremdkapital (Schulden)	4.000.000,–

Vermögen	*3.000.000,–*
⁒ Schulden	*4.000.000,–*
= Überschuldung	*1.000.000,–*

oder

Verlust	*2.000.000,–*
⁒ Gezeichnetes Kapital	*1.000.000,–*
= Überschuldung	*1.000.000,–*

Bei der Eröffnung des Konkursverfahrens ernennt das Gericht einen Konkursverwalter (§ 110 Abs. 1 Satz 1 KO). Das Verfügungsrecht und das Verwaltungsrecht über das Vermögen des Schuldners geht auf den Konkursverwalter über (§ 6 KO). Der Konkursverwalter hat die Aufgabe, die Konkursmasse zu ermitteln und zu verteilen. Die Eröffnung des Konkursverfahrens ist öffentlich bekannt zu machen (Bundesanzeiger) und wird ins Handelsregister (Genossenschaftsregister) und ins Grundbuch eingetragen. Während der Dauer des Konkursverfahrens finden keine Zwangsvollstreckungen zugunsten einzelner Gläubiger statt (§ 14 Abs. 1 KO).

Wirkung der Konkurseröffnung
Der Gemeinschuldner verliert das Verwaltungs- und Verfügungsrecht über die Konkursmasse, bleibt aber deren Eigentümer.
Eine Einzelvollstreckung der Konkursgläubiger während des Konkursverfahrens ist nicht zulässig.

Hinweis:

1. Hat ein Konkursgläubiger vor Konkurseröffnung einen Vollstreckungstitel, so hat er ein **Absonderungsrecht** (§§ 47, 49 Abs. 1 Nr. 2 KO).
2. Die Konkursgläubiger haben Konkursforderungen auf Grund schuldrechtlicher Ansprüche, die zur Zeit **vor** Konkurseröffnung bestanden.

Konkursmasse

Die **Konkursmasse** umfaßt das gesamte, einer Zwangsvollstreckung unterliegende Vermögen des Gemeinschuldners, das ihm zur Zeit der Eröffnung des Verfahrens gehört (§ 1 Abs. 1 KO). Nicht zur Konkursmasse gehören unpfändbare Sachen gem. § 811 ZPO und unpfändbares Arbeitseinkommen (§§ 850 ZPO) sowie Ansprüche von Aussonderungsberechtigten. Aussonderungsberechtigte sind somit keine Konkursgläubiger. Ihre Ansprüche bestimmen sich nach den außerhalb des Konkursverfahrens geltenden Gesetzen (§ 43 KO).

1. **Unpfändbare Sachen** gem. § 811 ZPO, z.B. Gegenstände, die der Schuldner für die Berufsausübung oder für eine bescheidene Lebensführung benötigt.

2. **Ausgesonderte Sachen** gem. § 43 KO
   Ein Aussonderungsrecht steht dem Konkursgläubiger zu, der Eigentümer einer Sache ist.

   Beispiele:

   - Unter Eigentumsvorbehalt gekaufte Ware.
   - Geliehene oder gemietete Maschinen.

Die Konkursmasse vermindert sich während des Konkursverfahrens durch das Recht auf Absonderung.

3. **Abgesonderte Sachen** gem. § 47 KO
   Ein Absonderungsrecht haben Konkursgläubiger aus einem Pfandrecht oder einem Sicherungsübereignungsvertrag.

   Hinweis: Obwohl bei Sicherungsübereignung der Konkursschuldner lediglich Besitzer der Sache wird, hat der Eigentümer der sicherungsübereigneten Sache lediglich ein Absonderungsrecht. Grund: Das Sicherungsgut soll dem Sicherungseigentümer nicht endgültig gehören, sondern nur dazu dienen, die dem Sicherungsnehmer gegen den Sicherungsgeber zustehende persönliche Forderung zu sichern (RGZ 124, 73, 75; BGHSt 3, 32, 35; OLG Karlsruhe, KTS 1962, 116, 118).

   Auf Dauer abgetretene Forderungen sind aussonderungsberechtigt. Forderungen (Rechte), die lediglich Sicherungszwecken dienen, sind nicht aussonderungsberechtigt, sondern absonderungsberechtigt.

   Beispiel:

   Zur Kreditsicherung abgetretene Forderungen sind absonderungsberechtigt.

   Der einfache Eigentumsvorbehalt gibt dem Lieferanten ein Aussonderungsrecht, der erweiterte und verlängerte Eigentumsvorbehalt lediglich ein Absonderungsrecht.

4. **Aufgerechnete Forderungen**
   Hat der Konkursgläubiger gegenüber dem Konkursschuldner Verbindlichkeiten, so können diese Verbindlichkeiten mit den Forderungen des Konkursgläubigers verrechnet werden. Sind die Verbindlichkeiten des Konkursgläubigers kleiner als die Verbindlichkeiten des Konkursschuldners, so kann die verbleibende Restforderung unter den nicht bevorrechtigten Forderungen geltend gemacht werden.

   Verringerungen der Konkursmasse **vor** Konkurseröffnung können rückgängig gemacht werden (§§ 29 ff. KO).

Sobald sich herausstellt, daß die Konkursmasse zur vollständigen Befriedigung aller Massegläubiger nicht ausreicht, sind Masseschulden und Massekosten aus der Konkursmasse vorweg zu befriedigen (§§ 57, 60 KO).

Aussonderung	Absonderung
Die Konkursgegenstände gehören nicht zur Konkursmasse.	Die Konkursgegenstände gehören zur Konkursmasse und werden zur Befriedigung der Konkursgläubiger herangezogen.

Masseschulden sind diejenigen Schulden, die dem Konkursverwalter nach Konkurseröffnung entstanden sind, da er den Betrieb weiterführt (Löhne, Lieferantenschulden; § 59 KO). *Masseschulden*

Massekosten sind gerichtliche Kosten des Konkursverfahrens und Ausgaben für den Konkursverwalter (§ 58 KO). *Massekosten*

Hinweis:

Das verbleibende Restvermögen wird gem. § 61 KO in folgender Reihenfolge verteilt (Rang der Konkursforderungen = Forderungen der bevorrechtigten Gläubiger):

1. **Lohn- und Gehaltsforderungen** gegenüber dem Konkursschuldner, soweit die Forderungen nicht Masseschulden sind → Knecht,
2. **Forderungen des Staates** wegen öffentlicher Abgaben (Steuern, Gebühren, Beiträge) → König,
3. **Forderungen der Kirche** und der Schulen → Kirche,
4. **Forderungen der Ärzte** und Apotheker → Kur,
5. **Forderungen der Kinder** → Kinder.

Hinweis:

Die Forderungen in den Fällen 1 – 4 beziehen sich auf den Zeitraum aus dem letzten Jahr vor der Konkurseröffnung.

Der **Grundsatz der Gleichbehandlung** der Konkursgläubiger wird durch § 61 KO durchbrochen. Reicht die nach Befriedigung der bevorrechtigten Gläubiger verbleibende Restmasse nicht aus, um die verbleibenden Gläubiger (Forderungen der nicht bevorrechtigten Gläubiger) zu befriedigen, wird der verbleibende Rest anhand einer vom Konkursverwalter ermittelten Konkursquote gleichmäßig verteilt.

Hinweis:

Die Forderungen werden nach ihrer Rangordnung befriedigt. Erst wenn die vorangehende Rangstufe voll befriedigt ist, wird die Restmasse auf die nachfolgenden Rangstufen verteilt.

Beispiel:

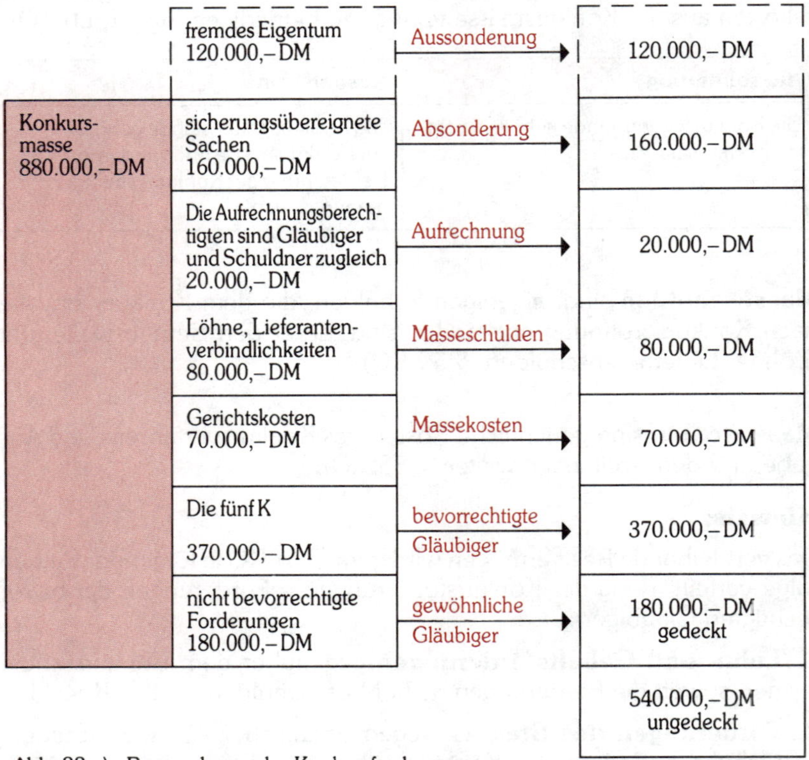

Abb. 33 a): Rangordnung der Konkursforderungen

Konkursquote

Die Forderungen der nicht bevorrechtigten Gläubiger betragen 720.000,– DM. Die Konkursquote berechnet sich wie folgt:

720.000,– DM (Gesamtforderung) = 100 %

180.000,– DM (Restmasse) = x %

x = 25%

Ergebnis: Jedem gewöhnlichen Gläubiger werden nur 25% seiner Forderungen bezahlt.

Der Konkursverwalter verwertet die Konkursmasse. Er verkauft Wirtschaftsgüter oder läßt sie öffentlich versteigern. Nach Abschluß hebt das Konkursgericht das Verfahren auf (§ 163 Abs. 1 Satz 1 KO). Nach Aufhebung des Konkursverfahrens können die nicht befriedigten Konkursgläubiger ihre Forderungen gegen den Schuldner unbeschränkt geltend machen (§ 164 KO). Forderungen, die in der Konkurstabelle festgehalten sind, können im Wege der Zwangsvollstreckung beigetrieben werden (§ 164 Abs. 2 KO). Die vollstreckbaren Titel verjähren nach 30 Jahren.

Konkursverfahren

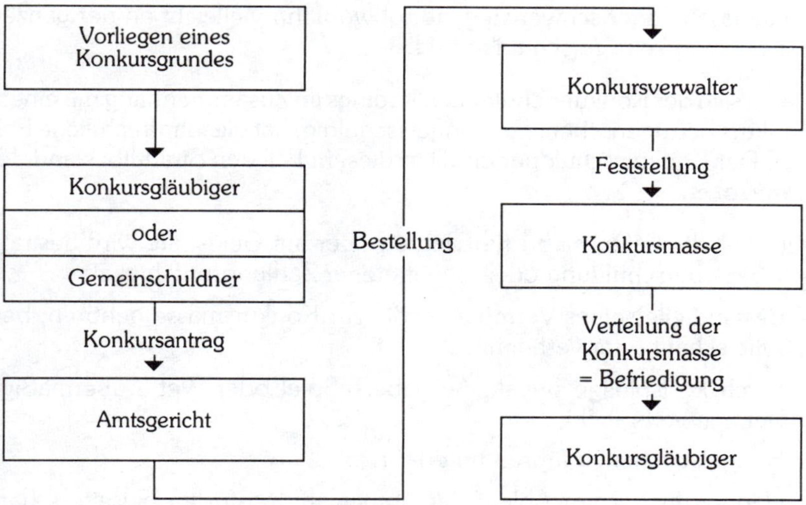

Abb. 33 b): Ablauf des Konkursverfahrens

Vergleich Konkurs/Zwangsvollstreckung

Zwangsvollstreckungsverfahren	Konkursverfahren
gesetzliche Regelung: **ZPO**	gesetzliche Regelung: **KO**
erfaßt **einzelne Vermögensgegenstände**	erfaßt das **Gesamtvermögen**
erfordert **einen Vollstreckungstitel** des Gläubigers	erfordert **keinen Vollstreckungstitel** des Gläubigers
betreiben **einzelne Gläubiger** („Wer zuerst kommt, mahlt zuerst")	betreibt eine **Gläubigergemeinschaft**
Der Schuldner ist **Einzelschuldner**	Der Schuldner ist **Gemeinschuldner**

14.5.4 Der Zwangsvergleich

Zwangsvergleich

Der **Zwangsvergleich** ist ein **Verfahren**, um einen **bereits eröffneten Konkurs abzuwenden**. Die finanzielle Situation des Betriebes kann sich nach Eröffnung des Konkursverfahrens wider Erwarten günstig entwickelt haben. Den Gläubigern müssen mindestens 20% ihrer Forderungen angeboten werden (§ 187 Satz 1 KO). Ein **Zwangsvergleich kommt zustande**, wenn

1. alle bevorrechtigten Gläubiger voll befriedigt werden,
2. die Mehrheit der anwesenden stimmberechtigten gewöhnlichen Gläubiger dem Vergleichsvorschlag zustimmt und sie mindestens 75% der Forderungen besitzt (§ 182 KO).

Die rechtlichen und wirtschaftlichen Folgen eines Konkurses sind für den Konkursschuldner schwerwiegend, obwohl ihn vielleicht an der ganzen Entwicklung kein Verschulden trifft.

Bankrott

Macht sich der Konkursschuldner allerdings im Zusammenhang mit einem Konkurs betrügerischer Handlungen schuldig, hat dies strafrechtliche Folgen. Der Konkursschuldner erfüllt in diesem Fall den Straftatbestand des **Bankrotts**.

Mit Freiheitsstrafen bis zu fünf Jahren oder mit Geldstrafe wird bestraft, wer bei Überschuldung oder eingetretener Zahlungsunfähigkeit

- Bestandteile seines Vermögens, die zur Konkursmasse gehören, beiseite schafft oder verheimlicht,
- durch kostspielige private Ausgaben, Spiel oder Wette übermäßige Beträge verbraucht,
- Handelsbücher zu führen unterläßt,
- Handelsbücher vor Ablauf der Aufbewahrungsfristen beiseite schafft (§ 283 Abs. 1 Ziffer 1, 2, 5, 6 StGB).

Ebenso wird bestraft, wer durch eine der in Absatz 1 bezeichneten Handlungen seine Überschuldung oder Zahlungsunfähigkeit herbeiführt (§ 283 Abs. 2 StGB).

Wenn der Täter aus Gewinnsucht handelt (besonders schwerer Fall des Bankrotts), wird der Bankrott mit Freiheitsstrafe von 6 Monaten bis 10 Jahren bestraft (§ 283 a StGB).

Wirkung des Verfahrensendes	Gründe für das Verfahrensende
Der Gemeinschuldner erhält das Recht zurück, über die Konkursmasse frei zu verfügen (§ 206 Abs. 1 KO).	Aufhebung des Konkursverfahrens nach Abhaltung des Schlußtermins (§ 163 Abs. 1 Satz 1 KO).
Nach der Aufhebung des Konkursverfahrens können die nicht befriedigten Konkursgläubiger ihre Forderungen gegen den Schuldner unbeschränkt geltend machen und die Einzelzwangsvollstreckung betreiben (§ 164 Abs. 1 KO).	Einstellung des Konkursverfahrens mangels Masse (§ 204 Abs. Satz 1 KO)

14.5.5 Die Stellung der Unternehmensformen im Konkursrecht

Konkursfähigkeit

Unter Konkursfähigkeit versteht man die Fähigkeit, über das Vermögen einer Gesellschaft bzw. eines Gesellschafters das Konkursverfahren zu eröffnen.

	BGB-Gesellschaft	OHG	KG	GmbH	AG
Konkursfähigkeit	Gesellschafter	Gesellschaft	Gesellschaft	Gesellschaft	Gesellschaft
Gemeinschuldner	BGB-Gesellschafter	Gesellschafter	Gesellschafter	Gesellschaft	Gesellschaft
Konkursgläubiger	Gesellschaftsgläubiger				

14.5.6 Die Liquidation

Liquidation

Unter **Liquidation** versteht man die **freiwillige Auflösung** des Betriebes. Die Auflösung der Gesellschaft und das Erlöschen der Firma sind von den Liquidatoren zur Eintragung in das Handelsregister anzumelden. Die Abwicklung der Liquidation liegt in Händen von Liquidatoren (§ 146 Abs. 1 HGB). Während der Liquidation muß der Betrieb mit dem Zusatz „i.L-." = „in Liquidation" firmieren. Das nach Bezahlung der Schulden verbleibende Vermögen der Gesellschaft ist von den Liquidatoren nach dem Verhältnis der Kapitalanteile auf die Gesellschafter zu verteilen (§ 155 Abs. 1 HGB).

Wiederholungsfragen:

1. Nennen Sie Kennzeichen und Ursachen eines notleidenden Betriebes!
2. Was versteht man unter Sanierung?
3. Welchen Zweck verfolgt ein Vergleich?
4. Wodurch unterscheidet sich ein außergerichtlicher Vergleich von einem gerichtlichen Vergleich?
5. Wodurch unterscheidet sich ein Stundungsvergleich von einem Erlaßvergleich?
6. Nennen Sie Vorteile eines außergerichtlichen Vergleichs!
7. Wer kann einen Vergleichsantrag stellen?
8. Wie hoch muß die Vergleichsquote bei einem Vergleichsantrag mindestens sein?
9. Welche Aufgabe hat der Vergleichsverwalter?
10. Unter welchen Voraussetzungen kommt ein Vergleich zustande?
11. In welchen Fällen lehnt das Gericht einen Vergleichsvorschlag ab?
12. Was ist ein Konkurs?

13. Welchen Zweck verfolgt der Konkurs?
14. Wer kann Antrag auf Eröffnung des Konkursverfahrens stellen?
15. Welche Konkursgründe kennt die Konkursordnung?
16. Welche Aufgabe hat der Konkursverwalter?
17. Was versteht man unter ausgesonderten bzw. abgesonderten Sachen?
18. Was sind Masseschulden und Massekosten?
19. „Der Konkursantrag wird abgelehnt mangels Masse.“ Was bedeutet diese Aussage?
20. Nennen sie die bevorrechtigten Gläubiger!
21. Was versteht man unter einem Zwangsvergleich?
22. Wann kommt ein Zwangsvergleich zustande?
23. Was versteht man unter Liquidation?
24. Was versteht man unter
    a) Zahlungsunfähigkeit b) Überschuldung c) Unterbilanz?
25. Beschreiben Sie den Ablauf des Konkursverfahrens!
26. Wodurch unterscheidet sich das Konkursverfahren vom Zwangsvollstreckungsverfahren?
27. Was versteht man unter Konkursfähigkeit?

Aufgaben und Fälle zur Sicherung des Lernerfolgs:

1. Prüfen Sie in den folgenden Fällen, ob ein Vergleich zustandegekommen ist:
   a) Es stimmen von 20 stimmberechtigten anwesenden Vergleichsgläubigern 9 dem Vergleichsvorschlag zu. Zwei Gläubiger haben schriftlich zugestimmt. Der Anteil der Forderungen der zustimmenden Gläubiger beträgt 250.000,– DM, während die Gesamtforderungen der Gläubiger 600.000,– DM betragen. Der Schuldner hat eine Vergleichsquote von 50% geboten.
   b) Die Vergleichsgläubiger Altvater (Forderungsanteil 800.000,– DM), Behrens (Forderungsanteil 240.000,– DM), Clade (Forderungsanteil 100.000,– DM) und Deger (Forderungsanteil 10.000,– DM) stimmen über einen Vergleichsvorschlag ab (vorgeschlagene Vergleichsquote: 45%). Altvater und Behrens stimmen dem Vorschlag zu, Clade und Deger lehnen den Vorschlag ab.
   c) Der Schuldner bietet eine Vergleichsquote von 45%. Von 50 stimmberechtigten Gläubigern sind 3 anwesend und stimmen dem Vergleichsvorschlag zu. Ihr Forderungsanteil beträgt 500.000,– DM. Von den restlichen Gläubigern (Forderungsanteil 100.000,– DM) hat ein Gläubiger schriftlich zugestimmt. Sein Forderungsanteil beträgt 50.000,– DM.

2. Kann der Konkursverwalter Ihrer Meinung nach bei Zugewinngemeinschaft Gegenstände, die Eigentum der Ehefrau des Konkursschuldners sind, in die Konkursmasse mit einbeziehen?

3. Herr Kindermann weiß, daß er in spätestens 3 Monaten Konkurs anmelden muß. Um sein Vermögen vor dem Zugriff des Konkursverwalters zu entziehen, überschreibt er es 2 Monate vor Konkurseröffnung seiner Frau. Wie ist die Rechtslage (Hinweis: §§ 29, 30, 31, 32 KO)?

4. Der Computervertrieb Erich Nolde meldet Konkurs an. Die im Betrieb befindlichen Wirtschaftsgüter haben einen Wert von 800.000,– DM.

   - Von diesen Wirtschaftsgütern sind Waren im Wert von 100.000,– DM unter Eigentumsvorbehalt geliefert worden.
   - Die Kommissionsware hat einen Wert von 20.000,– DM.
   - Für einen Betriebs-Lkw (Schätzwert 30.000,– DM) wurde ein Sicherungsübereignungsvertrag geschlossen.
   - Die MODUL AG hat gegenüber Nolde fällige Forderungen in Höhe von 22.000,– DM, während Nolde gegenüber der MODUL AG fällige Forderungen in Höhe von 20.000,– DM hat.
   - Die beiden Außendienstmitarbeiter haben noch Gehaltsforderungen in Höhe von 9.000,– DM.
   - Die Umsatzsteuerschulden belaufen sich auf 20.000,– DM.
   - Die Gerichtskosten betragen 25.000,– DM.
   - Eine Arztrechnung über 5.000,– DM ist noch offen.

     a) Verteilen Sie anhand der Konkursquote die Restmasse, wenn die gewöhnlichen Forderungen 720.000,– DM betragen.
     b) Bis zu welchem Betrag wird rein rechnerisch der Konkursantrag mangels Masse abgelehnt?
     c) Wieviel DM muß die MODUL AG beim Konkursverwalter anmelden?

5. Unter welchen Voraussetzungen wird das Konkursverfahren eröffnet?

   Konkursgrund (Warum?), Konkursantrag (Wer?), Konkursmasse (Wieviel?)

15 Grundlagen des Handels- und Gesellschaftsrechts

15.1 Das Verhältnis von Handelsrecht und Bürgerlichem Recht

Handelsrecht als besonderes Recht der Kaufleute

Das Handels- und Gesellschaftsrecht ist wie das Bürgerliche Recht ein Teilgebiet des Privatrechts. Das **Bürgerliche Recht** regelt **allgemeine**, für alle Bürger geltende **Rechtsbeziehungen**. Man bezeichnet daher das Handelsrecht als das **Sonderprivatrecht für Kaufleute**. Das Handelsrecht baut auf dem Bürgerlichen Recht auf. Das Bürgerliche Recht als „Recht für jedermann" bildet die Grundlage. Das Handelsrecht enthält abändernde und zusätzliche Regelungen für Kaufleute. Die handelsrechtlichen Regelungen als besonderes Recht gehen den allgemeinen Regelungen des Bürgerlichen Rechts vor.

Beispiele für spezielle handelsrechtliche Regelungen:

- Untersuchungs- und Rügepflicht beim zweiseitigen Handelskauf (§ 377 HGB),
- Formfreiheit für Bürgschaften, Schuldversprechen und Schuldanerkenntnis für Kaufleute (§ 350 HGB),
- keine Einrede der Vorausklage bei Bürgschaften der Kaufleute (§ 349 HGB),
- keine Herabsetzung einer versprochenen Konventionalstrafe bei Kaufleuten (§ 348 HGB).

Hinweis: Einen Kauf unter Nichtkaufleuten bezeichnet man als **bürgerlichen Kauf**. Für den bürgerlichen Kauf gelten die Bestimmungen des BGB. Schließt ein Kaufmann einen Kaufvertrag für private Zwecke ab, so handelt es sich ebenfalls um einen bürgerlichen Kauf. Bei einem **einseitigen Handelskauf** ist ein Vertragspartner Kaufmann (§ 345 HGB). Bei einem **zweiseitigen Handelskauf** sind beide Vertragspartner Kaufleute. Die Vorschriften des HGB gelten auch für den einseitigen Handelskauf, soweit nicht aus den Vorschriften sich ein anderes ergibt (§ 345 HGB).

15.2 Der Aufbau des HGB

Kernstück des Handelsrechts ist das HGB. Zu den Nebengesetzen des Handelsrechts zählen u.a. das Aktiengesetz, das GmbH-Gesetz sowie das

Bücher des HGB

Scheck- und Wechselgesetz. Das HGB ist zusammen mit dem BGB am 01.01.1900 in Kraft getreten. Das HGB besteht aus fünf Büchern:

Buch	§§	Inhalt
1. Buch: Handelsstand	1–104	Kaufleute, Handelsregister, Handelsfirma, Prokura und Handlungsvollmacht, Handlungsgehilfen und Handlungslehrlinge, Handelsvertreter, Handelsmakler
2. Buch: Handelsgesellschaften und Stille Gesellschaft	105–237	OHG, KG, Stille Gesellschaft
3. Buch: Handelsbücher	238–339	Vorschriften für alle Kaufleute, Ergänzende Vorschriften für Kapitalgesellschaften (Aktiengesellschaften, Kommanditgesellschaften auf Aktien und Gesellschaften mit beschränkter Haftung), Ergänzende Vorschriften für eingetragene Genossenschaften
4. Buch: Handelsgeschäfte	343–460	Allgemeine Vorschriften, Handelskauf, Kommissionsgeschäfte, Speditionsgeschäft, Lagergeschäft, Frachtgeschäft, Beförderung von Gütern und Personen auf den Eisenbahnen des öffentlichen Verkehrs
5. Buch: Seehandel	474–905	

15.3 Die Kaufmannseigenschaft

Handelsgewerbe

Nur Kaufleute unterliegen den handelsrechtlichen Vorschriften. Daher ist der Begriff des Kaufmanns von zentraler Bedeutung. **Kaufmann ist, wer ein Handelsgewerbe betreibt** (§ 1 Abs. 1 HGB). Ein Kaufmann muß demnach

- ein Gewerbe betreiben und dieses Gewerbe
- muß ein Handelsgewerbe sein.

Das HGB selbst gibt keine Auskünfte darüber, was ein Gewerbe ist. Nach Rechtsprechung und Rechtslehre ist der Begriff Gewerbe durch folgende Merkmale gekennzeichnet (vgl. Baumbach-Duden: Kommentar zum HGB, 20. Auflage, C.H. Beck'sche Verlagsbuchhandlung S. 22 f. München 1972):

1. Gewerbe ist eine **auf Dauer** angelegte Tätigkeit. Das Gewerbe darf nicht einmalig oder gelegentlich ausgeübt werden.
2. Gewerbe ist eine auf **Gewinnerzielung** gerichtete Tätigkeit. Es ist hierbei unerheblich, ob tatsächlich ein Gewinn erzielt wird. Erforderlich ist lediglich eine Gewinnerzielungsabsicht.

3. Gewerbe ist eine **selbständige** Tätigkeit. Selbständig ist, wer seine Arbeitszeit frei einteilen kann und nicht weisungsgebunden ist.

Nicht jedes Gewerbe ist auch ein Handelsgewerbe. Ein **Handelsgewerbe** liegt vor,

- wenn ein **Grundhandelsgewerbe** betrieben wird (§ 1 HGB) auch ohne Eintrag in das Handelsregister oder
- der Gewerbebetrieb erfordert nach Art und Umfang einen in kaufmännischer Weise eingerichteten Geschäftsbetrieb, sofern die **Firma** des Unternehmens **in das Handelsregister eingetragen** ist (§§ 2, 3 HGB).

Obwohl auch die Angehörigen der sog. freien Berufe (Ärzte, Rechtsanwälte, Steuerberater, Architekten) die Merkmale eines Gewerbes erfüllen, betreiben sie handelsrechtlich **kein** Gewerbe.

15.3.1 Der Mußkaufmann

Als Grundhandelsgewerbe gilt jeder Gewerbebetrieb, der einen Tatbestand des § 1 Abs. 2 Nr. 1 – 9 HGB erfüllt. Wer ein dort aufgeführtes Grundhandelsgewerbe betreibt ist automatisch Kaufmann. Er **muß Kaufmann kraft Gesetz** sein, ohne Rücksicht, ob er im Handelsregister eingetragen ist (**Mußkaufmann**).

Kaufmann kraft Gesetz

Der Mußkaufmann ist verpflichtet, sich ins Handelsregister eintragen zu lassen (§ 29 HGB). Die Eintragung hat aber lediglich **deklaratorische** (rechtsbezeugende) **Wirkung**: Es wird eine bereits bestehende Rechtstatsache bekundet.

Mußkaufmann § 1 HGB

Die Kaufmannseigenschaft beginnt beim Mußkaufmann bereits mit Aufnahme des Geschäftsbetriebs. Die Kaufmannseigenschaft endet mit Aufgabe des Geschäfts.

Grundhandelsgewerbe nach § 1 HGB

Nr.	Gegenstand des Geschäfts	Erläuterung
1 = Umsatzgeschäfte	Die Anschaffung und Weiterveräußerung von **beweglichen** Sachen oder Wertpapieren, ohne Unterschied, ob die Waren unverändert oder nach einer Bearbeitung oder Verarbeitung weiter veräußert werden.	Die Sachen müssen sowohl bei der Anschaffung als auch bei der Weiterveräußerung **beweglich** sein. Anschaffung und Weiterveräußerung erfolgen auf Grund eines Kaufvertrages oder Werklieferungsvertrages. Beispiele: Warenhandwerker, Handelsbetriebe, weiterverarbeitende Betriebe. Kein Grundhandelsgewerbe betreiben Betriebe der Urproduktion.

Grundhandelsgewerbe nach § 1 HGB

Nr.	Gegenstand des Geschäfts	Erläuterung
2 = Lohnindustrie ohne Beteiligung am Warenumsatz	Die Be- oder Verarbeitung von **beweglichen** Sachen erfolgt auf Grund eines Werkvertrages. Nur der betreibt ein Grundhandelsgewerbe, der das Gewerbe industriell ausübt. Die sog. **Lohnhandwerker** betreiben kein Grundhandelsgewerbe und sind somit **kein Kaufmann**.	Die Übernahme der Bearbeitung oder Verarbeitung von Waren für andere, **sofern das Gewerbe nicht handwerksmäßig betrieben wird**. Beispiele: Reinigungen, Färbereien, Wäschereien, Reparaturbetriebe ohne oder mit unbedeutendem Warenumsatz. Eine Abgrenzung zwischen industrieller Fertigung findet sich im HGB nicht. Als grobe Unterscheidungsmerkmale kommen Betriebsgröße, Umsatzhöhe, Maschineneinsatz, Fertigungsart und persönliche Mitarbeit in Betracht.
3	Versicherungen	
4	Bankier- und Geldwechslergeschäfte	
5	Beförderungsgeschäfte	
6	Kommissions-, Speditions- und Lagergeschäfte	
7	Geschäfte der Handelsvertreter und Handelsmakler	
8	Verlagsgeschäfte	
9	Druckereien, **sofern das Gewerbe nicht handwerksmäßig betrieben wird**.	Nur industriemäßig betriebene Druckereien sind Mußkaufleute. Handwerksmäßig betriebene Druckereien sind keine Kaufleute.

Hinweis zu den Nummern 1 und 2:

Nr. 1 hat die **Warenumsätze** (eigene Waren) zum Inhalt. Unter Nr. 1 fallen demnach Handelsbetriebe (**Warenkaufleute**), Handwerksbetriebe (**Warenhandwerker**) und Industriebetriebe (**Warenfabrikanten**). Anschaffung (entgeltlicher Erwerb) und Weiterveräußerung (entgeltliche Lieferung) erfolgen insbesondere durch Kaufvertrag.

Nr. 2 hat das **Lohnhandwerk** bzw. die **Lohnfabrikation** (fremde Waren) zum Inhalt. Verarbeitung (Herstellung einer neuen Sache) und Bearbeitung (Änderung, Reparatur und Reinigung einer Sache) von Waren für eine andere erfolgen insbesondere durch Werkverträge. Der Lohnfabrikant (das Gewerbe wird **nicht** handwerksmäßig betrieben, sondern industriell) ist immer Vollkaufmann, während der Lohnhandwerker (das Gewerbe wird handwerksmäßig betrieben) kein Kaufmann nach § 1 HGB ist. (Beachten Sie: Der Erwerb der Kaufmannseigenschaft nach § 2 HGB ist u.U. möglich!)

Beispiel: Ein Schneidermeister kauft Stoffe ein, verarbeitet sie zu Anzügen und verkauft die hergestellten Anzüge (= Warenhandwerker).
Ein Schneidermeister stellt aus von Kunden mitgebrachten Stoffen Anzüge her (= Lohnhandwerker oder Lohnfabrikant).
Bei gemischten Tätigkeiten (Warenumsatz und Warenherstellung) können Abgrenzungsprobleme zwischen Umsatzgeschäften und Herstellungsgeschäften entstehen. In diesem Fall ist zu prüfen, ob bei dem Gewerbe das Schwergewicht auf der Arbeitsleistung oder auf dem Warenumsatz liegt.

15.3.2 Der Sollkaufmann

Soll-kaufmann § 2 HGB

Der in § 1 HGB aufgeführte Katalog der Handelsgewerbe ist nicht erschöpfend. Viele Gewerbetreibende sind nicht in § 1 HGB einzuordnen. Unter folgenden Voraussetzungen erwirbt ein Betrieb die Eigenschaft als Sollkaufmann:

1. Es handelt sich um einen Gewerbebetrieb.
2. Der Gewerbebetrieb darf nicht schon nach § 1 HGB als Handelsgewerbe gelten.
3. Der Gewerbebetrieb erfordert nach Art und Umfang einen in kaufmännischer Weise eingerichteten Geschäftsbetrieb.
4. Die Firma muß im Handelsregister eingetragen sein.

Ob eine kaufmännische Einrichtung notwendig ist, hängt von der Betriebsgröße, der Zahl der Mitarbeiter, der Umsatzhöhe und der Anzahl der Filialen ab. Der Sollkaufmann ist verpflichtet, sich ins Handelsregister eintragen zu lassen (§2 Satz2 HGB). Die Eintragung hat **konstitutive** (rechtserzeugende) **Wirkung**: Es wird mit der Handelsregistereintragung eine Rechtstatsache (Kaufmannseigenschaft) begründet.

15.3.3 Der Kannkaufmann

Kann-kaufmann § 3 HGB

Obwohl auch Land- und Forstwirte die Merkmale eines Gewerbebetriebes erfüllen, können sie keine Kaufmannseigenschaft nach § 2 HGB erwerben. Unter bestimmten Voraussetzungen können aber auch Land- und Forstwirte die Kaufmannseigenschaft erwerben (§ 3 HGB):

1. Es handelt sich um ein land- oder forstwirtschaftliches Unternehmen oder um ein land- oder forstwirtschaftliches Nebengewerbe.
2. Das Unternehmen erfordert eine kaufmännische Einrichtung.
3. Das Unternehmen ist im Handelsregister eingetragen.

Nebengewerbe ist ein in gewisser Beziehung selbständiger Betrieb, der Erzeugnisse des Hauptbetriebes verwertet (vgl. Baumbach-Duden, S. 33 a.a.O.).

Beispiele:

- Ein Obstbauer (Hauptbetrieb) betreibt eine Schnapsbrennerei (Nebenbetrieb zur Weiterverarbeitung).
- Ein Forstwirt betreibt eine Sägemühle.

Beim Sollkaufmann und Kannkaufmann muß ein Betrieb vorhanden sein, der eine kaufmännische Organisation erfordert. Bei beiden Kaufmannsarten beginnt die Kaufmannseigenschaft erst mit Eintrag ins Handelsregister. Im Unterschied zum Sollkaufmann kann sich der Kannkaufmann ins Handelsregister eintragen lassen, muß es aber nicht.

15.3.4 Der Formkaufmann

Formkaufmann § 6 HGB

Die Vorschriften der §§ 1 – 3 gelten zunächst für Einzelunternehmer. Nach § 6 Abs. 1 sind alle **Handelsgesellschaften** Kaufleute (Personengesellschaften und Kapitalgesellschaften). OHG und KG sind jedoch keine Formkaufleute, sondern Muß-, Soll- oder Kannkaufleute. OHG (§ 105 Abs. 1 HGB) und KG (§ 161 Abs. 1 HGB) **müssen** ein Handelsgewerbe betreiben.

Kapitalgesellschaften (z.B. AG, GmbH und KGaA) und eingetragene Genossenschaften **sind immer Kaufleute** (kraft Rechtsform) ohne Rücksicht auf den Gegenstand des Betriebes (§ 6 Abs. 2 HGB). Kapitalgesellschaften sind selbst dann Kaufleute, wenn sie kein Handelsgewerbe betreiben. Die Kaufmannseigenschaft entsteht mit Eintragung ins Handelsregister (konstitutive Wirkung).

15.3.5 Vollkaufmann und Minderkaufmann

Minderkaufmann § 4 HGB

Die Vorschriften über die Firmen, die Handelsbücher und die Prokura gelten nicht für Minderkaufleute (§ 4 Abs. 1 HGB). Minderkaufleute sind Kleingewerbetreibende, deren Gewerbebetrieb (Grundhandelsgewerbe nach § 1 HGB) nach Art und Umfang einen in kaufmännischer Weise eingerichteten Geschäftsbetrieb nicht erfordert (§ 4 Abs. 1 HGB).

Minderkaufmann	
betreibt Grundhandelsgewerbe	hat keine kaufmännische Einrichtung

Soll- und Kannkaufleute sind **immer** Vollkaufleute, da ihr Gewerbebetrieb eine kaufmännische Einrichtung erfordert.

Formkaufleute sind ebenfalls **immer** Vollkaufleute, da für sie die Bestimmungen des § 4 HGB nicht gelten. Minderkaufleute betreiben daher ein Grundhandelsgewerbe und sind somit Mußkaufleute. Typische Beispiele für Minderkaufleute sind „kleine" Warenhandwerker.

Hinweis: Wer ein Grundhandelsgewerbe nach § 1 Abs. 2 Ziffer 2 betreibt, kann niemals Minderkaufmann sein. Er ist entweder Vollkaufmann (... sofern das Gewerbe industriell betrieben wird) oder überhaupt kein Kaufmann (... sofern das Gewerbe handwerksmäßig betrieben wird).

Für Minderkaufleute gelten die Vorschriften des HGB nur bedingt:

1. Minderkaufleute können sich nicht ins Handelsregister eintragen lassen (§ 4 Abs. 1 HGB).

2. Minderkaufleute führen keine Firma (§ 4 Abs. 1 HGB).

3. Minderkaufleute können keine Prokura erteilen (§ 4 Abs. 1 HGB).

4. OHG und KG sind immer Vollkaufleute und haben eine Firma mit entsprechendem Handelsregistereintrag.

OHG und KG dürfen kein minderkaufmännisches Handelsgewerbe zum Geschäftsgegenstand haben (§ 4 Abs. 2 HGB). Zwar können sowohl Minderkaufleute als auch Nichtkaufleute eine OHG/KG gründen, jedoch dürfen OHG/KG kein minderkaufmännisches Handelsgewerbe zum Geschäftsgegenstand haben.

Hinweis: Obwohl Steuerberater keine Kaufleute sind, können Offene Handelsgesellschaften und Kommanditgesellschaften als Steuerberatungsgesellschaften anerkannt werden (§ 49 Abs. 1 StBerG).

5. Die verschärften Vorschriften des HGB über Vertragsstrafe (§ 348 HGB) und Bürgschaft (§§ 349, 350 HGB) der Vollkaufleute gelten nicht für Minderkaufleute (§ 351 HGB), d.h. es bleibt zum Schutz des Minderkaufmanns bei

- den Vorschriften über die Herabsetzung der Vertragsstrafe (§ 343 Abs. 1 S. 1 BGB) = Herabsetzung auf einen angemessenen Betrag auf Antrag durch Urteil bei unverhältnismäßig hoher Vertragsstrafe,
- den Formvorschriften für Bürgschaften (§ 766 S. 1 BGB), Schuldversprechen (§ 780 BGB) und Schuldanerkenntnis (§ 781 Abs. 1 BGB) = Schriftform.

6. Minderkaufleute sind (nach Handelsrecht!) nicht buchführungspflichtig und brauchen kein Inventar zu errichten und keine Bilanz aufzustellen (§ 4 Abs. 1 HGB).

15.3.6 Die Bestimmung der Kaufmannseigenschaft

Prüfungsschema zur Kaufmannseigenschaft

Die Bestimmung der Kaufmannseigenschaft prüft man zweckmäßigerweise wie folgt:

1. Handelt es sich um eine Kapitalgesellschaft oder um eine eingetragene Genossenschaft?

Nein ↓ | Ja → Formkaufmann

2. Erfüllt der Betrieb die Merkmale eines Gewerbes?

Nein ↓ | Ja → Kein Kaufmann

3. Hat der Betrieb ein in § 1 HGB genanntes Grundhandelsgewerbe zum Gegenstand?

Nein ↓ | Ja → Mußkaufmann (Beachten Sie aber Ziffer 2 und 9)

4. Handelt es sich um einen handwerklichen oder sonstigen gewerblichen Betrieb, der

- nicht schon unter § 1 HGB fällt,
- eine kaufmännische Einrichtung erfordert,
- ins Handelsregister eingetragen ist?

Nein ↓ | Ja → Sollkaufmann

5. Handelt es sich um einen land- oder forstwirtschaftlichen Betrieb oder um einen land- oder forstwirtschaftlichen Nebenbetrieb, der

- eine kaufmännische Einrichtung erfordert,
- ins Handelsregister eingetragen ist?

Nein ↓ | Ja → Kannkaufmann

Kein Kaufmann

15.3.7 Die Buchführungspflicht nach Handels- und Steuerrecht

Die abgeleitete Buchführungspflicht

Art der Buchführungspflicht

Jeder Kaufmann ist verpflichtet zur Buchführung (§ 238 HGB), zur Inventarerrichtung (§ 240 HGB) und zur Bilanzaufstellung (§ 242 HGB). Diese handelsrechtliche Buchführungspflicht gilt allerdings nur für Vollkaufleute, nicht für Minderkaufleute (§ 4 Abs. 1 HGB). Nach Handelsrecht sind demnach buchführungspflichtig: Mußkaufleute (sofern Vollkaufleute), Kann-, Soll- und Formkaufleute. Vollkaufleute sind gleichzeitig nach § 140 AO verpflichtet, Bücher zu führen: „Wer nach anderen Gesetzen als den Steuergesetzen Bücher ... zu führen hat, ... hat die Verpflichtung ... auch für die Besteuerung zu erfüllen." Da Vollkaufleute nach

Handelsgesetz zur Buchführung verpflichtet sind, sind sie auch nach Steuergesetz zur Buchführung verpflichtet. Das Steuerrecht leitet somit die Buchführungspflicht aus dem Handelsrecht ab (§ 140 AO = **abgeleitete** bzw. **allgemeine Buchführungspflicht**).

Originäre Buchführungspflicht

Gewerbliche Unternehmer sowie Land- und Forstwirte, die nach Handelsrecht nicht zur Buchführung verpflichtet sind, sind nach § 141 AO buchführungspflichtig, wenn **eine** der dort genannten Grenzen überschritten ist (§ 141 AO = **originäre** bzw. **besondere Buchführungspflicht**):

1. Umsätze von mehr als 500.000,– DM im Kalenderjahr **oder**
2. Betriebsvermögen von mehr als 125.000,– DM **oder**
3. selbstbewirtschaftete land- oder forstwirtschaftliche Flächen mit einem Wirtschaftswert von mehr als 40.000,– DM **oder**
4. Gewinn aus Gewerbebetrieb von mehr als 36.000,– DM im Wirtschaftsjahr **oder**
5. Gewinn aus Land- und Forstwirtschaft von mehr als 36.000,– DM im Kalenderjahr.

Beginn der Buchführungspflicht

Beginn der Buchführungspflicht

Da beim Mußkaufmann der Handelsregistereintrag lediglich deklaratorische Bedeutung hat, beginnt die Buchführungspflicht – sofern Vollkaufmann – bereits mit Aufnahme des Geschäftsbetriebes. Kannkaufleute erwerben die Kaufmannseigenschaft kraft freiwilliger Handelsregistereintragung. Die Buchführungspflicht beginnt beim Kannkaufmann ebenso wie beim Formkaufmann zu dem Zeitpunkt, zu dem sie ihre Eigenschaft als Vollkaufmann erworben haben, also ab Eintrag in das Handelsregister. Sollkaufleute sind verpflichtet, sich in das Handelsregister eintragen zu lassen. Damit sich aber Sollkaufleute nicht ihrer Buchführungspflicht dadurch entziehen, daß sie die Anmeldung zum Handelsregister unterlassen, gelten bei ihnen die Vorschriften zur Buchführung schon von dem Zeitpunkt an, in dem die Verpflichtung entstanden ist, sich in das Handelsregister eintragen zu lassen (§ 262 HGB).

Während die handelsrechtliche Buchführung ohne spezielle Aufforderung durch eine Behörde zu erfüllen ist, weist die Steuerbehörde auf die originäre Buchführungspflicht hin. Die originäre Buchführungspflicht ist vom Beginn des Wirtschaftsjahres zu erfüllen, das auf die Bekanntgabe der Mitteilung folgt, durch die die Finanzbehörde auf den Beginn dieser Verpflichtung hingewiesen hat (§ 141 Abs. 2 Satz 1 AO). Die originäre Buchführungspflicht endet mit dem Ablauf des Wirtschaftsjahres, das auf das Wirtschaftsjahr folgt, in dem die Finanzbehörde feststellt, daß die in Absatz 1 genannten Grenzen nicht mehr überschritten werden (§ 141 Abs. 2 Satz 2 AO).

Wiederholungsfragen:

1. Erklären Sie das Verhältnis von Handelsrecht und Bürgerlichem Recht!
2. Was versteht man unter einem bürgerlichen Kauf, einem einseitigen Handelskauf und einem zweiseitigen Handelskauf?
3. Wie ist das HGB aufgebaut?
4. Welche Merkmale kennzeichnen ein Handelsgewerbe?
5. Wer ist Mußkaufmann?
6. Nennen Sie Beispiele für Mußkaufleute!
7. Unter welchen Voraussetzungen erwirbt ein Betrieb die Eigenschaft als Sollkaufmann?
8. Unter welchen Voraussetzungen erwirbt ein Betrieb die Eigenschaft als Kannkaufmann?
9. Was haben Soll- und Kannkaufmann gemeinsam, was unterscheidet beide Kaufmannsarten?
10. Wer ist Formkaufmann?
11. Wodurch unterscheiden sich Vollkaufleute von Minderkaufleuten?
12. Nennen Sie handelsrechtliche Vorschriften, die für Minderkaufleute nicht gelten!
13. Wer ist nach § 140 AO bzw. 141 AO zur Buchführung verpflichtet?
14. Wann beginnt die Buchführungspflicht?

Aufgaben und Fälle zur Sicherung des Lernerfolgs:

1. Bestimmen Sie die Kaufmannseigenschaft in den folgenden Fällen! Ist ein Handelsregistereintrag erforderlich/möglich? Begründen Sie Ihre Lösung!
   a) Bäckermeister Braun führt eine Bäckerei mit einem Gesellen. Seine Frau arbeitet als Verkäuferin im Betrieb mit.
   b) Schuhmachermeister Bertram stellt selbst keine Schuhe her. Er betreibt lediglich eine Reparatur ohne Warenverkauf.
   c) Diplom-Kaufmann Walter Ziegler ist leitender Angestellter bei der MODUL AG.
   d) Steuerberater Jürgen Keller hat zwei angestellte Steuerberater, fünf angestellte Steuergehilfen und zwei Auszubildende.
   e) Immobilienkaufmann Eberhard Nolde handelt mit Grundstücken. Er hat 10 Mitarbeiter und einen Jahresumsatz von 2 Mio. DM.

f) Schneidermeister Bernhard Pfister hat 20 Mitarbeiter und mehrere Filialen. Er hat sich auf die Herstellung von Anzügen spezialisiert. Zu diesem Zweck kauft er englische Stoffe und verkauft die hergestellten Anzüge.

g) Die Kindertagesstätte „Teddy GmbH" in Heidelberg betreut Kinder von studierenden Eltern. Eine Gewinnerzielungsabsicht ist nicht gegeben.

h) Bauunternehmer Norbert Koch erstellt schlüsselfertige Häuser. Sein Jahresumsatz beträgt 5 Mio. DM.

i) Das Reisebüro Albert Schuster hat mehrere Filialen und 30 Mitarbeiter.

j) Baustoffgroßhändler Roland Gast OHG liefert Baumaterialien.

k) Stefan Zöller betreibt einen Steinbruch mit 20 Angestellten.

l) Landwirt Dieter Patzke betreibt seinen Betrieb in Form einer OHG.

m) Doris Zimmermann betreibt ohne Mitarbeiter in der Berufsschule einen kleinen Kiosk.

n) Schneidermeisterin Lore Deckert hat 30 Mitarbeiterinnen und 2 Filialen. Sie fertigt Kleidungstücke aus von ihren Kundinnen gestellten Stoffen.

o) Clemens Weller ist Inhaber einer Gebäudereinigungs-KG.

p) Das Neustadter Lichtspieltheater OHG hat sich auf moderne Filme spezialisiert.

q) Rentner Georg Winter betreibt ohne Mitarbeiter ein kleines Weinkommissionsgeschäft.

r) Winzer Rudi Wimmer betreibt als Nebenbetrieb eine gutgehende Weinstube. Die Weinstube erfordert eine kaufmännische Organisation und ist ins Handelsregister eingetragen.

s) Bürokaufmann Peter Kluge besitzt 10 Aktien der MODUL AG.

2. Prüfen Sie, ob in den Fällen a – s Buchführungspflicht nach § 140 AO vorliegt.

3. a) Was besagt § 4 Abs. 1 HGB?

   b) Kann aus den rechtlichen Bestimmungen des § 4 Abs. 2 HGB abgeleitet werden, daß Minderkaufleute keine OHG bzw. KG gründen dürfen? Begründen Sie Ihre Lösung.

15.4 Die Firma

Firma

Die **Firma** eines **Vollkaufmanns** ist der **Name**, **unter dem er seine Handelsgeschäfte betreibt** und die Unterschrift abgibt (§ 17 Abs. 1 HGB). Ein Kaufmann kann unter seiner Firma klagen und verklagt werden (§ 17 Abs. 2 HGB). In vielen Fällen stimmt der Handelsname des Kaufmanns mit seinem bürgerlichen Namen überein. Durch Heirat bzw. Inhaberwechsel kann der Handelsname vom bürgerlichen Namen abweichen.

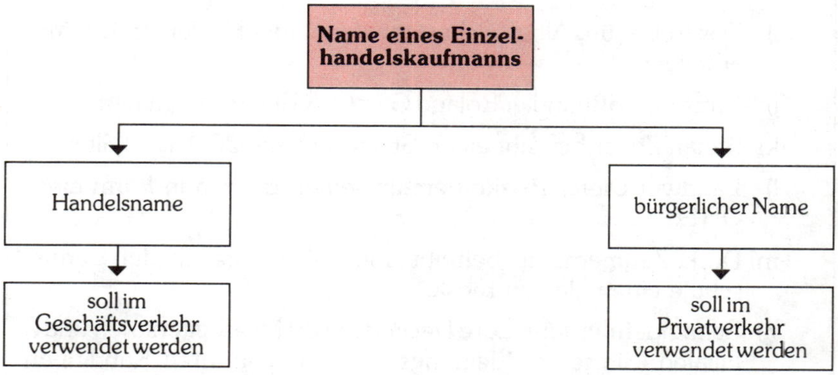

Firmenkern

Der **Firmenkern** (bürgerlicher Name) eines Einzelkaufmanns besteht aus seinem Familiennamen und mindestens einem ausgeschriebenen Vornamen (§ 18 Abs. 1 HGB).

Firmenzusatz

Neben dem Firmenkern sind **Firmenzusätze** möglich. Firmenzusätze geben Auskunft über den Gegenstand des Betriebes.

Beispiel:

Firma eines Einzelkaufmanns		
Fritz Esser	+	Computervertrieb
= bürgerlicher Name = Firmenkern	+	= Gegenstand des Betriebes = Firmenzusatz

15.4.1 Firmenarten

Firmenarten

Man unterscheidet folgende Firmenarten:

1. **Personenfirma**

   Personenfirmen enthalten einen oder mehrere Personennamen.

   Beispiele: Fritz Esser, Esser & Mahlein OHG

2. Sachfirma

Sachfirmen weisen auf den Gegenstand des Betriebes hin.

Beispiele: Neustadter Computervertrieb AG, Steuerberatungsgesellschaft südliche Weinstraße mbH.

3. Gemischte Firma

Gemischte Firmen enthalten Personennamen und Zusätze, die auf den Gegenstand des Betriebes hinweisen.

Beispiel: Computervertrieb Fritz Esser.

15.4.2 Firmengrundsätze

Zum Schutz der Konkurrenten, Kunden und Kreditgeber ist das Firmenrecht durch eine Reihe von Grundsätzen beschränkt.

1. Grundsatz der Firmenwahrheit und Firmenklarheit

Firmenwahrheit und -klarheit

Die Firma muß wahr sein, d.h. sie darf nicht über die tatsächlichen und rechtlichen Verhältnisse täuschen. Bei Firmengründung muß der Firmenkern eines Einzelkaufmanns wahr sein; die Person des Geschäftsinhabers muß erkennbar sein. Bei Neugründung müssen daher Firmenkern und bürgerlicher Name übereinstimmen = Firmenwahrheit.

Darüber hinaus darf der Firma kein Zusatz beigefügt werden, der ein Gesellschaftsverhältnis andeutet (bei Einzelkaufleuten) oder sonst geeignet ist, eine Täuschung über die Art oder den Umfang des Geschäftes herbeizuführen (§ 18 Abs. 2 Satz 1 HGB; bei Einzelkaufleuten und Handelsgesellschaften) = Firmenklarheit.

Beispiele:

- Einzelkaufmann Fritz Esser firmiert unter Fritz Esser & Co.
- Ein kleines Ladengeschäft firmiert als Warenhaus.

2. Grundsatz der Firmenbeständigkeit

Firmenbeständigkeit

Der Grundsatz der Firmenbeständigkeit durchbricht den Grundsatz der Firmenwahrheit. Wer ein bestehendes Handelsgeschäft erwirbt (Kauf oder Erbschaft), darf für das Geschäft die bisherige Firma mit oder ohne Beifügung eines das Nachfolgeverhältnis andeutenden Zusatzes fortführen, wenn der bisherige Geschäftsinhaber oder dessen Erbe zustimmen (§ 22 Abs. 1 HGB). In diesem Fall ist der Firmenkern unwahr geworden.

Der Firmenkern kann auch unrichtig werden, wenn sich der Name des Geschäftsinhabers durch Heirat ändert (§ 21 HGB). Der Grundsatz der Firmenbeständigkeit ist insofern sinnvoll, daß sich der neue Geschäftsinhaber den Good Will (guter Ruf) des Geschäftes sichern kann.

Beispiel: Fritz Esser hat sein Geschäft an Ralf Berghausen verkauft. Ralf Berghausen hat folgende Firmierungsmöglichkeiten:

a) Ralf Berghausen

b) Fritz Esser

c) Fritz Esser, Inhaber Ralf Berghausen

d) Ralf Berghausen vormals Fritz Esser

3. Grundsatz der Firmenausschließlichkeit (Firmenunterscheidbarkeit)

Firmen-ausschließ-lichkeit

Der Grundsatz der Firmenausschließlichkeit schützt vor Verwechslungen. Jede neue Firma muß sich von allen an demselben Ort bereits bestehenden Firmen deutlich unterscheiden (§ 30 Abs. 1 HGB). Eine Verwechslungsgefahr ist dann gegeben, wenn gleiche Familiennamen und gleiche Vornamen vorliegen. Sofern der Kaufmann sich dieser Namen als seine Firma bedienen will, muß er der Firma einen Zusatz beifügen, durch den sie sich von der bereits eingetragenen Firma deutlich unterscheidet (§ 30 Abs. 2 HGB).

Beispiel: In Neustadt gibt es einen Computervertrieb Fritz Esser (Firma: Fritz Esser). Der Einzelkaufmann Fritz Esser aus Ludwigshafen möchte in Neustadt eine Spielwarengroßhandlung eröffnen (Firma: Fritz Esser, Spielwarengroßhandlung).

Eine Verwechslungsgefahr ist zu verneinen, wenn bei gleichem Familiennamen die Vornamen unterschiedlich sind.

4. Grundsatz der Firmeneinheit

Firmen-einheit

Grundsätzlich ist für ein und dasselbe Geschäft nur eine Firma zu führen. Betreibt allerdings ein Einzelkaufmann mehrere selbständige Unternehmen, so kann er für jedes Unternehmen eine andere Firma benutzen.

Beispiel: Fritz Esser hat sein Geschäft (Computervertrieb) an Georg Lederle (Elektrogroßhandlung) verkauft. Lederle betreibt unter Fritz Esser den Computervertrieb und unter Georg Lederle die Elektrogroßhandlung.

5. Grundsatz der Firmenöffentlichkeit

Firmen-öffentlichkeit

Jeder Vollkaufmann ist verpflichtet, seine Firma zur Eintragung in das Handelsregister anzumelden (§ 29 HGB). Darüber hinaus sind eine Änderung der Firma oder ihrer Inhaber und das Erlöschen der Firma zur Eintragung in das Handelsregister anzumelden (§ 31 Abs. 1 und 2 HGB).

Wiederholungsfragen:

1. Was versteht man unter der Firma?
2. Erklären Sie die Begriffe Firmenkern und Firmenzusatz!
3. Welche Firmenarten kennen Sie?

4. Erklären Sie die folgenden Firmengrundsätze: Firmenwahrheit, Firmenbeständigkeit, Firmenausschließlichkeit und Firmenöffentlichkeit.
5. Inwiefern durchbricht der Grundsatz der Firmenbeständigkeit den Grundsatz der Firmenwahrheit?

Aufgaben und Fälle zur Sicherung des Lernerfolgs:

Prüfen Sie die folgenden Fälle hinsichtlich eines Verstoßes gegen einen Firmengrundsatz:

1. In Neustadt ist eine Weingroßhandlung unter der Firma Rolf Wagner ins Handelsregister eingetragen. Clemens Wagner möchte unter seinem bürgerlichen Namen ebenfalls eine Weingroßhandlung eröffnen.
2. Der Computervertrieb Fritz Esser möchte unter „Euro-Computer-Supermarkt" firmieren.
3. Die Geschäftsinhaberin Jutta Klein führt unter gleichnamiger Firma eine Boutique. Nach der Heirat mit Klaus Kolbe hat Jutta den Ehenamen Jutta Kolbe. Sie betreibt ihr Geschäft weiterhin unter der Firma Jutta Klein.
4. Jens Rogge erwirbt von Einzelkaufmann Martin Lauer eine Getränkegroßhandlung. Rogge möchte die 1898 (!) gegründete Firma M. (!) Lauer, Getränkegroßhandlung übernehmen.
5. Gastwirt Udo Gerber (Vollkaufmann) hat am Eingang seines Restaurants lediglich folgende Information angebracht:

Speisenkarte
1. Leberwurstbrot
2. Leberknödel
3. Saumagen
4. Bratwurst
5. Fleischkäse

Hinweis: § 15 a Gewerbeordnung

15.5 Das Handelsregister

Handelsregister

Das Handelsregister ist ein **öffentliches Verzeichnis**, das bestimmte **Tatsachen über Vollkaufleute aufzeichnet**. Eintragungspflichtige Tatsachen sind u.a. die Firma sowie Erteilung und Widerruf der Prokura. Öffentlich bedeutet, daß die Einsicht in das Handelsregister jedermann gestattet ist (§ 9 Abs. 1 HGB).

15.5.1 Eintragung und Löschung von Tatsachen

Abteilungen des Handelsregisters

Das Handelsregister besteht aus zwei Abteilungen (§ 3 Abs. 1 – 3 HRV):

Abteilung A = HRA	Abteilung B = HRB
Eintragungen	Eintragungen
Einzelkaufleute Personengesellschaften	Kapitalgesellschaften

Für die Führung des Handelsregisters sind die Amtsgerichte zuständig (§ 125 Abs. 1 FGG). Die Anmeldung zur Eintragung in das Handelsregister sowie die zur Aufbewahrung bei dem Gericht bestimmten Zeichnungen von Unterschriften sind in öffentlich beglaubigter Form einzureichen (§ 12 Abs. 1 HGB). Bei Unterlassung einer eintragungspflichtigen Tatsache kann das Registergericht durch Festsetzung eines Zwangsgeldes bis 10.000,– DM die Eintragung erzwingen (§ 14 HGB). Das Gericht hat die Eintragung in das Handelsregister durch den Bundesanzeiger und durch mindestens ein anderes Blatt (Tageszeitung) bekanntzugeben (§ 10 Abs.1 Satz 1 HGB). Der **Bundesanzeiger** ist das amtliche Verkündungsorgan der Bundesrepublik für Bekanntmachungen, die nicht im Bundesgesetzblatt veröffentlicht werden (u.a. Konkurseröffnungen, Vergleichsanträge und Einladungen zu Hauptversammlung von Aktiengesellschaften).

Eine Eintragung, die gelöscht werden soll, ist rot zu unterstreichen (§ 16 Abs. 1 HRV).

15.5.2 Der Vertrauensschutz des Handelsregisters

Aus Gründen der Rechtssicherheit muß sich jeder gutgläubige Dritte auf die Richtigkeit des Handelsregisters verlassen können (= Publizitätswirkung des Handelsregisters). Der Gutglaubensschutz des Handelsregisters ist allerdings enger als der Gutglaubensschutz des Grundbuchs.

Nach § 892 Abs. 1 BGB kann sich ein gutgläubiger Dritter auf die Richtigkeit der Grundbucheintragungen verlassen. (Auf die Aussage des Grundbuches ist Verlaß = **positives Publizitätsprinzip**.)

Vertrauensschutz des Handelsregisters

Der Vertrauensschutz des Handelsregisters hat drei Formen

1. **Der Schutz gutgläubiger Dritter bei Nichteintragung und Nichtbekanntmachung**

   Nach § 15 Abs. 1 HGB kann sich ein gutgläubiger Dritter auf das Schweigen des Handelsregisters verlassen. (Auf das Schweigen des HR ist Verlaß = **negatives Publizitätsprinzip**.)

Hierbei handelt es sich um die Fälle, daß einzutragende Tatsachen nicht eingetragen und bekanntgemacht worden sind. Im Gegensatz zum Grundbuch schützt § 15 Abs. 1 nicht den guten Glauben an die Eintragung, sondern an die Nichteintragung.

Schutz gutgläubiger Dritter

Hinweis: § 15 Abs. 1 schützt nicht nur vor unterbliebener Eintragung **und** unterbliebener Bekanntmachung, sondern auch vor erfolgter Eintragung und unterbliebener Bekanntmachung.

Anwendungsfälle des § 15 Abs. 1	
Unterbliebene Eintragung	Unterbliebene Bekanntmachung
Erfolgte Eintragung	Unterbliebene Bekanntmachung

Rechtsfolgen: Nicht eingetragene oder nicht bekanntgemachte Tatsachen werden als unbekannt behandelt.

Beispiel: Ein Prokurist, dem die Prokura entzogen wurde, nimmt die Darlehensrückzahlung eines Kunden entgegen. Das Erlöschen der Prokura ist im HR noch nicht eingetragen. Der Prokurist unterschlägt die Rückzahlung. Der Geschäftsinhaber kann von dem Kunden eine erneute Zahlung nicht fordern. Der gutgläubige Dritte wird so gestellt, als würde die Prokura noch bestehen.

2. Schutz des Eintragungspflichtigen bei richtiger Eintragung und Bekanntmachung

Nach § 15 Abs. 2 muß ein Dritter Tatsachen gegen sich gelten lassen, sofern diese eingetragen und bekanntgemacht sind; oder anders ausgedrückt: Eine eingetragene und bekanntgemachte Tatsache kann jedem Dritten entgegengehalten werden.

Schutz des Kaufmanns

Hinweis: § 15 Abs. 1 gewährt nur Schutz bei richtiger Eintragung **und** Bekanntmachung.

Rechtsfolgen: Eingetragene und bekanntgemachte Tatsachen werden als bekannt behandelt.

Beispiel: Das Erlöschen der Prokura wurde ins Handelsregister eingetragen und ist bekanntgemacht worden. Der ehemalige Prokurist nimmt ein Darlehen auf. Der Dritte muß die bekanntgemachte Tatsache gegen sich gelten lassen, d.h. es ist mangels Vertretungsmacht überhaupt kein Darlehensvertrag zwischen dem Geschäftsinhaber und dem Darlehensgeber zustande gekommen.

3. Schutz des Vertrauens gutgläubiger Dritter bei falscher Bekanntmachung

§ 15 Abs. 3 HGB ist erst nachträglich im Jahre 1969 eingefügt worden. Der Gesetzgeber wollte damit den Schutz gutgläubiger Dritter erweitern. Nicht nur die Eintragung, sondern auch die Bekanntmachung kann unrichtig sein. Ein gutgläubiger Dritter kann sich nach § 15 Abs. 3 HGB auf eine unrichtig bekanntgemachte Tatsache berufen, d.h. der gutgläubige Dritte wird so gestellt, als wäre die bekanntge-

Schutz gutgläubiger Dritter

machte Tatsache richtig. Im Gegensatz zum Grundbuch schützt § 15 Abs. 3 HGB nicht den guten Glauben an die Eintragung, sondern an die Bekanntmachung. (Wem ist es schon zeitlich möglich, immer in das Handelsregister einzusehen?)

Anwendungsfälle des § 15 Abs. 3 HGB	
Unrichtige Eintragung	Unrichtige Bekanntmachung
Richtige Eintragung	Unrichtige Bekanntmachung
Fehlende Eintragung	Unrichtige Bekanntmachung

Rechtsfolgen: Ein Dritter kann sich auf die falsch bekanntgemachte Tatsache gegenüber dem Eintragungspflichtigen berufen.

§ 15 Abs. 1 HGB	**§ 15 Abs. 2 HGB**	**§ 15 Abs. 3 HGB**
schützt gutgläubige Dritte	schützt den Kaufmann	schützt gutgläubige Dritte
Nichteintragung und/ oder Nichtbekanntmachung von Tatsachen gelten als unbekannt	Eintragung und Bekanntmachung von Tatsachen gelten als bekannt	Falsch bekanntgemachte Tatsachen gelten als richtig

Wiederholungsfragen:

1. Was ist das Handelsregister?
2. Welche Eintragungen werden in Abteilung A bzw. Abteilung B vorgenommen?
3. In welcher Form sind Eintragungen ins Handelsregister einzureichen?
4. Wie werden Eintragungen im Handelsregister gelöscht?
5. Wen schützt § 15 Abs. 1 bzw. § 15 Abs. 2 HGB?
6. Was versteht man unter negativem Publizitätsprinzip?

Aufgaben und Fälle zur Sicherung des Lernerfolgs:

1. a) Geschäftsinhaber Bernd Wecker erteilt seinem Mitarbeiter Norbert Birkle Prokura, die er später widerruft. Eine Eintragung des Widerrufs ist jedoch unterblieben. Nach dem Widerruf kauft Birkle beim Computervertrieb Gerd Rumpf einen Personalcomputer für 50.000,– DM. Muß Wecker den Computer bezahlen?

   b) Wie ist die Rechtslage, wenn auch die Erteilung der Prokura nicht in das Handelsregister eingetragen wurde?

2. Roland Heller ist als Prokurist im Handelsregister eingetragen, obwohl ihm nie eine Prokura erteilt wurde. Eine entsprechende Bekanntgabe ist erfolgt. Heller geht auf Grund einer Warenlieferung eine Wechselverbindlichkeit ein. Muß der Geschäftsinhaber die Wechselverbindlichkeit einlösen?
3. Bernd Wecker hat Günter Helfrich zum Prokuristen bestellt. Diese Tatsache wurde in das Handelsregister eingetragen. In der Bekanntgabe in der Tageszeitung und im Bundesanzeiger erscheint jedoch der Angestellte Gregor Helfrich. Wie ist die Rechtslage, wenn Gregor Helfrich dem Mitarbeiter Reiner Düll Handlungsvollmacht erteilt?
4. Elmar Blum ist aus der Leidner OHG ausgeschieden. Das Ausscheiden ist eingetragen und bekanntgemacht worden. Blum schließt nach dem Ausscheiden mit dem Computervertrieb Norbert Kober einen Kaufvertrag über einen neuen Computer im Wert von 50.000,– DM ab. Die Gesellschafter der Leidner OHG weigern sich, den Kaufvertrag zu erfüllen, Kober besteht auf Vertragserfüllung. Ist der Kaufvertrag gegenüber der OHG gültig?
5. Inwiefern kann man beim § 15 Abs. 3 von positivem Publizitätsprinzip sprechen und inwiefern unterscheidet sich dieses vom positiven Publizitätsprinzip beim Grundbuch?

15.6 Handeln in Vertretung eines anderen (Stellvertretung)

Aus Zeit- und Kostengründen ist es nicht sinnvoll, daß der Geschäftsinhaber alle Rechtsgeschäfte persönlich vornimmt. Willenserklärungen können vom Geschäftsinhaber persönlich, aber auch von **Hilfspersonen** abgegeben werden.

Stellvertreter

Geschäftsinhaber	Stellvertreter
handelt in eigenem Namen, für eigene Rechnung	handelt in fremdem Namen, für fremde Rechnung

Bote

Im Gegensatz zum **Stellvertreter** überbringt der **Bote** lediglich eine fertige Willenserklärung des Geschäftsinhabers. Daher können auch geschäftsunfähige Personen Bote sein.

Der **Stellvertreter** erklärt seinen eigenen Willen. Er handelt aber nicht für sich, sondern für den Auftraggeber (Geschäftsinhaber). Die Rechtsfolgen der abgegebenen bzw. empfangenen Willenserklärungen binden jedoch nicht ihn, sondern den Geschäftsinhaber. Der **Geschäftsinhaber**

wird so gestellt, als hätte er die Willenserklärung selbst abgegeben (§ 164 Abs. 1 Satz 1 BGB). Schließt der Stellvertreter beispielsweise im Namen des Geschäftsinhabers einen Kaufvertrag ab, so treffen Rechte und Pflichten den Vertretenen unmittelbar. Der Stellvertreter wird aus dem Kaufvertrag weder berechtigt noch verpflichtet. Stellvertreter kann daher auch eine beschränkt geschäftsfähige Person sein (§ 165 BGB).

Vollmacht

Die **Vertretungsbefugnis** kann **durch Gesetz** (Eltern, Vormund) **oder** durch **Rechtsgeschäft** (Vollmacht) erlangt werden. **Vollmacht** ist die durch Rechtsgeschäft erteilte Vertretungsmacht. Die Vollmacht ist eine einseitige empfangsbedürftige Willenserklärung, die an keine Form gebunden ist (§ 167 Abs. 2 BGB). Die Erteilung der Vollmacht erfolgt durch Erklärung gegenüber dem zu Bevollmächtigenden oder dem Dritten, dem gegenüber die Vertretung stattfinden soll (§ 167 Abs. 1 BGB). Die Vollmacht erlischt mit der Beendigung des zugrundeliegenden Rechtsgeschäftes oder durch Widerruf (§ 168 BGB).

Im Gegensatz zum HGB sind Umfang und Inhalt der Vollmacht im BGB nicht ausdrücklich festgelegt. Der Umfang der Vertretungsbefugnis ist nach Handelsrecht unterschiedlich.

Handelsrechtliche Stellvertreter sind der Handlungsbevollmächtigte und der Prokurist. Handlungsbevollmächtigter und Prokurist sind unselbständige Mitarbeiter, da sie an Weisungen des Arbeitgebers gebunden sind.

15.6.1 Der Handlungsbevollmächtigte

Die Handlungsvollmacht kann durch den Geschäftsinhaber oder einen Prokuristen erteilt werden. Einer besonderen Form der Erteilung bedarf es hierbei nicht. Ein Handelsregistereintrag ist jedoch nicht möglich. Auch Minderkaufleute können Handlungsvollmacht erteilen. Nach dem Umfang der Vollmacht unterscheidet man folgende Vollmachtarten:

1. **Einzelhandlungsvollmacht (Spezialhandlungsvollmacht)**

   Einzelvollmacht

   Eine Einzelhandlungsvollmacht wird für ein einzelnes Rechtsgeschäft erteilt.

   Beispiel: Ein Auszubildender erhält den Auftrag, bei der Post Briefmarken zu kaufen.

2. **Arthandlungsvollmacht**

   Artvollmacht

   Die Arthandlungsvollmacht berechtigt zur Vornahme von Rechtsgeschäften, die in der gleichen Art ständig im Betrieb vorkommen.

   Beispiel: Ein Angestellter erhält Kassenvollmacht.

3. **Allgemeine Handlungsvollmacht (Generalhandlungsvollmacht)**

   Generalvollmacht

   Die allgemeine Handlungsvollmacht erstreckt sich auf **alle Geschäfte und Rechtshandlungen, die der Betrieb dieses Handelsgewer-**

bes gewöhnlich mit sich bringt (§ 54 Abs. 1 HGB). So darf der Generalhandlungsbevollmächtigte eines Handelsbetriebes Waren einkaufen und Waren verkaufen. Er darf aber keine Rechtshandlungen vornehmen, die der Betrieb dieses Handelsgewerbes nicht mit sich bringt.

Beispiel: Der Generalhandlungsbevollmächtigte einer Bank darf nicht 100 Pelze einkaufen (Handelsgewerbe: Pelzgeschäft).

Gesetzlich ist es dem Generalhandlungsbevollmächtigten untersagt,

- Grundstücke zu veräußern oder zu belasten,
- Wechselverbindlichkeiten einzugehen,
- Darlehen aufzunehmen,
- Prozesse zu führen (§ 54 Abs. 2 HGB).

Zwar ist gesetzlich nicht festgelegt, ob ein Generalhandlungsbevollmächtigter ohne besondere Befugnis Grundstücke kaufen darf. Da der Kauf eines Grundstücks jedoch nicht zu den Rechtsgeschäften gehört, die der Betrieb gewöhnlich mit sich bringt, muß die Berechtigung zum Grundstückskauf ebenso wie der Verkauf und die Aufgabe des Geschäfts verneint werden.

Für diese Rechtshandlungen bedarf es einer besonderen Befugnis. Darüber hinaus darf der Generalhandlungsbevollmächtigte keine Geschäfte vornehmen, bei denen es gesetzlich verboten ist, daß sich der Geschäftsinhaber vertreten läßt:

- Gesellschafter aufnehmen,
- Prokura und Handlungsvollmacht erteilen,
- Steuererklärungen unterschreiben,
- Bilanzen unterschreiben,
- Eintragungen ins Handelsregister anmelden,
- Eid leisten,
- Konkurs anmelden.

Selbstverständlich erstreckt sich die Handlungsvollmacht nicht auf Rechtsgeschäfte, die rein privater Natur sind. Beschränkungen der Handlungsvollmacht sind nur wirksam, wenn der Geschäftspartner sie kannte oder kennen mußte (§ 54 Abs. 3 HGB). Der Handlungsbevollmächtigte hat mit einem das Vollmachtsverhältnis ausdrückenden Zusatzes zu zeichnen (§ 57 HGB):

Zeichnung des Handlungsbevollmächtigten		
Einzel-handlungsvollmacht	Art-handlungsvollmacht	General-handlungsvollmacht
i.A.	i.A.	i.V.
= im Auftrag		= in Vollmacht

Die Handlungsvollmacht erlischt durch

- Widerruf,
- Beendigung des Arbeitsverhältnisses,
- Tod des Handlungsbevollmächtigten,
- freiwillige oder zwangsweise Auflösung des Betriebes,
- Beendigung des Auftrags bei Einzelhandlungsvollmacht.

15.6.2 Der Prokurist

Prokura

Die Prokura (lat. pro curare = sich kümmern um) ist die handelsrechtlich weitreichendste Vollmacht. Die Prokura ermächtigt zu **allen Arten von gerichtlichen und außergerichtlichen Geschäften und Rechtshandlungen, die der Betrieb irgendeines Handelsgewerbes** mit sich bringt (§ 49 Abs. 1 HGB). Die Rechtsgeschäfte müssen nicht im Handelsgewerbe des Prokuristen üblich sein, sondern in irgendeinem Handelsgewerbe.

Beispiel: Der Prokurist einer Bank darf 100 Pelze einkaufen. Der Prokurist darf zwar das Geschäft weder veräußern noch aufgeben, jedoch den Gegenstand des Betriebes ändern.

Beispiel: In Abwesenheit des Geschäftsinhabers wandelt der Prokurist die Bank in eine Pelzgroßhandlung um.

Die Prokura ist eine empfangsbedürftige Willenserklärung. Sie muß vom Geschäftsinhaber ausdrücklich erteilt werden (§ 48 Abs. 1 HGB). Der Geschäftsinhaber ist zwar verpflichtet, die Prokura zur Eintragung in das Handelsregister anzumelden (§ 53 Abs. 1 HGB), jedoch hat die Anmeldung lediglich **deklaratorische Wirkung**: Die Prokura ist bereits mit Erteilung wirksam.

Gesetzlich ist es dem Prokuristen untersagt, Grundstücke zu belasten und zu veräußern (§ 49 Abs. 2 HGB). Für diese Rechtsgeschäfte benötigt der Prokurist eine besondere Befugnis. Zum Erwerb von Grundstücken ist der Prokurist ermächtigt.

untersagte Rechtsgeschäfte

Dem **Prokuristen** sind gesetzlich **folgende Rechtsgeschäfte untersagt**:

- Prokura erteilen,
- Steuererklärungen unterschreiben,
- Bilanzen unterschreiben,
- Eintragungen ins Handelsregister anmelden,
- Eid leisten,
- Konkurs anmelden,
- Gesellschafter aufnehmen.

Eine Beschränkung der Prokura auf gewisse Geschäfte oder gewisse Arten von Geschäften ist Dritten gegenüber (also im Außenverhältnis) unwirksam (§ 50 Abs. 1 HGB). Mit Dritten abgeschlossene Rechtsgeschäfte sind trotz Beschränkungen rechtswirksam. Das Außenverhältnis betrifft die Rechtsbeziehungen des Prokuristen zu Dritten (Kunden, Lieferanten, Banken = Stellvertretungsrecht). Eine Beschränkung der Prokura im Innenverhältnis ist möglich. Das Innenverhältnis betrifft die Rechtsbeziehungen des Prokuristen mit dem Geschäftsinhaber (= Arbeitsrecht).

Beispiel: Dem Prokuristen ist es im Innenverhältnis untersagt, Darlehen aufzunehmen. Trotz Beschränkung der Prokura nimmt der Prokurist ein Darlehen über 20.000,– DM auf. Das Rechtsgeschäft ist gültig. Der Geschäftsinhaber muß es gegen sich gelten lassen. Allerdings ist der Prokurist gegenüber dem Geschäftsinhaber schadensersatzpflichtig.

Arten der Prokura

Handelsrecht kennt folgende **Prokuraarten**:

1. **Einzelprokura**

   Der Prokurist ist berechtigt, den Geschäftsinhaber alleine zu vertreten.

2. **Gesamtprokura**

   Die Erteilung der Prokura ist an mehrere Personen gemeinschaftlich erfolgt (§ 48 Abs. 2 HGB). Die Prokura kann nur gemeinsam ausgeübt werden.

3. **Filialprokura**

   Die Prokura ist auf eine selbständige Zweigniederlassung (Eintragung der Firma im Handelsregister) eines Betriebes beschränkt (§ 50 Abs. 3 HGB).

Der Prokurist hat in der Weise zu zeichnen, daß er der Firma seinen Namen mit einem die Prokura andeutenden Zusatz beifügt (§ 51 HGB):

Zeichnung des/der Prokuristen		
Einzelprokura	Filialprokura	Gesamtprokura
Computervertrieb Fritz Esser ppa. Stemmler	Südwestdeutsche Hypothekenbank Filiale Neustadt ppa. Glöckner	Computervertrieb Gerd Rumpf GmbH ppa. Fuchs ppa. Stumpf
ppa. = per Prokura		

Erlöschen der Prokura

Die **Prokura erlischt** durch
- Widerruf,
- Tod des Prokuristen,
- Beendigung des Arbeitsverhältnisses,
- freiwillige oder zwangsweise Auflösung des Betriebes.

Hinweis: Das Erlöschen der Prokura ist zur Eintragung in das Handelsregister anzumelden (§ 53 Abs. 3 HGB). Wie die Erteilung der Prokura hat auch der Widerruf lediglich deklaratorische Wirkung. Solange allerdings der Widerruf nicht eingetragen und bekanntgemacht ist, schützt § 15 Abs. 1 HGB gutgläubige Dritte.

15.6.3 Das Erlöschen der Vollmacht

Mit dem Erlöschen der Vollmacht verliert der Mitarbeiter das Recht, für den Kaufmann nach außen hin rechtswirksam zu handeln. Verträge, die der Mitarbeiter nach Erlöschen der Vertretungsbefugnis abschließt, bedürfen der Genehmigung des Geschäftsinhabers (§ 177 Abs. 1 BGB). Wer als Vertreter einen Vertrag geschlossen hat, ist dem Vertragspartner nach dessen Wahl zur Erfüllung oder zum Schadensersatz verpflichtet, wenn der Vertreter die Genehmigung des Vertrages verweigert (§ 179 Abs. 1 BGB). Schließt der Mitarbeiter Verträge ohne Vollmacht ab, handelt er als **Vertreter ohne Vertretungsmacht**.

15.6.4 Der Handlungsgehilfe

Handlungsgehilfe (kaufmännischer Angestellter) ist, wer in einem Handelsgewerbe zur Leistung kaufmännischer Dienste gegen Entgelt angestellt ist (§ 59 HGB). Die Vorschriften über Prokura und Handlungsvollmacht betreffen das Außenverhältnis. Der Prokurist und der Handlungsbevollmächtigte sind zugleich Handlungsgehilfen. Rechte und Pflichten von Arbeitnehmer und Arbeitgeber betreffen das Innenverhältnis und sind im Arbeitsrecht geregelt. Die arbeitsrechtlichen Bestimmungen werden beim Handlungsgehilfen ergänzt durch die speziellen Regelungen des HGB. Der Begriff des Handlungsgehilfen umfaßt folgende **Merkmale**:

Merkmale des Handlungsgehilfen

1. Der Arbeitgeber muß ein Handelsgewerbe betreiben. Verwaltungsangestellte, Zahnarzthelferinnen und Steuergehilfen sind demnach keine Handlungsgehilfen.
2. Es muß sich um eine kaufmännische Tätigkeit handeln. Der Gärtner oder der Facharbeiter eines Industriebetriebes ist kein Handlungsgehilfe.
3. Es muß ein Entgelt gezahlt werden.

Der Handlungsgehilfe darf ohne Einwilligung des Arbeitgebers weder ein Handelsgewerbe betreiben, noch im Handelsgewerbe des Arbeitgebers für eigene oder fremde Rechnung Geschäfte machen (§ 60 Abs. 1 HGB). Verletzt der Handlungsgehilfe das gesetzliche Wettbewerbsverbot, so kann der Arbeitgeber Schadensersatz fordern (§ 61 Abs. 1 HGB). Nach Beendigung des Dienstverhältnisses unterliegt der Handlungsgehilfe keinem gesetzlichen Wettbewerbsverbot. Aus diesem Grund wird zwischen

Arbeitgeber und Handlungsgehilfen häufig ein vertragliches Wettbewerbsverbot für die Zeit nach dem Ausscheiden des Handlungsgehilfen schriftlich vereinbart (§ 74 Abs. 1 HGB). Für die Dauer des Wettbewerbsverbots ist dem Handlungsgehilfen eine Entschädigung zu zahlen (§ 74 Abs. 2 HGB).

15.6.5 Der Auszubildende

Der Berufsausbildungsvertrag begründet für Ausbildenden und Auszubildenden Rechte und Pflichten. Darüber hinaus sollten sich beide Parteien einen Überblick über bedeutsame Gesetze, Verordnungen und Satzungen verschaffen, die die Berufsausbildung betreffen. Nur dann ist eine störungsfreie und ordnungsgemäße Ausbildung gewährleistet. Sowohl für den Ausbildenden als auch für den Auszubildenden kann die Nichtbeachtung der einschlägigen Bestimmungen unangenehme mitmenschliche und rechtliche Folgen nach sich ziehen. Die folgenden **Rechtsquellen sind für die Berufsausbildung** bedeutsam:

Rechtsgrundlagen der Berufsausbildung

- Berufsbildungsgesetz,
- Jugendarbeitsschutzgesetz,
- Mutterschutzgesetz,
- Tarifvertragsgesetz,
- Betriebsverfassungsgesetz,
- Kündigungsschutzgesetz,
- Arbeitszeitordnung,
- Bundesurlaubsgesetz,
- Ausbildungsordnung,
- Bürgerliches Gesetzbuch,
- Grundgesetz,
- Jugendschutzgesetz.

Für die Berufsausbildung gilt in der Bundesrepublik Deutschland das duale System: Schule und Betrieb sind für die Ausbildung gemeinsam verantwortlich. Daher sind Kenntnisse der einschlägigen Bestimmungen über die schulische Ausbildung unumgänglich:

- Schulpflichtgesetz des jeweiligen Bundeslandes,
- Prüfungsordnung,
- Berufsfachschulanrechnungsverordnung,
- Zeugnis- und Versetzungsordnung,
- Schulordnung.

Gesetze – wie z.B. das Berufsbildungsgesetz – werden vom Parlament beschlossen (also von der Legislative) und regeln einen Problemkreis in seiner grundlegenden Art. **Verordnungen** – wie z.B. die Berufsfachschulanrechnungsverordnung – werden von der Bundesregierung, der Landesregierung oder einem Minister erlassen (also von der Exekutive) und regeln spezielle Fragen des Problemkreises. **Satzungen** – wie z.B. die Prüfungsordnungen der zuständigen Stellen – werden durch juristische Personen des öffentlichen Rechts erlassen. Zuständige Stellen für die Prüfungsordnungen für Auszubildende in steuer- und wirtschaftsberatenden Berufen sind die Steuerberaterkammern.

Das „Grundgesetz für die Berufsausbildung“ ist das Berufsbildungsgesetz (BBiG). Nach § 89 Abs. 1 Sind die Wirtschaftsprüferkammer und die Berufskammern der Steuerberater und der Steuerbevollmächtigten die für die Berufsausbildung zuständigen Stellen, die für die Durchführung und Überwachung der Berufsausbildung in ihrem Bereich verantwortlich sind. Im einzelnen übernehmen die zuständigen Stellen folgende Aufgaben:

- Erlaß von Prüfungsordnungen (§ 41 BBiG)
- Entscheidung über Anträge zur Verkürzung der Ausbildungszeit (§ 29 Abs. 2 BBiG)
- Überwachung der Eignung der Ausbilder und Ausbildungsstätten (§ 23 Abs. 1 BBiG)

Ausbildungsordnung

„Als Grundlage für eine geordnete und einheitliche Ausbildung . . . kann der Bundesminister für Wirtschaft . . . im Einvernehmen mit dem Bundesminister für Bildung und Wissenschaft durch Rechtsverordnung . . . Ausbildungsberufe staatlich anerkennen . . . und für die Ausbildungsberufe Ausbildungsordnungen erlassen.“ (§ 25 Abs. 1 BBiG). Diese Ausbildungsordnungen müssen nach § 25 Abs. 2 BBiG bestimmte Mindesterfordernisse aufweisen. Die Verordnung über die Berufsausbildung zum Fachgehilfen in steuer- und wirtschaftsberatenden Berufen vom 15.02.1978 enthält u.a. folgende Bestimmungen:

- Staatliche Anerkennung des Ausbildungsberufs,
- Ausbildungsdauer,
- Ausbildungsrahmenplan,
- Zwischenprüfung,
- Abschlußprüfung.

Die Ausbildungsordnung legt den individuellen betrieblichen Ausbildungsablauf nicht in allen Einzelheiten fest. Es ist daher ratsam, neben der allgemeinen Ausbildungsordnung einen auf die eigene Steuerberaterpraxis zugeschnittenen betrieblichen Ausbildungsplan zu erstellen, der den speziellen Bedürfnissen und Problemen gerecht wird.

Wiederholungsfragen:

1. Was versteht man unter Vertretungsbefugnis?
2. Warum sind Handlungsbevollmächtigter und Prokurist unselbständige Mitarbeiter?
3. Wer kann Handlungsvollmacht erteilen?
4. Was versteht man unter Einzelhandlungsvollmacht bzw. Arthandlungsvollmacht?
5. Beschreiben sie den Umfang der Generalhandlungsvollmacht!

6. Nennen Sie Rechtsgeschäfte, die ein Generalhandlungsbevollmächtigter nicht vornehmen darf!
7. Wie zeichnen Handlungsbevollmächtigte?
8. Wann erlischt die Handlungsvollmacht?
9. Beschreiben Sie den Umfang der Prokura!
10. Zu welchem Zeitpunkt ist die Erteilung der Prokura rechtswirksam?
11. Welche Rechtsgeschäfte darf ein Prokurist nicht vornehmen?
12. Ist eine Beschränkung der Prokura möglich?
13. Welche Prokuraarten kennen Sie?
14. Wie zeichnen Prokuristen?
15. Wann erlischt die Prokura?
16. Zu welchem Zeitpunkt ist der Widerruf der Prokura rechtswirksam?
17. Wer ist Handlungsgehilfe?
18. Wie ist das Wettbewerbsverbot von Handlungsgehilfen im HGB geregelt?

Aufgaben und Fälle zur Sicherung des Lernerfolgs:

1. Ist mit dem Tod des Geschäftsinhabers eine bestehende Prokura erloschen? (Hinweis: § 52 Abs. 3 HGB)?
2. Bestimmen Sie die Rechtslage in den folgenden Fällen!
   a) Ein Prokurist akzeptiert einen Wechsel über 5 Mio. DM.
   b) Der Prokurist eines Betriebes für Feuerwerkskörper ist der Meinung, daß die Herstellung von Schokoladeprodukten mehr Zukunft hat. Der Geschäftsinhaber verbringt einen längeren Erholungsurlaub im Ausland. Während seiner Abwesenheit stellt der Prokurist den Betrieb auf die Herstellung von Schokoladenprodukten um.
   c) Ein Handlungsbevollmächtigter stellt einen neuen Mitarbeiter ein.
   d) Ein Prokurist kauft ein Grundstück im Wert von 500.000,– DM.
   e) Ein Handlungsbevollmächtigter erteilt einem Mitarbeiter Handlungsvollmacht.

f) Einem Prokuristen ist die Prokura mit der Auflage erteilt worden, Wareneinkäufe über 20.000,– DM nur mit ausdrücklicher Genehmigung des Geschäftsinhabers vorzunehmen. Der Prokurist kauft Waren im Wert von 80.000,– DM. Der Verkäufer verlangt vom Geschäftsinhaber Vertragserfüllung.

g) Ein Prokurist kauft 50 Flaschen des Parfüms „Softy“ zu einem besonders günstigen Preis für die Frau des Geschäftsinhabers. Der Geschäftsinhaber verweigert die Zahlung.

h) Ein Prokurist erteilt einem Mitarbeiter Handlungsvollmacht.

i) Einem Prokuristen wurde die Prokura entzogen. Der Widerruf ist ins Handelsregister eingetragen und bekanntgegeben. Der ehemalige Prokurist nimmt ein Darlehen in Höhe von 100.000,– DM für den Betrieb auf. Der Geschäftsinhaber ist der Meinung, daß der Darlehensvertrag von Anfang an nichtig ist.

j) Einem Prokuristen wird am 01.04.19.. Prokura erteilt. Die Eintragung ins Handelsregister erfolgt am 24.04.19.. Am 20.04.19.. entläßt der Prokurist einen Mitarbeiter. Ist die Entlassung rechtswirksam?

15.7 Selbständige Mitarbeiter des Kaufmanns

Hersteller und Händler können den Verkauf ihrer Produkte durch angestellte Mitarbeiter oder selbständige Mitarbeiter durchführen. Der **Handlungsreisende** ist kaufmännischer Angestellter eines Betriebes. Seine Tätigkeit beruht auf einem Arbeitsvertrag.

Häufig bedienen sich Kaufleute selbständiger Mitarbeiter, die den Absatz ihrer Produkte vermitteln. Solche Absatzmittler sind der **Handelsvertreter** und der **Kommissionär**.

15.7.1 Der Handelsvertreter

Handelsvertreter

Handelsvertreter ist, wer als **selbständiger Gewerbetreibender** ständig damit betraut ist, **für einen anderen Unternehmer Geschäfte zu vermitteln oder** in dessen Namen **abzuschließen** (§ 84 Abs. 1 Satz 1 HGB). Selbständig ist, wer im wesentlichen frei seine Tätigkeit gestalten und seine Arbeitszeit bestimmen kann (§ 84 Abs. 1 Satz 2 HGB). Der Handelsvertreter ist Mußkaufmann. Der Vermittlungsvertreter vermittelt lediglich Verträge zwischen seinem Auftraggeber und seinen Kunden. Der Abschlußvertreter schließt im Namen und für Rechnung des Auftraggebers Verträge ab.

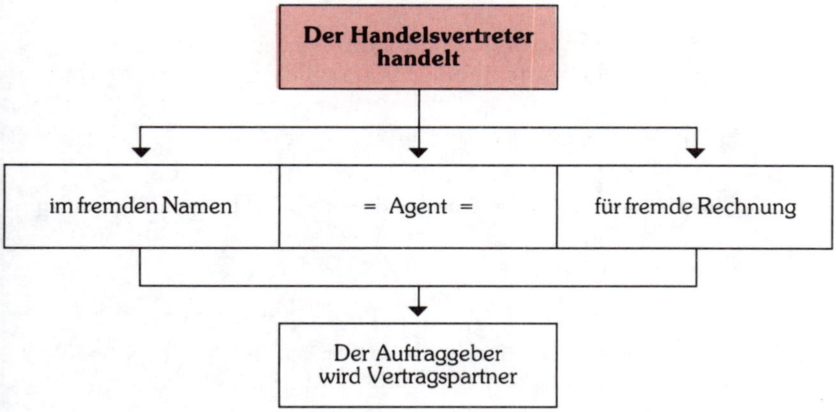

Der Handelsvertreter wird auf Grund eines Handelsvertretervertrages tätig (§ 85 HGB). Die vertraglichen Vereinbarungen regeln Rechte und Pflichten der Vertragspartner, wobei die speziellen gesetzlichen Bestimmungen des HGB nicht abgeändert werden können. Der Handelsvertreter tätigt umsatzsteuerrechtlich keine Lieferung, sondern eine steuerbare sonstige Leistung nach § 3 Abs. 9 UStG.

Beispiel:

1. Der Handelsvertreter Wilhelm Ziegler schließt mit der MODUL AG einen Handelsvertreter-Vertrag ab. Ziegler soll für seine Tätigkeit eine Umsatzprovision gem. § 87 Abs. 1 HGB in Höhe von 10% des Nettoverkaufspreises erhalten.
2. Ziegler schließt Kaufverträge über Personalcomputer im Gesamtwert von 50.000,– DM netto ab.
3. Ziegler leitet die Kaufverträge weiter an die MODUL AG.
4. Die MODUL AG liefert die Personalcomputer an die Käufer.
5. Die Käufer überweisen 57.000,– DM (50.000,– DM + 14% USt) an die MODUL AG.
6. Die MODUL AG schickt Ziegler die Provisionsabrechnung:

Provision	5.000,– DM
+ 14% USt	700,– DM
= Überweisung	5.700,– DM

Hinweis: Die Rechte und Pflichten des Handelsvertreters ergeben sich aus den §§ 86, 86 a, 86 b, 87, 87 a – 87 d HGB.

15.7.2 Der Kommissionär

Kommissionär

Kommissionär ist, wer es gewerbsmäßig übernimmt, **Waren oder Wertpapiere** für Rechnung eines anderen (des Kommittenten) **im eigenen Namen zu kaufen** (Einkaufskommissionär) **oder zu verkaufen** (Verkaufskommissionär; § 383 HGB).

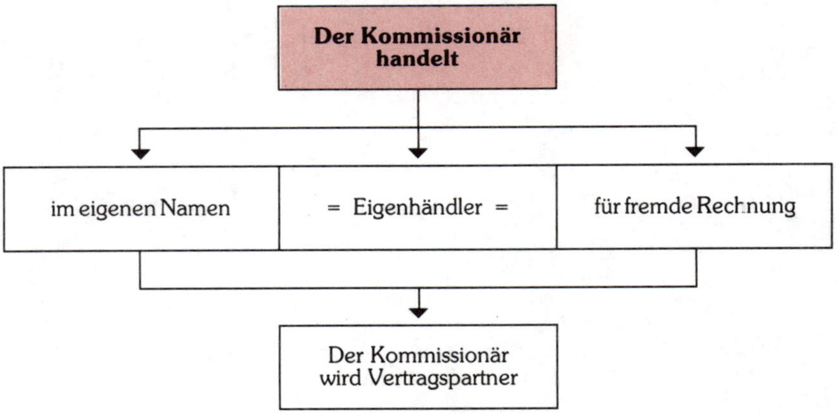

Der Kommissionär wird auf Grund eines Kommissionsvertrages tätig. Wie beim Handelsvertretervertrag können auch beim Kommissionsvertrag die gesetzlichen Bestimmungen nicht abgeändert werden. Der Kommissionär ist Mußkaufmann. Umsatzsteuerrechtlich wird der Kommissionär wie ein Eigenhändler behandelt.

Beispiele für Kommissionsgeschäfte

Beispiel eines **Verkaufskommissions-Geschäfts**:

1. Die MODUL AG hat als Marktneuheit einen ausfallsicheren Personalcomputer entwickelt und bietet diese Geräte im Fachhandel an. Der Preis dieses Gerätes liegt weit über dem Preis vergleichbarer, nicht störungsfreier Geräte. Das Computer Center Bader OHG scheut das Risiko des festen Einkaufs, da es die Absatzchancen nicht sehr positiv beurteilt. Die Bader OHG ist aber bereit, fünf Geräte in Kommission zu führen. Zwischen der MODUL AG und der Bader OHG wurde ein Kommissionsvertrag geschlossen. Es wurde aber vereinbart, daß die Bader OHG für ihre Tätigkeit eine Provision in Höhe von 15% des Nettoverkaufspreises erhält. Die MODUL AG gibt fünf ausfallsichere Personalcomputer im Wert von 120.000,– DM netto in Kommission. Umsatzsteuerrechtlich handelt es sich hierbei um eine steuerbare Lieferung nach § 3 Abs. 3 UStG. Die Bader OHG erhält von der MODUL AG folgende Rechung:

Nettopreis	120.000,– DM
-15% Provision	18.000,– DM
	102.000,– DM
+ 14% Ust	14.280,– DM
Bruttopreis	116.280,– DM

Hinweis: Der Auftraggeber bleibt Eigentümer der Personalcomputer (Verschaffung der Verfügungsmacht ohne Eigentumsübertragung).

2. Die Bader OHG konnte alle fünf Geräte an Steuerberater verkaufen. Auch hier liegt eine steuerbare Lieferung nach § 3 Abs. 3 UStG vor. Die Steuerberater überweisen den Kaufpreis an die MODUL AG:

Nettopreis	120.000,– DM
+ 14% Ust	16.800,– DM
Bruttopreis	136.800,– DM

Hinweis: Die MODUL AG verliert das Eigentum an den Personalcomputern.

3. Die Bader OHG überweist an die MODUL AG 116.280,– DM.

4. Die Bader OHG ermittelt ihre Umsatzsteuerschuld:

Umsatzsteuer (Traglast)	16.800,– DM
– Vorsteuer	14.280,– DM
= Zahllast	2.520,– DM

Hinweis: Der Kommissionär sendet die nicht verkaufte Kommissionsware an den Auftraggeber zurück.

Die Rechte und Pflichten des Kommissionärs ergeben sich hauptsächlich aus den §§ 384, 385, 393, 394, 396, 397, 400 HGB.

Wiederholungsfragen:

1. Wer ist Handelsvertreter?
2. Was bedeutet Handeln im fremden Namen für fremde Rechnung?
3. Wie wird die Tätigkeit des Handelsvertreters umsatzsteuerrechtlich behandelt?
4. Wer ist Kommissionär?
5. Was bedeutet Handeln im eigenen Namen für fremde Rechnung?
6. Wie wird die Tätigkeit des Kommissionärs umsatzsteuerrechtlich behandelt?
7. Beschreiben Sie den Ablauf eines Verkaufskommissionsgeschäfts!

Aufgaben und Fälle zur Sicherung des Lernerfolgs:

1. Nach § 3 Abs. 1 UStG bedeutet Lieferung die Verschaffung der Verfügungsmacht. Beim Kommissionsgeschäft liegt eine Verschaffung der Verfügungsmacht ohne Eigentumsübertragung vor. In welchem Fall liegt ebenfalls eine Verschaffung der Verfügungsmacht ohne Eigentumsübertragung vor?

2. Schauen Sie im HGB nach und bestimmen Sie die Nummer der Mußkaufmannseigenschaft von Handelsvertreter und Kommissionär.

Mußkaufmann	
Handelsvertreter	Kommissionär
§ 1 Abs. 2 Nummer	§ 1 Abs. 2 Nummer

3. Ordnen Sie den Ziffern 1 – 10 der Abbildung die folgenden Personen und Vorgänge zu (siehe Beispiel eines Verkaufskommissionsgeschäfts S. 300).

Kommittent, Kommissionär, Käufer, Kommisssionsvertrag, Lieferung der Kommissionsware, Verkauf der Kommissionsware, Zahlung des Kaufpreises, Abrechnung des Kommissionärs, Zahlung der Umsatzsteuerschuld, Rückgabe der nicht verkauften Kommissionsware.

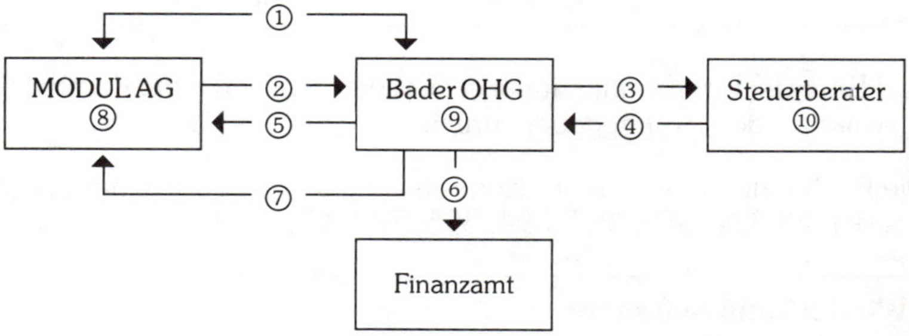

15.8 Unternehmensformen

Rechtsform

Die Wahl für eine bestimmte Rechtsform der Unternehmung hängt von rechtlichen (Firma, Handelsregistereintrag, Publizität des Jahresabschlusses, Geschäftsführungs- und Vertretungsbefugnis, Haftung, Besteuerung) und betriebswirtschaftlichen (Kapitalaufbringung, Erfolgsverteilung, Mitbestimmungsmöglichkeiten der Arbeitnehmer, Kreditbasis) Faktoren ab.

Eine der am häufigsten vorgenommenen Differenzierungen der Gesellschaften ist die Unterscheidung nach personenbezogenen und kapitalbezogenen Merkmalen.

Personengesellschaften = personenbezogen	**Kapitalgesellschaften** = kapitalbezogen
Die Eigentümer der Gesellschaft üben die Geschäftsführung und Vertretung aus. Die Kapitalaufbringer sind die Eigentümer = Eigentümergesellschaft	Es erfolgt meist eine Trennung von Kapitalaufbringern (Eigentümern) und Leitung der Gesellschaft (Angestellte) = Managergesellschaft

Personengesellschaften = personenbezogen	**Kapitalgesellschaften** = kapitalbezogen
Die Gesellschafter sind natürliche Personen.	Die Gesellschaft ist juristische Person.
Die persönliche Mitarbeit steht im Vordergrund.	Die unpersönliche Kapitalaufbringung steht im Vordergrund.
Das Kapital wird von wenigen Mitgliedern aufgebracht.	Das Kapital wird von vielen Mitgliedern aufgebracht.
Die einzelnen Mitglieder haften persönlich.	Die einzelnen Mitglieder haften nicht persönlich.

Für die Haftung von Verbindlichkeiten von besonderer Bedeutung ist die Einteilung der Unternehmensformen mit eigener Rechtsfähigkeit und ohne eigene Rechtsfähigkeit. Bei Unternehmensformen mit eigener Rechtsfähigkeit haften die Mitglieder nicht persönlich, sondern nur die Unternehmung selbst.

Die Unternehmensformen im Überblick:

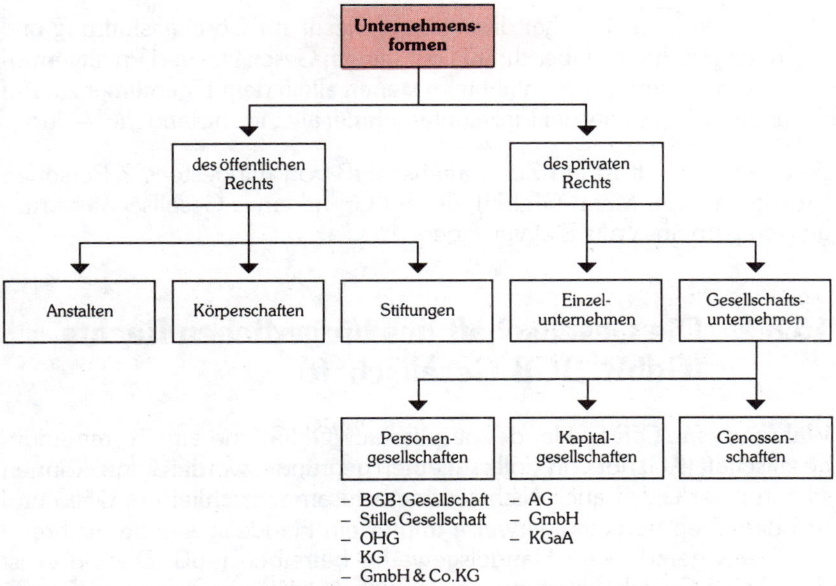

Im Gegensatz zum Bürgerlichen Recht (BGB) und Handelsrecht (HGB) gibt es für das Gesellschaftsrecht kein „Gesellschaftsgesetzbuch". **Gesellschaftsrechtliche Regelungen** finden sich **in mehreren Gesetzen**:

Die Unternehmensformen des privaten Rechts und deren gesetzmäßige Regelungen								
Gesellschaft	GdbR	OHG	KG	Stille Gesellschaft	AG	GmbH	KGaA	eG
Rechtsquelle	§§ 705 - 740 BGB	§§ 105 - 160 HGB	§§ 161 - 177 a HGB	§§ 230 - 237	AktG	GmbHG	§§ 278 - 290 AktG	GenG
Rechtsfähigkeit	nein	nein	nein	nein	ja	ja	ja	ja
Gesellschaftsrecht = Teilgebiet des Privatrechts								

15.8.1 Einzelunternehmung und Gesellschaftsunternehmen

Einzel- und Gesellschaftsunternehmen

Die Einzelunternehmung wird vom Eigentümer in alleiniger Verantwortung geführt. Der Inhaber der Einzelunternehmung bringt das Kapital selbst auf. Eine gesetzlich vorgeschriebene Mindestkapitalhöhe gibt es nicht. Nur Vollkaufleute werden ins Handelsregister eingetragen. Die Firma ist mit dem Familiennamen und mindestens einem ausgeschriebenen Vornamen zu führen.

Der Einzelunternehmer hat das alleinige Recht zur Geschäftsführung und Vertretung. Er haftet unbeschränkt mit seinem Geschäfts- und Privatvermögen. Gewinne und Privatentnahmen stehen allein dem Eigentümer zu. Auf der anderen Seite trägt der Einzelunternehmer alleine entstandene Verluste.

Eine Gesellschaft ist ein Zusammenschluß von mindestens 2 Personen (Ausnahme: Ein-Mann-GmbH), die auf Grund eines Gesellschaftsvertrages ein gemeinsames Ziel verfolgen.

15.8.2 Die Gesellschaft des bürgerlichen Rechts (GdbR, BGB-Gesellschaft)

GdBR

Während eine Offene Handelsgesellschaft (OHG) und eine Kommanditgesellschaft (KG) nur von Vollkaufleuten gegründet werden kann, können sich in einer GdbR auch Nichtkaufleute zusammenschließen. OHG und KG betreiben notwendigerweise immer ein Handelsgewerbe, während die GdbR gerade kein Handelsgewerbe betreiben muß. Die GdbR ist daher eine Gesellschaftsform, in der sich Angehörige der freien Berufe zusammenschließen können.

Beispiel: Drei Steuerberater schließen sich zu einer GdbR zusammen. Im Gesellschaftsvertrag verpflichten sie sich gegenseitig, einen bestimmten gemeinsamen Zweck zu erreichen (§ 705 BGB). Die Einnahmen aus der Gemeinschaftspraxis fließen der Gesellschaft zu, die Gewinne und Verluste werden verteilt.

Wenn vertraglich nichts anderes vereinbart ist, hat jeder Gesellschafter am Gewinn und Verlust gleichen Anteil. Jeder Gesellschafter haftet mit seinem gesamten Vermögen für die Verbindlichkeiten der Gesellschaft. Das Vermögen der Gesellschaft ist Gesamthandsvermögen (gemeinschaftliches Vermögen), d.h. ein einzelner Gesellschafter kann über seinen Anteil am Gesellschaftsvermögen nicht frei verfügen. Über das Gesellschaftsvermögen als ganzes können nur alle Gesellschafter gemeinsam verfügen.

Die BGB-Gesellschaft beginnt mit Abschluß des Gesellschaftsvertrages.

15.8.2.1 Die Rechtsbeziehungen der Gesellschafter untereinander

Rechtsbeziehungen im Innenverhältnis

Die Rechtsbeziehungen der Gesellschafter untereinander betreffen das Innenverhältnis. Wenn vertraglich nichts vereinbart wird, gelten die gesetzlichen Bestimmungen. „Die Führung der Geschäfte der Gesellschafter stehen den Gesellschaftern gemeinschaftlich zu; für jedes Rechtsgeschäft ist die Zustimmung aller Gesellschafter erforderlich" (§ 709 Abs. 1 BGB).

Beispiel: Die drei Steuerberater wollen einen neuen Personalcomputer für die Gemeinschaftskanzlei anschaffen. Alle drei Gesellschafter müssen ihre Zustimmung geben.

In der Praxis wird sich die gesetzliche Regelung als schwerfällig erweisen. Daher kann vertraglich bestimmt werden, daß jeder Gesellschafter berechtigt ist, alleine zu handeln.

Geschäftsführung beinhaltet dabei die Befugnis zur Betätigung des Gesellschafters für die Gesellschaft im Innenverhältnis (Verhältnis der Gesellschafter zueinander).

Hierbei geht es um die Frage, ob ein Gesellschafter berechtigt ist, eine Maßnahme im Verhältnis zu seinen Mitgesellschaftern vorzunehmen. Die Betätigung kann bestehen in

- tatsächlichen Handlungen (Kontrolle der Mitarbeiter) ohne rechtliche Folgen und
- rechtsgeschäftlichen Handlungen (Einstellung und Entlassung von Mitarbeitern) mit rechtlichen Folgen.

Rechtsgeschäftliche Handlungen stellen aber nicht nur Geschäftsführungsmaßnahmen, sondern auch Vertretungsmaßnahmen dar.

15.8.2.2 Die Rechtsbeziehungen der Gesellschafter nach außen

Rechtsbeziehungen im Außenverhältnis

Die Rechtsbeziehungen der Gesellschafter nach außen betreffen das Außenverhältnis. Nach § 714 BGB haben alle Gesellschafter Vertretungsbefugnis. Nach dem Gesetz ist auch bei Vertretungshandlungen Einstimmigkeit erforderlich. Diese Regelung ist außerordentlich schwerfällig, da für jedes Rechtsgeschäft die Zustimmung aller Gesellschafter erforderlich ist. Der Gesellschaftsvertrag kann deshalb entsprechend ausgestaltet werden. Bei der Vertretungsbefugnis geht es um die Frage, ob ein Rechtsgeschäft mit Dritten gültig ist. Die Vertretungsbefugnis erstreckt sich demnach auf alle Verträge mit Dritten. Alle Gesellschafter haften aus diesen Rechtsgeschäften als Gesamtschuldner.

Geschäftsführung = vom Innenverhältnis her gesehen	**Vertretung** = vom Außenverhältnis her gesehen
Der Gesellschafter darf Handlungen vornehmmen, ohne die Pflichten gegenüber Mitgesellschaftern zu verletzen.	Der Gesellschafter darf für die Gesellschaft nach außen rechtswirksam handeln.

Beispiel: Schließt ein Steuerberater mit einer Steuergehilfin einen Arbeitsvertrag, dann ist dies sowohl ein Akt der Geschäftsführung als auch ein Akt der Vertretung. Alle Gesellschafter werden aus diesem Rechtsgeschäft verpflichtet.

Es gibt demnach Handlungen, die lediglich Akte der Geschäftsführung sind. Jeder Akt einer Vertretungsmaßnahme ist aber zugleich ein Akt der Geschäftsführung.

Im täglichen Leben bilden sich oft GdbR, ohne daß dies den Betroffenen bewußt ist.

Beispiel: Vier Steuergehilfinnen gründen eine Lottogemeinschaft.
Mehrere Hausfrauen geben eine Sammelbestellung auf.

Übersicht: Geschäftsführung und Vertretung bei der BGB-Gesellschaft	
Gesetzliche Regelung: Gesamtprinzip	
Gesamtgeschäftsführung aller	Gesamtvertretung aller
Vertragliche Abweichung	
Einzelgeschäftsführung aller	Einzelvertretung aller
Einzelgeschäftsführung mehrerer	Einzelvertretung mehrerer
Gesamtgeschäftsführung mehrerer	Gesamtvertretung mehrerer

Die Gesellschaft wird in folgenden Fällen aufgelöst:

- Erreichung des vereinbarten Zwecks (§ 726 BGB);
- Tod eines Gesellschafters, sofern im Gesellschaftsvertrag nicht eine andere Regelung getroffen wurde (§ 727 BGB);

– Konkurseröffnung über das Vermögen eines Gesellschafters (§ 728 BGB).

Hinweis: Da die Gesellschaft des bürgerlichen Rechts keine Rechtsfähigkeit besitzt, kann sie auch nicht in Konkurs gehen. Eine Konkurseröffnung ist also ebenso wie eine Klage nur gegenüber den Gesellschaftern möglich.

15.8.3 Die stille Gesellschaft

Stille Gesellschaft

Bei der stillen Gesellschaft beteiligt sich eine Person mit einer Vermögenseinlage an dem Handelsgewerbe eines anderen. Die Einlage geht in das Vermögen des Inhabers der Gesellschaft über (§ 230 Abs. 1 HGB), d.h. bei der stillen Gesellschaft gibt es kein Gesamthandsvermögen. Die stille Gesellschaft hat keine gemeinsame Firma. Es erfolgt demnach auch kein Handelsregistereintrag. Nur der Inhaber des Handelsgewerbes hat Geschäftsführungs- und Vertretungsbefugnis. Die stille Gesellschaft tritt nach außen hin nicht in Erscheinung. Das Beteiligungsverhältnis ist somit nicht erkennbar.

Wenn vertraglich nichts vereinbart ist, ist der stille Gesellschafter in angemessenem Verhältnis am Gewinn und Verlust beteiligt (§ 231 Abs. 1 HGB). Eine Verlustbeteiligung erstreckt sich allerdings nur bis zum Betrag der eingezahlten oder rückständigen Einlage (§ 232 Abs. 2 S. 1 HGB). Der stille Gesellschafter ist berechtigt, die schriftliche Mitteilung des Jahresabschlusses zu verlangen (Kontrollrecht, § 233 Abs. 1 HGB).

15.8.4 Die offene Handelsgesellschaft (OHG)

Offene Handelsgesellschaft

Eine Gesellschaft, deren Zweck auf den Betrieb eines Handelsgewerbes unter gemeinschaftlicher Firma gerichtet ist, ist eine offene Handelsgesellschaft (§ 105 Abs. 1 HGB). Die Firma hat den Namen wenigstens eines der Gesellschafter – mit einem das Vorhandensein einer Gesellschaft andeutenden Zusatzes – oder die Namen aller Gesellschafter zu enthalten (§ 19 Abs. 1 HGB).

Beispiel: Rumpf und Esser OHG, Rumpf & Co., Esser OHG

Haftung

Die Gesellschafter **haften**

– **unbeschränkt**:

  Die Haftung erstreckt sich auf das gesamte Geschäfts- und Privatvermögen.

– **unmittelbar**:

  Jeder Gläubiger kann sowohl gegenüber der Gesellschaft als auch gegenüber jedem beliebigen Gesellschafter seine Rechte geltend machen.

– **gesamtschuldnerisch (solidarisch)**:
Jeder Gesellschafter haftet für die gesamten Schulden der OHG.

Die OHG ist wie die Gesellschaft des bürgerlichen Rechts nach herrschender Lehrmeinung keine juristische Person und somit nicht rechtsfähig. Trotzdem kann sie **unter ihrer Firma** Rechtsgeschäfte abwickeln:

OHG kann unter ihrer Firma			
Rechte erwerben	Verbindlichkeiten eingehen	Eigentum an Grundstücken erwerben (Die OHG wird als Eigentümer ins Grundbuch eingetragen)	Vor Gericht klagen und verklagt werden
§ 124 Abs. 1 HGB			

Wer in eine bestehende OHG eintritt, haftet für die vor seinem Eintritt begründeten Schulden der Gesellschaft (§ 130 Abs. 1 HGB). Wer aus einer OHG ausscheidet, haftet noch 5 Jahre für die Schulden der Gesellschaft, die zum Zeitpunkt des Ausscheidens bestanden (§ 159 Abs. 1 HGB). Wenn vertraglich nichts vereinbart wurde, ist jeder Gesellschafter zur Geschäftsführung und Vertretung ermächtigt (§§ 114 Abs. 1, 125 Abs. 1 HGB; Einzelgeschäftsführungsbefugnis, Einzelvertretungsbefugnis). Die Befugnis zur Geschäftsführung erstreckt sich auf alle Handlungen, die der Betrieb des Handelsgewerbes gewöhnlich mit sich bringt. Für außergewöhnliche Geschäfte ist der Beschluß aller Gesellschafter erforderlich (§ 116 Abs. 1 und 2 HGB). Die Vertretungsbefugnis erstreckt sich auch auf außergewöhnliche Geschäfte. Die Vertretungsbefugnis ist weder beschränkt noch beschränkbar. Vertraglich kann allerdings Gesamtgeschäftsführung und/oder Gesamtvertretung vereinbart werden. Ein Ausschluß eines Gesellschafters von der Vertretung ist zur Eintragung in das Handelsregister anzumelden (§ 125 Abs. 4 HGB).

Geschäftsführung/ Vertretung

Übersicht: Geschäftsführung und Vertretung bei der OHG	
Gesetzliche Regelung: Einzelprinzip	
Einzelgeschäftsführung aller	Einzelvertretung aller
Vertragliche Abweichung	
Einzelgeschäftsführung mehrerer	Einzelvertretung mehrerer
Gesamtgeschäftsführung mehrerer	Gesamtvertretung mehrerer
Gesamtgeschäftsführung aller	Gesamtvertretung aller

Die Gesellschaft beginnt
- im Innenverhältnis mit Abschluß des Gesellschaftsvertrages,
- im Außenverhältnis mit Eintrag ins Handelsregister.

Hinweis: Bei Mußkaufleuten wird die Gesellschaft schon mit Aufnahme des Geschäftsbetriebes sowohl im Innenverhältnis als auch im Außenverhältnis wirksam.

Rechte des Gesellschafters

Jeder Gesellschafter

1. hat **Anspruch auf** zunächst 4% **Verzinsung seines Kaptitalanteils** (ein Gewinnrest wird nach Köpfen verteilt); reicht der Jahresgewinn nicht aus, erfolgt eine niedrigere Verzinsung (§ 121 Abs. 1 HGB);

   Beispiel: An einer OHG ist der Gesellschafter A mit 10.000,– DM, der Gesellschafter B mit 40.000,– DM beteiligt. Der Jahresgewinn beträgt 1.200,– DM.

   4% Verzinsung der Kapitaleinlagen = 2.000,– DM
   1.200,– DM Jahresgewinn = 2,4%

   A erhält 240,– DM, B erhält 960,– DM.

2. hat das **Recht auf Privatentnahmen** (§ 122 HGB);

3. hat **entstehende Verluste der Gesellschaft zu tragen**; Verluste werden unter den Gesellschaftern nach Köpfen verteilt (§ 121 Abs. 3 HGB);

   Beispiel: An einer OHG sind fünf Gesellschafter beteiligt. Bei einem Verlust von 125.000,– DM trägt jeder Gesellschafter 25.000,– DM Verlust.

4. hat das **Wettbewerbsverbot** zu beachten; ein Gesellschafter darf ohne Einwilligung der anderen Gesellschafter weder in dem Handelszweig der Gesellschaft Geschäfte machen noch an einer anderen gleichartigen Gesellschaft als persönlich haftender Gesellschafter teilnehmen (§ 112 Abs. 1 HGB); eine Verletzung des Wettbewerbsverbots führt gegenüber der Gesellschaft zur Schadensersatzpflicht (§ 113 Abs. 1 HGB);

5. hat das **Recht zur Kündigung** unter Beachtung einer Kündigungsfrist von mindestens 6 Monaten zum Schluß eines Geschäftsjahres (§ 132 HGB).

Die OHG wird aufgelöst (§ 131 HGB)
- mit Ablauf der Zeit, für die sie errichtet wurde,
- durch Beschluß der Gesellschafter,
- durch Konkurseröffnung über das Vermögen der Gesellschaft,
- durch Konkurseröffnung über das Vermögen eines Gesellschafters,
- durch den Tod eines Gesellschafters, sofern im Gesellschaftsvertrag nichts anderes vereinbart wurde.

15.8.5 Die Kommanditgesellschaft (KG)

Kommanditgesellschaft

Die Kommanditgesellschaft ist eine Personengesellschaft, deren Zweck auf den Betrieb eines Handelsgewerbes unter gemeinschaftlicher Firma gerichtet ist (§ 161 Abs. 1 HGB), bei der mindestens ein Gesellschafter (Komplementär) unbeschränkt und ein Gesellschafter (Kommanditist) mit seiner Einlage beschränkt haftet.

Die Gesellschaft ist zur Eintragung in das Handelsregister anzumelden. Die Anmeldung hat u.a. die Bezeichnung der Kommanditisten und die Höhe ihrer Einlage zu enthalten (§ 162 Abs. 1 HGB). Bekanntgegeben wird allerdings nur die Zahl der Kommanditisten (§ 162 Abs. 2 HGB). Die Firma der KG hat den Namen wenigstens eines persönlich haftenden Gesellschafters mit einem das Vorhandensein einer Gesellschaft andeutenden Zusatz zu enthalten (§ 19 Abs. 2 HGB).

Beispiele: Rumpf und Esser KG, Rumpf KG, Esser & Co.

Der Komplementär haftet wie die OHG-Gesellschafter. Er alleine hat das Recht zur Geschäftsführung und Vertretung. Der Kommanditist haftet lediglich mit seiner Einlage. Wer in eine bestehende KG eintritt, haftet für die vor seinem Eintritt begründeten Schulden der Gesellschaft (§ 173 Abs. 1 HGB).

Rechte des Gesellschafters

Jeder Gesellschafter

1. hat **Anspruch auf** zunächst 4% **Verzinsung seines Kapitalanteils** (ein Gewinnrest wird in angemessenem Verhältnis verteilt);
2. hat **entstehende Verluste zu tragen**; Verluste werden unter den Gesellschaftern in angemessenem Verhältnis verteilt;
3. hat das **Recht zur Kündigung** unter Beachtung einer Kündigungsfrist von mindestens 6 Monaten zum Schluß eines Geschäftsjahres (§ 132 HGB).

Jeder Kommanditist ist berechtigt, die Vorlage der Bilanz zu verlangen (Kontrollrecht; § 166 Abs. 1 HGB). Im übrigen finden auf die KG die für die OHG geltenden Vorschriften Anwendung.

Zwischen dem Kommanditisten und dem stillen Gesellschafter gibt es eine Reihe von wirtschaftlichen und rechtlichen Gemeinsamkeiten:

- Kapitalbeteiligung an einer Personengesellschaft,
- Gewinnanspruch,
- Haftungsbegrenzung auf Einlage,
- Keine persönliche Mitarbeit,
- Kontrollrecht.

15.8.6 Die Aktiengesellschaft (AG)

Die Aktiengesellschaft ist eine Gesellschaft mit eigener Rechtspersönlichkeit (juristische Person) und somit rechtsfähig (§ 1 AktG). Für die Verbindlichkeiten der Gesellschaft haftet den Gläubigern nur das Gesellschaftsvermögen. Die Aktionäre haften nicht persönlich, d.h. die Gläubiger können gegenüber ihnen keine Ansprüche geltend machen. Die Aktionäre sind mit Einlagen auf das in Aktien zerlegte Grundkapital beteiligt (§ 1 Abs. 2 AktG). Das Risiko der Aktionäre besteht darin, daß sie im Extremfall ihren Kapitaleinsatz (Anschaffungskosten der Aktien) verlieren. *Aktiengesellschaft*

Aktie
Betragsmäßiger Anteil am Grundkapital
Wertpapiere, das Rechte verbrieft
Mitgliedschaftsrecht

Für die Gründung einer AG sind mindestens 5 Personen (§ 2 AktG) und ein Grundkapital von mindestens 100.000,– DM (§ 7 AktG) vorgeschrieben. Die Satzung muß durch notarielle Beurkundung festgestellt werden (§ 23 Abs. 1 Satz 1 AktG). *Grundkapital*

Die Firma soll dem Gegenstand des Unternehmens entnommen sein (Sachfirma). Sie muß die Bezeichnung „Aktiengesellschaft" enthalten (§ 4 Abs. 1 AktG). Das Grundkapital der AG entspricht der Summe sämtlicher ausgegebenen Aktienwerte.

Hinweis: Vom Grundkapital ist das Gesellschaftsvermögen zu unterscheiden. Die beiden Begriffe sind in der Regel nur bei Firmengründung identisch, wenn die Aktienausgabe pari erfolgte. Das Gesellschaftsvermögen ist größer als das Grundkapital bei

– über-pari-Emmission,
– Nichtausschüttung von Gewinnen (Gewinnthesaurierung).

Selbstverständlich kann das Gesellschaftsvermögen durch Verluste auch kleiner als das Grundkapital werden.

Unternehmen mit mehr als 100.000 Aktionären (Stand 1989):

Unternehmen	Zahl der Aktionäre
Veba	600.000
Siemens	538.000
VW	344.000
Hoechst	330.000
Bayer	320.000
BASF	305.000

Die AG als juristische Person kann nicht handeln, sondern nur ihre verantwortlichen Organe.

Organe

Organe einer AG	Aufgaben und Rechte
Vorstand: Er wird vom Aufsichtsrat auf höchstens 5 Jahre bestellt (§ 84 Abs. 1 Satz 1 AktG) = leitendes Organ	1. Der Vorstand hat unter eigener Verantwortung die Gesellschaft zu leiten (Geschäftsführung und Vertretung) §§ 76 Abs. 1, 77, 78 AktG). 2. Der Vorstand ist dem Aufsichtsrat gegenüber zur Berichterstattung verpflichtet (§ 90 AktG). 3. Der Vorstand beruft mindestens einmal im Jahr die Hauptversammlung ein (§ 121 Abs. 2 AktG). 4. Die gesetzlichen Vertreter einer AG haben den Jahresabschluß (§ 242 HGB) und einen Lagebericht aufzustellen (§ 264 Abs. 1 Satz 1 HGB). 5. Dem Vorstand kann für seine Tätigkeit eine Beteiligung am Gewinn gewährt werden (Vorstandstantieme; § 86 Abs. 1 S. 1 AktG). 6. Der Vorstand hat dem Aufsichtsrat den Vorschlag vorzulegen, den er der Hauptversammlung für die Verwendung des Bilanzgewinns machen will (§ 170 Abs. 2 S. 1 AktG).
Aufsichtsrat: Er wird von der Hauptversammlung für 4 Jahre gewählt (§§ 101, Abs. 1, 102 Abs. 2 AktG) = überwachendes Organ	1. Der Aufsichtsrat bestellt den Vorstand (§ 84 Abs. 1 Satz 1 AktG) und widerruft die Bestellung (§ 84 Abs. 3 Satz 1 AktG) des Vorstandes aus wichtigem Grund. 2. Der Aufsichtsrat hat die Geschäftsführung zu überwachen (§ 111 Abs. 1 AktG). 3. Der Aufsichtsrat hat den Jahresabschluß, den Lagebericht und den Vorschlag für die Verwendung des Bilanzgewinns zu prüfen (§ 171 Abs. 1 Satz 1 AktG) und über das Ergebnis der Prüfung schriftlich an die Hauptversammlung zu berichten (§ 171 Abs. 2 Satz 1 AktG). 4. Dem Aufsichtsrat kann für seine Tätigkeit eine Vergütung gewährt werden (Aufsichtsratstantieme; § 113 Abs. 1 Satz 1 AktG).

Organe einer AG	Aufgaben und Rechte
Hauptversammlung: Sie ist die Versammlung der Aktionäre = beschließendes Organ	1. Die Hauptversammlung wählt die Mitglieder des Aufsichtsrates (§ 101 Abs. 1 Satz 1 AktG). 2. Die Hauptversammlung stellt den Jahresabschluß fest (§ 173 Abs. 1 AktG). 3. Die Hauptversammlung beschließt über die Verwendung des Bilanzgewinns (§ 174 Abs. 1 Satz 1 AktG). 4. Die Hauptversammlung beschließt über die Entlastung der Vorstands- und Aufsichtsratsmitglieder (§ 120 Abs. 1 Satz 1 AktG).

Übersicht: Geschäftsführung und Vertretung bei der AG	
Gesetzliche Regelung: Gesamtprinzip	
Gesamtgeschäftsführung aller § 77 Abs. 1 Satz 1 AktG	Gesamtvertretung aller § 78 Abs. 2 Satz 1 AktG
Vertragliche Abweichung	
Die Satzung kann Abweichendes bestimmen; sie kann jedoch nicht bestimmen, daß ein oder mehrere Vorstandsmitglieder bei Meinungsverschiedenheiten im Vorstand gegen die Mehrheit seiner Mitglieder entscheiden. (§ 77 Abs. 1 Satz 2 AktG)	Die Satzung kann bestimmen, daß einzelne Vorstandsmitglieder allein (Einzelvertretung) oder in Gemeinschaft mit einem Prokuristen zur Vertretung der Gesellschaft befugt ist. (§ 78 Abs. 3 Satz 1 AktG)

Hinweis: Die Vertretungsbefugnis ist im Außenverhältnis unbeschränkbar (§ 82 Abs. 1 AktG). Im Innenverhältnis sind die Vorstandsmitglieder verpflichtet, Beschränkungen der Geschäftsführungsbefugnis einzuhalten, die durch Satzung, Aufsichtsrat oder Hauptversammlung getroffen wurden (§ 82 Abs. 2 AktG).

Erläuterung zur Zeitungsmeldung auf S. 314: Mindestens einmal im Jahr findet eine ordentliche Hauptversammlung statt (**1**) und die Einberufung ist in den Gesellschaftsblättern bekanntzumachen, und zwar mindestens einen Monat vor der Versammlung (§ 123 Abs. 1 AktG) (**2**). Sie muß die Firma (**3**), den Sitz der Gesellschaft (**4**), Zeit und Ort (**5**) der Hauptversammlung angeben (§ 121 Abs. 3 AktG). Die Hauptversammlung soll am Sitz der Gesellschaft stattfinden, sofern die Satzung nichts anderes bestimmt (§ 121 Abs. 4 AktG). Bei Einberufung ist die Tagesordnung (**6**) bekanntzumachen (§ 124 Abs. 4 AktG).

Die Hauptversammlung entscheidet über die Verwendung des Bilanzgewinns (**7**) und über die Entlastung der Vorstandsmitglieder (**8**) und Aufsichtsratsmitglieder (**9**).

(**10**) Zu jedem Gegenstand der Tagesordnung, über den die Hauptversammlung beschließen soll, haben der Vorstand und der Aufsichtsrat, zur Wahl von Aufsichtsratsmitgliedern nur der Aufsichtsrat, in der Bekanntgabe der Tagesordnung Vorschläge zur Beschlußfassung zu machen (§ 124 Abs. 3 S. 1 AktG).

Über Gegenstände der Tagesordnung, die nicht ordnungsgemäß bekanntgemacht sind, dürfen keine Beschlüsse gefaßt werden (§ 124 Abs. 4 S. 1 AktG).

Zeitungsmeldung:

Ordentliche Hauptversammlung

1 **Wir berufen hiermit unsere diesjährige ordentliche 2**
Hauptversammlung ein auf Donnerstag, den 29. Juni 1989,
5 **10.00 Uhr, im BASF-Feierabendhaus, Ludwigshafen am Rhein,**
Leuschnerstraße 47.

6 Tagesordnung

1. Vorlage des Jahresabschlusses der BASF Aktiengesellschaft und der BASF-Gruppe für 1988; Vorlage des gemeinsamen Lageberichts der BASF Aktiengesellschaft und der BASF-Gruppe für 1988; Vorlage des Berichts des Aufsichtsrats.
2. Gewinnverwendung. 7
3. Entlastung des Aufsichtsrats. 8
4. Entlastung des Vorstands. 9
5. Wahl der Abschlußprüfer.
6. Zustimmung zu Beherrschungs- und Ergebnisabführungsverträgen mit Gesellschaften der BASF-Gruppe.

10 Die vollständige Tagesordnung mit Vorschlägen zur Beschlußfassung ist im Bundesanzeiger Nr. 87 vom 11. Mai 1989 enthalten. Wir bitten, dieser Bekanntmachung Einzelheiten über die Tagesordnung und über die Hinterlegung von Aktien zur Teilnahme an der Hauptversammlung zu entnehmen. Letzter Hinterlegungstag ist Mittwoch, der 21. Juni 1989.

Allen Kreditinstituten, die BASF-Aktien verwahren, haben wir die Kurzfassung unseres Geschäftsberichts für das Jahr 1988 mit der Bitte um Weiterleitung an jeden BASF-Aktionär übersandt. Wir bitten diejenigen Aktionäre, die ihre BASF-Aktien durch eine Bank verwahren lassen und von dieser wider Erwarten nicht bis Anfang Juni 1989 den Kurzbericht erhalten haben, ihn bei ihrer Bank anzufordern.

Ludwigshafen am Rhein,
den 11. Mai 1989
Der Vorstand

4 BASF Aktiengesellschaft
6700 Ludwigshafen

3 **BASF**

Die Mitglieder des Aufsichtsrats werden von der Hauptversammlung gewählt, soweit sie nicht als Aufsichtsratsmitglieder der Arbeitnehmer nach dem Mitbestimmungsgesetz oder dem Betriebsverfassungsgesetz zu wählen sind. Nach dem Betriebsverfassungsgesetz von 1952 muß der Aufsichtsrat einer Aktiengesellschaft zu 1/3 aus Vertretern der Arbeitnehmer dieser Aktiengesellschaft bestehen (§ 76 Abs. 1 BetrVG 1952):

Aktionäre wählen 2/3 der Aufsichtsratsmitglieder	Arbeitnehmer wählen 1/3 der Aufsichtsratsmitglieder

Die 1/3-Beteiligung gilt für Aktiengesellschaften mit weniger als 2.000 Arbeitnehmern (Ausnahme: Familiengesellschaften mit weniger als 500 Arbeitnehmern; § 76 Abs. 6 Satz 1 BetrVG 1952). Der Aufsichtsrat besteht aus 3 Mitgliedern. Die Satzung kann eine höhere Zahl festsetzen. Die Zahl muß durch 3 teilbar sein. Die Höchstzahl der Aufsichtsratsmitglieder beträgt bei Gesellschaften mit einem Grundkapital (§ 95 AktG)

bis zu 3 Mio. DM	9 Mitglieder
von mehr als 3 Mio. DM	15 Mitglieder
von mehr als 20 Mio. DM	21

Wahl des Aufsichtsrates

Nach dem Mitbestimmungsgesetz von 1976 gelten hinsichtlich der Zahl, Zusammensetzung und Wahl des Aufsichtsrates folgende Regelungen (§ 7 MitbestG):

Zahl der Arbeitnehmer	Zahl und Wahl der Aufsichtsratsmitglieder					
2.000 – 10.000	6 Aufsichtsratsmitglieder der Aktionäre ↑ Aktionäre wählen	+	2 Gewerkschaftsvertreter	4 Arbeitnehmervertreter	=	12 Aufsichtsratsmitglieder
			Aufsichtsratsmitglieder der Arbeitnehmer ↑ Arbeitnehmer wählen			
10.001 – 20.000	8	+	2	6	=	16 Aufsichtsratsmitglieder
über 20.000	10	+	3	7	=	20 Aufsichtsratsmitglieder

37. ordentliche
Hauptversammlung der
BASF Aktiengesellschaft

- 50 -

Anzahl Aktien

1 Aktie (zu nom. DM 50,–)
= 1 Stimme

Stimmkarte

BASF

37. ordentliche
Hauptversammlung der
BASF Aktiengesellschaft
am 29. Juni 1989
in Ludwigshafen

2

Bitte vorsichtig abreißen
und nicht knicken

Hinweis für den Aktionär

Legen Sie bitte diesen Stimmkartenblock mit der auf Ihren Namen lautenden Eintrittskarte beim Eintritt zur Hauptversammlung vor.
Wollen Sie an der Hauptversammlung nicht selbst teilnehmen, sondern sich durch einen Dritten vertreten lassen, so übergeben Sie den Stimmkartenblock mit der auf der Vertreterkarte ausgefüllten und unterschriebenen Vollmacht Ihrem Vertreter. Achten Sie bitte darauf, daß etwaige Vollmachten ordnungsgemäß erteilt sind.

Das Mitbestimmungsgesetz erfaßt alle Kapitalgesellschaften und Genossenschaften mit in der Regel mehr als 2.000 Arbeitnehmern (§ 1 MitbestG).

Die Aktionäre haben auf der Hauptversammlung ein Stimmrecht. Das Stimmrecht wird nach Aktiennennbeträgen ausgeübt (§ 134 Abs. 1 Satz 1 AktG). Über je 50,– DM Nennbetrag verfügt der Aktionär über eine Stimme (s. S. 316).

Hauptversammlung

Die Beschlüsse der Hauptversammlung bedürfen grundsätzlich der einfachen Stimmehrheit (§ 133 Abs. 1 AktG). Ein Großaktionär mit 50% der Aktien und zusätzlich einer Aktie hat somit großen Einfluß auf die Unternehmenspolitik. Für Satzungsänderungen ist 3/4-Mehrheit vorgeschrieben. Verfügt ein Aktionär über 25% der Aktien plus eine Aktie, kann er Satzungsänderungen verhindern (**Sperrminorität**).

Stimmrecht des Aktionärs	Einflußmöglichkeiten des Aktionärs
25% + 1 Stimme	Verhinderung von Satzungsänderungen in der Hauptversammlung
50% + 1 Stimme	Absolute Mehrheit in der Hauptversammlung
75% + 1 Stimme	Durchsetzung aller Beschlüsse in der Hauptversammlung

Streifbanddepot

Der Aktionär kann die Aktien selbst verwahren oder in einem offenen Depot bei seinem Kreditinstitut verwahren. Beim **Streifbanddepot** behält der Aktionär das Eigentum an den zu verwahrenden Aktien. Die Aktien sind durch Streifbänder gekennzeichnet (Stückschuld des Kreditinstitutes).

Sammeldepot

Beim **Sammeldepot** verliert der Aktionär das Eigentum an den zu verwahrenden Aktien. Er wird Miteigentümer am Sammelbestand des Depots (Gattungsschuld des Kreditinstituts).

Viele Aktionäre können aus Zeit- und Kostengründen ihr Stimmrecht bei der Hauptversammlung nicht persönlich ausüben. In diesem Fall können sie ihrer Depotbank eine schriftliche Vollmacht erteilen, das Stimmrecht auszuüben (**Depotstimmrecht**).

Bei **Personengesellschaften** ist die **persönliche Mitarbeit** wesentliches Merkmal. Die Mitgliedschaft ist deshalb grundsätzlich nicht ohne Zustimmung der Gesellschafter veräußerbar. Bei **Kapitalgesellschaften** ist die **Kapitalbeteiligung** wesentliches Merkmal. Das Kapital ist unpersönlich und die Kapitalanteile sind deshalb grundsätzlich ohne Zustimmung der Gesellschafter übertragbar.

Aktie

Hinweis: Die Aktie bezeichnet einen Bruchteil des Grundkapitals. Grundkapital und Aktien müssen auf einen Nennbetrag in DM lauten, d.h. nach Aktienrecht sind sog. Quotenaktien (z.B. 1/1000-Anteil am Grundkapital) nicht zulässig (§ 6 AktG).

Handelsrechtliche Rechnungslegung und Publizität

Rechnungslegung

Unter **Rechnungslegung** im weitesten Sinne versteht man das Sammeln und Ordnen von betrieblichen Informationen zum Zweck der pflichtgemäßen Offenlegung gegenüber Dritten (Rechenschaftslegung).

Publizität

Publizität bedeutet öffentliche Darlegung (Offenlegung) der Lage, Verhältnisse, Erfolge und Entwicklung eines Unternehmens.

Maßgebend für die Vorschriften über Handelsbücher (Rechnungslegungsvorschriften) **sind die Unternehmensform und die Größenklasse**.

Handelsbücher HGB §§ 238 – 339		
Erster Abschnitt	Zweiter Abschnitt	Dritter Abschnitt
Vorschriften für alle Kaufleute	Ergänzende Vorschriften für Kapitalgesellschaften	Ergänzende Vorschriften für Genossenschaften
§§ 238 – 263 HGB	§§ 264 – 335 HGB	§§ 336 – 339 HGB

Die Anforderungen an die Rechnungslegung bei Kapitalgesellschaften sind von der Größe der Gesellschaft abhängig. Das HGB umschreibt drei Größenklassen mit drei Größenmerkmalen (§ 267 HGB). Für die Zuordnung zu einer Größenklasse dürfen mindestens zwei der drei Größenmerkmale nicht überschritten sein.

Größenklasse / Zwei Merkmale treffen zu	**Kleine Kapitalgesellschaften**	**Mittelgroße Kapitalgesellschaften**	**Große Kapitalgesellschaften**
Bilanzsumme	≤ 3,9 Mio. DM	> 3,9 Mio. DM ≤ 15,5 Mio. DM	> 15,5 Mio. DM
Umsatzerlöse	≤ 8 Mio. DM	> 8 Mio. DM ≤ 32 Mio. DM	> 32 Mio. DM
Arbeitnehmerzahl	≤ 50	> 50 ≤ 250	> 250

Anforderungen an die Rechnungslegung

Die Anforderungen an die Rechnungslegung umfassen:

Umfang des Jahresabschlusses	
bei Einzelunternehmen und Personengesellschaften	bei Kapitalgesellschaften
Bilanz, Gewinn- und Verlustrechnung	Bilanz, G + V-Rechnung und Anhang zur Bilanz und Gewinn- und Verlustrechnung (= Einheit), Lagebericht
§ 242 HGB	§ 264 HGB

Prüfungspflicht
Der Jahresabschluß und der Lagebericht von mittelgroßen und großen Kapitalgesellschaften sind durch Abschlußprüfer zu prüfen (§ 316 Abs. 1 Satz 1 HGB).

Offenlegung
Alle Kapitalgesellschaften haben den Jahresabschluß zum Handelsregister einzureichen (§ 325 Abs. 1 HGB). Große Kapitalgesellschaften haben die Unterlagen (Bilanz, Gewinn- und Verlustrechnung, Anhang zur Bilanz und Gewinn- und Verlustrechnung, Lagebericht) zunächst im Bundesanzeiger bekanntzumachen und die Bekanntmachung unter Beifügung der Unterlagen zum Handelsregister einzureichen (§ 325 Abbs. 2 HGB).

15.8.6.1 Vorschriften zu einzelnen Posten der Bilanz

Mindestgliederung der Bilanz

Nach § 266 Abs. 2 und 3 HGB hat die Bilanz einer Kapitalgesellschaft **vor** Gewinnverteilung folgende Mindestgliederung:

Aktiva — **Bilanz**	**Passiva**
A. Anlagevermögen	**A. Eigenkapital**
I. Immaterielle Vermögensgegenstände	I. Gezeichnetes Kapital
II. Sachanlagen	II. Kapitalrücklage
III. Finanzanlagen	III. Gewinnrücklagen
	IV. Gewinnvortrag/Verlustvortrag
B. Umlaufvermögen	V. Jahresüberschuß Jahresfehlbetrag
I. Vorräte	
II. Forderungen und sonstige Vermögensgegenstände	**B. Rückstellungen**
III. Wertpapiere	
IV. Schecks, Kassenbestand, Bundesbank- und Postgiroguthaben, Guthaben bei Kreditinstituten	**C. Verbindlichkeiten**
	D. Rechnungsabgrenzungsposten
C. Rechnungsabgrenzungsposten	

Die Aufgliederung in Kapitalrücklage und Gewinnrücklagen ist neu. Als Kapitalrücklage sind auszuweisen (§ 272 Abs. 2 HGB):

1. der Betrag, der bei der Ausgabe von Anteilen einschließlich von Bezugsanteilen über den Nennbetrag hinaus erzielt wird;
2. der Betrag, der bei der Ausgabe von Schuldverschreibungen für Wandlungsrechte und Optionsrechte zum Erwerb von Anteilen erzielt wird;
3. der Betrag von Zuzahlungen, die Gesellschafter gegen Gewährung eines Vorzuges für ihre Anteile leisten;
4. der Betrag von anderen Zuzahlungen, die Gesellschafter in das Eigenkapital leisten.

Kapitalrücklagen

Kapitalrücklagen entstehen durch Zuführung finanzieller Mittel von außen. Sie sind nach altem Aktienrecht Teil der gesetzlichen Rücklage.

Beispiel: Eine AG wird gegründet. Das gezeichnete Kapital soll 1 Mio. DM betragen. Alle ausgegebenen Aktien haben den Mindestnennbetrag von 50,– DM (= 20.000 Stück). Die Ausgabe der Aktien erfolgt über pari (Emmissionskurs 650,– DM). Das Agio (Emmissionsgewinn) in Höhe von 600,– DM ist nach § 272 Abs. 2 Nr. 1 gesondert auszuweisen.

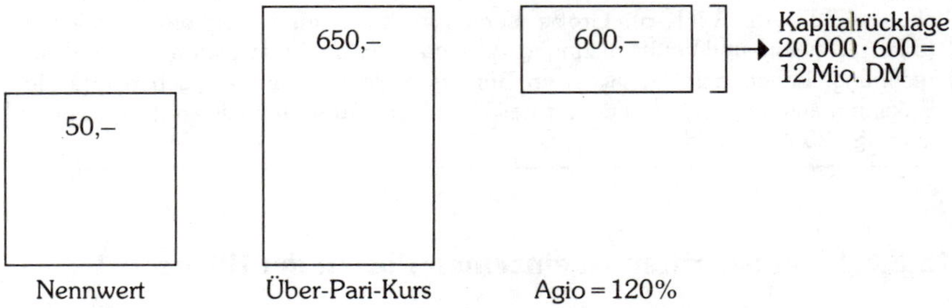

Gewinnrücklagen

Gewinnrücklagen werden aus dem Ergebnis des laufenden Geschäftsjahres oder früherer Geschäftsjahre gebildet (§ 272 Abs. 3 Satz 1 HGB). Gewinnrücklagen entstehen, im Gegensatz zu Kapitalrücklagen, somit intern durch nicht an die Aktionäre ausgeschütteten Gewinne (Zuführung finanzieller Mittel von innen).

Nach § 150 Abs. 1 AktG ist eine gesetzliche Rücklage zu bilden. Danach sind 5% des um einen Verlustvortrag aus dem Vorjahr geminderten Jahresüberschusses in die gesetzliche Rücklage einzustellen, bis die gesetzliche Rücklage und die Kapitalrücklage zusammen 10% oder einen satzungsmäßig festgelegten höheren Teil des Grundkapitals erreichen (§ 150 Abs. 2 AktG).

Beispiel: Das Grundkapital einer AG beträgt 1 Mio. DM, die gesetzliche Rücklage (Gewinnrücklagen) 80.000,– DM und die Kapitalrücklage 15.000,– DM. Die AG hat einen Jahresüberschuß in Höhe von 500.000,– DM. Davon sind 5.000,– DM in die gesetzliche Rücklage einzustellen.

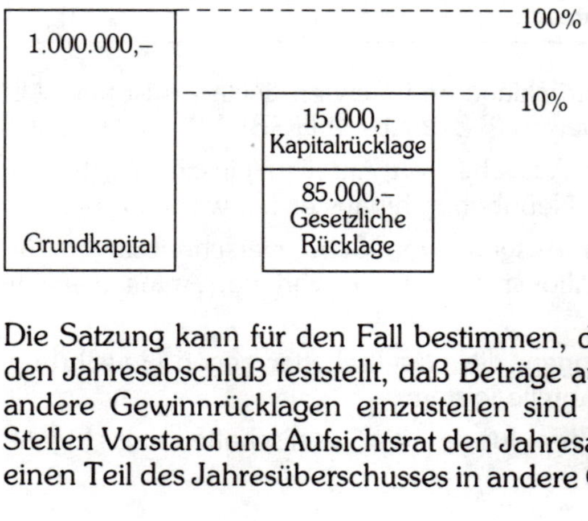

Die Satzung kann für den Fall bestimmen, daß die Hauptversammlung den Jahresabschluß feststellt, daß Beträge aus dem Jahresüberschuß in andere Gewinnrücklagen einzustellen sind (§ 58 Abs. 1 Satz 1 AktG). Stellen Vorstand und Aufsichtsrat den Jahresabschluß fest, so können sie einen Teil des Jahresüberschusses in andere Gewinnrücklagen einstellen

(§ 58 Abs. 2 Satz 1 AktG). In beiden Fällen darf höchstens die Hälfte des Jahresüberschusses in andere Gewinnrücklagen eingestellt werden.

Allerdings kann die Satzung Vorstand und Aufsichtsrat zur Einstellung eines größeren Teils als der Hälfte des Jahresüberschusses ermächtigen (§ 58 Abs. 2 Satz 2 AktG). Dabei sind Beträge, die in die gesetzliche Rücklage einzustellen sind und ein Verlustvortrag vorab vom Jahresüberschuß abzuziehen (§ 58 Abs. 2 Satz 4 AktG). Zur Ermittlung des Jahresüberschusses vergleiche die Gliederung der Gewinn- und Verlustrechnung nach § 275 HGB.

§ 272 HGB	
1.	Gezeichnetes Kapital
2.	Kapitalrücklage
3.	Gewinnrücklagen
3.1	Gesetzliche Rücklage
3.2	Statuarische Rücklagen
3.3	Andere Rücklagen

Das Bilanzschema muß korrigiert werden, wenn der Jahresabschluß **nach** teilweiser oder vollständiger Verwendung des Jahresergebnisses aufgestellt wird. Nach § 268 Abs. 1 Satz 1 HGB darf die Bilanz auch unter Berücksichtigung der vollständigen oder teilweisen Verwendung des Jahresergebnisses aufgestellt werden. Wird die Bilanz unter Berücksichtigung der teilweisen Verwendung des Ergebnisses aufgestellt, so tritt an die Stelle der Posten „Jahresüberschuß/Jahresfehlbetrag" und „Gewinnvortrag/Verlustvortrag" der Posten „Bilanzgewinn/Bilanzverlust". Ein vorhandener Gewinn- oder Verlustvortrag ist in den Posten „Bilanzgewinn/Bilanzverlust" einzubeziehen und in der Bilanz oder im Anhang gesondert anzugeben. (§ 268 Abs. 1 Satz 2 HGB).

Der Gewinnvortrag ist der aus dem Vorjahr in das Abschlußjahr vorgetragene Gewinnrest, wenn ein Teil des Jahresüberschusses als Gewinn auf neue Rechnung vorgetragen wird.

Beispiel 1: Passivseite der Bilanz einer AG **vor** Verwendung des Jahresergebnisses:

I.	Gezeichnetes Kapital	5.000.000,–
II.	Kapitalrücklage	100.000,–
III.	Gewinnrücklagen	
	1. gesetzliche Rücklage	250.000,–
	2. andere Gewinnrücklagen	200.000,–
IV.	Gewinnvortrag	50.000,–
V.	Jahresüberschuß	1.000.000,–

Beispiel 2: Passivseite der Bilanz einer AG **nach** Verwendung des Jahresergebnisses: Es werden 10% des Jahresüberschusses (100.000,– DM) in die gesetzliche Rücklage und 50% des Jahresüberschusses (500.000,– DM) in andere Gewinnrücklagen eingestellt.

I.	Gezeichnetes Kapital	5.000.000,–
II.	Kapitalrücklage	100.000,–
III.	Gewinnrücklagen	
	1. gesetzliche Rücklage	350.000,–
	2. andere Gewinnmöglichkeiten	700.000,–
IV.	Gewinnvortrag	0,–
V.	Bilanzgewinn	450.000,–
	Vermerk: Gewinnvortrag Vorjahr 50.000,–	

Hinweis: Der Posten „Bilanzgewinn" entfällt, wenn die Bilanz nach **vollständiger** Verwendung des Jahresergebnisses aufgestellt wird.

Bilanzgewinn

Der Bilanzgewinn wird im neuen Jahr auf Beschluß der Hauptversammlung verteilt (§ 119 Abs. 1 Ziffer 2 AktG): Ausschüttung an die Aktionäre bzw. Einstellung in die anderen Gewinnrücklagen.

Erfolgsermittlung

Ergebnisverwendung

Die beiden unterschiedlichen **Gewinnbegriffe** (Jahresüberschuß und Bilanzgewinn) und **Verlustbegriffe** (Jahresfehlbetrag und Bilanzverlust) erfordern eine Trennung in **Ergebnisermittlung** und **Ergebnisverwendung**. Die Erfolgsermittlung (Gewinn oder Verlust) erfolgt in der Gewinn- und Verlustrechnung durch Gegenüberstellung von Aufwendungen und Erträgen. Die Gewinn- und Verlustrechnung (Ergebnisermittlung) schließt mit der Position Jahresüberschuß bzw. Jahresfehlbetrag (Position 19 im Gliederungsschema des § 275 HGB) ab, also mit dem Betrag, der sich ergibt, bevor man einen Gewinnvortrag/Verlustvortrag berücksichtigt und Rücklagen gebildet bzw. aufgelöst hat. Die Ergebnisverwendung hat Einfluß auf den Jahresabschluß. Für die **Verwendung des Jahresergebnisses** gilt **folgendes Rechenschema**:

Jahresüberschuß/Jahresfehlbetrag
\+ Gewinnvortrag } aus dem Vorjahr
– Verlustvortrag } aus dem Vorjahr
\+ Entnahmen aus den Rücklagen
\+ Einstellung in Gewinnrücklagen
= Bilanzgewinn/Bilanzverlust
– Dividendenausschüttung an Aktionäre
= Gewinnvortrag/Verlustvortrag

Hinweis: Aus dem Schema wird ersichtlich, daß der Ausweis eines Bilanzgewinns auch dann möglich ist, wenn mit einem Jahresfehlbetrag abgeschlossen wurde, z.B. durch Auflösung von Rücklagen. Die Einstellung bzw. Auflösung von Rücklagen ist erfolgsneutral, da sie im Jahresabschluß im Rahmen der Gewinnverwendung erfolgt.

Die Hauptversammlung beschließt über die Verwendung des Jahresüberschusses (+ Gewinnvortrag/– Verlustvortrag) bzw. des Bilanzgewinns:

1. Ausschüttung an die Aktionäre (ganz oder teilweise),
2. Einstellung in die Gewinnrücklagen,
3. Übernahme als Gewinnvortrag in die Rechenlegung des neuen Geschäftsjahres.

Die Trennung in Ergebnisermittlung und Ergebnisverwendung bringt somit drei Möglichkeiten der Bilanzaufstellung und somit drei Gliederungsschemen mit sich:

Bilanzaufstellung		
Vor Verwendung des Jahresergebnisses	nach teilweiser Verwendung des Jahresergebnisses	nach vollständiger Verwendung des Jahresergebnisses

Bilanzgliederung

Gliederungsschema: Bilanzaufstellung vor Verwendung des Jahresergebnisses (§ 266 HGB)
A. Eigenkapital I. Gezeichnetes Kapital II. Kapitalrücklage III. Gewinnrücklagen 1. gesetzliche Rücklage 2. Rücklage für eigene Anteile 3. satzungsmäßige Rücklagen 4. andere Rücklagen IV. Gewinnvortrag/Verlustvortrag V. Jahresüberschuß/Jahresfehlbetrag

Gliederungsschema: Bilanzaufstellung nach teilweiser Verwendung des Jahresergebnisses
An die Stelle der Positionen A. IV. und A. V. tritt die Position Bilanzgewinn/Bilanzverlust.

Gliederungsschema: Bilanzaufstellung nach vollständiger Verwendung des Jahresergebnisses
Die Positionen A. IV. und A. V. entfallen vollständig. Die Gewinnrücklagen erhöhen sich durch Zuführung des Jahresergebnisses zu den Rücklagen.

Begriffliche Erläuterungen	
Gezeichnetes Kapital	Grundkapital = Haftungskapital der Gesellschafter für die Verbindlichkeiten der Gesellschaft gegenüber ihren Gläubigern (§ 272 Abs. 1 Satz 1 HGB).
Kapitalrücklage	Alle Einzahlungen der Gesellschafter, die nicht Gezeichnetes Kapital sind (§ 272 Abs. 2 HGB).
Gewinnrücklage	Alle Beträge, die im Geschäftsjahr oder in einem früheren Geschäftsjahr aus dem Ergebnis gebildet worden sind (§ 272 Abs. 3 HGB): gesetzliche und satzungsmäßige Rücklagen, andere Gewinnrücklagen.
Gewinnvortrag	Nicht ausgeschütteter Gewinnanteil (verbleibender Restbetrag)
Verlustvortrag	Bilanzverlust, der als Verlustvortrag in das neue Geschäftsjahr übernommen wird.
Jahresergebnis	Erfolg des Unternehmens (Jahresüberschuß bzw. Jahresfehlbetrag).
Bilanzgewinn/Bilanzverlust	Wird die Bilanz unter Berücksichtigung der teilweisen Verwendung des Jahresergebnisses aufgestellt, so tritt an die Stelle der Posten „Jahresüberschuß/Jahresfehlbetrag" und „Gewinnvortrag/Verlustvortrag" der Posten „Bilanzgewinn/Bilanzverlust"; ein vorhandener Gewinn- oder Verlustvortrag ist in den Posten „Bilanzgewinn/Bilanzverlust" einzubeziehen und in der Bilanz oder im Anhang gesondert anzugeben (§ 268 Abs. 1 Satz 2 HGB).

15.8.7 Die Kommanditgesellschaft auf Aktien (KGaA)

Kommanditgesellschaft auf Aktien

Die KGaA ist eine Mischform aus AG und KG. Die KGaA ist zwar eine Kapitalgesellschaft (juristische Person), sie unterscheidet sich jedoch von der AG dadurch, daß es zwei Arten von Gesellschaftern gibt (§ 278 Abs. 1 AktG):

1. Mindestens ein Gesellschafter (Komplementär) haftet unbeschränkt (persönlich haftender Gesellschafter).

2. Die Kommanditaktionäre sind an dem in Aktien zerlegten Grundkapital beteiligt, ohne persönlich für die Verbindlichkeiten der Gesellschaft zu haften. Die Kommanditaktionäre haften lediglich mit ihrer Einlage.

Für die Gründung einer KGaA sind mindestens 5 Personen und ein Grundkapital von mindestens 100.000,– DM vorgeschrieben. Die Firma soll dem Gegenstand des Unternehmens entnommen sein (Sachfirma). Sie muß die Bezeichnung „Kommanditgesellschaft auf Aktien" enthalten (§ 279 Abs. 1 AktG). Die Rechtsstellung der Komplementäre der KGaA entspricht der Rechtsstellung der Komplementäre einer KG.

15.8.8 Die Gesellschaft mit beschränkter Haftung (GmbH)

Gesellschaft mit beschränkter Haftung

Die GmbH ist eine Kapitalgesellschaft (juristische Person), an der sich die Gesellschafter mit Einlagen auf das in Stammanteile zerlegte Stammkapital beteiligen, ohne persönlich für die Verbindlichkeiten der Gesellschaft zu haften. Für die Verbindlichkeiten der Gesellschaft haftet den Gläubigern nur das Gesellschaftsvermögen (§ 13 Abs. 2 GmbHG). Das Stammkapital ist wie das Grundkapital der AG Teil des Eigenkapitals und bleibt der Höhe nach unverändert. Die Stammeinlage legt die Höhe der Beteiligung der Gesellschafter fest. Der Geschäftsanteil jedes Gesellschafters hängt von der Stammeinlage ab (§ 14 GmbHG). Der Geschäftsanteil ist maßgebend für die Verteilung des Jahresüberschusses (zuzüglich eines Gewinnvortrags, abzüglich eines Verlustvortrags; § 29 Abs. 3 GmbHG), für das Stimmrecht (§ 47 Abs. 2 GmbHG) und dem Anteil am Liquidationserlös (§ 72 GmbHG).

Die Stammeinlage jedes Gesellschafters muß mindestens 500,– DM betragen (§ 5 Abs. 1 GmbHG). Die Übernahme einer Stammeinlage verpflichtet den Gesellschafter, den entsprechenden Betrag an die GmbH zu zahlen.

AG	**GmbH**
Grundkapital = Gesamtheit aller Aktien zum Nennwert	Stammkapital = Gesamtheit aller Stammeinlagen
Eigenkapital	

Hinweis: Das Eigenkapital ist nicht identisch mit dem Gesellschaftsvermögen (siehe S. 311). Bei Gründung der GmbH erhält die Gesellschaft ein Vermögen, das mindestens so hoch ist wie das Stammkapital. Nur bei Gründung deckt sich somit das Stammkapital mit dem Gesellschaftsvermögen.

Gesellschaft	Gesellschafter
haftet voll mit Gesellschaftsvermögen	haften beschränkt mit Geschäftsanteil

Stammkapital

Insgesamt muß auf das Stammkapital mindestens 25.000,– DM einbezahlt werden (§ 7 Abs. 2 Satz 2 GmbHG). In der Bilanz des aufzustellenden Jahresabschlusses ist das Stammkapital als gezeichnetes Kapital auszuweisen (§ 42 Abs. 1 GmbHG). Jeder Gesellschafter kann nur eine Stammeinlage übernehmen (§ 5 Abs. 2 GmbHG). Der Betrag der Stammeinlage kann für die einzelnen Gesellschafter verschieden sein. Er muß durch hundert teilbar sein (§ 5 Abs. 3 GmbHG).

Für die Gründung einer GmbH sind mindestens 50.000,– DM Stammkapital vorgeschrieben (§ 5 Abs. 1 GmbHG).

Beim Beginn des Gesellschaftsverhältnisses einer GmbH sind wie bei der AG zwei Zeitpunkte zu unterscheiden:

Mit **Abschluß des Gesellschaftsvertrages** entsteht die sog. Vorgesellschaft = Gesellschaft bürgerlichen Rechts	Mit **Eintrag ins Handelsregister** entsteht die juristische Person = Formkaufmann
nicht rechtsfähig	rechtsfähig
Die Gründer haften für die Verbindlichkeiten der Vorgesellschaft als Gesamtschuldner	Die Gesellschaft haftet für die Verbindlichkeiten der Gesellschaft

Die Gründung einer GmbH durch eine Person ist zulässig (Ein-Mann-GmbH; § 1 GmbHG). Die Firma einer GmbH kann eine Personen- oder Sachfirma mit dem Zusatz „mit beschränkter Haftung" sein (§ 4 Abs. 2 GmbHG). Der Gesellschaftsvertrag bedarf notarieller Beurkundung (§ 2 Abs. 1 Satz 1 GmbHG).

Gründungsvertrag

Auszug aus einem möglichen Gründungsvertrag
§ 3 Das Stammkapital der Gesellschaft beträgt 60.000,– DM. § 4 Vom Stammkaptital in Höhe von 60.000,– DM übernimmt Herr Abel eine Stammeinlage von 10.000,– DM, Herr Behrens eine Stammeinlage von 20.000,– DM, Herr Chron eine Stammeinlage von 30.000,– DM

Beispiel: Die Stammeinlagen aller Gesellschafter, die gleichzeitig die Geschäftsanteile sind, ergeben das Stammkapital (s. auch Beispiel S. 328 unten).

Vergleich Gründung einer GmbH und einer AG

Gründung einer AG Die Satzung muß bestimmen (§ 23 AktG)	**Gründung einer GmbH** Der Gesellschaftsvertrag muß enthalten (§ 3 GmbHG)
1. die Firma und Sitz der Gesellschaft,	1. die Firma und Sitz der Gesellschaft,
2. den Gegenstand des Unternehmens,	2. den Gegenstand des Unternehmens,
3. die Höhe des Grundkapitals,	3. den Betrag des Stammkapitals,
4. die Nennbeträge der Aktien und die Zahl der Aktien jeden Nennbetrags, die Gattung der Aktien und die Zahl der Aktien jeder Gattung,	4. den Betrag, der von jedem Gesellschafter auf das Stammkapital zu leistenden Einlage (Stammeinlage).
5. ob die Aktien auf den Inhaber oder auf den Namen ausgestellt werden,	
6. die Zahl der Mitglieder des Vorstands.	

Organe

Organe einer GmbH	**Aufgaben und Rechte**
Geschäftsführer: = leitendes Organ	1. Geschäftsführung und Vertretung 2. Einberufung der Gesellschafterversammlung
Gesellschafterversammlung: = beschließendes Organ	1. Feststellung der Jahresbilanz 2. Verteilung des Reingewinns 3. Wahl und Abberufung von Geschäftsführern, Prokuristen und Generalbevollmächtigten
Hinweis: Jede 100,– DM eines Geschäftsanteils gewähren eine Stimme (§ 47 Abs. 2 GmbHG). Die Abstimmung erfolgt nach Mehrheit der abgegebenen Stimmen.	
Aufsichtsrat: = überwachendes Organ	Ein Aufsichtsrat ist nur bei Gesellschaften vorgeschrieben, die regelmäßig mehr als 500 Arbeitnehmer beschäftigen. Der Gesellschaftsvertrag kann die freiwillige Bildung eines Aufsichtsrates vorsehen.

Geschäftsführung und Vertretung

Übersicht: Geschäftsführung und Vertretung bei der GmbH	
Gesetzliche Regelung: Gesamtprinzip	
Gesamtgeschäftsführung aller	Gesamtvertretung aller (§ 35 II 2 GmbHG)
Vertragliche Abweichung	
Der Gesellschaftsvertrag kann Abweichendes bestimmen (Einzelgeschäftsführung)	Der Gesellschaftsvertrag kann Abweichendes bestimmen (Einzelvertretung)
Die Vertretungsbefugnis ist im Außenverhältnis unbeschränkbar (§ 37 Abs. 2 Satz 1 GmbHG). Im Innenverhältnis sind die Gesellschafter verpflichtet, Beschränkungen der Geschäftsführungsbefugnis einzuhalten, die durch Gesellschaftsvertrag oder Gesellschafterbeschlüsse getroffen wurden (§ 37 Abs. 1 GmbHG).	

Das Verhältnis von Stammeinlage und Geschäftsanteil

Geschäftsanteil
Stammeinlage

Die Aktie bezeichnet die Mitgliedschaft bei einer AG mit den daraus sich ergebenden Rechten und Pflichten. Dem entspricht bei der GmbH der Geschäftsanteil. Darüber hinaus bezeichnet der Begriff Aktie einen Bruchteil des Grundkapitals. Dem entspricht bei der GmbH die Stammeinlage. Die durch den Erwerb einer Stammeinlage erworbene Mitgliedschaft (Beteiligung) bezeichnet man als Geschäftsanteil. Die Gesellschafter der GmbH sind die Inhaber von Geschäftsanteilen.

Sprachlich ein Begriff	
Aktie	
Bruchteil am Grundkapital (Anteil)	Mitgliedschaft
Wertpapier	
Bei Gründung Erwerb mehrerer Aktien möglich	

Sprachlich zwei Begriffe	
Stammeinlage	Geschäftsanteil
Bruchteil am Stammkapital (Anteil)	Mitgliedschaft
Kein Wertpapier, lediglich Beweisurkunde	
Bei Gründung lediglich Erwerb einer Stammeinlage möglich	

Die Stammeinlage legt die Höhe der Beteiligung der Gesellschafter fest. Der Geschäftsanteil jedes Gesellschafters hängt von der Stammeinlage ab. Der Gesamtbetrag der Stammeinlagen stimmt mit dem Gesamtkapital überein. Jeder Gesellschafter kann bei Gründung der GmbH nur eine Stammeinlage übernehmen (§ 5 Abs. 2 GmbHG). Der Betrag der Stammeinlage kann für die einzelnen Gesellschafter verschieden sein. Jeder Gesellschafter kann allerdings nach Gründung mehrere Geschäftsanteile erwerben, da Geschäftsanteile veräußert und vererbt werden können (§ 15 Abs. 1 GmbHG; abgeleiteter Erwerb von Geschäftsanteilen). Bei

Gründung

Gründung der Gesellschaft stimmen die Beträge der Stammeinlagen und der Geschäftsanteile eines jeden Gesellschafters überein (originärer Erwerb von Geschäftsanteilen).

Bei Gründung der GmbH		
Stammkapital 60.000,– DM		
1 Stammeinlage Abel 10.000,– DM	1 Stammeinlage Behrens 20.000,– DM	1 Stammeinlage Chron 30.000,– DM
1 Geschäftsanteil Abel zum Nennwert 10.000,– DM	1 Geschäftsanteil Behrens zum Nennwert 20.000,– DM	1 Geschäftsanteil Chron zum Nennwert 30.000,– DM

Die Gewinnverteilung erfolgt im Verhältnis der Kapitalanteile. Stimmrecht und Gewinnanspruch sehen bei Gründung wie folgt aus:

Gewinnverteilung

Personen	Stimmanteile/ Bruchteile	Stimmen absolut	Gewinnanteil
Abel	1/6	100	1
Behrens	1/3	200	2
Chron	1/2	300	3

Nach Gründung überträgt Gesellschafter Abel seinen Geschäftsanteil an Behrens.

Nach Übertragung eines Geschäftsanteils	
Stammkapital 60.000,– DM	
1 Stammeinlage Behrens 20.000,– DM 1 Stammeinlage Behrens 10.000,– DM	1 Stammeinlage Chron 30.000,– DM
1 Geschäftsanteil Behrens zum Nennwert 20.000,– 1 Geschäftsanteil Behrens zum Nennwert 10.000,– DM	1 Geschäftsanteil Chron zum Nennwert 30.000,–

Hinweis:

1. Jeder Gesellschafter kann zu seinem originären Geschäftsanteil weitere Geschäftsanteile erwerben. Die einzelnen Geschäftsanteile werden hierbei nicht zu einem Geschäftsanteil zusammengelegt. Während Aktien grundsätzlich nicht teilbar sind, können Geschäftsanteile geteilt werden. Eine Veräußerung von Teilen eines Geschäftsanteils kann allerdings nur mit Genehmigung der Gesellschaft stattfinden (§ 17 Abs. 1 GmbHG). Abel könnte beispielsweise einen Teil seines Geschäftsanteils für 5.000,– DM verkaufen und behält den verbleibenden Teil von 5.000,– DM.

2. Zur Veräußerung von Geschäftsanteilen durch Gesellschafter bedarf es ein in notarieller Form geschlossenen Vertrages (§ 15 Abs. 2 GmbHG). Im Gesellschaftsvertrag kann allerdings die Abtretung von der Genehmigung der Gesellschaft abhängig gemacht werden (§ 15 Abs. 5 GmbHG).

3. Der Erwerb eigener Aktien durch die Gesellschaft ist grundsätzlich verboten. Im Gegensatz zum Aktienrecht kann die GmbH ihre eigenen Geschäftsanteile erwerben, soweit diese voll eingezahlt sind (§ 33 GmbHG).

4. Stammeinlage und Geschäftsanteil hängen voneinander ab. Beide Begriffe werden häufig verwechselt und durcheinandergeworfen.

Stammeinlage	Geschäftsanteil
Verpflichtung zur Zahlung der Einlage	Begründet Rechte und Pflichten
Voraussetzung für Gesellschafts- gründung	Entsteht mit Eintrag der Gesellschaft ins Handelsregister

Der Geschäftsanteil wird mit einem Nennbetrag bezeichnet. Die Höhe des Nennbetrages entspricht dem Betrag der Stammeinlage.

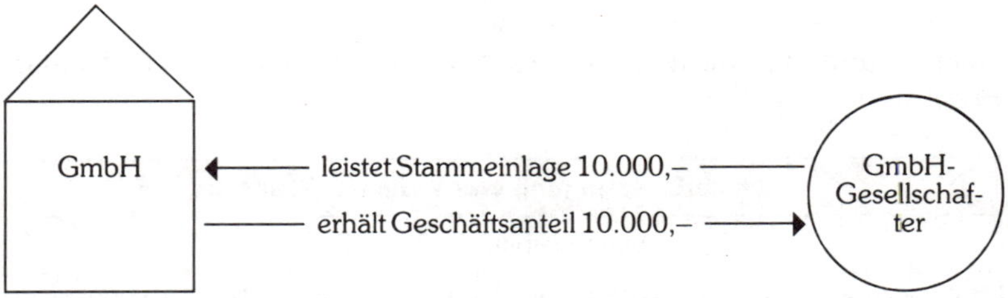

Der Geschäftsanteil kann nach Gründung wertmäßig (nicht betragsmäßig!) größer oder kleiner als der Betrag der Stammeinlage sein. Der Wert des Geschäftsanteils weicht vom Betrag der Stammeinlage in demselben Verhältnis ab, wie der Wert des Gesellschaftsvermögens vom Betrag des Stammkapitals. Auf eine sprachliche Unterscheidung könnte daher wie bei der Aktie verzichtet werden.

5. In der Regel wird über den Geschäftsanteil keine Urkunde ausgestellt, sondern ein Notarprotokoll.

Auszug aus einem möglichen Abtretungsverhältnis
Vor dem unterzeichnenden Notar X erschienen heute 1. Herr Abel, 2. Herr Behrens § 1 Der erschienene Abel ist Inhaber eines Geschäftsanteils von 10.000,– DM der Y-GmbH. Diesen Geschäftsanteil verkauft er an den erschienenen Behrens zum Preis von 10.000,– DM.

6. Wird über den Geschäftsanteil eine Urkunde ausgestellt, so ist zu beachten, daß diese Urkunde kein Wertpapier ist und somit kein börsenmäßiger Handel möglich ist.

Im Gesellschaftsvertrag kann eine Nachschußpflicht der Gesellschafter vereinbart werden (§ 26 Abs. 1 GmbHG). Sieht die Satzung eine beschränkte Nachschußpflicht vor, so führt ein Verzug der Einzahlung zum Ausschluß des GmbH-Gesellschafters mit seinem Geschäftsanteil (**Kaduzierung**). Der Geschäftsanteil wird versteigert. Mit dem Versteigerungserlös wird der Nachschuß gedeckt. Ein etwaiger Überschuß steht der GmbH zu, einen Fehlbetrag bringen die Gesellschafter nach Verhältnis ihrer Kapitalanteile auf (§ 24 Satz 1 GmbHG). Dem Gesellschafter ist im Kaduzierungsverfahren sein Geschäftsanteil aberkannt worden (für verfallen erklärt worden; §§ 21, 28 GmbHG).

Bei unbeschränkter Nachschußpflicht (§ 27 GmbHG) können sich die Gesellschafter der Nachzahlung dadurch entziehen, daß sie der Gesellschaft ihren Geschäftsanteil zur Verfügung stellen (Recht zum **Abandonieren** = aufgeben). Wie bei der Kaduzierung wird der Geschäftsanteil versteigert und der Nachschuß gedeckt. Ein etwaiger Überschuß steht dem Gesellschafter zu, einen Fehlbetrag trägt die Gesellschaft (§ 27 Abs. 2 Satz 3 GmbHG).

15.8.9 Die GmbH & Co. KG

Die GmbH & Co. KG

Die GmbH & Co. KG ist eine Kommanditgesellschaft (Personengesellschaft), bei der der Komplementär keine natürliche, sondern eine juristische Person (GmbH) ist. Wichtigstes Gründungsmotiv ist die Risikobegrenzung für die Gesellschafter durch die Haftungsbeschränkung.

Beispiel einer typischen GmbH & Co. KG (Personengleiche Gesellschaft)

Die Gesellschafter Rumpf und Esser haben einen Computervertrieb unter der Firma Rumpf GmbH gegründet. Rumpf und Esser übernehmen je eine Stammeinlage von 25.000,– DM. Die Geschäftsführung steht beiden Gesellschaftern zu.

Rumpf und Esser gründen eine Leasing-Gesellschaft in der Rechtsform einer KG.

Beide beteiligen sich an der KG mit einer Einlage von je 2.500,– DM. Eine weitere Einlage in Höhe von 2.500,– DM übernimmt die Rumpf GmbH als Komplementär.

Rumpf GmbH	
Stammkapital 50.000,– DM	
Gesellschafter Rumpf Stammeinlage 25.000,– DM	Gesellschafter Esser Stammeinlage 25.000,– DM
Geschäftsführer	

gründen →

Rumpf GmbH & Co. KG	
Geschäftsführer = Komplementär Rumpf GmbH	Kommanditisten Rumpf Esser
Vollhafter	Teilhafter
Haftsumme Einlage + Gesellschaftsvermögen	Haftsumme 5.000,– DM

Die Kommanditisten haften nur mit ihrer Einlage von je 2.500,– DM. Der Komplementär haftet voll, jedoch ist sein Risiko begrenzt auf seine Einlage (2.500,– DM) und sein Gesellschaftsvermögen (Bei Gründung der GmbH 50.000,– DM). Die Firma der GmbH & Co. KG hat den Namen des Komplementärs mit einem das Vorhandensein einer Gesellschaft andeutenden Zusatzes zu enthalten (& Co., & Co. KG). Die Gründung der GmbH & Co. KG vollzieht sich in zwei Stufen. Bevor die GmbH & Co. KG gegründet werden kann, muß die GmbH errichtet werden. Hierbei gibt es verschiedene Gestaltungsmöglichkeiten:

1. Personengleiche GmbH & Co. KG: Die Gesellschafter der GmbH sind gleichzeitig Kommanditisten der GmbH & Co. KG.
2. Nicht personengleiche GmbH & Co. KG: Beide selbständigen Gesellschaften haben verschiedene Gesellschafter.

Hinweis: Neben der Beteiligung einer GmbH kommt auch die Beteiligung einer AG an einer KG in Betracht (AG & Co. KG).

15.8.10 Die eingetragene Genossenschaft (eG)

Genossenschaft

Grundgedanke des Genossenschaftswesens war, wirtschaftlich schwächere Personen (Bauern, Handwerker, Verbraucher) im Konkurrenzkampf mit wirtschaftlich Mächtigeren (Großbetriebe) zu stärken („Einigkeit macht stark"). Durch den Zusammenschluß sollten sich die wirtschaftlich schwächeren selbst helfen, ohne daß sie ihre Selbständigkeit aufgeben. Im Jahre 1849 gründete Schulze in Delitzsch (daher der Name Schulze-Delitzsch) die erste Genossenschaft für Tischler und Schuhmacher mit dem Ziel, Rohstoffe gemeinsam in großen Mengen einzukaufen. Raiffeisen gründete zur gleichen Zeit Genossenschaften für die Landwirtschaft.

Nach dem **Ziel der Genossenschaften** unterscheidet man

1. **Erwerbsgenossenschaften**

   Sie sollen den Gewerbebetrieb der Genossen sichern und fördern.

2. **Wirtschaftsgenossenschaften**

   Sie sollen die private Haushaltsführung der Genossen sichern und fördern.

Erwerbsgenossenschaften	**Wirtschaftsgenossenschaften**
Winzergenossenschaften Einkaufsgenossenschaften (Edeka, Rewe) Bezugsgenossenschaften der Handwerker und Landwirte Ländliche Kreditgenossenschaften (Raiffeisenbanken)	Konsumgenossenschaften Wohnungsgenossenschaften

Für die Gründung einer Genossenschaft sind mindestens 7 Personen erforderlich (§ 4 GenG). Die Firma der Genossenschaft muß eine Sachfirma sein. Sie muß die Bezeichnung „eingetragene Genossenschaft" oder „eG" enthalten (§§ 1 Abs. 1, 3 Abs. 2 GenG). Die Genossenschaft ist eine juristische Person (Formkaufmann). Das Statut (Gesellschaftsvertrag) sowie die Mitglieder des Vorstandes sind in das Genossenschaftsregister einzutragen (§ 10 Abs. 1 GenG). Im Gegensatz zur AG und GmbH hat die Genossenschaft kein festes Grundkapital. Ein Mindestkapital und eine Mindesteinlage sind gesetzlich nicht vorgeschrieben. Das Statut der Genossenschaft muß jedoch bestimmen (§ 7 Abs. 2 GenG):

- die Bildung einer gesetzlichen Rücklage zur Deckung eines sich ergebenden Verlustes,
- den Teil des Jahresüberschusses, der in diese Rücklage einzustellen ist,
- den Mindestbetrag dieser Rücklage, bis zu dessen Erreichung die Einstellung zu erfolgen hat.

Das Statut der Genossenschaft bedarf der Schriftform (§ 5 GenG).

Begriffsdefinitionen

Geschäftsanteil	Darunter versteht man den im Statut festgelegten Betrag, bis zu dem sich die einzelnen Genossen mit Einlagen beteiligen können (§ 7 Abs. 1 GenG).
Mindesteinlage	Darunter versteht man den im Statut festgelegten Betrag, den der Genosse auf seinen Geschäftsanteil einzahlen muß (mindestens 10% des Geschäftsanteils; § 7 Abs. 1 GenG).
Einzahlungen	Darunter versteht man die Einzahlungen des Genossen auf seinen Geschäftsanteil.
Geschäftsguthaben	Darunter versteht man die Summe der Einzahlungen zuzüglich der Gewinnanteile abzüglich der Verlustanteile. Die Zuschreibung des Gewinns zum Geschäftsguthaben erfolgt solange, bis der Geschäftsanteil erreicht ist (§ 19 Abs. 1 Satz 3 GenG).
Haftsumme	Darunter versteht man den im Statut festgelegten Betrag, mit dem der Genosse haftet. Die Haftsumme darf nicht niedriger sein als der Geschäftsanteil (§ 119 GenG).

Beispiel: Der Geschäftsanteil eines Genossen beträgt 500,– DM. Auf diesen erfolgte eine Einzahlung von 100,– DM. Die Gewinngutschriften belaufen sich auf 250,– DM. Die Haftsumme beträgt 800,– DM.

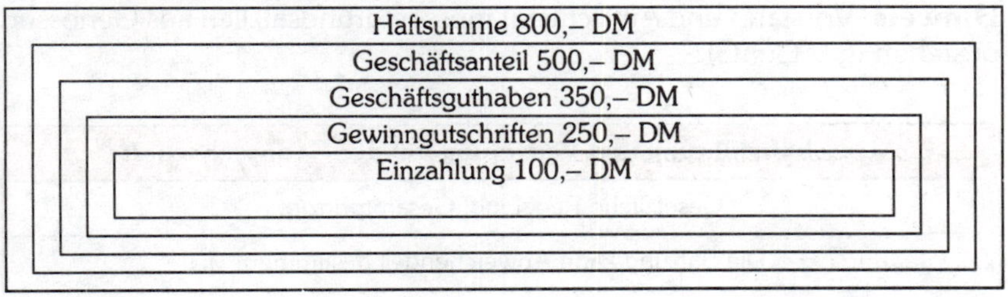

Im Falle des Konkurses beträgt die Risikosumme des Genossen 800,– DM, d.h. er hat noch 150,– DM auf seinen Geschäftsanteil und 300,– DM als Nachschuß zur Konkursmasse zu leisten (Nachschußpflicht in begrenzter Höhe; § 6 Abs. 3 GenG).

Ist im Statut eine Nachschußpflicht in unbeschränkter Höhe festgelegt, dann haftet der Genosse unbeschränkt mit seinem Privatvermögen.

Haftung

Haftung gegenüber den Gläubigern	
Genossenschaft = juristische Person	Genossen = natürliche Person
mit Gesellschaftsvermögen	in der Regel mit Geschäftsanteil bzw. Haftsumme

Organe

Organe der Genossenschaft	**Aufgaben und Rechte**
Geschäftsführer: = leitendes Organ	1. Geschäftsführung und Vertretung 2. Einberufung der Generalversammlung (§ 44 GenG) 3. Aufstellung des Jahresabschlusses und des Lageberichts (§ 33 Abs. 1 Satz 2 GenG)
Generalversammlung: = beschließendes Organ = Mitgliederversammlung der Genossen	1. Bestellung des Vorstands (§ 24 Abs. 3 GenG) 2. Feststellung des Jahresüberschusses sowie Beschluß über die Verwendung des Jahresüberschusses (§ 48 Abs. 1 GenG).
Hinweis: Jeder Genosse hat unabhängig von der Höhe seines Geschäftsanteils eine Stimme (§ 43 Abs. 3 Satz 1 GenG). Die Gewinn- und Verlustbeteiligung erfolgt im Verhältnis der Geschäftsguthaben.	
Aufsichtsrat: = überwachendes Organ	Der Aufsichtsrat einer eG nimmt ähnliche Aufgaben wahr wie der Aufsichtsrat einer AG (er wählt aber bei der eG nicht das leitende Organ!). Er ist zwingend vorgeschrieben bei Genossenschaften mit mehr als 500 Arbeitnehmern.

Hinweis: Vorstand und Aufsichtsrat müssen grundsätzlich aus Genossen bestehen (§ 9 GenG).

Geschäftsführung/ Vertretung

Geschäftsführung und Vertretung bei der Genossenschaft
Gesetzliche Regelung: Gesamtprinzip.
Die Satzung kann Abweichendes bestimmen.

15.8.11 Die Behandlung der Unternehmensformen im Steuerrecht

Die folgende Tabelle zeigt die steuerliche Behandlung der Unternehmensformen.

Unternehmensformen im Überblick

Unternehmensform / Steuerart	**Einzelunternehmen**
Einkommensteuer	Das Einzelunternehmen ist kein Steuersubjekt. Der Inhaber des Einzelunternehmens unterliegt der Einkommensteuer. Je nach Art der Tätigkeit bezieht er Einkünfte aus Land- und Forstwirtschaft, Einkünfte aus Gewerbebetrieb oder Einkünfte aus selbständiger Arbeit.
Gewerbesteuer	Eine selbständige, nachhaltige Betätigung, die mit Gewinnabsicht unternommen wird und sich als Beteiligung am allgemeinen wirtschaftlichen Verkehr darstellt, gilt als Gewerbebetrieb. Nicht gewerbesteuerpflichtig sind land- und forstwirtschaftliche Betriebe und die freien Berufe.
Umsatzsteuer	Das Einzelunternehmen unterliegt der Umsatzsteuer. Steuersubjekt ist der Geschäftsinhaber.
	BGB-Gesellschaft
Einkommensteuer	Die BGB-Gesellschaft selbst ist kein Steuersubjekt. Liegt Mitunternehmerschaft vor, haben die Gesellschafter ihre Gewinnanteile als Einkünfte aus Gewerbebetrieb zu versteuern.
Gewerbesteuer	Eine Gewerbesteuerpflicht besteht bei gewerblicher Tätigkeit.
Umsatzsteuer	Bei entsprechender Tätigkeit besteht bei der BGB-Gesellschaft als Steuersubjekt (Unternehmen) Umsatzsteuerpflicht.
	Stille Gesellschaft
Einkommensteuer	Für die einkommensteuerliche Behandlung der stillen Gesellschaft ist entscheidend, ob es sich um eine typische oder atypische stille Gesellschaft handelt. Eine typische stille Gesellschaft liegt vor, wenn die Einlage des stillen Gesellschafters vorwiegend Darlehenscharakter ohne festen Zinsanspruch und ohne Mitunternehmerschaft besitzt. Der typische stille Gesellschafter ist nicht an den stillen Reserven der Gesellschaft bei Liquidation beteiligt. Die Gewinnanteile des typischen stillen Gesellschafters sind Einkünfte aus Kapitalvermögen (Betriebsausgaben beim Geschäftsinhaber), die Gewinnanteile des Geschäftsinhabers sind Einkünfte aus Gewerbebetrieb. Bei der atypischen stillen Gesellschaft liegt mehr oder weniger Mitunternehmerschaft des stillen Gesellschafters vor. Der stille Gesellschafter ist neben der Gewinnbeteiligung auch an den stillen Reserven bei Liquidation beteiligt. Die steuerliche Behandlung erfolgt wie bei der OHG. Die Gewinnanteile des atypischen stillen Gesellschafters sind Einkünfte aus Gewerbebetrieb.

Unternehmensformen im Überblick

Unternehmensform / Steuerart	
Gewerbesteuer	Gewerbebetrieb ist nicht die stille Gesellschaft, sondern der Betrieb des Geschäftsinhabers.
Umsatzsteuer	Unternehmer ist der Geschäftsinhaber
	OHG
Einkommensteuer	Steuersubjekt ist nicht die Gesellschaft, sondern die einzelnen Gesellschafter. Die Gewinn- und Verlustanteile stellen bei den Gesellschaftern Einkünfte aus Gewerbebetrieb dar.
Gewerbesteuer	Die OHG als Gewerbebetrieb unterliegt der Gewerbesteuer.
Umsatzsteuer	Die Gesellschaft als Unternehmer unterliegt der Umsatzsteuer.
	KG
Einkommensteuer	Es gelten die gleichen Bestimmungen wie bei der OHG.
Gewerbesteuer	Es gelten die gleichen Bestimmungen wie bei der OHG.
Umsatzsteuer	Es gelten die gleichen Bestimmungen wie bei der OHG.
	GmbH & Co. KG
Einkommensteuer	Steuersubjekt ist nicht die Gesellschaft, sondern die einzelnen Gesellschafter. Die Gewinnanteile der Kommanditisten – sofern diese natürliche Personen sind – stellen bei den Gesellschaftern Einkünfte aus Gewerbebetrieb dar. Der Gewinnanteil der GmbH (Komplementär) unterliegt der Körperschaftsteuer.
Gewerbesteuer	Die GmbH & Co. KG gilt in der Regel als Gewerbebetrieb.
Umsatzsteuer	Die Gesellschaft als Unternehmer unterliegt der Umsatzsteuer.
	AG
Körperschaftsteuer	Die AG ist eine juristische Person und somit selbständiges Steuersubjekt. Die AG unterliegt der Körperschaftsteuer. Der Körperschaftsteuersatz beträgt für einbehaltene Gewinne 50%, für ausgeschüttete Gewinne 36%. Die Dividendenzahlungen stellen für die Aktionäre – sofern diese natürliche Personen sind – Einkünfte aus Kapitalvermögen dar und unterliegen somit der Einkommensteuer.
Gewerbesteuer	Die AG ist Gewerbebetrieb kraft Rechtsform und unterliegt somit der Gewerbesteuer.
Umsatzsteuer	Unternehmer ist die AG selbst. Sie unterliegt als Steuerschuldner der Umsatzsteuer.

Unternehmensformen im Überblick

Unternehmensform / Steuerart	GmbH
	Es gelten die gleichen Bestimmungen wie bei der AG.
	eG
Körperschaftsteuer	Die Genossenschaft ist eine juristische Person und unterliegt der Körperschaftsteuer. Die ausgeschütteten Gewinnanteile stellen für die Genossen – sofern diese natürliche Personen sind – Einkünfte aus Kapitalvermögen dar.
Gewerbesteuer	Die Genossenschaft ist Gewerbebetrieb kraft Rechtsform. Steuerschuldner ist die Gesellschaft.
Umsatzsteuer	Unternehmen ist die Gesellschaft. Sie unterliegt als Steuerschuldner der Umsatzsteuer.

Wiederholungsfragen:

1. Nennen Sie rechtliche und betriebswirtschaftliche Bestimmungsgründe für die Wahl einer bestimmten Unternehmensform!
2. Nennen Sie Gesetze, die gesellschaftsrechtliche Regelungen beinhalten.
3. Erklären Sie die Begriffe Geschäftsführung und Vertretung!
4. Was ist eine stille Gesellschaft?
5. Wodurch unterscheidet sich der typische stille Gesellschafter vom atypischen stillen Gesellschafter?
6. Was ist eine OHG?
7. Wann beginnt die OHG?
8. Wie haften die OHG-Gesellschafter?
9. Wie ist die Geschäftsführung und Vertretung bei der OHG gesetzlich geregelt?
10. Nennen Sie Rechte und Pflichten der OHG-Gesellschafter!
11. Nennen Sie Gründe für die Auflösung einer OHG!
12. Inwiefern hat die OHG Merkmale einer juristischen Person, obwohl sie nicht rechtsfähig ist?
13. Was ist eine KG?
14. Wie haften die Gesellschafter einer KG?
15. Nennen Sie Rechte und Pflichten der Gesellschafter einer KG!
16. Wie haften die Gesellschafter einer AG?
17. Welche Aufgaben hat der Vorstand einer AG?

18. Nennen Sie Rechte und Aufgaben des Aufsichtsrates und der Hauptversammlung einer AG!
19. Erklären Sie die folgenden Begriffe: Sperrminorität, Streifbandverwahrung, Sammelverwahrung, Depotstimmrecht, Publizitätspflicht!
20. Wie setzt sich das Eigenkapital einer AG zusammen?
21. Was versteht man unter dem Begriff „gezeichnetes Kapital" bei einer AG bzw. einer GmbH?
22. Wodurch unterscheidet sich das Grundkapital vom Gesellschaftsvermögen?
23. Was versteht man unter Gewinnrücklagen bzw. unter Kapitalrücklage?
24. Erläutern Sie Zahl, Zusammensetzung und Wahl des Aufsichtsrates nach dem Betriebsverfassungsgesetz bzw. Mitbestimmungsgesetz!
25. Erklären Sie die Gliederung der Bilanz einer Kapitalgesellschaft vor und nach teilweiser Verwendung des Jahresergebnisses!
26. Wie sind Umfang des Jahresabschlusses, Prüfungspflicht und Offenlegung im HGB geregelt?
27. Wie ist die Verteilung und Verwendung des Jahresüberschusses gesetzlich geregelt?
28. Erläutern Sie die Begriffe Gewinnvortrag, Verlustvortrag, Bilanzgewinn und Bilanzverlust!
29. Was ist eine KGaA?
30. Was müssen die Satzung bzw. der Gesellschaftsvertrag bei Gründung einer AG/GmbH bestimmen?
31. Nennen Sie Aufgaben und Rechte der Organe einer GmbH!
32. Was versteht man unter Kaduzierung und Abandonierung?
33. Erläutern Sie die Unternehmensform der typischen GmbH & Co. KG.!
34. Was war der Grundgedanke des Genossenschaftswesens?
35. Welche Ziele verfolgen Erwerbsgenossenschaften bzw. Wirtschaftsgenossenschaften?
36. Erklären Sie die Begriffe Geschäftsanteil, Mindesteinlage, Einzahlungen, Geschäftsguthaben, Haftsumme!
37. Wie haften Genossen und Genossenschaft gegenüber den Gläubigern der Gesellschaft?
38. Nennen Sie Aufgaben und Rechte der Organe einer Genossenschaft!

Aufgaben und Fälle zur Sicherung des Lernerfolgs:

1. Eine Steuerberatungsgesellschaft mit drei Steuerberatern (BGB-Gesellschaft) erwirtschaftet einen Gewinn in Höhe von 534.678,– DM. Der Gewinn soll nach der gesetzlichen Regelung verteilt werden.

2. An einer OHG sind beteiligt:

   Gesellschafter A mit einer Kapitaleinlage von 50.000,– DM,
   Gesellschafter B mit einer Kapitaleinlage von 35.000,– DM und
   Gesellschafter C mit einer Kapitaleinlage von 25.000,– DM.

   Die Privatentnahmen während des Wirtschaftsjahres betrugen

   bei A 8.200,– DM,
   bei B 5.400,– DM und
   bei C 5.000,– DM.

   Im Gesellschaftsvertrag wurde vereinbart, daß jeder Gesellschafter während des Wirtschaftsjahres bis zu 20% seiner zu Beginn des Wirtschaftsjahres bestehenden Kapitaleinlage entnehmen kann.

   a) Der Jahresgewinn in Höhe von 228.000,– DM ist nach handelsrechtlichen Bestimmungen zu verteilen.

   b) Wie sehen die Kapitalkonten der Gesellschafter nach Gewinnverteilung aus?

   Hinweis: Die Gewinnverteilung soll ohne Verzinsung der Kapitalbewegungen erfolgen (siehe S. 233).

3. An einer KG sind beteiligt:

   Komplementär A mit 135.000,– DM,
   Kommanditist B mit 45.000,– DM und
   Kommanditist C mit 15.000,– DM.

   Die Privatentnahmen des Komplementärs betrugen 12.000,– DM. Im Gesellschaftsvertrag wurde vereinbart, daß A während des Wirtschaftsjahres bis zu 15% seiner zu Beginn des Wirtschaftsjahres bestehenden Kapitaleinlage entnehmen kann.

   a) Der Jahresgewinn in Höhe von 180.000,– DM ist nach handelsrechtlichen Bestimmungen zu verteilen. Ein Gewinnrest soll im Verhältnis 9 (A) : 3 (B) : 1 (C) verteilt werden. Die Kapitaleinlagen von B und C sind voll eingebracht.

   b) Wie sehen die Kapitalkonten der Gesellschafter nach Gewinnverteilung aus?

      Die Gewinnverteilung soll mit Verzinsung der Kapitalbewegungen erfolgen. Die Entnahmen wurden vorgenommen:

      1.200,– DM am 28.01. 6.000,– DM am 30.06.
      2.000,– DM am 05.03. 2.800,– DM am 17.10.

4. Angenommen, das Mindestkapital einer AG bzw. einer GmbH wird nur durch Ausgabe von 50,– DM-Aktien bzw. 500,– DM Stammeinlagen aufgebracht. Wie viele Aktien/Stammeinlagen sind in Umlauf?
5. Die MODUL-AG legt für 19.. folgende (sehr verkürzte) Bilanz vor:

Aktiva	**Bilanz der MODUL AG zum 31.12.19..**		**Passiva**
A. Anlagevermögen		A. Eigenkapital	
I. Immaterielle Vermögensgegenstände	100.000,–	I. Gezeichnetes Kapital	3.000.000,–
II. Sachanlagen	1.400.000,–	II. Kapitalrücklage	390.000,–
		III. Gewinnrücklagen	570.000,–
		IV. Gewinnvortrag	40.000,–
B. Umlaufvermögen	4.500.000,–	V. Jahresüberschuß	300.000,–
		B. Rückstellungen	130.000,–
		C. Verbindlichkeiten	1.570.000,–
	6.000.000,–		6.000.00,–

a) Wie hoch ist das Eigenkapital in der obigen Bilanz?

b) Inwiefern können in den Bilanzpositionen „Sachanlagen" (Unbebaute Grundstücke) und „Rückstellungen" stille Rücklagen stecken?

c) Wie hoch ist der Bilanzkurs?

d) Wodurch unterscheiden sich Rücklagen von Rückstellungen?

e) Berechnen Sie die Konstitution, die Finanzierung und die Investierung!

f) Der Börsenkurs der MODUL-Aktie beträgt 280,– DM. Wie groß ist der Unterschied zwischen Börsenkurs und Bilanzkurs?

6. a) Der Jahresüberschuß einer GmbH beträgt 800.000,– DM, der Gewinnvortrag aus dem Vorjahr 210.000,– DM. An die GmbH-Gesellschafter sind 200.000,– DM auszuschütten, während 60.000,– DM gem. § 29 Abs. 2 GmbHG in die Gewinnrücklagen einzustellen sind. Wie hoch ist der Bilanzgewinn in der Bilanz, die nach teilweiser Verteilung des Jahresergebnisses aufgestellt wird?

   b) Eine GmbH (siehe Beispiel S. 328) soll aufgelöst werden. Welchen Liquidationsbetrag erhält jeder Gesellschafter, wenn der Liquidationserlös 282.000,– DM beträgt?

7. Der Geschäftsanteil eines Genossen beträgt 750,– DM. Auf den Geschäftsanteil erfolgte eine Einzahlung von 250,– DM. Die bisherigen Gewinngutschriften belaufen sich am Ende des Jahres auf 350,– DM. Für das abgelaufene Wirtschaftsjahr muß der Genosse einen Verlustanteil von 75,– DM übernehmen. Die Haftsumme

beträgt 1.200,– DM. Wie hoch ist die Risikosumme des Genossen im Falle eines Konkurses im neuen Jahr?

8. Das bisherige Grundkapital einer AG von 750.000,– DM soll durch Ausgabe junger Aktien (Nennwert 50,– DM) um 250.000,– DM erhöht werden. Der Kurs der alten Aktien beträgt 280%, der Kurs der Ausgabe der jungen Aktien beträgt 140%. Die AG weist Gewinnrücklagen in Höhe von 150.000,– DM aus. Berechnen Sie
   a) das Bezugsverhältnis,
   b) den Mittelkurs und
   c) den Wert des Bezugsrechts!
   d) Wie setzt sich das Eigenkapital der AG nach der Kapitalerhöhung zusammen?
   e) Ermitteln Sie den Bilanzkurs!
   f) Wie ist der Vorgang der Kapitalerhöhung nach dem DATEV-Kontenrahmen SKR04 zu buchen?

9. Fertigen Sie nach folgendem Muster eine Übersicht an, und beantworten Sie die einzelnen Fragen zur jeweiligen Rechtsform.

Unternehmensform / Gesetzliche Vorschriften	Einzelunternehmen	BGB-Gesellschaft	Stille Gesellschaft	OHG	KG	GmbH & Co. KG	AG	GmbH	Genossenschaft
Wieviele Personen sind bei der Gründung erforderlich?									
Wie hoch muß das Mindestkapital bei der Gründung sein?									
Handelt es sich um eine Personen- oder Kapitalgesellschaft?									
Ist eine Firma notwendig?									
Welche Firmenart ist vorgeschrieben?									
Wer haftet in welchem Umfang für die Verbindlichkeiten gegenüber den Gläubigern?									
Wer hat die Geschäftsführung und Vertretung?									
Wie werden Gewinne verteilt?									
Wie werden Verluste verteilt?									

Unternehmensform / Gesetzliche Vorschriften	Einzelunternehmen	BGB-Gesellschaft	Stille Gesellschaft	OHG	KG	GmbH & Co. KG	AG	GmbH	Genossenschaft
Besteht Rechtsfähigkeit?									
Bestehen Formvorschriften bei Gründung?									
Sind Entnahmen möglich?									
Wie ist das Stimmrecht gesetzlich geregelt?									

10. 50 Bauern des Landkreises Südliche Weinstraße gründen eine landwirtschaftliche Genossenschaft. Jeder Genosse übernimmt einen Geschäftsanteil von 350,– DM. Auf jeden Geschäftsanteil wurden gemäß Statut 30% einbezahlt. Wie hoch ist das in der Gründungsbilanz ausgewiesene Kapital?

11. Bekanntmachung der BASF in der Zeitung:

Dividendenbekanntmachung

Die ordentliche Hauptversammlung vom 29. Juni 1989 hat beschlossen, für das Geschäftsjahr 1988 eine Dividende von DM 12,– je Aktie im Nennbetrag von DM 50,– zu verteilen.
Die Auszahlung erfolgt nach Abzug von 25% Kapitalertragsteuer vom 30. Juni 1989 an gegen Einreichung der Gewinnanteilscheine Nr. 7.
Mit der Dividende ist für anrechnungsberechtigte inländische Aktionäre eine Steuergutschrift von 9/16 der Dividende verbunden. Steuerguthaben und Kapitalertragsteuer können auf die Einkommensteuer oder Körperschaftsteuer der inländischen Aktionäre angerechnet bzw. erstattet werden.
Der Abzug von Kapitalertragsteuer entfällt bei solchen inländischen Aktionären, die ihrer Depotbank eine „Nichtveranlagungs-Bescheinigung" des für sie zuständigen Finanzamtes eingereicht haben. In diesem Fall wird auch das Steuerguthaben durch die auszahlende Bank vergütet.
Die Dividende wird bei der Gesellschaftskasse in Ludwigshafen am Rhein und bei den unten genannten Kreditinstituten und ihren Niederlassungen ausgezahlt.

a) Wie hoch ist die an das Finanzamt abgeführte Kapitalertragsteuer bzw. die Dividende vor Körperschaftsteuerabzug?
b) Ermitteln Sie die Effektivverzinsung (Rentabilität) einer BASF-Aktie bei einem Kurswert von 304,5. Kursgewinne (Kursverluste), Kauf- bzw. Verkaufskosten und Körperschaftsteuer sollen nicht berücksichtigt werden.

12. Die MODUL AG kauft 100 eigene 50 DM-Aktien zum Kurs von 550,– DM, um einen schweren, bevorstehenden Schaden von der Gesellschaft abzuwenden (§ 71 Abs. 1 Nr. 1 AktG). Das Grundkapital der MODUL AG beträgt 10 Mio. DM.
a) War der Kauf eigener Aktien zulässig?
b) Wie ist der Anschaffungsvorgang nach dem DATEV-Kontenrahmen SKR 04 zu buchen?

c) Wie ist die Rechtslage, wenn die Anschaffung der eigenen Aktien lediglich der Kapitalanlage diente?

13. Wie sind Nachschüsse der Gesellschafter bei einer GmbH auszuweisen?

14. Eine GmbH wird gegründet. Das Stammkapital soll 1 Mio. DM betragen. Von den Gesellschaftern wurden 500.000,– DM und eine Zuzahlung von 100.000,– DM bei der Bank eingezahlt. Erstellen Sie die Eröffnungsbilanz.

15.9 Unternehmenszusammenschlüsse

Wettbewerb ist für den Verbraucher eine erfreuliche, für den Unternehmer eine lästige Erscheinung. Schließen sich zwei oder mehrere Unternehmer zusammen, wird der Wettbewerb eingeschränkt und die Marktmacht vergrößert. Die Ausschaltung des Wettbewerbs ist nur einer der Gründe für Unternehmenszusammenschlüsse. Kostensenkung, Rationalisierung und Verbreiterung der Kapitalbasis sind weitere Gründe. Ziel ist in jedem Fall eine Steigerung der Rentabilität und des Gewinns.

15.9.1 Verbundene Unternehmen

Unternehmenszusammenschlüsse

Bei Gründung eines Gesellschaftsunternehmens schließen sich mehrere Personen zusammen. Bei Gründung einer Unternehmensgesellschaft schließen sich mehrere Unternehmen zusammen. **Unternehmenszusammenschlüsse entstehen** durch **Kapitalbeteiligungen** oder durch **vertragliche Absprachen**. Das Aktiengesetz spricht von verbundenen Unternehmen (= Oberbegriff). Nach § 15 AktG fallen folgende Arten unter den Begriff verbundene Unternehmen:

Verbundene Unternehmen

Verbundene Unternehmen = Unternehmensverbindungen		
1. § 16 AktG Abs. 1 In Mehrheitsbesitz stehende Unternehmen und mit Mehrheit beteiligte Unternehmen	**2. § 17 AktG Abs. 2** Abhängige und herrschende Unternehmen	**3. § 18 AktG Abs. 1** Konzern- und Konzernunternehmen
Gehört die Mehrheit der Anteile einem anderen Unternehmen (Kapitalmehrheit = mehr als 50%) oder steht einem Unternehmen die Mehrheit der Stimmrechte zu (= mehr als 50%), so ist das Unternehmen ein in Mehrheitsbesitz stehendes Unternehmen.	Von einem in Mehrheitsbesitz stehenden Unternehmen wird vermutet, daß es von dem an ihm mit Mehrheit beteiligten Unternehmen abhängig ist.	Ein herrschendes und ein oder mehrere abhängige Unternehmen sind unter einheitlicher Leitung des herrschenden Unternehmens zusammengefaßt. Die einzelnen Unternehmen sind Konzernunternehmen (Unternehmensgruppe).

Hinweise:

1. Ein Unternehmenszusammenschluß ist keine besondere Rechtsform.
2. Da das Aktiengesetz nicht von verbundenen Gesellschaften, sondern von verbundenen Unternehmen spricht, brauchen die verbundenen Unternehmen **keine** Kapitalgesellschaften zu sein. Auch Personengesellschaften und Einzelunternehmen können mit einer AG verbunden sein.

Beispiel zu 1 und 2:

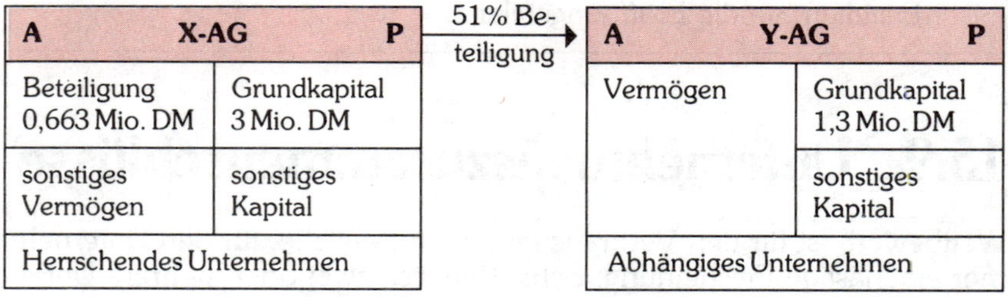

Beispiel zu 3:

Unterordnungskonzern = Abhängige und herrschende Unternehmen unter einheitlicher Leitung

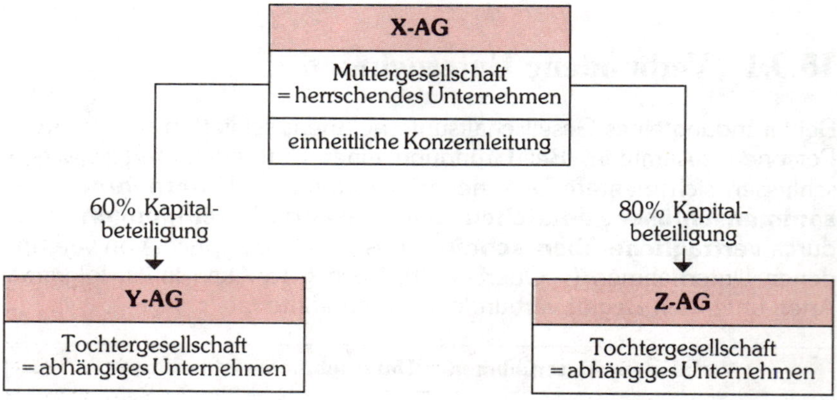

verbundene Unternehmen

Verbundene Unternehmen		
4. § 19 AktG Wechselseitig verbundene Unternehmen	**5. § 291 Abs. 1 AktG** Unternehmensverträge	
Jedem Unternehmen gehören mehr als 25% der Anteile des anderen. Gehört einem wechselseitig beteiligten Unternehmen an dem anderen eine Mehrheitsbeteiligung oder kann das eine auf das andere Unternehmen einen beherrschenden Einfluß ausüben, so ist das eine als herrschendes, das andere als abhängiges Unternehmen anzusehen.	Beherrschungsvertrag: Vertrag, durch den eine AG die Leitung ihrer Gesellschaft einem anderen Unternehmen unterstellt.	Gewinnabführungsvertrag: Vertrag, durch den eine AG sich verpflichtet, ihren ganzen Gewinn an ein anderes Unternehmen abzuführen.

Beispiel zu 4:

a) **Ohne Beherrschungs- und Abhängigkeitsverhältnis**

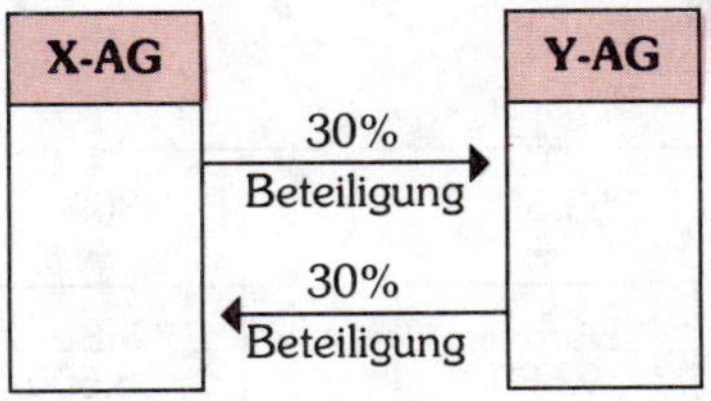

b) **Mit Beherrschungs- und Abhängigkeitsverhältnis**

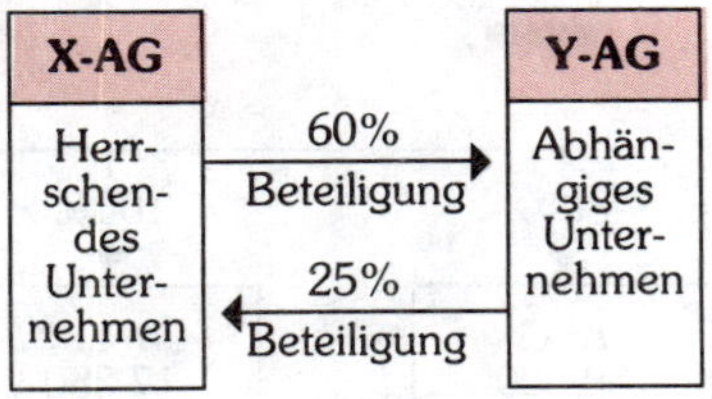

c) **Gleichordnungskonzern mit gegenseitigem Kapitalaustausch (wechselseitige Kapitalbeteiligung ohne Abhängigkeitsverhältnis)**.

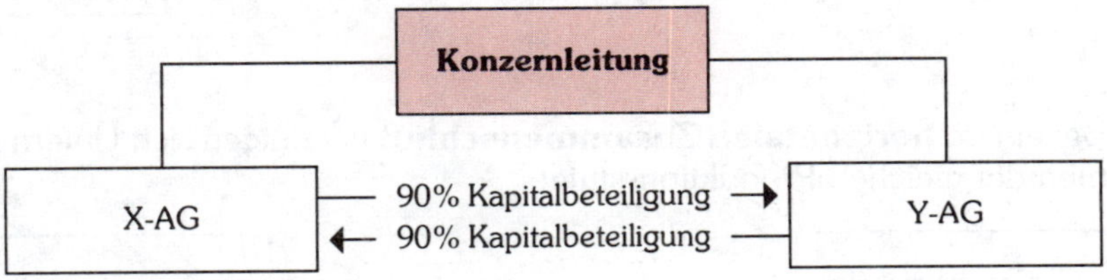

Hinweis:

1. Wenn die gegenseitige Kapitalbeteiligung gleichgroß ist, wird kein Abhängigkeitsverhältnis begründet.
2. Ein Konzern kann auch durch Verbindung wechselseitig beteiligter Unternehmen entstehen.

Ein **Konzern** (lat. concernere = vermischen) ist ein **Zusammenschluß** von **rechtlich selbständigen** und **wirtschaftlich** weitgehend **unselbständigen Unternehmen** unter **einheitlicher Leitung**. *Konzern*

Als Unterordnungskonzern (Regelfall) bezeichnet man die Zusammenfassung (Verflechtung) eines herrschenden Unternehmens mit einem oder mehreren abhängigen Unternehmen unter einheitlicher Leitung. Beim Gleichordnungskonzern besteht keine Beherrschung bzw. Abhängigkeit zwischen den Unternehmen (Ausnahme).

Der Zusammenschluß erfolgt auf Grund einer Beteiligung (Beteiligungskonzern).

Konzern	
rechtlich selbständige Unternehmen	wirtschaftlich selbständige Unternehmen
verschiedene Firmen	einheitliche Leitung
Kapitalmäßige Verbindung	

Beispiel: Der Daimler-Benz-Konzern / Stand 1989 (Beschäftigte und Kapitalanteile in %)

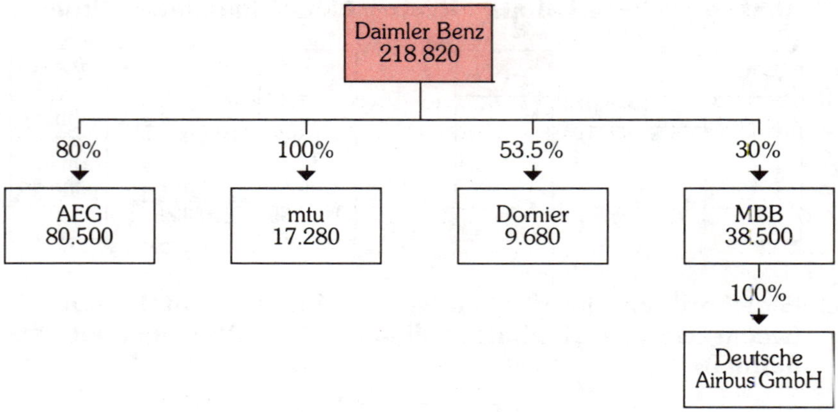

horizontaler Zusammenschluß

Bei einem **horizontalen Zusammenschluß** vereinigen sich Unternehmen der gleichen Produktionsstufe:

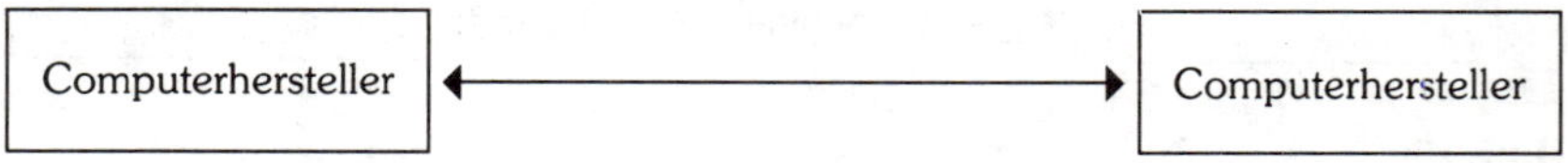

vertikaler Zusammenschluß

Bei einem **vertikalen Zusammenschluß** vereinigen sich Unternehmen aufeinanderfolgender Produktionsstufen:

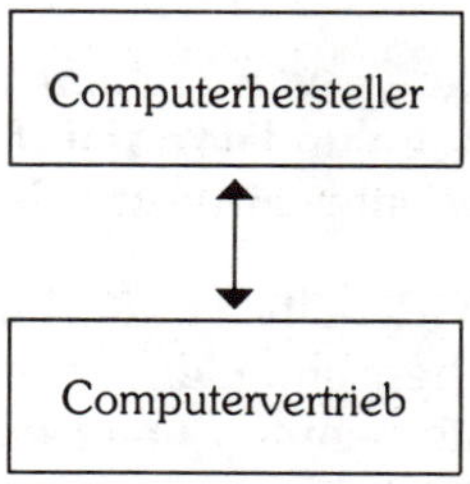

diagonaler Zusammenschluß

Bei einem **diagonalen (anorganischen) Zusammenschluß** vereinigen sich branchenfremde Unternehmen (Mischkonzern):

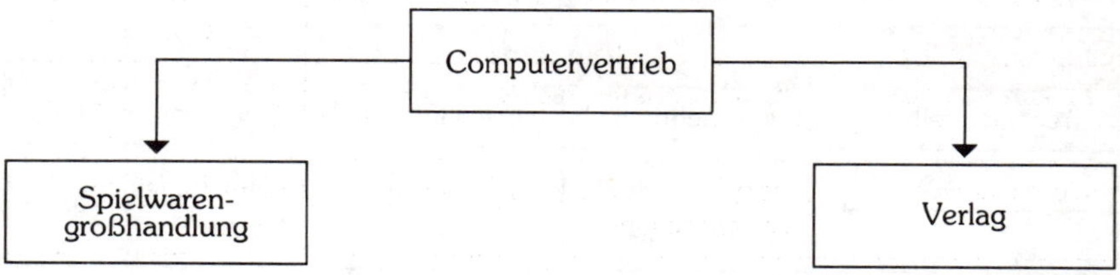

15.9.2 Kartelle

Neben verbundenen Unternehmen ist das **Kartell (lat. carta** = Urkunde) eine weitere Form von Unternehmenszusammenschlüssen. *Kartell*

Kartelle sind **vertragliche Zusammenschlüsse rechtlich** und **wirtschaftlich selbständiger Unternehmen** der gleichen Produktionsstufe:

Kartell	
rechtlich selbständige Unternehmen	wirtschaftlich selbständige Unternehmen
verschiedene Firmen	verschiedene Leitungen
Vertragliche Vereinbarung	

Nach § 1 GWB (Gesetz gegen Wettbewerbsbeschränkungen) sind grundsätzlich alle Verträge von Unternehmen, soweit sie geeignet sind, die Marktverhältnisse durch Beschränkung des Wettbewerbs zu beeinflussen, unwirksam.

Nach dem Gegenstand der vertraglichen Absprache unterscheidet man folgende Kartellarten:

Kartellarten

Kartellart	Gegenstand der Vereinbarung	Gesetzl. Regelung
Konditionenkartell	Einheitliche Anwendung allgemeiner Geschäfts-, Lieferungs- und Zahlungsbedingungen, Skonti	§ 2 GWB anmeldepflichtig
Rabattkartell	Beschlüsse über Rabatte	§ 3 GWB anmeldepflichtig
Strukturkrisenkartell	Planmäßige Anpassung der Kapazität	§ 4 GWB erlaubnispflichtig
Rationalisierungskartell	Einheitliche Anwendung von Normen und Typen	§ 5 Abs. 1 GWB anmeldepflichtig
Ausfuhrkartell	Sicherung der Ausfuhr	§ 6 Abs. 1 GWB anmeldepflichtig
Einfuhrkartell	Regelungen über Einfuhr	§ 7 GWB erlaubnispflichtig
Preiskartell	Einheitliche Preisfestsetzung	§ 15 GWB verboten
Kalkulationskartell	Kalkulationsabsprachen	keine Regelung verboten
Quotenkartell	Absprachen über Produktions- und Absatzmengen	keine Regelung verboten

Anmeldepflichtige Kartelle sind beim Bundeskartellamt anzumelden und werden nach Ablauf von 3 Monaten wirksam, wenn das Kartellamt nicht widerspricht. **Erlaubniskartelle** werden erst mit ausdrücklicher Erlaubnis des Kartellamtes wirksam.

15.9.3 Fusionskontrolle

Fusion

Beim Zusammenschluß in Form verbundener Unternehmen bleibt die rechtliche Selbständigkeit der Unternehmen erhalten. Eine **Fusion** (Verschmelzung) liegt vor, wenn die **rechtliche Selbständigkeit aufgegeben wird** und die bisher selbständigen Unternehmen zu einem einheitlichen Unternehmen zusammengefaßt werden. Das Aktienrecht kennt zwei Möglichkeiten der Verschmelzung:

1. Fusion durch Aufnahme (§ 339 Abs. 1 Ziffer 1 AktG);
2. Fusion durch Neubildung (§ 339 Abs. 1 Ziffer 2 AktG).

Bei der Fusion durch Aufnahme überträgt eine Kapitalgesellschaft (übertragende Gesellschaft) ihr Vermögen als Ganzes auf eine AG (übernehmende Gesellschaft).

Mit der Eintragung der Verschmelzung in das Handelsregister gehen das Vermögen und die Verbindlichkeiten der übertragenden Gesellschaft auf die übernehmende Gesellschaft über (§ 346 Abs. 3 Satz 1 AktG). Gleichzeitig erlöschen die übertragenden Gesellschaften (§ 346 Abs. 4 Satz 1 AktG), es bleibt eine einzige einheitliche übernehmende Gesellschaft bestehen.

Nach der Verschmelzung gibt es keinen Wettbewerb mehr unter den fusionierenden Unternehmen. Ziel der sozialen Marktwirtschaft ist aber das Bestreben, möglichst viel Wettbewerb auf jedem Markt zu garantieren und damit möglichst viele Unternehmen zu erhalten. Das Gesetz gegen Wettbewerbsbeschränkungen möchte Beeinträchtigung des Wettbewerbs verhindern, also vor Wirtschaftskonzentration schützen.

Das Bundeskartellamt kann Zusammenschlüsse verbieten (Fusionskontrolle), wenn durch den Zusammenschluß eine marktbeherrschende Stellung entsteht. Die Fusionskontrolle durch das Kartellamt erfolgt grundsätzlich nach dem Zusammenschluß (nachträgliche Fusionskontrolle). Als Zusammenschluß im Sinne des Gesetzes gelten folgende Tatbestände (§ 23 Abs. 2 GWB):

1. Erwerb des Vermögens eines anderen Unternehmens durch Verschmelzung,
2. Erwerb von mindestens 25% des stimmberechtigten Kapitals eines anderen Unternehmens.

Zusammenschlüsse sind dem Kartellamt unverzüglich anzuzeigen (§ 23 Abs. 1 GWB, anzeigepflichtige Fusionen), wenn durch den Zusammenschluß

Anzeigepflicht beim Kartellamt

- ein Marktanteil von 20% oder mehr erreicht wird oder
- wenn die beteiligten Unternehmen vor dem Zusammenschluß mindestens 10.000 Beschäftigte oder
- vor dem Zusammenschluß mindestens 500 Mio. DM Umsatzerlöse hatten.

Das Kartellamt kann Zusammenschlüsse verbieten, wenn durch den Zusammenschluß eine marktbeherrschende Stellung entsteht oder verstärkt wird (§§ 22 Abs. 1, 24 Abs. 1 GWB, verbotene Fusionen).

Zur regelmäßigen Begutachtung der Entwicklung der Unternehmenskonzentration in der Bundesrepublik und der Anwendung der gesetzlichen Bestimmungen der Fusionskontrolle wird eine Monopolkommission gebildet, die aus fünf Mitgliedern besteht (§ 24 Abs. 1 GWB).

Hinweis:

1. Der Zusammenschluß zweier Unternehmen muß vor Vollziehung des Zusammenschlusses beim Kartellamt angemeldet werden (präventive Fusionskontrolle; präventiv = vorbeugend), wenn mindestens zwei der am Umsatz beteiligten Unternehmen im letzten Geschäftsjahr 1 Mrd. DM oder mehr Umsatzerlöse hatten (§ 24 a Abs. 1 GWB; Zusammenschluß zweier Umsatzmilliardäre).
2. Der Bundesminister für Wirtschaft kann eine vom Kartellamt verbotene Fusion auf Antrag erlauben, wenn im Einzelfall die Wettbewerbsbeschränkungen von gesamtwirtschaftlichen Vorteilen des Zusammenschlusses aufgewogen wird oder der Zusammenschluß durch ein überragendes Interesse der Allgemeinheit gerechtfertigt ist (§ 24 Abs. 3 Satz 1 GWB).
3. Die Erlaubnis kann mit Beschränkungen und Auflagen verbunden werden (§ 24 Abs. 3 Satz 3 GWB).

Wiederholungsfragen:

1. Was versteht man unter einem Konzern?
2. Erklären Sie die Begriffe horizontaler, vertikaler und diagonaler Zusammenschluß!
3. Wodurch unterscheidet sich ein Gleichordnungskonzern von einem Unterordnungskonzern?
4. Was besagt das Verschachtelungsprinzip?
5. Was versteht man unter einem Kartell?

6. Nennen Sie anmeldepflichtige, erlaubnispflichtige und verbotene Kartelle!
7. Was versteht man unter einem in Mehrheitsbesitz stehenden Unternehmen?
8. Was versteht man unter einer Fusion?
9. Erläutern Sie die nachträgliche bzw. präventive Fusionskontrolle.

Aufgaben und Fälle zur Sicherung des Lernerfolgs:

1. Warum ist die GmbH & Co. KG kein Fall verbundener Unternehmen?
2. Das Grundkapital der X-AG beträgt 3,9 Mio. DM, das Grundkapital der Y-AG beträgt 3 Mio. DM. Die X-AG ist mit 26% an der Y-AG beteiligt, während die Y-AG mit 51% an der X-AG beteiligt ist. Wie groß sind die wechselseitigen Beteiligungen in DM?
3. Eine Zeitungsmeldung:
   a) Um welche Kartellart geht es in diesem Zeitungsausschnitt?
   b) Wie ist diese Kartellart gesetzlich geregelt?
   c) Welchen Zweck verfolgten die beteiligten Unternehmen mit ihren Absprachen?

Kartell-Bußgeld drückt Heidelzement

HEIDELBERG (bah). Die Heidelberger Zement AG hat für den Bußgeldbescheid des Bundeskartellamtes in Höhe von 112 Millionen Mark Rückstellungen gebildet und weist einen gesunkenen Jahresüberschuß aus.

Die Wettbewerbshüter werfen elf süddeutschen Zementherstellern unerlaubte Quotenabsprachen vor und verhängten insgesamt Bußgelder in Höhe von 224 Millionen Mark. Vorstandchef Peter Schuhmacher gab gestern die Existenz eines Schreibens zu, aus dem sich Rückschlüsse über eine Quotenabsprache ziehen lassen. Gleichzeitig wollte er mit Hinweis auf das schwebende Verfahren nicht auf die Schuldfrage eingehen. Den Vorwurf des Kartellamtes, durch die Absprache habe es Mehrerlöse gegeben, wies Schuhmacher zurück.

16 Grundlagen des Arbeitsrechts

16.1 Der Einzelarbeitsvertrag

Inhalt des Arbeitsvertrages

Ein Arbeitsverhältnis wird mit dem Abschluß eines **Arbeitsvertrages** zwischen einem **einzelnen Arbeitgeber** und einem **einzelnen Arbeitnehmer** begründet. Wie alle schuldrechtlichen Verträge, kommt auch der Arbeitsvertrag durch Angebot und Annahme des Angebots zustande. Der Abschluß des Arbeitsvertrages bedarf **keiner** gesetzlich **vorgeschriebenen Form.** Auch ein mündlich abgeschlossener Arbeitsvertrag ist rechtsgültig. Aus Beweisgründen sollte der Arbeitsvertrag aber immer schriftlich erfolgen. Der Arbeitsvertrag sollte über folgende wichtige **Punkte** Klarheit schaffen:

- *Art der Tätigkeit,*
- *Beginn und Dauer der Tätigkeit,*
- *Dauer der Arbeitszeit,*
- *Gehalt,*
- *Urlaub,*
- *Kündigungsfristen.*

Rechtliches Kennzeichen des Arbeitsvertrages ist das Weisungsrecht des Arbeitgebers (Recht, Anordnungen im Rahmen des Arbeitsvertrages zu treffen) und die Weisungspflicht des Arbeitnehmers (Pflicht, Anordnungen im Rahmen des Arbeitsvertrages zu befolgen).

Pflichten von Arbeitgeber und Arbeitnehmer

Auf Grund eines Arbeitsvertrages verpflichten sich die Vertragspartner, ihre Leistungen zu erfüllen. **Hauptpflicht** des **Arbeitnehmers** ist die Erbringung seiner Arbeitsleistung. **Hauptpflicht** des **Arbeitgebers** ist die Vergütung der Arbeitsleistung. Zu den **Nebenpflichten** des Arbeitnehmers gehören die Pflicht zur Verschwiegenheit in betrieblichen Angelegenheiten und das Unterlassen jeglichen Wettbewerbs. Zu den Nebenpflichten des Arbeitgebers gehören die Gewährung von Urlaub nach dem Bundesurlaubsgesetz (BUrlG), die Gewährung einer angemessenen Zeit zur Arbeitssuche (§ 629 BGB) und das Ausstellen eines Zeugnisses bei der Beendigung des Arbeitsverhältnisses (§ 630 Satz 1 BGB). Ein **einfaches Zeugnis** gibt lediglich Auskunft über Art und Dauer der Tätigkeit. Auf Verlangen des Arbeitnehmers hat der Arbeitgeber ein **qualifiziertes Zeugnis** auszustellen (§ 630 Satz 2 BGB). Ein qualifiziertes Zeugnis enthält Angaben über Führung und Leistung des Arbeitnehmers.

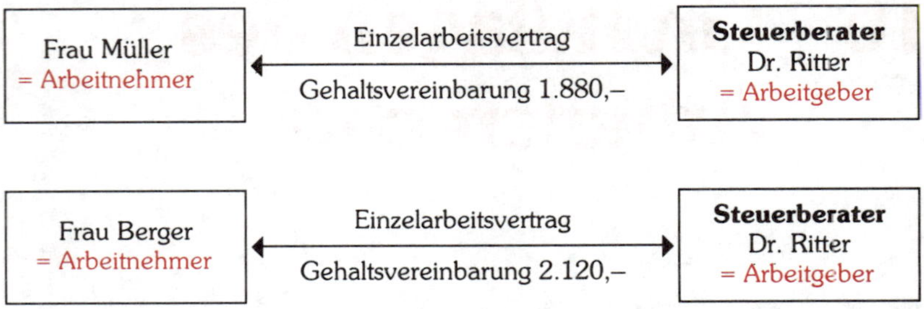

Abb. 34: Individuelle Vereinbarungen im Einzelarbeitsvertrag

16.2 Der Tarifvertrag

16.2.1 Der Abschluß von Tarifverträgen

Tarifvertragsparteien

Das **Individualarbeitsrecht** (Individuum, lat. einzelne Person) regelt die Rechtsbeziehungen zwischen Arbeitgeber und dem einzelnen Arbeitnehmer. Das **Kollektivarbeitsrecht** (Kollektiv, lat. Gruppe, Gemeinschaft) regelt die Rechtsbeziehungen zwischen Gruppen (Gewerkschaften, Arbeitgeberverbänden, Betriebsräten). Teil des Kollektivarbeitsrechts ist das **Tarifvertragsrecht.**

Nur die Tarifvertragsparteien (Sozialpartner) sind berechtigt, Tarifverträge abzuschließen. Man bezeichnet dieses Recht als **Tariffähigkeit. Tarifvertragsparteien** sind auf der Seite der Arbeitnehmer die Gewerkschaften (niemals ein einzelner Arbeitnehmer), auf der anderen Seite einzelne Arbeitgeber sowie Arbeitgeberverbände (§ 2 Abs. 1 TVG).

Tarifautonomie

Das Recht, Tarifverträge selbständig und ohne staatliche Einmischung abzuschließen, bezeichnet man als **Tarifautonomie.**

Die Rechtsnormen des Tarifvertrages gelten unmittelbar und zwingend (unabdingbar) zwischen den beiderseitigen **Tarifgebundenen** (§ 4 Abs. 1 S. 1 TVG). Tarifvertragsrecht ist somit zwingendes Recht: Von der tarifvertraglichen Regelungen darf nur zugunsten des Arbeitnehmers abgewichen werden (§ 5 Abs. 3 TVG). Einzelarbeitsvertragliche Regelungen sind ungültig, sofern sie gegen tarifvertragliche Regelungen verstoßen. **Tarifvertrag geht vor Arbeitsvertrag.** Insofern wirkt der Tarifvertrag wie ein Gesetz.

Tarifgebundenheit

Der Tarifvertrag ist nur dann zwingend, wenn beiderseitige Tarifgebundenheit vorliegt, d. h. wenn der Arbeitnehmer Mitglied einer tarifschließenden Gewerkschaft und der Arbeitgeber Mitglied eines tarifschließenden Arbeitgeberverbandes ist. Ist dies nicht der Fall, können tarifvertragliche Regelungen im Arbeitsvertrag übernommen werden, sie müssen es aber nicht. Einzelvertraglich kann sogar zuungunsten des Arbeitnehmers abgewichen werden. Der Tarifvertrag ist lediglich eine Empfehlung. Für den Bereich der Steuerberaterpraxen existieren derzeit weder Arbeitnehmerverbände noch Tarifverträge.

Tarifvertrag

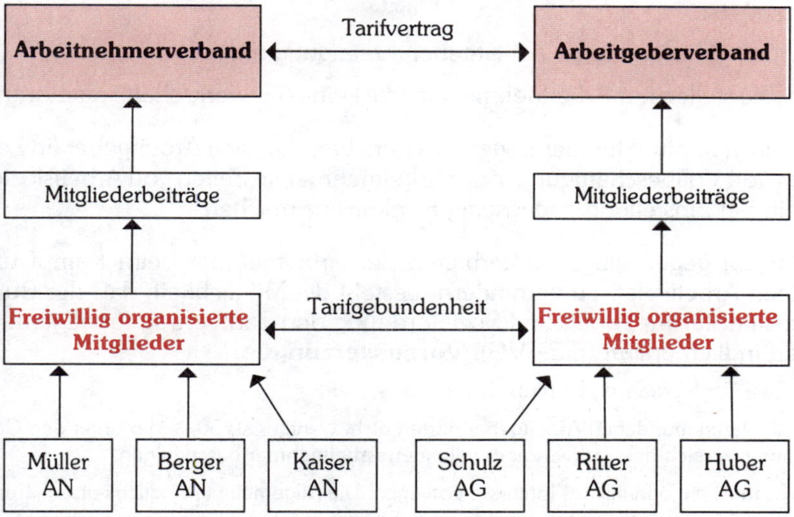

Abb. 35: Abschluß und Rechtswirkung eines Tarifvertrages.

AG = Arbeitgeber
AN = Arbeitnehmer

Der Tarifvertrag regelt einen bestimmten Geltungsbereich.

Beispiel: Der Tarifvertrag für den Einzelhandel in Baden-Württemberg:

Geltungsbereich des Tarifvertrages			
Räumlicher Geltungsbereich	**Zeitlicher Geltungsbereich**	**Fachlicher Geltungsbereich**	**Persönlicher Geltungsbereich**
Land Baden-Württemberg	01.01.19.. bis 31.12.19..	Für Einzelhandelsbetriebe	Für alle Einzelhandelskaufleute, Verkäuferinnen und Auszubildende

Während der Laufzeit des Tarifvertrages besteht für die Tarifparteien **Friedenspflicht,** d. h. sie dürfen keine Kampfmaßnahmen (Streik, Aussperrung) zur Durchsetzung ihrer Ziele ergreifen. *Friedenspflicht*

Nach dem Inhalt der Verträge unterscheidet man

- Lohn- und Gehaltstarifverträge. Sie enthalten Bestimmungen über die Höhe der Einkommen. *Gehaltstarif*
- Manteltarifverträge. Sie enthalten Bestimmungen über allgemeine Arbeitsbedingungen (Urlaub, Kündigungsfristen usw.). *Manteltarif*

16.2.2 Die Allgemeinverbindlichkeitserklärung

Voraussetzungen der Allgemeinverbindlichkeit

In Branchen mit einer Vielzahl von Klein- und Kleinstbetrieben können deren Inhaber tarifvertragliche Regelungen in zweifacher Hinsicht umgehen:

1. Sie gehören keiner Arbeitgebervereinigung an.
2. Sie stellen nur Arbeitnehmer ein, die keiner Gewerkschaft angehören.

Je nach konjunktureller Lage ist es denkbar, daß sich Arbeitgeber (in Zeiten von Vollbeschäftigung) oder Arbeitnehmer (in Zeiten von Arbeitslosigkeit) bei Einstellung gegenseitig Konkurrenz machen.

Um ein gegenseitiges Unterbieten der Arbeitnehmer beim Kampf um einen Arbeitsplatz zu verhindern, besteht die Möglichkeit, daß der Bundesminister für Arbeit und Sozialordnung den Tarifvertrag für allgemein verbindlich erklärt (§ 5 TVG). **Voraussetzungen:**

- Eine Tarifvertragspartei muß den Antrag stellen.
- Die tarifgebundenen Arbeitgeber dürfen nicht weniger als 50 % der unter den Geltungsbereich des Tarifvertrages fallenden Arbeitnehmer beschäftigen.
- Es muß ein öffentliches Interesse vorliegen. Die Allgemeinverbindlichkeitserklärung bewirkt, daß die Regelungen des Tarifvertrages in seinem Geltungsbereich auch für die nichtorganisierten Arbeitnehmer und Arbeitgeber (Außenseiter) gilt.

16.3 Mitbestimmungs- und Mitwirkungsrechte der Arbeitnehmer

Betriebsverfassungsgesetz

Nach § 1 **Betriebsverfassungsgesetz** (BetrVerfG) können in Betrieben mit in der Regel mindestens 5 ständigen wahlberechtigten Arbeitnehmern, von denen drei wählbar sind, **Betriebsräte** gewählt werden. Wahlberechtigt sind alle Arbeitnehmer, die das 18. Lebensjahr vollendet haben (§ 7 BetrVerfG). Wählbar sind alle Wahlberechtigten, die 6 Monate dem Betrieb angehören (§ 8 BetrVerfG). Der Arbeitgeber ist nicht verpflichtet, von sich aus Betriebsratswahlen durchzuführen. Auf Antrag der Arbeitnehmer ist er aber verpflichtet, die Wahl von Betriebsräten zuzulassen. Wer die Wahl eines Betriebsrates verhindert, wird mit einer Freiheitsstrafe bis zu einem Jahr und mit Geldstrafe oder einer dieser Strafen bestraft (§ 119 Abs. 1 BetrVerfG). Die Zahl der Betriebsratsmitglieder richtet sich nach der Zahl der Beschäftigten:

Zahl der wahlberechtigten Arbeitnehmer	Betriebsratsmitglieder
5- 20	1
21- 50	3
51-150	5

Die Amtszeit des Betriebsrates beträgt 4 Jahre (§ 21 BetrVerfG). Bei vielen sozialen Angelegenheiten hat der Betriebsrat ein **echtes Mitbestimmungsrecht** (vgl. § 87 BetrVerfG), d. h. ohne die Zustimmung des Betriebsrates bleiben betriebliche Maßnahmen unwirksam. *Amtszeit*

Beispiele: Beginn und Ende der Arbeitszeit einschließlich Pausen, vorübergehende Verkürzung oder Verlängerung der Arbeitszeit, Aufstellung eines Urlaubsplanes, Einführung von technischen Einrichtungen, die dazu bestimmt sind, das Verhalten oder die Leistung des Arbeitnehmers zu überwachen (z. B. Stechuhren), Mitbestimmung bei Kündigungen (§ 102 BetrVerfG).

Bei anderen betrieblichen Angelegenheiten hat der Betriebsrat lediglich ein **Mitwirkungsrecht** (Recht auf Beratung und Information).

Beispiele: Information über geplante Neu- und Umbauten, über Rationalisierungsmaßnahmen, Förderung der Berufsbildung (§ 96 BetrVerfG).

16.4 Kündigung und Kündigungsschutz

16.4.1 Kündigungsfristen

Wenn das Arbeitsverhältnis von bestimmter Dauer ist, endet es automatisch mit Ablauf der vertraglich vereinbarten Frist. Ein Arbeitsverhältnis von unbestimmter Dauer endet durch Tod, Anfechtung oder **Kündigung.** Die Kündigung ist eine einseitige empfangsbedürftige Willenserklärung. Sie ist an keine Form gebunden. Aus Beweisgründen ist jedoch Schriftform angebracht. *Ordentliche Kündigung*

Eine **ordentliche Kündigung** ist nur zu bestimmten Terminen unter Einhaltung bestimmter Fristen möglich. Wenn vertraglich nichts vereinbart wurde, gelten die gesetzlichen Kündigungsfristen. Nach § 622 Abs. 1 Satz 1 BGB kann das Arbeitsverhältnis eines Angestellten unter Einhaltung einer Kündigungsfrist von **6 Wochen = 42 Tage zum Schluß des Kalendervierteljahres** gekündigt werden. Eine kürzere Kündigungsfrist ist nur zulässig, wenn sie einen Monat nicht unterschreitet und die Kündigung nur für den Schluß eines Kalendermonats zugelassen wird (§ 622 Abs. 1 Satz 2 BGB). Längere Kündigungsfristen können vereinbart werden. Für die Kündigung des Arbeitsverhältnisses durch den Arbeitnehmer darf einzelvertraglich keine längere Frist vereinbart werden als für die Kündigung durch den Arbeitgeber (§ 622 Abs. 5 BGB).

Für langjährig beschäftigte Angestellte gelten nach § 2 Abs. 1 Gesetz über die Fristen für Kündigung von Angestellten (KFrG) **verlängerte Kündigungsfristen.** Ein Arbeitgeber, der in der Regel mehr als zwei Angestellte, ausschließlich der Auszubildenden, beschäftigt, darf einem Angestellten unter Einhaltung der folgenden Fristen kündigen:

Hinweis: Nach einer Entscheidung des Bundesverfassungsgerichts vom 30.05.1990 verstoßen die unterschiedlichen Kündigungsfristen für Angestellte und Arbeiter (2 Wochen = 14 Tage; § 622 Abs. 2 S. 1 BGB) gegen das Grundgesetz. Gleichzeitig wird vom Gesetzgeber eine Gesetzesänderung bis spätestens 30.06.1993 gefordert.

Verlängerte Kündigungsfristen

Bei einer Beschäftigungsdauer im selben Betrieb	Kündigungsfrist zum Quartalsende
nach 5 Jahren	3 Monate
nach 8 Jahren	4 Monate
nach 10 Jahren	5 Monate
nach 12 Jahren	6 Monate

Bitte beachten Sie:

- Die verlängerten Kündigungsfristen sind eine Schutzvorschrift zugunsten des Arbeitnehmers. Lediglich für den Arbeitgeber verlängern sich die Kündigungsfristen. Für den Arbeitnehmer gilt weiterhin die Kündigungsfrist von sechs Wochen zum Quartalsende.
- Beschäftigungsjahre vor dem 25. Lebensjahr bleiben unberücksichtigt (§ 2 Abs. 1 Satz 3 KFrG).

Außerordentliche Kündigung

Neben der ordentlichen Kündigung, die nur unter Einhaltung einer Kündigungsfrist erfolgen kann, ist jederzeit eine außerordentliche (fristlose) Kündigung möglich. Eine fristlose Kündigung ist nach § 626 Abs. 1 BGB aus wichtigem Grund möglich. Was ein wichtiger Grund ist, sagt der Gesetzgeber nicht. Das muß im Einzelfall die Rechtsprechung entscheiden. Der **Arbeitgeber** kann in folgenden Fällen **fristlos kündigen:**

Wichtige Gründe

- *Arbeitsverweigerung,*
- *häufige Unpünktlichkeit,*
- *wiederholte Nichtbeachtung von Arbeitsschutzbestimmungen,*
- *eigenmächtiger Urlaubsantritt,*
- *Trunksucht,*
- *Tätlichkeiten und grobe Beleidigungen.*

Der **Arbeitnehmer** kann in folgenden Fällen **fristlos kündigen:**

- *Sittliche Verfehlungen,*
- *Tätlichkeiten und grobe Beleidigungen,*
- *erheblicher Lohnrückstand,*
- *Verletzung von Arbeitsschutzbestimmungen, die die Gesundheit gefährden.*

16.4.2 Kündigungsschutz

Die Kündigung des Arbeitsverhältnisses durch den Arbeitgeber stellt den Arbeitnehmer vor weitreichende wirtschaftliche und soziale Probleme. Der Kündigungsschutz soll die Betroffenen gegen willkürliche Entlassungen schützen. Der allgemeine Kündigungsschutz ist im Kündigungsschutzgesetz (KSchG) geregelt. Das **Kündigungsschutzgesetz** gilt nur in Betrieben, in denen in der Regel mehr als 5 Arbeitnehmer (ausschließlich der Auszubildenden) beschäftigt sind. (§ 23 Abs. 1 Satz 2 KSchG). Der Kündigungsschutz erstreckt sich auf Arbeitnehmer, die ohne Unterbrechung länger als 6 Monate in demselben Betrieb beschäftigt waren (§ 1 Abs. 1 KSchG). Eine **Kündigung** ist **rechtlich unwirksam,** wenn sie **sozial ungerechtfertigt** ist.

Sozial ungerechtfertigte Kündigung

„Sozial ungerechtfertigt ist die Kündigung, wenn sie nicht durch Gründe, die in der Person oder in dem Verhalten des Arbeitnehmers liegen, oder durch dringende betriebliche Erfordernisse, die einer Weiterbeschäftigung des Arbeitnehmers in diesem Betrieb entgegenstehen, bedingt sind" (§ 1 Abs. 1 Satz 1 KSchG). Mit einem Umkehrschluß kann man schließen, daß eine Kündigung sozial gerechtfertigt ist, wenn sie

1. **personenbedingt**,
2. **verhaltensbedingt**,
3. **betriebsbedingt ist.**

Beispiel zu 1. *Ein Mannequin ist etwas „aus den Fugen" geraten. Die Kündigung ist sozial gerechtfertigt.*

Beispiel zu 2. *Ein Bankangestellter, der am Schalter eingesetzt ist, verrechnet sich häufig. Die Kündigung ist sozial gerechtfertigt.*

Beispiel zu 3. *Ein Steuerberater möchte nur noch an drei Tagen in der Woche seine Dienste anbieten und kann daher eine Mitarbeiterin nicht weiterbeschäftigen. Die Kündigung ist sozial gerechtfertigt. Der Steuerberater muß hierbei aber auch auf soziale Belange Rücksicht nehmen. Beispielsweise wäre es nicht zulässig, einer langjährigen Mitarbeiterin mit 2 Kindern zu kündigen und eine ledige 20jährige Angestellte weiter zu beschäftigen.*

Besonderer Kündigungsschutz

Neben dem allgemeinen Kündigungsschutz gibt es noch einen besonderen Kündigungsschutz für bestimmte Personenkreise. Zu beachten ist, daß auch der besondere Kündigungsschutz nur für die ordentliche Kündigung Geltung hat. Einen Schutz vor fristloser Kündigung bieten die Gesetze nicht (Ausnahme: Kündigungsschutz für Mütter).

1. **Betriebsratsmitglieder** sind während ihrer Amtszeit unkündbar (§ 15 Abs. 1 Satz 1 KSchG).
2. **Schwerbehinderten** kann nur mit vorheriger Zustimmung der Hauptfürsorgestelle gekündigt werden (§ 12 SchwbG). Schwerbehinderte sind Personen, die dauerhaft in ihrer Erwerbstätigkeit gemindert sind (§ 1 SchwbG). Private Arbeitgeber und Arbeitgeber der öffentlichen Hand, die über mindestens 16 Arbeitsplätze verfügen, haben auf wenigstens 6 % der Arbeitsplätze Schwerbehinderte zu beschäftigen (§ 4 Abs. 1 SchwbG):

   100 % = 16 Arbeitsplätze
   6 % = x
   x = 0,96 = 1 Arbeitsplatz für Schwerbehinderte

   Arbeitgeber, die die vorgeschriebene Zahl der Schwerbehinderten nicht beschäftigen, haben für jeden unbesetzten Pflichtplatz monatlich eine Ausgleichsabgabe zu entrichten (§ 8 Abs. 1 Satz 1 SchwbG). Die Ausgleichsabgabe beträgt je Monat und unbesetzten Pflichtplatz 100,– DM (§ 8 Abs. 2 Satz 1 SchwbG).

3. **Auszubildende** sind nach Ablauf der Probezeit unkündbar.

Mutterschutz

4. Nach Artikel 6 Abs. 4 GG hat jede **Mutter** Anspruch auf den **Schutz** und die Fürsorge der Gemeinschaft. Der Mutterschutz ist daher besonders umfassend und umfangreich. **Werdende Mütter** dürfen in den letzten **6 Wochen vor** der **Entbindung** nicht beschäftigt werden (§ 3 Abs. 2 MuSchG). **Mütter** dürfen bis Ablauf von **8 Wochen nach der Entbindung** nicht beschäftigt werden (§ 6 Abs. 1 Satz 1 MuSchG).

   Werdende Mütter, die in einem Arbeitsverhältnis stehen, genießen einen **besonderen Kündigungsschutz.** Danach ist eine Kündigung werdender Mütter während der Schwangerschaft und bis zum Ablauf von vier Monaten nach der Entbindung unzulässig (§ 9 Abs. 1 Satz 1 MuSchG). Voraussetzung ist allerdings, daß dem Arbeitgeber zur Zeit der Kündigung die Schwangerschaft oder Entbindung bekannt war. Kündigt der Arbeitgeber in Unkenntnis der Schwangerschaft, so ist die Kündigung unwirksam, wenn die Arbeitnehmerin dem Arbeitgeber die Schwangerschaft innerhalb von zwei Wochen mitteilt.

Erziehungsurlaub

Nach der Entbindung kann die Mutter einen **Erziehungsurlaub** von 15 Monaten (ab Juli 1990 18 Monate) nach der Niederkunft beanspruchen, wenn sie einen Anspruch auf **Erziehungsgeld** hat (§§ 4 Abs. 1, 15 Abs. 1 Satz 1 BErzGG). Wenn die Arbeitnehmerin im Anschluß an die achtwöchige Beschäftigungsschutzfrist den Erziehungsurlaub beansprucht, so ist während der Dauer des Erziehungsurlaubs eine Kündigung unwirksam (§ 18 Abs. 1 Satz 1 BErzGG).

Beachte: Der Erziehungsurlaubberechtigte kann das Arbeitsverhältnis unter Einhaltung einer Kündigungsfrist von einem Monat zum Ende des Erziehungsurlaubs kündigen (§ 19 BErzGG). Der Arbeitgeber muß bei einer Kündigung dagegen die normale gesetzliche Kündigungsfrist einhalten.

Der Kündigungsschutz für Schwangere und Mütter ist besonders weitreichend, weil er sich sowohl auf die ordentliche Kündigung als auch auf die außerordentliche Kündigung erstreckt. Nur in Ausnahmefällen kann die für den Arbeitsschutz zuständige oberste Landesbehörde eine Kündigung für zulässig erklären (§ 9 Abs. 3 Satz 1 KSchG). Dies ist dann der Fall, wenn eine Weiterbeschäftigung der Arbeitnehmerin für den Arbeitgeber nicht zumutbar ist.

Beispiel: Trotz mehrmaliger Abmahnung kann die Arbeitnehmerin, die mit der Herstellung von Sprengstoff beschäftigt ist, das Rauchen am Arbeitsplatz nicht lassen.

Frage nach Schwangerschaft

Der Arbeitgeber kann den Arbeitsvertrag anfechten, wenn er bei Abschluß des Vertrages arglistig getäuscht wurde (§ 123 BGB). Dies ist der Fall, wenn beim Einstellungsgespräch die Frage nach einer bestehenden Schwangerschaft falsch beantwortet wurde. Wer auf eine zulässig gestellte Frage lügt, handelt arglistig und täuscht den Arbeitgeber. Es gibt grundsätzlich kein Recht zur Lüge. Die Verpflichtung zum Anzeigen einer bestehenden Schwangerschaft entfällt, wenn die Bewerberin nicht ausdrücklich danach gefragt wird. Wer auf eine nicht gestellte zulässige Frage schweigt, handelt rechtmäßig. In diesem Fall gibt es keine Pflicht zur Wahrheit.

Bei bestehendem Arbeitsverhältnis sollten werdende Mütter aus Gründen der Fairneß (der Arbeitgeber muß eventuell eine Vertretung suchen) und in ihrem eigenen Interesse dem Arbeitgeber unverzüglich ihre **Schwangerschaft** und den voraussichtlichen Tag der Entbindung **mitteilen** (§ 5 Abs. 1 Satz 1 MuSchG). Das Anzeigen einer Schwangerschaft ist zwar keine Rechtspflicht, jedoch in zweierlei Hinsicht ein Rechtsgebot:

1. Die Mitteilung an den Arbeitgeber erfolgt im Interesse der Gesundheit des Kindes.
2. Ein Unterlassen der Mitteilung verstößt unter Umständen gegen die arbeitsvertragliche Treuepflicht.

Einzelbestimmungen nach dem Mutterschutzgesetz
Stillenden Müttern ist auf Antrag eine Stillzeit von mindestens zweimal täglich eine halbe Stunde zu gewähren (§ 7 Abs. 1 Satz 1 MuSchG).
Werdende und stillende Mütter dürfen nicht mit Mehrarbeit, nicht in der Nacht und nicht an Sonn- und Feiertagen beschäftigt werden (§ 8 Abs. 1 Satz 1 MuSchG).
Werdende Mütter dürfen nicht mit schweren körperlichen Arbeiten und nicht mit Arbeiten beschäftigt werden, bei denen sie schädlichen Einwirkungen von gesundheitsgefährdenden Stoffen oder Strahlen ausgesetzt sind (§ 4 Abs. 1 Satz 1 MuSchG).

Nach dem Bundeserziehungsgeldgesetz erhalten seit 1986 alle Personen, die ein Kind selbst betreuen und erziehen und keine oder keine volle Erwerbstätigkeit ausüben ein Bundeserziehungsgeld (§§ 4 Abs. 1, 15 Abs. 1 BErzGG). Anspruchsberechtigte können demnach Hausfrauen oder Hausmänner sein. Das Erziehungsgeld beträgt 600,– DM (§ 5 Abs. 1 BErzGG) und wird für die Dauer der ersten zwölf Monate gewährt. In den ersten sechs Monaten wird das Erziehungsgeld unabhängig vom Einkommen gewährt. Liegt das Einkommen über einer bestimmten Grenze, mindert sich ab dem siebten Lebensmonat des Kindes das Erziehungsgeld, und zwar um 40,– DM je 1.200,–DM Jahresverdienst über der Einkommensgrenze (§ 5 Abs. 2 und 3 BErzGG).

Einkommensgrenzen nach § 5 Abs. 2 BErzGG
Verheiratete mit einem Kind = 29.400,– DM
Alleinerziehende = 23.700,– DM

Die Beiträge erhöhen sich um 4.200,– DM für jedes weitere Kind.

Die Regelungen über Erziehungsgeld bzw. Erziehungsurlaub gelten wahlweise für die Mutter oder den Vater:

Vater bleibt weiter beschäftigt, Mutter beantragt Erziehungsurlaub	Mutter bleibt weiter beschäftigt, Vater beantragt Erziehungsurlaub	Vater und Mutter sind wechselweise (nacheinander) beschäftigt und beantragen wechselweise (nacheinander) Erziehungsurlaub

Wiederholungsfragen:

1. Welche wichtigen Punkte sollte ein Einzelarbeitsvertrag enthalten?
2. In welcher Form muß ein Arbeitsvertrag geschlossen werden?
3. Nennen Sie Haupt- und Nebenpflichten von Arbeitgeber und Arbeitnehmer!
4. Wodurch unterscheidet sich ein einfaches Zeugnis von einem qualifizierten Zeugnis?
5. Wodurch unterscheidet sich der Einzelarbeitsvertrag vom Tarifvertrag?
6. Was versteht man unter Tariffähigkeit?
7. Wer hat die Tariffähigkeit?
8. Was versteht man unter der Unabdingbarkeit des Tarifvertrages?
9. Erklären Sie die Begriffe Friedenspflicht und Tarifautonomie!
10. Was versteht man unter Tarifgebundenheit?
11. Erkären Sie den Begriff Allgemeinverbindlichkeitserklärung des Tarifvertrages!
12. Welchen Inhalt haben Lohn- und Gehaltstarifverträge bzw. Manteltarifverträge?
13. In welchen Betrieben können Betriebsräte gewählt werden?
14. Wonach richtet sich die Zahl der Betriebsratsmitglieder?
15. Wie lange ist die Amtszeit des Betriebsrates?
16. Nennen Sie Mitbestimmungs- bzw. Mitwirkungsrechte des Betriebsrats!
17. Was ist eine Kündigung?
18. In welcher Form muß eine Kündigung erfolgen?
19. Wie lange ist die gesetzliche Kündigungsfrist für Angestellte?
20. Darf von der gesetzlichen Kündigungsfrist einzelvertraglich abgewichen werden?
21. Für welche Betriebe gilt das Kündigungsschutzgesetz?
22. Nennen Sie Fälle, bei denen eine fristlose Kündigung durch den Arbeitgeber bzw. Arbeitnehmer möglich ist!

23. In welchen Fällen ist eine Kündigung sozial gerechtfertigt?
24. Für welche Personenkreise besteht ein besonderer Kündigungsschutz?
25. Nennen Sie Geltungsbereiche eines Tarifvertrages!
26. Für welchen Zeitraum besteht ein Beschäftigungsverbot für werdende Mütter?
27. Für welchen Zeitraum haben Mütter einen besonderen Kündigungsschutz?
28. Für welchen Zeitraum kann ein Erziehungsurlaub beantragt werden?
29. Inwiefern ist der Kündigungsschutz für Mütter besonders weitreichend?
30. Wer kann Erziehungsgeld beantragen?
31. Wie hoch ist das Erziehungsgeld?

Aufgaben und Fälle zur Sicherung des Lernerfolgs:

1. Fertigen Sie die folgende Übersicht an. Bestimmen Sie das Ende des Arbeitsverhältnisses und den letzten Kündigungstermin!

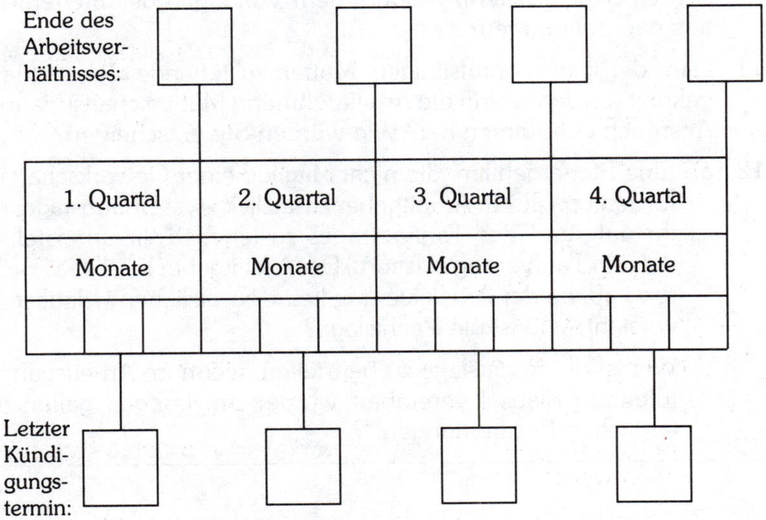

2. Die Mitarbeiterin kündigt am 18.02.1989 das Arbeitsverhältnis zum 31.03.1989. Ist die Kündigung rechtswirksam?

3. Ein Arbeitsvertrag enthält die folgende Vereinbarung: „Der Arbeitgeber kann das Arbeitsverhältnis unter Einhaltung der Kündigungsfrist von 3 Wochen kündigen, der Arbeitnehmer kann das Arbeitsverhältnis unter Einhaltung einer Kündigungsfrist von 8 Wochen kündigen". Ist diese Vereinbarung zulässig?
4. Eine 34jährige Mitarbeiterin ist 16 Jahre bei Dr. Ritter beschäftigt. Welche Kündigungsfrist muß Dr. Ritter einhalten?
5. Ein Steuerberater kündigt einer Mitarbeiterin am 28.08. zum 30.09. Wann ist die Kündigung wirksam?
6. Eine 30jährige Steuergehilfin beantwortet am 22.11.19.. das Verlangen ihres Arbeitgebers, sie soll an einen Mandanten einen Brief schreiben, mit dem „Götzzitat". Zu welchem frühesten Termin kann der Steuerberater das Arbeitsverhältnis kündigen?
7. Eine Steuergehilfin verneint bei einem Vorstellungsgespräch die Frage des Steuerberaters nach einer bestehenden Schwangerschaft. Nach der Einstellung stellt sich heraus, daß die Steuergehilfin schwanger ist. Ist der Arbeitsvertrag rechtsgültig?
8. Einer Steuergehilfin unterlaufen ständig schwerwiegende Fehler beim Buchen von Geschäftsfällen. Ist eine Kündigung möglich?
9. Fräulein Edith Reber vernachlässigt in auffallender Weise ihr Äußeres. Trotz mehrfacher Hinweise durch den Arbeitgeber ist sie nicht bereit, dagegen etwas zu tun. Ist eine Kündigung möglich?
10. Ein Steuerberater verbietet seinen Mitarbeiterinnen, während der Arbeitszeit Hosen zu tragen. Ist eine Kündigung möglich, wenn sich eine Mitarbeiterin weigert, dem Verlangen des Steuerberaters nachzukommen?
11. Darf der einer berufstätigen Mutter zustehende Jahresurlaub gekürzt werden, wenn die Arbeitnehmerin Mutterschaftsurlaub in Anspruch genommen hat? Wie würden Sie entscheiden?
12. a) Eine Steuergehilfin, die nicht Mitglied einer Gewerkschaft ist, fordert von ihrem Arbeitgeber zusätzlich zwei Urlaubstage, die ihr aufgrund des Tarifvertrages zustehen. (Wir unterstellen, daß ein Tarifvertrag existiert.) Der Arbeitgeber lehnt die Forderung ab, da der Arbeitsvertrag keine zusätzlichen Urlaubstage vorsieht. Wie ist die Rechtslage?
    b) Wie ist die Rechtslage zu beurteilen, wenn im Arbeitsvertrag folgende Klausel vereinbart wurde: „Im übrigen gelten die tariflichen Bestimmungen."?

17 Versicherungen

17.1 Das Versicherungsprinzip

Risikoabdeckung

Wir alle sind von vielfältigen **Risiken** im Alltag bedroht: *Unfall, Krankheit, Tod.* Wer von uns krank wird oder stirbt läßt sich nicht vorhersehen. Sicher ist nur, daß nicht bei allen Personen eine drohende Gefahr eintritt, sondern nur bei wenigen Personen. Versicherungen können die Lebensrisiken nicht ausschalten, sie sichern uns jedoch ab gegen finanzielle Verluste und Folgen eines Gefahreneintritts. Das Versicherungsprinzip (Grundgedanke der Versicherung) besteht darin, daß viele natürliche und juristische Personen, die von derselben Gefahr bedroht sind (Gefahrengemeinschaft), dem Versicherer das finanzielle Risiko des Gefahreneintritts übertragen. Der Schaden des einzelnen Versicherten wird somit von der Gesamtheit der Versicherten getragen. Versicherungen beruhen auf dem Leistungs-Gegenleistungsprinzip (Versicherungsbeiträge der Versicherten und Versicherungsleistungen des Versicherers beim Gefahreneintritt).

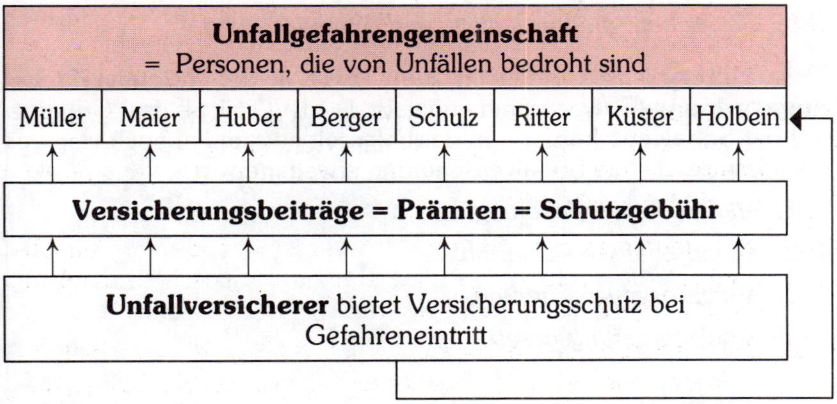

Abb. 36: Versicherungsprinzip

Ob und wann eine bestimmte Person tatsächlich verunglückt ist Zufall und somit nicht voraussagbar. Mit Hilfe statistischer Verfahren, die auf der Wahrscheinlichkeitsrechnung aufbauen, ist es aber möglich, Häufigkeit und Schadenhöhe von Unfällen zu errechnen und somit Vorhersagen zu treffen.

Im Hinblick auf den **Eintritt des Schadens** unterscheidet man

- Versicherungsfälle, die eintreten **können** (Unfallversicherung) und
- Versicherungsfälle, die eintreten **müssen,** bei denen nur der Zeitpunkt des Eintritts unbekannt ist (Lebensversicherung).

17.2 Das Entstehen der Sozialversicherung

Historische Entwicklung

Das Entstehen der Sozialversicherung ist nur vor dem Hintergrund der sozialen Folgen der industriellen Revolution im vergangenen Jahrhundert zu verstehen. Die Lage der Arbeiter im 19. Jahrhundert war gekennzeichnet durch Elend und unerträgliche Zustände in Betrieben und Wohnungen. Es gab keinerlei Schutz vor unvorhersehbaren und unverschuldeten Notlagen des Lebens. Bei Invalidität drohte Entlassung. Im Falle von Arbeitslosigkeit gab es keinerlei Unterstützung durch den Staat. Kein Arbeitgeber zahlte die Arztkosten im Krankheitsfall. Im Alter waren viele Menschen auf die Familie bzw. auf die Sozialhilfe angewiesen.

Der 17. November 1881 gilt als die Geburtsstunde der Sozialversicherung. An diesem Tag verlas Bismarck im Reichstag eine „kaiserliche Botschaft" von Wilhelm I. Die Arbeiter sollten künftig gegen Krankheit, Erwerbsunfähigkeit und materielle Not im Alter versichert werden. Nach und nach entstanden folgende Einzelgesetze:

1883 Krankenversicherungsgesetz,

1884 Unfallversicherungsgesetz,

1889 Gesetz betr. die Invaliditäts- und Alterssicherung.

Diese Einzelgesetze wurden im Jahre 1911 in der **Reichsversicherungsordnung** (RVO) zusammengefaßt. Die RVO gilt als das „Grundgesetz der Sozialversicherung". In der Folgezeit entstanden noch vier weitere Gesetze, die die Sozialversicherung erweiterten:

1911 Angestelltenversicherung,

1923 Knappschaftsversicherung,

1927 Arbeitslosenversicherung,

1969 Arbeitsförderungsgesetz.

17.3 Grundgedanke der Sozialversicherung

Solidaritätsprinzip

Grundgedanke der Sozialversicherung ist das **Prinzip der Solidarität** („Einer für alle, alle für einen"). Das Risiko eines Notfalles trägt nicht der einzelne, sondern alle Versicherten: Junge Arbeitnehmer tragen zur Finanzierung der Altersrenten bei, gesunde Arbeitnehmer zur Finanzierung der Krankenkosten. Die Beiträge zur Sozialversicherung aller Versicherten sichern den Lebensstandard trotz Alter und Krankheit. Innerhalb der Sozialversicherung findet demnach ein Risikoausgleich statt (zwischen Kranken und Gesunden, zwischen Arbeitsunfähigen und Arbeitenden).

Die bei Krankheit, Invalidität und Arbeitslosigkeit von äußerer Not bedrohten Menschen sollen durch dieses System der sozialen Sicherung geschützt werden (Solidargemeinschaft; solidarisch lat. gemeinsam, eng verbunden).

Sozialversicherung als Zwangsversicherung

Junge Menschen sind selten krank, das Rentenalter liegt noch in ferner Zukunft. Es sind daher Zweifel angebracht, ob diese Personengruppe bereit wäre, einen Teil ihres Einkommens freiwillig für den Schutz vor Krankheit und zur Sicherung einer Rente zu verwenden.

Ohne eine solche Sicherung wäre der einzelne oftmals nicht in der Lage, die Krankenkosten aus eigenen finanziellen Mitteln zu bezahlen. Der Weg zum Amt für Sozialhilfe wäre in diesem Falle die wirtschaftliche Folge.

Der Staat hat aber kein Interesse daran, daß seine Bürger Fürsorgeeinrichtungen beanspruchen müssen. Deshalb wird der Großteil der Arbeitnehmer gesetzlich gezwungen, einen Teil des Einkommens für die Sicherung vor Notfällen zu verwenden. Man bezeichnet daher die Sozialversicherung auch als soziale Zwangsversicherung.

17.4 Die Zweige der Sozialversicherung

Versicherungszweige

Die **Zweige der Sozialversicherung** umfassen die Krankenversicherung, die Unfallversicherung, die Arbeitslosenversicherung und die Rentenversicherung. Die Sozialgesetze sollen soziale Sicherheit und soziale Gerechtigkeit garantieren.

Zweige der Sozialversicherung			
Krankenversicherung	Unfallversicherung	Rentenversicherung	Arbeitslosenversicherung
Gesetzliche Regelung: RVO			Gesetzliche Regelung: AFG

Die **Versicherungsträger** der Sozialversicherung sind **juristische Personen des öffentlichen Rechts.** Aufgabe der Versicherungsträger ist die Organisation und Verwaltung der Sozialversicherungszweige. Streitigkeiten in Sozialversicherungsangelegenheiten entscheiden die Sozialgerichte.

Die Versicherten haben grundsätzlich Anspruch auf

- *Sachleistungen* (z. B. ärztliche Behandlung),
- *Geldleistungen* (z. B. Krankengeld),
- *Dienstleistungen* (z. B. Auskünfte).

Die wichtigsten Bestimmungen der einzelnen Versicherungszweige sind in der Form von Übersichten zusammengestellt.

17.4.1 Die Krankenversicherung

Krankenversicherung

Bestimmungen	Krankenversicherung
Versicherungsträger	Für die Leistungen der gesetzlichen Krankenversicherung sind folgende Kassenarten zuständig (§ 21 Abs. 2 SGBI): – Ortskrankenkassen (§§ 226 ff. RVO); – Betriebskrankenkassen (§§ 245 ff. RVO); – Innungskrankenkassen (§§ 250 ff. RVO); – See-Krankenkasse; – Landwirtschaftliche Krankenkassen; – Bundesknappschaft (Knappschaftliche Krankenkasse); – Ersatzkassen (§§ 504 ff. RVO); Orts-, Betriebs- und Innungskassen sind Pflicht- oder gesetzliche Krankenkassen (§ 225 Abs. 1 RVO).
Pflichtversicherte	– Arbeiter ohne Rücksicht auf die Einkommenshöhe; – Angestellte bis zu einem Einkommen von 75 % der Beitragsbemessungsgrenze der Rentenversicherung (1990: 56.700,– jährlich / 4.725,– DM monatlich); – Auszubildende; – Rentner; – Arbeitslose; – Wehr- und Zivildienstleistende; – Selbständige Landwirte; – Selbständige, wenn ihr Einkommen 75 % der Beitragsbemessungsgrenze in der Rentenversicherung nicht überschreitet.
Beitragshöhe	Je nach Krankenkasse zwischen 11 % und 14 % vom Bruttoeinkommen.
Beitragszahler	Arbeitgeber und Arbeitnehmer je zur Hälfte[1].

Leistungen

Leistungen					
Krankenhilfe	**Mutterschaftshilfe**	**Vorsorgeuntersuchungen**	**Familienhilfe** §§ 205-205b RVO	**Sterbegeld** §§ 201-204 RVO	**Sonstige Hilfen** §§ 200e-200f RVO

1) Der Arbeitgeber muß 50 % des Betrages zahlen, den der pflichtversicherte Arbeitnehmer als Mitglied der Pflichtkrankenkasse (in der Regel AOK, unter Umständen auch eine Innungs- oder Betriebskrankenkasse) zahlen müßte.

Krankenhilfe

Krankenhilfe §§ 182-194 RVO					
Krankenpflege § 182 RVO	**Kranken-geld** § 183 RVO	**Kranken-haus-pflege** § 184 RVO	**Behand-lung in Kur- oder Spezialein-richtungen** § 184a RVO	**Haus-haltshilfe** § 185b RVO	**Zuschüsse** zu den Kosten für Kuren § 187 RVO
Ärztliche und zahnärztliche Behandlung Arznei-, Verband-, Heilmittel und Brillen Zahnärztliche Behandlung bei der Versorgung mit Zahnersatz und Kronen Belastungserprobung und Arbeitstherapie Häusliche Krankenpflege Zuschüsse zu den Kosten für zahntechnische Leistungen	Krankengeld wird bei Arbeitsunfähigkeit anstelle des anfallenden Einkommens gezahlt. Das **Krankengeld** wird erst **ab der 7. Woche** gewährt, da in den ersten 6 Wochen der Arbeitgeber bei Arbeitern (§ 1 Abs. 1 Satz 1 LohnfortzG) und Angestellten (§ 616 Abs. 2 BGB; § 63 Abs. 1 HGB) den Lohn bzw. das Gehalt weiterzahlt. Das Krankengeld beträgt **80 %** des wegen Arbeitsunfähigkeit entgangenen regelmäßigen **Arbeitseinkommens** (Regellohn; § 182 Abs. 4 Satz 1 RVO). Es darf allerdings nicht höher sein als das entgangene Nettoeinkommen. Krankengeld wird grundsätzlich ohne zeitliche Begrenzung gewährt. Für den Fall der Arbeitsunfähigkeit mit oder ohne Unterbrechung wegen derselben Krankheit wird Krankengeld für **höchstens 78 Wochen** gewährt (§ 182 Abs. 2 RVO). Dauerhafte Kranke erhalten innerhalb von 3 Jahren zunächst für 6 Wochen Arbeitsverdienst und dann für maximal 72 Wochen Krankengeld. Erst mit Beginn eines neuen Dreijahreszeitraums besteht erneut Anspruch auf Krankengeld.				

Mutterschaftshilfe

Mutterschaftshilfe §§ 195-200 RVO			
Mutterschaftsgeld	Ärztliche Betreuung und Hilfe	Arznei-, Verband- und Heilmittel	Pflege in einer Entbindungs- oder Krankenanstalt
Das **Mutterschaftsgeld** wird für **6 Wochen vor der Entbindung** und für **8 Wochen danach** gewährt (§ 200 Abs. 3 Satz 1 RVO). Es besteht grundsätzlich ein Anspruch auf Mutterschaftsgeld in Höhe des bisherigen Nettoverdienstes. Es beträgt mindestens 3,50 DM, höchstens 25,– DM für den Kalendertag. Liegt das Nettoeinkommen über 25,– DM kalendertäglich, hat der Arbeitgeber die Differenz zum bisherigen Nettoeinkommen zu zahlen.			

Früherkennung

Maßnahmen zur Früherkennung von Krankheiten §§ 181-181b		
Für Kinder bis zur Vollendung des vierten Lebensjahres § 181 Abs. 1 Ziffer 1 RVO	Für Frauen ab dem 20. Lebensjahr zur Früherkennung von Krebskrankheiten § 181 Abs. 1 Ziffer 2 RVO	Für Männer ab dem 45. Lebensjahr zur Früherkennung von Krebskrankheiten § 181 Abs. 1 Ziffer 3 RVO

17.4.2 Die Unfallversicherung

Unfallversicherung

Bestimmungen	Unfallversicherung
Versicherungsträger	– Gewerbliche-, Landwirtschaftliche- und Seeberufsgenossenschaften; – Eigenunfallversicherungsträger von Bund, Ländern und Gemeinden (§ 22 Abs. 2 SGBI).
Pflichtversicherte	– alle Arbeitnehmer ohne Rücksicht auf die Einkommenshöhe.
Beitragshöhe	Unterschiedlich von Betrieb zu Betrieb je nach Gefahrenklasse und Einkommenshöhe des Versicherten.
Beitragszahler	Arbeitgeber allein.
Leistungen	– Unfallverhütung (§ 546 RVO); – Leistungen nach Eintritt eines Unfalls (§§ 547 RVO ff.); – Heilbehandlung (ärztliche und zahnärztliche Behandlung, Arzneien); – Übergangsgeld; – Berufshilfe; – Verletztenrente; – Sterbegeld; – Hinterbliebenenrente.

Die Unfallversicherung erbringt auch dann ihre Leistungen, wenn der Versicherte den Unfall selbst verursacht hat. Bei Wegeunfällen ist zu beachten, daß die Unfallversicherung bei erheblichen Umwegen keine Entschädigung zahlt.

17.4.3 Die Arbeitslosenversicherung

Arbeitslosenversicherung

Bestimmungen	Arbeitslosenversicherung
Versicherungsträger	– Bundesanstalt für Arbeit; – Landesarbeitsämter; – Örtliche Arbeitsämter.
Pflichtversicherte	– Angestellte und Arbeiter ohne Rücksicht auf die Einkommenshöhe; – Auszubildende.
Beitragshöhe	4,3 % vom Bruttoeinkommen, höchstens jedoch von der Beitragsbemessungsgrenze der Rentenversicherung.
Beitragszahler	Arbeitgeber und Arbeitnehmer je zur Hälfte.

Bestimmungen	**Arbeitslosenversicherung**
Leistungen	– Arbeitsvermittlung; – Berufsberatung; – Arbeitslosengeld; – Arbeitslosenhilfe, wenn kein Anspruch auf Arbeitslosengeld besteht; – Kurzarbeitergeld; – Schlechtwettergeld; – Konkursausfall für die letzten 3 Monate vor Konkurs.

Arbeitslosengeld

Anspruch auf **Arbeitslosengeld** hat, wer
- arbeitslos ist,
- der Arbeitsvermittlung zur Verfügung steht,
- die Antwartschaft erfüllt hat und
- sich beim Arbeitsamt arbeitslos gemeldet und Arbeitslosengeld beantragt hat (§ 100 Abs. 1 AFG).

Die Gewährung von Arbeitslosengeld hängt somit im Gegensatz zur Arbeitslosenhilfe nicht von der Bedürftigkeit ab, sondern von der Höhe des Arbeitsverdienstes, das der Arbeitslose im Falle der Beschäftigung verdienen würde (Lohnersatzfunktion).

Das Arbeitslosengeld beträgt (§ 111 Abs. 1 AFG):

Für Arbeitslose mit mindestens 1 Kind	68 %	des ausgefallenen Nettoeinkommens
Für die übrigen Arbeitslosen	63 %	

Der Anspruch auf Arbeitslosengeld beginnt am Tag der Arbeitslosenmeldung und ist zeitlich begrenzt. Die Anwartschaftszeit hat erfüllt, wer in den letzten drei Jahren vor der Arbeitslosenmeldung (Rahmenfrist, § 104 Abs. 3 AFG) mindestens 360 Kalendertage beschäftigt war (§ 104 Abs. 1 AFG).

Beispiel:

Rahmenfrist 3 Jahre				
	100 Tage Beschäftigung		260 Tage Beschäftigung	

0 1 2 3 Jahre

Sind die Voraussetzungen erfüllt, kann dem Arbeitslosen für eine befristete Zeit Arbeitslosengeld gewährt werden. Die Dauer der Zahlungen hängt von der Dauer der vorhergehenden Beschäftigung ab, für die Beitragspflicht bestand (vgl. § 106 AFG).

Beschäftigungsdauer in Kalendertagen	**Beschäftigungsjahre** vor Arbeitslosenmeldung	**Anspruchsdauer** bei einem Lebensalter unter 42 Jahren
360	3	156
480	7	208
600	7	260
720	7	312

Beispiel: Ein 30jähriger Arbeitnehmer war vor der Arbeitslosenmeldung in den letzten sieben Jahren 960 Tage beschäftigt. Unter der Voraussetzung, daß die Anwartschaftzeit erfüllt ist, hat der Arbeitslose Anspruch auf Arbeitslosengeld für 312 Tage.

Hat der Arbeitslose das Arbeitsverhältnis gelöst oder vorsätzlich oder grob fahrlässig die Kündigung des Arbeitgebers herbeigeführt, so ruht das Arbeitslosengeld für die Dauer von zwölf Wochen (verlängerte Sperrzeit bis Ende 1989; früher: acht Wochen vgl. § 119 Abs. 1 AFG).

Die Zahlung von Arbeitslosengeld ist das letzte Mittel im Kampf gegen Arbeitslosigkeit. Vermittlung von Arbeit und Maßnahmen zur Förderung der beruflichen Bildung haben Vorrang (§ 5 AFG).

Arbeitslosenhilfe

Anspruch auf **Arbeitslosenhilfe** hat, wer

- arbeitslos ist,
- sich beim Arbeitsamt arbeitslos gemeldet hat (persönlich),
- der Arbeitsvermittlung zur Verfügung steht,
- Arbeitslosenhilfe beantragt hat,
- keinen Anspruch auf Arbeitslosengeld hat und
- bedürftig ist (§ 134 Abs. 1 AFG).

Die Arbeitslosenhilfe beträgt (§ 136 Abs. 1 AFG):

Für Arbeitslose mit mindestens 1 Kind	58 %	des ausgefallenen Nettoeinkommens
Für die übrigen Arbeitslosen	56 %	

Arbeitslosenhilfe wird ohne zeitliche Begrenzung gezahlt. Sie soll aber jeweils für längstens ein Jahr bewilligt werden. Vor einer erneuten Bewilligung sind die Voraussetzungen des Anspruchs auf Arbeitslosenhilfe erneut zu prüfen (§ 139a AFG). Der Arbeitslose muß einen neuen Antrag stellen. Eine Anwartschaft bei der Arbeitslosenhilfe wird nicht gefordert, weil die Arbeitslosenhilfe nicht aus den Beiträgen zur Arbeitslosenversicherung finanziert wird, sondern vom Bund aus Steuermitteln (§ 188 AFG). Arbeitslosenhilfe wird wie Arbeitslosengeld nur für Wochentage gewährt. Der Sonntag ist kein Wochentag.

Konkurs-
ausfallgeld

Ein Anspruch auf **Konkursausfallgeld** besteht, wenn der Arbeitnehmer bei der Eröffnung des Konkursverfahrens über das Vermögen seines Arbeitgebers für die letzten drei Monate vor Eröffnung des Konkursverfahrens Ansprüche auf Arbeitsentgelt hat (§ 141b Abs. 1 AFG). Das Konkursausfallgeld ist so hoch wie das Nettoentgelt für die letzten der Eröffnung des Konkursverfahrens vorausgehenden drei Monate (§ 141d Abs. 1 AFG).

Hinweis: Nach einem Urteil des Bundesarbeitsgerichts (7 RAr 54/86) hat ein Arbeitnehmer (Steuergehilfin), der nach seiner Ausbildungszeit nicht weiterbeschäftigt wird, Anspruch auf Arbeitslosengeld in Höhe der Hälfte des Entgeltes, das er im ersten Beschäftigungsjahr im erlernten Beruf (Steuergehilfin) bekommen würde. Das Arbeitslosengeld erhöht sich entsprechend dem tatsächlich erhaltenen Entgelt, wenn der Arbeitnehmer mindestens drei Monate nach Beendigung des Ausbildungsverhältnisses im erlernten Beruf beschäftigt war.

17.4.4 Die Rentenversicherung

Renten-
versicherung

Bestimmungen	Rentenversicherung
Versicherungsträger	– Bundesversicherungsanstalt für Angestellte (BfA); – Landesversicherungsanstalten für Arbeiterrentenversicherung (LVA).
Pflichtversicherte	– Alle Angestellten und Arbeiter ohne Rücksicht auf die Einkommenshöhe; – Auszubildende; – Bestimmte Selbständige (Artisten, Seelotsen); – Selbständige (Ärzte), denen es aber überlassen bleibt, ob sie pflichtversichert sein wollen.
Beitragshöhe	18,7 % vom Bruttoeinkommen, höchstens aber von der Beitragsbemessungsgrenze (1990: 75.600,– DM jährlich / 6.300,– DM monatlich) Hinweis: Nach Berechnung von Forschungsinstituten würde der Beitragssatz zur Rentenversicherung (Arbeitnehmer- und Arbeitgeberanteil zusammengerechnet) ohne Rentenreform von derzeit 18,7 % bis auf ungefähr 40 % im Jahre 2030 steigen.
Beitragszahler	Arbeitgeber und Arbeitnehmer je zur Hälfte.
Leistungen	– Renten wegen Berufsunfähigkeit bzw. Erwerbsunfähigkeit; – Altersruhegeld; – Witwen- und Witwerrenten; – Waisenrenten; – Maßnahmen zur medizinischen und berufsfördernden Rehabilitation.

Beitragsbemessungsgrenze

Im Gegensatz zur Krankenversicherung ist es bei der Rentenversicherung nicht möglich, nach Überschreiten der **Beitragsbemessungsgrenze** auf Antrag von der Rentenversicherungspflicht entbunden zu werden. Der Arbeitnehmer bleibt auch dann Zwangsmitglied in der Rentenversicherung, wenn sein Einkommen über der Beitragsbemessungsgrenze liegt. Die Beitragsbemessungsgrenze ist bei der Rentenversicherung lediglich die Obergrenze der Beitragszahlung.

Beispiel:

Bei einem Monatsverdienst von 6.300,– DM fallen 1.178,10 DM Rentenversicherung an, wovon der Arbeitgeber und Arbeitnehmer je 589,05 DM zu zahlen haben. Der darüber hinausgehende Teil des Einkommens ist rentenversicherungsfrei. Steigt beispielsweise das Einkommen auf 7.400,– DM, so bleibt es bei einem Rentenversicherungsbeitrag von 1.178,10 DM.

Für Geringverdienende bis zu einem Monatseinkommen von 610,– DM (10 % von der Beitragsbemessungsgrenze in der Rentenversicherung) monatlich oder 142,– DM wöchentlich zahlt der Arbeitgeber die Beiträge zur Kranken-, Renten- und Arbeitslosenversicherung alleine. Bis zu einem Einkommen von 470,– DM (geringfügige Beschäftigung) liegt Versicherungsfreiheit vor, falls nicht regelmäßig mehr als 15 Stunden in der Woche gearbeitet wird.

Die Berechnung der Versicherungsrente

Die Berechnung der Rentenhöhe ist nicht einfach. Der Jahresbetrag des Altersruhegeldes beträgt für jedes anrechnungsfähige Versicherungsjahr 1,5% der persönlichen Bemessungsgrundlage (§ 1254 Abs. 1 RVO). In einer Formel ausgedrückt sieht die Rentenberechnung so aus:

$$\frac{\text{PBMG in \% x ABMG}}{100} \times \frac{\text{J x S}}{100} = \text{jährliche Rente : 12 = monatliche Rente}$$

Erläuterung:

PBMG in % = Prozentsatz der persönlichen Rentenbemessungsgrundlage

ABMG = Allgemeine Bemessungsgrundlage

J = Versicherungsjahre (Beitrags-, Ersatz-, Ausfallzeiten)

S = Steigerungssatz (1 oder 1,5)

Die allgemeine Bemessungsgrundlage entspricht dem durchschnittlichen Bruttoarbeitsentgelt aller Versicherten. Die allgemeine Bemessungsgrundlage wird für jedes Kalenderjahr neu festgelegt.

Die für den Versicherten maßgebende Rentenbemessungsgrundlage (persönliche Bemessungsgrundlage) ergibt sich aus dem Verhältnis der Bruttoarbeitsentgelte während der Beitragszeiten zu den durchschnittlichen Bruttoarbeitsentgelten aller Versicherten im gleichen Zeitraum (§ 1255 Abs. 1 Satz 1 RVO). Der Steigerungssatz ist ein Pozentsatz, mit dem die Versicherungsjahre zu multiplizieren sind. Der Steigerungssatz beträgt beim Altersruhegeld 1,5% (§ 1254 Abs. 1 RVO). Die Versicherungsjahre setzen sich zusammen aus den anrechenbaren Beitragszeiten und den anrechenbaren beitragslosen Zeiten (Ersatzzeiten und Ausfallzeiten).

Beispiel: Das Bruttoarbeitsentgelt eines Versicherten betrug 1982 48.000,– DM. Das durchschnittliche Bruttoarbeitsentgelt aller Versicherten betrug im gleichen Jahr 32.198,– DM (§ 1255 Anlage 2 RVO). Die persönliche Bemessungsgrundlage betrug 1982 149%, d.h. der Versicherte erzielte 1982 ein Bruttoarbeitsentgelt, das 49% höher lag als das Durchschnittsarbeitsentgelt aller Versicherten. Der Versicherte zahlte demnach um 49% höhere Beiträge zur Rentenversicherung als alle Rentenversicherten im Durchschnitt. Die persönliche Bemessungsgrundlage bei Eintritt des Versicherungsfalls errechnet sich aus den persönlichen Bemessungsgrundlagen der einzelnen Versicherungsjahre.

Leistungen aus der Rentenversicherung können nur beansprucht werden, wenn **zwei Grundbedingungen** erfüllt sind:

1. Der **Rentenfall** bzw. der **Versicherungsfall** muß eingetreten sein (Vollendung eines bestimmten Lebensalters bzw. Vorliegen einer Berufs- oder Erwerbsunfähigkeit).
2. Die für die jeweilige Rentenart geltende **Wartezeit** (Mindestversicherungszeit) muß erfüllt sein. Der Versicherte muß eine Mindestzeit der Rentenversicherung angehört haben. Voraussetzungen für einen Anspruch auf Altersruhegeld ist eine **Wartezeit von 180 Kalendermonaten** (15 Jahre). Auf die Wartezeit werden Beitrags- und Ersatzzeiten angerechnet. Beitragszeiten sind Zeiten, in denen der Versicherte Beiträge gezahlt hat. Ersatzzeiten sind Zeiten, in denen der Versicherte keine Beiträge zahlen konnte.

Die Wartezeit kann mit Beitragszeiten und Ersatzeiten erfüllt werden.

Ersatzzeiten sind beitragslose Zeiten, in denen der Versicherte wegen **staatlicher Gründe** keine Beiträge zahlen konnte.	**Ausfallzeiten** sind beitragslose Zeiten, in denen der Versicherte wegen **persönlicher Gründe** keine Beiträge zahlen konnte.

Hinweis: Ausfallzeiten erfüllen nicht die Wartepflicht. Sie sind jedoch bei der Rentenberechnung anrechnungsfähig.

<table>
<tr><th colspan="3">Versicherungsjahre</th></tr>
<tr><td colspan="2">Wartezeit</td><td rowspan="2">Ausfallzeiten</td></tr>
<tr><td>Beitragszeiten</td><td>Ersatzzeiten</td></tr>
</table>

Der Versicherte kann Rente erhalten wegen Berufs- oder Erwerbsunfähigkeit oder nach Erreichen der Altersgrenze.

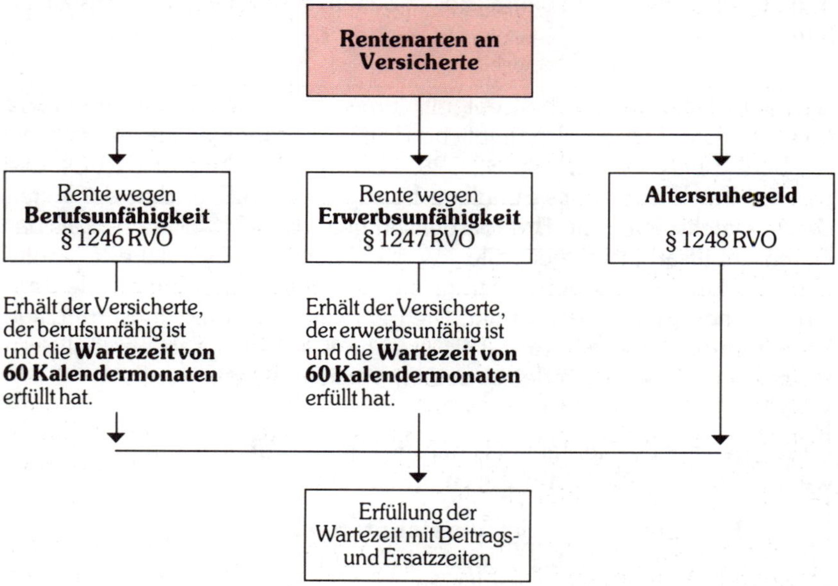

Hinweis: Renten werden nicht automatisch, sondern nur auf eigenen Antrag gewährt.

17.4.5 Die Knappschaftsversicherung

Die Knappschaftsversicherung umfaßt die Krankenversicherung und Rentenversicherung aller Arbeitnehmer, die in einem knappschaftlichen Betrieb (Bergwerk) beschäftigt sind.

17.5 Privatversicherungen

Individualversicherung

Versicherungen sind entweder **Privatversicherungen** (Individualversicherungen) oder Sozialversicherungen. Die Sozialversicherung ist durch Gesetz entstanden. Der Versicherte ist in der Regel gesetzlich auf Grund seines Arbeitsverhältnisses versichert (Pflichtversicherung; Zwangsmitgliedschaft). Bei den Privatversicherungen schließt der Versicherte mit dem Versicherer freiwillig einen Versicherungsvertrag (Wahlversicherung; Wahlmitglied).

Merkmale	Privatversicherungen	Sozialversicherung
Versicherungsverhältnis	Freiwillig auf Grund Versicherungsvertrag	Zwangsmitglied auf Grund gesetzlicher Bestimmungen
Beitragshöhe	Im Versicherungsvertrag vereinbart (vertraglich geregelt)	Vom Einkommen abhängig (gesetzlich geregelt)
Art der Beitragszahlung	Freiwillige Überweisung	Zwangsweiser Lohnabzug
Versicherungsleistungen	Vertraglich vereinbart	Gesetzlich festgelegt
Rechtsgrundlagen	Privatrecht	Sozialversicherungsrecht
Zuständige Gerichte	Zivil- und Strafgerichte	Sozialgerichte

Versicherungen schützen vor finanziellen Folgen eines Gefahreneintritts. Gefahr ist das Risiko, daß ein Ereignis mit schädigenden Folgen eintritt. Gefahr und Schaden drohen Personen (Personenschaden durch Unfall, Krankheit, Tod), Sachen (Sachschaden durch Blitzschlag, Brand, Explosion) oder dem Vermögen (Vermögensschaden durch Schadensersatzpflicht wegen unerlaubter Handlung).

Privatversicherungen kommen durch Versicherungsvertrag zustande, also durch Angebot und Nachfrage. Die Vertragsbedingungen sind dem Versicherungsschein (Police) zu entnehmen.

Wiederholungsfragen:

1. Wodurch unterscheidet sich die Sozialversicherung von den Privatversicherungen?
2. Erläutern Sie das Entstehen der Sozialversicherung vor dem Hintergrund der sozialen Folgen der industriellen Revolution!
3. Was versteht man unter der RVO?
4. Erklären Sie den Grundgedanken der Sozialversicherung!
5. Nennen Sie Zweige und Träger der Sozialversicherung!
6. Nennen Sie den Personenkreis der Pflichtversicherten bei den einzelnen Zweigen der Sozialversicherung!
7. Wer zahlt die Beiträge zur Sozialversicherung?
8. Nennen Sie die Beitragshöhe bei den einzelnen Sozialversicherungszweigen!
9. Nennen Sie Leistungen der einzelnen Sozialversicherungszweige!

10. Was versteht man unter der Beitragsbemessungsgrenze in der Krankenversicherung bzw. Rentenversicherung?
11. Erklären Sie das Versicherungsprinzip!
12. Welche Leistungen umfassen
    a) Krankenhilfe,
    b) Mutterschaftshilfe,
    c) Vorsorgeuntersuchungen?
13. a) Wer zahlt Krankengeld?
    b) Wie lange wird Krankengeld gewährt?
    c) Wie hoch ist das Krankengeld?
14. a) Für welche Dauer wird Mutterschaftsgeld gewährt?
    b) Wie hoch ist das Mutterschaftsgeld?

Aufgaben und Fälle zur Sicherung des Lernerfolgs:
Beantworten Sie die folgenden Fragen an Hand der abgebildeten Statistik
1. a) Wie verschiebt sich im Zeitablauf das Verhältnis von Beitragszahlern zu Rentnern?
   b) Welche Probleme ergeben sich aus dem Ansteigen des Rentnerquotienten?
   c) Diskutieren Sie die folgenden Vorschläge zur Lösung der Finanzierungsprobleme in der Rentenversicherung: Erhöhung des Beitragssatzes, Aussetzung der Rentenerhöhung für einen bestimmten Zeitraum, Einspringen des Staates.

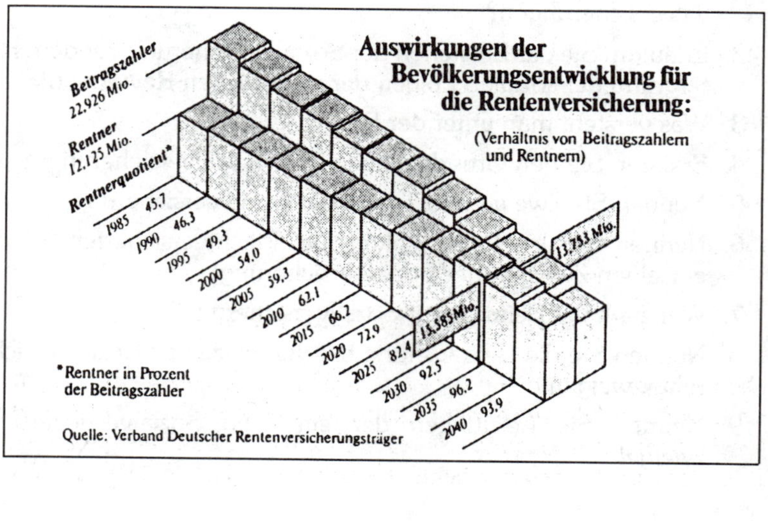

2. Was versteht man unter Rentendynamisierung?
3. Welche Rechtsform haben die Sozialversicherungsträger?
4. Eine 25jährige arbeitlose Steuergehilfin war in den letzten 7 Jahren 598 Tage beschäftigt. Die Anwartschaftszeit ist erfüllt. Für welche Dauer besteht ein Anspruch auf Arbeitslosengeld?
5. Nennen Sie anrechnungsfähige Ersatzzeiten (§ 1251 RVO).
6. Herr Artur Helfrich hatte 1975 das Rentenalter erreicht. Das durchschnittliche Bruttoarbeitsentgelt aller Rentenversicherten betrug im gleichen Jahr 21.808,– DM. Herr Helfrich kann 45 Versicherungsjahre nachweisen. Seine persönliche Bemessungsgrundlage beträgt 120%. Wie hoch ist seine monatliche Rente?
7. Die Bruttoarbeitsentgelte eines Rentenversicherten betrugen:

1979	1980	1981
30.200,–	25.100,–	40.800,–

Die durchschnittlichen Bruttojahresentgelte aller Rentenversicherten betrugen in diesen drei Jahren:

1979	1980	1981
27.685,–	29.485,–	30.900,–

Die allgemeine Bemessungsgrundlage war im Jahre 1981 22.787,– DM

a) Ermitteln Sie den Prozentsatz der persönlichen Bemessungsgrundlage.
b) Ermitteln Sie die Jahres- bzw. Monatsrente für drei Versicherungsjahre

8. Ein Rentenversicherter wird 1981 berufsunfähig. Seine persönliche Bemessungsgrundlage beträgt 85% (Versicherungsjahre: 12). Berechnen Sie die Höhe der Rente!

17.6 Aufbau der Arbeits- und Sozialgerichtsbarkeit

„Die rechtsprechende Gewalt ist den Richtern anvertraut; sie wird durch das Bundesverfassungsgericht, durch die im Grundgesetz vorgesehenen Bundesgerichte und durch die Gerichte der Länder ausgeübt“ (Art. 92 GG). Der Bund errichtet oberste Gerichtshöfe (Art. 95 Abs. 1 GG).

Oberste Gerichtshöfe sind für die

- ordentliche Gerichtsbarkeit der **Bundesgerichtshof** in Karlsruhe;
- Arbeitsgerichtsbarkeit das **Bundesarbeitsgericht** in Kassel;
- Sozialgerichtsbarkeit das **Bundessozialgericht** in Kassel.

Alle Gerichte, die nicht Bundesgerichte sind, sind Gerichte der einzelnen Bundesländer. Die Entscheidungen der Bundesgerichte haben wie die Gesetze den Charakter einer Rechtsquelle.

Ordentliche Gerichte

Die **ordentliche Gerichtsbarkeit** umfaßt die **Zivilgerichtsbarkeit** und die **Strafgerichtsbarkeit.** Vor die ordentlichen Gerichte gehören alle bürgerlichen Rechtsstreitigkeiten und Strafsachen (§ 13 GVG). Die ordentliche **streitige Gerichtsbarkeit** wird durch **Amtsgerichte, Landgerichte** und **Oberlandesgerichte** und durch den **Bundesgerichtshof** ausgeübt (§ 12 GVG).

Neben den ordentlichen Gerichten können nach Art. 101 Abs. 2 GG Gerichte für besondere Sachgebiete errichtet werden **(besondere Gerichte).** Zu den besonderen Gerichten gehört die **Verwaltungsgerichtsbarkeit,** die **Finanzgerichtsbarkeit,** die **Arbeitsgerichtsbarkeit** und die **Sozialgerichtsbarkeit.**

Sondergerichte

Sondergerichtsbarkeit	Zuständig für Streitigkeiten zwischen
Arbeitsgerichtsbarkeit	Arbeitgeber und Arbeitnehmer (= Arbeitsrecht)
Sozialgerichtsbarkeit	Bürger und Sozialversicherung (= Sozialversicherungsrecht)

Zuständigkeit der Arbeitsgerichte

Die **Arbeitsgerichte** sind u. a. sachlich zuständig für bürgerliche Rechtsstreitigkeiten zwischen Arbeitnehmern und Arbeitgebern, für bürgerliche Rechtsstreitigkeiten zwischen Tarifvertragsparteien sowie für Streitigkeiten aus dem Betriebsverfassungsrecht (§ 2 ArbGG).

Enthält das **Arbeitsgerichtsgesetz** keine speziellen Bestimmungen, gelten die Vorschriften der Zivilprozeßordnung. Örtlich zuständig ist das Arbeitsgericht am Wohnsitz des Beklagten (§§ 12, 13 ZPO), bzw. am Ort des Sitzes einer juristischen Person (§ 17 Abs. 1 ZPO).

Hinweis: Das Gerichtsverfassungsgesetz (GVG) regelt Gerichtsaufbau und Instanzenzug. Mit einem Rechtsmittel wird eine gerichtliche Entscheidung angefochten und an ein höheres Gericht verwiesen (Instanzenzug). Bei der Berufung überprüft das Berufungsgericht ein Urteil in tatsächlicher und rechtlicher Hinsicht. Es erfolgt eine erneute Beweisaufnahme mit Zeugenvernehmung. Bei der Revision überprüft das Revisionsgericht ein Urteil nur in rechtlicher Hinsicht ob eine Gesetzesverletzung begangen wurde (z. B. Formfehler). Eine Beweisaufnahme findet nicht statt.

Aufbau der Arbeits- und Sozialgerichtsbarkeit	
Arbeitsgerichtsbarkeit	**Sozialgerichtsbarkeit**
Bundesarbeitsgericht	Bundessozialgericht
↑	↑
Revision	Revision
Landesarbeitsgericht	Landessozialgericht
↑	↑
Berufung	Berufung
Arbeitsgericht	Sozialgericht

Eine Berufung gegen die Urteile der **Arbeitsgerichte** ist möglich, sofern der Streitwert 800,– DM übersteigt, oder wenn das Arbeitsgericht die **Berufung** wegen der grundsätzlichen Bedeutung der Rechtssache zugelassen hat (§ 64 Abs. 1 ArbGG). Eine Revision gegen die Urteile der **Landesarbeitsgerichte** ist möglich, wenn der Streitwert 6000,– DM übersteigt oder wenn das Landesarbeitsgericht die Revision zugelassen hat (§ 72 Abs. 1 ArbGG).

Aufgaben und Fälle zur Gesamtwiederholung:

1. a) Wodurch unterscheidet sich das Lastschriftverfahren vom Einzugsermächtigungsverfahren?

   b) Nehmen Sie Stellung zur Möglichkeit des Widerrufs der Abbuchung!

2. Im Jahre 1931 erließ Reichskanzler Brüning zur Bekämpfung der Massenarbeitslosigkeit die sog. „Hungernotverordnung". Inhalt:
   - Erhöhung der Steuern;
   - Kürzung der Beamtengehälter;
   - Herabsetzung der Arbeitslosenunterstützung.

   a) Wie beurteilen Sie die Eignung dieser Mittel zur Erreichung des Zieles?

   b) Erklären Sie am Beispiel dieser Verordnung Wesen und Wirkung der antizyklischen und prozyklischen Fiskalpolitik!

3. Zeigen Sie Schwierigkeiten und Grenzen des kreditpolitischen Instrumentariums der Bundesbank unter den Gesichtpunkten

   a) des billigen Geldes,

   b) des teuren Geldes,

   c) der Investitionstätigkeit privater Unternehmer!

4. a) Eine AG erhöht ihr Grundkapital von 1.200.000,– DM auf 1.500.000,– DM. Der Kurs der alten Aktien beträgt 196%, der Ausgabekurs der jungen Aktien 166%. Ermitteln Sie den rechnerischen Wert des Bezugsrechts!

   b) Eine AG hatte nach der Kapitalerhöhung ein neues Grundkapital von 20 Mio. DM. Wie hoch war das Kapital vor der Erhöhung, wenn die alten Aktien mit 240,– DM notierten, der Ausgabekurs der jungen Aktien auf 105,– DM festgelegt war und das Bezugsrecht 27,– DM betrug?

   c) Ein Kaufmann kaufte 80 Stück MODUL-Aktien und zahlte dafür einschließlich Spesen 10.860,– DM. Die Gesellschaft zahlte 7,5% Dividende aus. Mit wieviel Prozent verzinste sich das angelegte Kaptital wirklich (Effektivverzinsung)? Kaufspesen und eventuelle Kursgewinne bleiben unberücksichtigt.

5. Die MODUL AG hat als Marktneuheit einen ausfallsicheren Personalcomputer entwickelt und bietet dieses Gerät im Fachhandel an. Der Preis dieses Gerätes liegt weit über dem Preis vergleich-

barer, nicht störungsfreier Geräte. Das Computer Center Schleweis in Mannheim scheut das Risiko des festen Einkaufs, da es die Absatzchancen nicht sehr positiv beurteilt. Schleweis ist aber bereit, zehn Geräte der MODUL AG in Kommission zu führen. Steuerberater Udo Morgenthum kauft einen Personalcomputer der MODUL AG bei Schleweis.

a) Beschreiben Sie den Ablauf des Verkaufskommissionsgeschäftes zwischen der MODUL AG, dem Computer Center Schleweis und Steuerberater Morgenthum unter umsatzsteuerrechtlichen und eigentumsrechtlichen Gesichtspunkten.

b) Ist ein Kommissionär Kaufmann i. S. des HGB? Begründen Sie Ihre Lösung.

6. Die GUT GmbH, Hersteller von Fleisch und Wurstwaren, liefert am 07. 05. 19.. an den Fleisch- und Wurstwarengroßhandel Burger Waren im Wert von 565,– DM. Die Zahlungsbedingungen lauten: Bei Zahlung innerhalb von 10 Tagen 3 % Skonto oder gegen Dreimonatswechsel. Die GUT GmbH zieht am 19. 05. auf Burger einen Wechsel über 565,– DM, Laufzeit drei Monate.

a) Erklären Sie an Hand des obigen Sachverhalts die Begriffe Tratte, Akzept (zwei Bedeutungen!) und Rimesse.

b) Inwiefern bietet eine Wechselforderung größere Sicherheiten als eine Buchforderung?

c) Burger versteuert den Wechsel. Wie hoch ist bei obigem Wechsel die Wechselsteuer und wie wird sie entrichtet?

d) Welche Rechtsfolgen hat eine Wechselsteuerhinterziehung für die Betroffenen?

e) Die GUT GmbH reicht am 24.05. den Wechsel bei ihrer Bank zum Diskont ein. Welchen Wert schreibt die Bank gut, wenn sie 7,5% Diskont und 5,– DM Auslagen berechnet?

7. Bäckermeister Braun führt eine Bäckerei mit einem Gesellen. Seine Frau arbeitet als Verkäuferin im Betrieb mit. Braun war bisher nicht buchführungspflichtig. Der Umsatz der Bäckerei betrug 1989 250.000,– DM, das Betriebsvermögen betrug 80.000,– DM und der Gewinn aus Gewerbebetrieb belief sich auf 50.000,– DM. Untersuchen Sie die Kaufmannseigenschaft der Bäckerei.

Ist Braun buchführungspflichtig? Wenn ja, ab wann? Begründen Sie Ihre Lösung.

8. a) Wie lange ist die gesetzliche Kündigungsfrist für Angestellte?

b) Nennen Sie drei Personenkreise, für die ein besonderer Kündigungsschutz besteht.

c) Wann ist eine Kündigung nach dem Kündigungsschutzgesetz sozial ungerechtfertigt?

d) Wodurch unterscheidet sich ein Einzelarbeitsvertrag von einem Tarifvertrag?

e) Was versteht man unter Tariffähigkeit und wer hat die Tariffähigkeit?

f) Was versteht man unter Tarifautonomie?

9. Beantworten Sie die folgenden Fragen zur jeweiligen Rechtsform (Unternehmensform).

Unternehmensform / Frage	Gesellschaft des bürgerlichen Rechts	OHG	KG
Wer hat die Geschäftsführung und Vertretung?			
Wie werden die Gewinne verteilt?			
Wer haftet in welchem Umfang für die Verbindlichkeiten gegenüber Gläubigern?			
Wie firmieren die Unternehmen?			

10. a) Beschreiben Sie die Kreditsicherung durch Sicherungsübereignung.

b) Wodurch unterscheidet sich ein Akzeptkredit von einem Diskontkredit?

11. a) Aus welchen Teilen bestehen Effekten?

b) Wie wird das Eigentum an Inhaberaktien bzw. Namensaktien übertragen?

c) Nennen Sie drei Rechte, die der Aktionär hat.

d) Die X-AG schüttet eine Bruttodividende (Bardividende) von 10,– DM aus. Welchen Betrag erhält der einkommensteuerpflichtige Eigentümer einer 50,– DM Aktie von seiner Bank gutgeschrieben (Nettodividende)? Wie hoch ist die Dividende vor Körperschaftsteuer?

12. a) Ein Hersteller von Personalcomputern exportiert Geräte nach Frankreich. Er kalkuliert das Gerät mit 8.500,– DM. Die Rechnung soll in FF fakturiert werden. Zu welchem Preis kann der Personalcomputer angeboten werden? (Kurs für 100 FF = 32,– DM.)

b) Ein deutscher Importeur kauft in Frankreich Wein im Wert von 5.500,– FF. Zu welchem Preis kann er den Wein in Deutschland (Wechselkurs wie bei a) anbieten, wenn man ihm eine Handelsspanne (ohne MWSt.) von 20 % zugesteht?

c) Wie wirkt sich eine Aufwertung der DM gegenüber dem FF möglicherweise auf die Güterpreise und damit auf den Exportumfang bzw. Importumfang aus? Begründen Sie Ihre Lösung.

13. An einer OHG ist A mit 100.000,– DM und B mit 200. 000,– DM beteiligt.

a) Verteilen Sie einen Gewinn von 1.500,– DM.

b) Verteilen Sie einen Verlust von 1.500,– DM.

14. An einer OHG sind drei Gesellschaften wie folgt beteiligt:

Gesellschafter	Kapitaleinlage am 01.01.19..
A	180.000,–
B	112.000,–
C	68.000,–

Während des Geschäftsjahres erfolgten Privatentnahmen und Privateinlagen:

Gesellschafter B	
Privatentnahme in DM am ...	Privateinlage in DM am ...
8.000,– / 05.02.	
6.000,– / 30.04.	
	10.000,– / 15.05.
3.000,– / 12.08.	
	2.000,– / 01.09.
4.000,– / 31.10.	

Im Gesellschaftsvertrag wurde folgendes vereinbart:

a) Vom Jahresgewinn erhält jeder Gesellschafter entgegen den gesetzlichen Bestimmungen (aufgerundet auf volle DM) einen Anteil in Höhe von 5 % seiner Kapitaleinlage. Ein übersteigender Gewinnrest wird unter den Gesellschaftern im Verhältnis ihrer Kapitaleinlage verteilt.

b) Die Gesellschafter B und C erhalten für ihre Tätigkeit als Geschäftsführer eine Vorwegvergütung pro Monat:

Gesellschafter	Vorwegvergütung für Geschäftsführertätigkeit p.M.
B	3.200,–
C	2.800,–

c) Die Privatentnahmen eines jeden Gesellschafters dürfen 10 % seiner zu Beginn des Geschäftsjahres bestehenden Kapitaleinlage nicht übersteigen.

d) Die Gewinnverteilung soll mit Verzinsung der Kapitalbewegung gem. § 121 Abs. 2 HGB erfolgen.

Die Geschäftsführergehälter wurden während des Geschäftsjahres als Aufwand auf dem Konto „Gehälter" erfaßt.

Ermitteln Sie die Beträge, die den Gesellschaftern als steuerliche Gewinnanteile zuzurechnen sind sowie die Kapitaleinlagen am 31. 12. 19.., wenn der nach Handelsrecht ermittelte Jahresgewinn 120.000,– DM beträgt.

15. Das Grundkapital der MODUL AG beträgt 1,5 Mio. DM.

a) Jahresüberschuß: 600.000,–
Verlustvortrag: 180.000,–
Gesetzliche Rücklage zu Beginn des Geschäftsjahres: 110.000,–

In welcher Höhe ist der Bilanzgewinn auszuweisen, wenn ein Teil des Jahresüberschusses in die anderen Gewinnrücklagen eingestellt werden sollen?

b) Jahresfehlbetrag: 800.000,–
Verlustvortrag: 600.000,–
Gesetzliche Rücklage: 160.000,–
Andere Gewinnrücklagen: 2,5 Mio. DM.

Wie sieht das Rechenschema aus, wenn ein Bilanzgewinn von 50.000,– DM ausgewiesen wird, der voll an die Aktionäre ausgeschüttet werden soll?

c) Jahresüberschuß: 800.000,–
Gewinnvortrag: 100.000,–
Gesetzliche Rücklage: 60.000,–
Dividendenausschüttung: 240.000,–

Ermitteln Sie den verbleibenden Gewinnvortrag, wenn keine weiteren Beträge in die anderen Gewinnrücklagen eingestellt werden sollen.

Abkürzungsverzeichnis

AbzG	Gesetz betreffend die Abzahlungsgeschäfte
AFG	Arbeitsförderungsgesetz
AGB-G	Gesetz zur Regelung des Rechts der Allgemeinen Geschäftsbedingungen
AktG	Aktiengesetz
AO	Abgabenordnung
ArbGG	Arbeitsgerichtsgesetz
ArbZO	Arbeitszeitordnung
BBankG	Bundesbankgesetz
BBiG	Berufsbildungsgesetz
BErzGG	Bundeserziehungsgeldgesetz
BiRiLiG	Bilanzrichtlinien-Gesetz
BetrVerfG	Betriebsverfassungsgesetz
BFH	Bundesfinanzhof
BGB	Bürgerliches Gesetzbuch
BUrlG	Bundesurlaubsgesetz
ESTG	Einkommensteuergesetz
FGG	Gesetz über die Angelegenheiten der freiwilligen Gerichtsbarkeit
FGO	Finanzgerichtsordnung
GBO	Grundbuchordnung
GenG	Gesetz betreffend die Erwerbs- und Wirtschafts genossenschaften
GewG	Gewerbeordnung
GG	Grundgesetz
GKG	Gerichtskostengesetz
GmbHG	Gesetz betreffend die Gesellschaften mit beschränkter Haftung
GVG	Gerichtsverfassungsgesetz
GWB	Gesetz gegen Wettbewerbsbeschränkungen
HGB	Handelsgesetzbuch
HRV	Handelsregisterverfügung
JArbSchG	Jugendarbeitsschutzgesetz
JSchÖG	Gesetz zum Schutze der Jugend in der Öffentlichkeit (Jugendschutzgesetz)
KartellG	Kartellgesetz
KFrG	Gesetz über die Fristen für Kündigung von Angestellten
KO	Konkursordnung
KSchG	Kündigungsschutzgesetz
KStG	Körperschaftsteuergesetz
LohnfortzG	Lohnfortzahlungsgesetz
MitbestG	Mitbestimmungsgesetz
MuSchG	Mutterschutzgesetz
OWiG	Gesetz über Ordnungswidrigkeiten
PostO	Postordnung
RabattG	Rabattgesetz (Gesetz über Preisnachlässe)
RVO	Reichsversicherungsordnung
ScheckG	Scheckgesetz
SchwbG	Schwerbehindertengesetz
SGB	Sozialgesetzbuch
StBerG	Steuerberatergesetz
StGB	Strafgesetzbuch
StPO	Strafprozeßordnung
StWG	Gesetz zur Förderung der Stabilität und des Wachstums in in der Wirtschaft (Stabilitätsgesetz)
TVG	Tarifvertragsgesetz
UStG	Umsatzsteuergesetz
UWG	Gesetz gegen den unlauteren Wettbewerb
VerglO	Vergleichsordnung
VermBG	Vermögensbildungsgesetz
VOPr	Preisangabeverordnung
WG	Wechselgesetz
WStG	Wechselsteuergesetz
ZPO	Zivilprozeßordnung
ZugabeVO	Zugabeverordnung

Stichwortverzeichnis